Direito do Consumidor
à Segurança Alimentar
e Responsabilidade Civil

Conselho Editorial
André Luís Callegari
Carlos Alberto Molinaro
Daniel Francisco Mitidiero
Darci Guimarães Ribeiro
Draiton Gonzaga de Souza
Elaine Harzheim Macedo
Eugênio Facchini Neto
Giovani Agostini Saavedra
Ingo Wolfgang Sarlet
Jose Luis Bolzan de Morais
José Maria Rosa Tesheiner
Leandro Paulsen
Lenio Luiz Streck
Paulo Antônio Caliendo Velloso da Silveira

Dados Internacionais de Catalogação na Publicação (CIP)

V393d   Vaz, Caroline.
           Direito do consumidor à segurança alimentar e responsabilidade civil / Caroline Vaz. – Porto Alegre : Livraria do Advogado Editora, 2015.
           254 p. ; 25 cm.
           Inclui bibliografia e anexos.
           ISBN 978-85-7348-980-4

           1. Sociologia jurídica. 2. Direito do consumidor. 3. Segurança alimentar. 4. Responsabilidade (Direito). 5. Sociedade de risco. I. Título.

CDU 34:316
CDD 340.115

Índice para catálogo sistemático:
1. Sociologia jurídica   34:316

(Bibliotecária responsável: Sabrina Leal Araujo – CRB 10/1507)

Caroline Vaz

Direito do Consumidor
à Segurança Alimentar e Responsabilidade Civil

livraria
DO ADVOGADO
editora

Porto Alegre, 2015

© Caroline Vaz, 2015

Capa, projeto gráfico e diagramação
Livraria do Advogado Editora

Revisão
Rosane Marques Borba

Imagem da capa
Stockphoto.com

Direitos desta edição reservados por
Livraria do Advogado Editora Ltda.
Rua Riachuelo, 1300
90010-273 Porto Alegre RS
Fone/fax: 0800-51-7522
editora@livrariadoadvogado.com.br
www.doadvogado.com.br

Impresso no Brasil / Printed in Brazil

Esta obra é dedicada a
Isabelle Vaz Toledo Silva,
minha maior fonte de inspiração.

Prefácio

Foi com imenso prazer que aceitei a grande honra de prefaciar esta nova e importante obra de Caroline Vaz, combativa Promotora de Justiça gaúcha, cuja atuação na área de proteção do consumidor desborda em muito as lindes de sua atividade funcional, tendo amealhado em curto espaço de tempo prolífica produção científica de repercussão, tanto nacional, quanto internacional.

Seu pensamento, congruente e completo, reflete engajamento acadêmico e grande comprometimento com a busca de soluções para questões de grande impacto social, como o crescente aumento do risco no consumo humano de alimentos.

A autora é uma das mais ativas integrantes do Ministério Público do Estado do Rio Grande do Sul, e exerce, desde maio de 2014, a função de "Coordenadora do Centro de Apoio de Defesa do Consumidor e da Ordem Econômica".

Caroline Vaz é Especialista em Ciências Penais, pela Pontifícia Universidade Católica do Rio Grande do Sul (PUCRS-2002), Mestre em Direito pela Pontifícia Universidade Católica do Rio Grande do Sul (PUCRS-2006) e Doutora em Direito e em Sociologia Jurídica, pela *Universidad de Zaragoza* (Espanha-2013). No Magistério Superior, é professora da Pontifícia Universidade Católica do Rio Grande do Sul (PUCRS) e palestrante da Fundação Escola Superior do Ministério Público (FMP). Além de lecionar, exerce atividade de pesquisa no âmbito do Direito Constitucional, com especial enfoque em Direitos Fundamentais (Efetividade dos Direitos Fundamentais) e em Direito Civil, em sua dimensão Civil-Constitucional. Seus trabalhos jurídicos primam por uma moderna abordagem interdisciplinar, com ênfase no Direito Comparado, na Sociologia Jurídica e na Filosofia do Direito.

A instigante pesquisadora gaúcha, que já havia elaborado impressionante trabalho no âmbito indenizatório, versando os danos morais punitivos (*Punitive damages*), no qual estabeleceu interessante reflexão sobre a compatibilidade do instituto com o sistema jurídico-constitucional brasileiro,[1] aprofunda, agora, seus estudos sobre responsabilidade civil, mediante extensa pesquisa empreendida em projeto voltado à abordagem do "Direito Fundamental à informação do consumidor na Sociedade de Risco", sob a perspectiva da segurança alimentar.

---

[1] VAZ, Caroline. *Funções da Responsabilidade Civil - da função reparatória à função punitiva e dissuasória*. Porto Alegre: Livraria do Advogado, 2009. 179 p.

Não há dúvida de que, de certa forma, essa obra anterior sobre as funções reparatória, punitiva e dissuasória da reparação por danos morais, já antevia a beleza e profundidade do livro que ora se apresenta ao público brasileiro; nesse ponto destacam-se, ainda, seus artigos versando a responsabilidade civil no âmbito sucessório,[2] sobre a compensação dos Danos Morais no Divórcio,[3] a respeito do direito à informação dos consumidores,[4] e abordando a questão dos direitos fundamentais na atual sociedade de risco.[5]

O tema ora abordado reveste-se, com efeito, de enorme atualidade.

As transformações suportadas por uma sociedade contemporânea, marcada pelo dinamismo e por um caráter multiconceitual, deu ensejo ao surgimento de dúvidas sobre o modo tradicional de legislar,[6] pelo qual se buscava reunir todo o conjunto de regras pertinentes a determinado ramo do conhecimento jurídico em um único texto legal. A necessidade de regular relações jurídicas em constante mutação reclama, com efeito, incessante e rápida atualização de seu regramento, o que acabou por priorizar a elaboração de leis ordinárias de caráter menos universal.

É exatamente em meio a esse fenômeno de verdadeira desagregação legislativa que ganha destaque o surgimento do denominado microssistema jurídico de proteção ao consumidor, cuja presunção legal de vulnerabilidade deflui do fato de ser seu interesse normalmente suplantado pelo do fornecedor, no confronto que naturalmente surge entre ambos.

Serve a ideia de vulnerabilidade, ainda, de diretriz norteadora ao princípio da igualdade real nos contratos, lastrado na equidade,[7] consoante o qual devem o legislador e o aplicador da lei lançar mão de expedientes que possam compensar, ou ao menos minimizar, as discrepâncias existentes entre as situações vividas pelo fornecedor e pelo consumidor, marcadas pela vulnerabilidade deste último.[8]

---

[2] VAZ, Caroline. A responsabilidade civil pela perda de uma chance no direito sucessório. In: Boeckel, Fabricio; Rosa, Karin Rick. (Org.). *Direito sucessório em perspectiva interdisciplinar*. São Paulo: Campus Elsevier, 2010, p. 35-56.

[3] VAZ, Caroline. A Compensação dos Danos Morais no Divórcio, após a EC nº 66, de 13 de julho de 2010. In: Boeckel, Fabricio; Rosa, Karin Rick. (Org.). *A Compensação dos Danos Morais no Divórcio, após a EC nº 66, de 13 de julho de 2010*. 1. ed. São Paulo: Campus Elsevier, 2011, v. , p. 55-72.

[4] VAZ, Caroline. A responsabilidade civil e o direito à informação dos consumidores na sociedade de consumo. In: Plínio Melgaré. (Org.). *O direito das obrigações na contemporaneidade*. 1. ed. Porto Alegre, 2014, v. 1, p. 97-108.

[5] VAZ, Caroline. Os direitos fundamentais na sociedade de risco. *Revista do Ministério Público do Rio Grande do Sul*, v. 61, p. 261-288, 2008.

[6] Em artigo publicado na *Rivista di Diritto Civile*, Rodolfo Sacco já observou, há mais de trinta anos, que vinha ganhando corpo dentre os doutrinadores, há algum tempo, a impactante ideia de que *"il codice è morto. Il tempo in cui si codificava – specialmente, in cui si codificava il diritto civile – è un tempo superato."* (SACCO, Rodolfo. Codificare: modo superato di legiferare? *Rivista di Diritto Civile*, Ano XXIX, fascicolo cinque, Padova: CEDAM, 1983).

[7] É exatamente por essa razão que, alguns autores, como Cláudia Lima Marques, asseveram poder o princípio da igualdade ser nominado como sendo princípio da equidade (MARQUES, Cláudia Lima. *Contratos no CDC*, p. 390).

[8] GRASSI NETO, Roberto. *Princípios de Direito do Consumidor - Elementos para uma Teoria Geral*. Santo André: ESETec, 2007, p. 112.

Conquanto aludida situação de vulnerabilidade se faça constante em todas as relações de consumo, é forçoso reconhecer que ela assume particular gravidade no que concerne aos riscos inerentes à ingestão, pelo consumidor, dos produtos alimentares a ele fornecidos, quer por motivos atinentes à higiene em sua manipulação ou preparo, quer pelo perigo intrínseco com relação à sua composição ou aos processos empregados em sua produção.

Para ser saudável ao consumidor que o ingere, o alimento deve não apenas atender aos requisitos mínimos de higiene estabelecidos pelas autoridades sanitárias, como não pode apresentar qualquer tipo de contaminação, quer por estar impregnado de substâncias em si consideradas tóxicas ao ser humano (tais como os defensivos agrícolas), quer por trazer em sua origem modificações genéticas potencialmente nocivas ao homem.[9]

A matéria, que é disciplinada no âmbito internacional pelo *Codex Alimentarius*, apresenta-se no direito pátrio, com efeito, de modo bastante fragmentado, sendo regida indiretamente pelo CDC e de modo específico pelas inúmeras resoluções e portarias da Agencia Nacional de Vigilância Sanitária.

No presente livro, em boa parte lastrado em tese apresentada para obtenção do grau de doutora em Direito e em Sociologia Jurídica junto à Faculdade de Direito da *Universidad de Zaragoza*, Caroline Vaz elabora magnífica abordagem da segurança alimentar, partindo da necessidade de ser dispensada informação adequada ao consumidor sobre a composição dos produtos por ele ingeridos, como integrante de uma verdadeira sociedade de risco, na qual o homem passou a ser exposto aos possíveis desacertos decorrentes dos recentes avanços científicos e tecnológicos que marcaram significativamente a produção de alimentos.

A autora inicia seu texto, abordando a questão do risco alimentar para a sociedade contemporânea, com particular enfoque na percepção dos potenciais perigos na produção e consumo de OGMs e transgênicos pelo público, cuja regulação deve abranger necessariamente uma gestão de riscos, mediante aplicação do princípio da precaução.

Caroline Vaz discorre, em seguida, sobre a rotulagem de alimentos, enquanto instrumento para assegurar o direito fundamental à informação dos consumidores quanto ao risco alimentar, mediante interessante estudo comparativo no âmbito internacional, no qual há particular ênfase no Direito Norte-americano e Espanhol. Menciona os mecanismos jurídicos extrajudiciais aplicáveis, dentre os quais destacam-se, na Espanha, a arbitragem; no Brasil, o inquérito civil e o compromisso de ajustamento de conduta.

Em seus quinto e sexto capítulos, a autora analisa de forma profunda e inovadora as novas funções da Responsabilidade civil, e aborda a aplicação dos denominados *exemplary damages* e dos *punitive damages* nos países da *Common Law*, e do sistema romano-germânico, para, em seguida, sugerir sua

---

[9] GRASSI NETO, Roberto. *Segurança alimentar: da produção agrária à proteção ao consumidor*. São Paulo: Saraiva, 2013, p. 47.

adoção visando a efetivar o direito fundamental à informação dos consumidores.

No sétimo capítulo, é efetuada análise minuciosa e vertical do princípio da precaução aplicado à segurança alimentar, enquanto Direito Humano de natureza supranacional, e as medidas judiciais para sua proteção no mundo globalizado, com particular enfoque na padronização adotada pela FAO, quanto à fiscalização e à rastreabilidade.

Em sua linha de pesquisa[10] sobre o tema da Efetividade dos Direitos Fundamentais, que vem sendo desenvolvido desde o ano de 2007, junto a Fundação Escola Superior do Ministério Público (FMP), Caroline Vaz resumiu:

"A finalidade a ser atingida é o uso de institutos jurídicos já consagrados, nas diversas searas do Direito, integrados pela hermenêutica, com a jurisprudência, a analogia, bem como com a filosofia e a sociologia jurídicas, num processo de complementação do Direito, que leva à possibilidade do reconhecimento de Direitos Fundamentais pelo Poder Judiciário, em suas decisões, e pelo Ministério Público, em determinadas atuações extrajudiciais, superando-se o dogma da plenitude da ordem jurídica".

Erigido à categoria de direito fundamental a partir de 2006, o acesso à alimentação adequada vem assegurado no Brasil, como já tive oportunidade de observar,[11] por princípios de ordem tanto constitucional (tutela aos direitos extrapatrimoniais do consumidor, como vida, saúde e segurança; livre concorrência; proteção ao consumidor; proteção ao meio ambiente, e; função social da propriedade), como legal (precaução, transparência, rastreabilidade, responsabilidade objetiva e solidariedade dos fornecedores).

Têm particular importância nesse cenário o dever de informar adequadamente ao consumidor quanto às características do produto alimentar exposto à venda, ou que seja parte integrante de serviço destinado à alimentação. Tal certamente abrange, além da denominação de venda, a inserção nas embalagens ou nos rótulos dos alimentos informações completas concernentes a qual variedade ele pertence, incluindo se o alimento foi obtido mediante práticas de agricultura orgânica, ou se nele foram empregados defensivos agrícolas, bem como se sua produção envolveu o uso de ingredientes convencionais ou de materiais geneticamente modificados. Não se pode, tampouco, olvidar da necessidade de ser mencionado na embalagem quanto a eventual necessidade de determinados alimentos serem mantidos em condições especiais de acondicionamento, tal qual ocorre com produtos que obrigatoriamente devam ser mantidos refrigerados ou em condição de supercongelamento.[12]

Observe-se que a constatação da possibilidade concreta da existência de vício de informação, contaminando a vontade do consumidor na formação de

---

[10] VAZ, Caroline. *Curriculum Lattes*. Disponível em: <http://buscatextual.cnpq.br/buscatextual/visualizacv.do?id=K4246868Y0#LP_Efetividade%20dos%20Direitos%20Fundamentais >. Acesso em: 26.Abr.2015.
[11] GRASSI NETO, Roberto. *Segurança alimentar: da produção agrária à proteção ao consumidor*. São Paulo: Saraiva, 2013, p. 410.
[12] Idem, p. 165.

sua relação jurídica com o fornecedor, apenas confirma sua situação de vulnerabilidade.

Aludida fragilidade mostra-se particularmente preocupante no âmbito da informação concernente não apenas à presença de componentes geneticamente modificados nos produtos alimentares, como de seu potencial risco à saúde dos consumidores, em especial se for observado que opções governamentais vêm sendo tomadas com lastro em pareceres elaborados por pesquisadores subvencionados pelas empresas de biotecnologia. Tal expediente deveria ser terminantemente proibido, assim como caberia considerar com mais seriedade as sucessivas propostas do CONSEA, órgão governamental integrante do "Sistema Nacional de Segurança Alimentar e Nutricional", no sentido de serem proibidas a própria produção e a comercialização de produtos e cultivos transgênicos, em virtude de estes consistirem ameaça à soberania alimentar dos povos, causarem danos irreversíveis ao meio ambiente, prejudicarem a saúde e inviabilizarem a agricultura familiar.

Concorde-se ou não com a tese acima exposta, que defendi em Nitra, Eslováquia, em 2012,[13] fato é que são animadores os resultados de programas, como o "Soja Livre",[14] ou o que implementa o cultivo de semente híbrida não geneticamente modificada do milho, obtida mediante simples cruzamento de linhagens diferentes do vegetal, cuja produtividade elevada é comparável e às vezes até mesmo superior àquela obtida a partir de sementes transgênicas.

Nas considerações finais desta sua bela obra, Caroline Vaz afirma, com razão, que "a grande quantidade de normas esparsas mundo afora sobre a rotulagem de alimentos e a permanência do problema do risco alimentar, com o desenvolvimento científico e tecnológico cada vez mais acelerados, *paripassu* ao interesse preponderante de muitos fornecedores no crescimento dos lucros" deixam os consumidores cada vez mais vulneráveis, cabendo, então ser aplicada em sua defesa uma "hermenêutica integrativa e sistemática do Direito, com base nas regras e em alguns princípios já vigentes na ordem jurídica interna e até mesmo internacional".

Caroline Vaz conclui a obra elegantemente, observando que somente com um Direito preventivo e proativo, o direito do consumidor continuará a ser útil à sociedade mundial e a atingir seu fim de pacificação.

Em suma, o livro ora apresentado oferta, tanto ao leitor, quanto ao aplicador da lei, ponderações dogmáticas solidamente fundamentadas e análise pioneira sem igual no cenário editorial brasileiro, com vistas a assegurar a implementação efetiva da segurança alimentar no Brasil.

---

[13] *Food Safety, Food Security and Biotechnology.* Palestra proferida no XII Congresso Mundial da UMAU, realizado em 07 Junho de 2012, na cidade de Nitra (República da Eslováquia).

[14] Consoante cálculos da Abrange, o custo médio de produção da soja convencional da safra 2011 foi de R$ 366,07 por hectare, valor 14,68% inferior aos R$ 429,06 da soja transgênica (BRASIL. Associação Brasileira dos Produtores de Grãos Não-Geneticamente Modificados. *Informativo Abrange*, outubro de 2011, ano 2, n° 4, p. 3). Dados mais recentes indicam, ainda, que a produtividade da soja convencional BRS 284, por exemplo, foi de 74 sacas por hectare, portanto muito acima da média de 50 a 60 sacas obtidas da lavoura transgênica (BRASIL. Associação Brasileira dos Produtores de Grãos Não-Geneticamente Modificados. *Informativo Abrange*, abril de 2012, ano 2, n° 5, p. 2).

Parabenizando a autora, Caroline Vaz e sua editora por esta grande contribuição ao direito do consumidor, recomendo veementemente esta estimulante leitura.

Roberto Grassi Neto
Desembargador do Tribunal de Justiça do Estado de São Paulo (TJ-SP)
Livre-Docente, Doutor e Mestre em Direito pela Universidade de São Paulo (USP)
Professor das Faculdades Metropolitanas Unidas (FMU)
Diretor do Brasilcon (Instituto Brasileiro de Política e Direito do Consumidor)
Diretor do IBRAA (Instituto Brasileiro de Direito Ambiental, Direito Agrário e Economia)

Sumário

Apresentação – *Manuel Calvo-García* 15
Introdução..17
1. A delimitação do risco no processo produtivo para a proteção dos consumidores 21
    1.1. O risco e a sociedade de risco contemporânea. O risco alimentar.......................22
    1.2. O risco alimentar e o paradigma dos OGMs e dos transgênicos.........................33
        1.2.1. A percepção do risco alimentar pelo público..38
    1.3. A regulação do risco e o direito regulativo...41
        1.3.1. Gestão do risco alimentar...46
    1.4. Os princípios jurídicos relacionados ao risco...49
        1.4.1. O princípio da precaução...51
    1.5. A sociedade de risco e o risco alimentar: novos desafios ao Direito..................59
2. O direito fundamental à informação dos consumidores e a precaução do risco alimentar...65
    2.1. A definição do direito à informação..66
    2.2. A proteção jurídica do direito à informação do consumidor no direito internacional e no direito comparado..70
        2.2.1. O direito à informação e a rotulagem de alimentos no direito internacional........70
        2.2.2. O direito à informação dos consumidores nos Estados Unidos, Espanha e Brasil..79
    2.3. A informação adequada na rotulagem para a precaução do risco alimentar.................95
3. A informação como direito fundamental do consumidor para precaução do risco alimentar..101
    3.1. A delimitação dos direitos fundamentais..102
    3.2. O direito fundamental (transindividual) à informação dos consumidores.................108
    3.3. A eficácia horizontal e vertical do direito fundamental à informação dos consumidores e o conflito de direitos fundamentais..115
4. Instrumentos extrajudiciais de efetivação do direito fundamental à informação dos consumidores para precaver o risco alimentar..123
    4.1. O direito à informação no espaço público..124
    4.2. Instrumentos jurídicos extrajudiciais..128
        4.2.1. Estados Unidos e a concentração da regulação pela Agência de Alimentos e Remédios (FDA) e Agência de Consumidores...................................129
        4.2.2. Espanha – OMICs (Oficinas Municipais de Informação aos Consumidores) e arbitragem..132
    4.3. O inquérito civil e o compromisso de ajustamento de conduta no Brasil...............142
5. A responsabilidade civil para precaução ao risco alimentar.............................147
    5.1. As funções da responsabilidade civil...147

5.2. Outras funções da responsabilidade civil – *exemplary damages e punitive damages* – para efetivar o direito fundamental à informação dos consumidores......................150
    5.2.1. Os *punitive damages* no direito comparado: o tratamento do tema nos países da *Common Law*..152
5.3. As funções punitivas e dissuasórias no sistema romano-germânico..........................162
    5.3.1. Os *punitive damages* – prestações punitivas/dissuasórias no Brasil..................170

6. Reflexões acerca de uma efetiva proposta à aplicação dos *punitive damages* (funções punitiva/dissuasória da responsabilidade civil) para precaver o risco alimentar............179
    6.1. A prestação jurisdicional e os *punitive damages* na precaução do risco alimentar......180
        6.1.1. Critérios para aplicação das prestações punitivas na violação do direito à informação dos consumidores..195
    6.2. Aplicação das prestações punitivas pelo Ministério Público.....................................202

7. Considerações finais..211

Referências...215
    Demais referências..226

Anexo A
Termo de Cooperação Técnica para controle de agrotóxicos na alimentação e informação do consumidor...231

Anexo B
Decisão do TJ/RS sobre a intoxicação pela ingestão de bolachas recheadas, sem informação adequada no rótulo da embalagem...241

Anexo C
Resumen de la tesis: el derecho humano/fundamental de los consumidores para precaución del riesgo alimentar..247

Apresentação

Para mi es una gran satisfacción presentar el libro de Caroline Vaz, *Direito do consumidor à segurança alimentar e responsabilidade civil*. Al respecto, quiero dejar bien claro que no se trata de una mera afirmación retórica. Siempre es grato ver que el esfuerzo invertido en la elaboración de una obra de estas características llega a buen puerto. Pero, además, en este caso, opino que el trabajo de Caroline tiene un gran valor teórico y práctico que hacen necesaria su divulgación. Lo que comenzó siendo una tesis doctoral dentro del programa de Sociología Jurídica de la Universidad de Zaragoza y que ya obtuvo en su momento la máxima calificación de sobresaliente cum laude, ahora es un libro que debe de ser valorado como una aportación seria y brillante en el campo del conocimiento jurídico. Razones por las cuales creo que la felicitación debe ser doble, además de sincera.

No me extenderé en los calificativos al uso. Estamos ante un libro excelente que merece todos los términos elogiosos que se nos ocurran. Pero entiendo que este tipo de adjetivos, por si solos, no hacen justicia a los méritos del mismo. Pienso que es mejor destacar que sus valores no son fruto de la casualidad o la improvisación, sino de un conjunto de factores científicos y personales que avalan la calidad de los resultados alcanzados.

En relación con lo anterior, creo que lo primero que debo destacar es su enfoque. La perspectiva desde la que se aborda es particularmente interesante y ello hace que los resultados de la investigación realizada también sean óptimos. De entrada, vincular los riesgos y la seguridad alimentaria con los derechos fundamentales, empezando por el derecho de los consumidores a una información adecuada que garantice esa seguridad, me parece esencial. E igualmente relevante me parece que este libro no se quede en las meras reflexiones teóricas sobre la noción de riesgo y aborde centralmente la dimensión práctica de su protección. No podía ser menos desde el momento en que la autora aúna experiencia académica y profesional.

La teorización de la seguridad alimentaria y la información necesaria para hacerla efectiva desde la perspectiva de los derechos fundamentales es especialmente relevante para delimitar mecanismos preventivos encaminados a la protección de los consumidores. En este sentido, la perspectiva desde la que se aborda esta obra va más allá de los mecanismos regulativos extrajudiciales. Desde el inicio, Caroline se planteó la necesidad de una protección efectiva de estos derechos y ello le ha llevado a conjugar el recurso a mecanismos extrajudiciales y judiciales. En conjunto, los planteamientos desarrollados al respecto tienen un gran interés de tipo práctico; pero son también relevantes precisamente por el énfasis en la necesidad de subrayar la importancia de su efectividad.

Particular mención merecen los desarrollos sobre la responsabilidad civil y, en particular, sobre los daños punitivos y su traslación a los sistemas jurídicos romano-germánicos que se realiza en esta obra. En este sentido se propone la inserción de estos mecanismos jurídicos procedentes del *Common Law* en los sistemas jurídicos como el brasileño y el español en los que en principio no están previstos, mediante el recurso a los principios de interpretación de los derechos y las garantías fundamentales con el fin de implementar las ventajas de esos mecanismos ampliamente usados en los sistemas jurídicos anglosajones y desarrollar nuevas funciones para hacer efectiva la responsabilidad civil. De esta manera se obligaría a indemnizar a las víctimas por los daños causados por los riesgos derivados de la vulneración del derecho a una información adecuada que garantice su seguridad alimentaria y además se condenaría a los agentes que generaron culposamente esos daños a compensar a la sociedad por la violación de un derecho fundamental. Lo cual redundaría en una medida preventiva de carácter general orientada a proteger los derechos de los consumidores y, por ende, a hacer realmente efectivos estos derechos fundamentales.

Sólo me resta felicitar de nuevo a la autora por su magnífico trabajo y reconocer su esfuerzo para conciliar la dedicación profesional en el ámbito de la praxis jurídica con la investigación científica. Creo que este libro es un buen ejemplo de que la simbiosis de ambas perspectivas redunda positivamente en los resultados alcanzados.

Zaragoza, abril 2015

Manuel Calvo-García

Introdução

A rápida evolução da sociedade provoca a constante inovação da ordem jurídica, especialmente no momento atual quanto à adequação do Direito a novas demandas da chamada sociedade de risco.[1] Nesse contexto, a presente obra visa a analisar a possibilidade de inserção de institutos jurídicos nacionais de modo transnacional para fins de precaver o risco alimentar e efetivar, assim, a tutela do direito humano/fundamental à informação dos consumidores. Embora já conhecidos, esses institutos jurídicos são utilizados em alguns países, mas a era da globalização propõe a necessidade de alternativas capazes de solucionarem os mesmos problemas em distintos pontos do globo terrestre e, portanto, a criação de novos instrumentos ou o compartilhamento daqueles que já existem e estão sedimentados em determinados Estados.

Contudo, percebe-se que o Direito sozinho não tem sido eficaz para evitar o alargamento das condutas ilícitas nos países e os prejuízos advindos dessas, os quais atingem não só ao indivíduo, mas a toda sociedade, numa degradação de valores e depreciação do ser humano paradoxais a sua evolução como decorrência da modernidade reflexiva.[2] Nesse sentido, bem alerta Norbert Elias: "só pode haver uma vida comunitária mais livre de perturbações e tensões se todos os indivíduos dentro dela gozarem de satisfação suficiente; só pode haver uma existência individual mais satisfatória se a estrutura social pertinente for mais livre de tensão, perturbação e conflito".[3]

Por sua complexidade, faz-se uma análise interdisciplinar do tema, mediante o cotejo dos aspectos pertinentes de Direito Constitucional, Direito Civil, detidamente Direito dos Consumidores e Responsabilidade Civil, Direito Internacional e Comunitário, num prisma comparativo, em concomitância com a abordagem de conceitos da Sociologia Jurídica.[4]

---

[1] A título de acordo semântico, utiliza-se a definição de risco para Ulrich Beck: "Risco é o enfoque moderno da previsão e controle das conseqüências futuras da ação humana, as diversas conseqüências não desejadas da modernização radicalizada." (BECK, Ulrich. *La sociedad del riesgo:* hacia una nueva modernidad. Barcelona: Paidós, 1998. p.13).

[2] BECK, Ulrich. *World at risk: the new task of critical theory*. Disponível em: <http://isdpr.org/isdpr/publication/journal/37-1/01.pdf>. Acesso em: 10 mar. 2013. p. 5.

[3] ELIAS, Norbert. *A sociedade dos indivíduos*. Tradução de Vera Ribeiro. Rio de Janeiro: Zahar, 1994. p. 17.

[4] Importante destacar que se utiliza neste trabalho o entendimento de que sociologia jurídica como "o estudo e a análise das inter-relações entre Direito positivo e sociedade", conforme Elias Díaz. *apud* SOUZA JUNIOR, José Geraldo. *Sociologia jurídica:* condições sociais e possibilidades teóricas. Porto Alegre: Fabris, 2002. p. 12.

Esta última seara possui um papel determinante no contexto, pois é a Sociologia Jurídica que se debate a definição de sociedade de risco e do próprio risco que são, no sentir da autora, onde estão inseridos os problemas relacionados à alimentação e à falta de informação adequada dos consumidores quanto aos componentes que acarretam os danos à saúde e à vida das pessoas, sobre o que o Direito também deverá se deter. Concorda-se, pois, com Calvo García quando este afirma que "a perspectiva da Sociologia jurídica é fundamental nesse ponto se quisermos ir além de um formalismo estéril e fazer frente às exigências de conhecimento que não podem se limitar ao marco estreito de uma ciência e a uma teoria do Direito puramente dogmáticas ou autônomas".[5]

Dessa forma, o objetivo geral é refletir como o Direito, por meio de sua teoria e de sua aplicação prática, pode evitar que os riscos aos seres humanos provocados pela industrialização e tecnologias avançadas continuem a se alastrar, fazendo diuturnamente novas vítimas. Propõe-se, pois, a busca de instrumentos jurídicos preventivos, seja pela via extrajudicial ou judicial.

Para tanto, define-se o que é risco alimentar de acordo com o paradigma da sociedade de risco em âmbito global; sustenta-se que o Direito à informação adequada dos consumidores é um direito fundamental, quiçá um direito humano, já que em última análise a saúde e a própria vida humanas são bens jurídicos potencial ou efetivamente lesados quando determinadas substâncias que compõem um alimento não são informadas corretamente ou sequer são informadas; avaliam-se meios jurídicos extrajudiciais para assegurar a informação adequada dos consumidores quanto à alimentação, e suscita-se a possibilidade de novas funções à responsabilidade civil visando a punir e dissuadir os agentes quando, superadas todas as formas preventivas de evitar danos à saúde e à vida dos consumidores, colocam ainda assim estes em risco, em dissonância com os parâmetros da repersonalização e despatrimonialização do Direito atual.

Tem-se sempre em consideração as diferentes estruturas das famílias jurídicas, *Common Law* e Romano-Germânica, bem como a realidade social, a formação histórica, cultural, econômica, enfim, parâmetros que serão decisivos para a abordagem do tema e para as conclusões às quais se pretende chegar.

O livro está dividido em oito capítulos. No primeiro definem-se marcos conceituais acerca do risco e da sociedade de risco, bem como do risco alimentar, utilizando-se como paradigma os organismos geneticamente modificados (OGM) e os transgênicos,[6] sobre o que as pesquisas científicas ainda estão em

---

[5] CALVO GARCÍA, Manuel. *Transformações do estado e do direito:* do direito regulativo à luta contra a violência de gênero. Tradução de Paula Pinhal de Carlos e Marcelo Henrique Gonçalves Miranda. Porto Alegre: Dom Quixote, 2007. p. 10.

[6] Grassi Neto destaca que transgênicos e organismos geneticamente modificados não se confundem: Transgênicos, segundo o autor, é o organismo que possui sequência de DNA, ou parte do DNA, de outro organismo, que pode ser até mesmo de uma espécie diferente. Um OGM, por seu turno, é o organismo manipulado geneticamente pelo homem, que pode ou não ter recebido genes de outro organismo. Seria uma relação de gênero e espécie, pois a maior parte de OGMs é de transgênicos, mas nem todo OGM é necessariamente um transgênico. (GRASSI NETO, Roberto. *Segurança alimentar:* da produção agrícola à proteção do consumidor. São Paulo: Saraiva, 2013. p. 372).

andamento, não se tendo consenso sobre consequências adversas à saúde que a ingestão destes possa causar. Nesse sentido, imperiosa a menção sobre a percepção do risco pela sociedade, bem como sobre a gestão do risco alimentar. Para encaminhamento conclusivo do capítulo abordam-se os princípios da precaução e prevenção, como norteadores da atuação estatal, mormente do Direito, para o enfrentamento do problema proposto: o risco alimentar.

No segundo capítulo, conceitua-se o direito à informação dos consumidores e a tutela destes em âmbito internacional, comunitário, bem como no Direito Comparado, especificamente quanto à regulação dos rótulos de alimentos na Espanha, Estados Unidos e Brasil, enfocando na informação adequada dos consumidores para a precaução do risco alimentar. A intenção é verificar o que existe de regulamentação vigente em cada país acerca das informações nos rótulos de alimentos e se está sendo cumprida, fiscalizada, aplicada, enfim para atingir seu objetivo que é informar corretamente o consumidor e evitar prejuízos a estes.

O terceiro traz a abordagem da informação como direito fundamental do consumidor para precaver o risco alimentar, onde se delimita o que seja direito o direito fundamental à informação dos consumidores. Isto porque não se pode desconhecer a tutela diferenciada aos direitos que são mais relevantes para a proteção do homem. Em sendo assim, se a alimentação pode atingir a saúde e a vida humana, quando ingeridas substâncias que lhe são prejudiciais sem que disto possa ter conhecimento, está justificada a necessidade de o direito à informação dos consumidores, de forma direta ou indireta, ser reconhecido também como fundamental, o que vem sendo possível nos Tribunais Superiores de diversos países.

Logo em seguida, desenvolve-se o direito à informação no espaço público e os instrumentos jurídicos extrajudiciais existentes para a precaução do risco, trazendo à lume as experiências das Agências Reguladoras nos Estados Unidos, especialmente a FDA (*Food and Drugs Administration*), das Oficinas Municipais de Informação aos Consumidores da Espanha, com orientações, palestras para estes saberem como agir quando de suas aquisições de produtos alimentares, e da avançada regulação e uso da arbitragem em matéria de consumo no mesmo país, meios cada vez mais difundidos e democráticos para a população se aproximar das informações necessárias e se autoproteger de danos oriundos da alimentação. Já no Brasil, há o Inquérito civil para investigar fatos determinados, envolvendo ilícitos contra os consumidores, que é uma alternativa e procedimento preparatório para ações contra os causadores de danos concretos ou abstratos. No bojo deste procedimento é possível firmar um termo de ajuste de conduta visando, por meio de cláusulas coercitivas de obrigação de fazer ou não fazer, a evitar que o ato ilícito continue e/ou volte a ocorrer e, principalmente, precavendo danos concretos, com a inserção de prestações pecuniárias com tais finalidades. No caso de descumprimento deste termo de ajuste, que se constitui em título executivo extrajudicial, o mesmo pode ser executado judicialmente (sem necessidade de ação judicial, e todo o processo).

No quinto capítulo, a pesquisa se respalda mais no direito norte-americano, fazendo-se sempre a abordagem tríplice comparatista, Brasil, Espanha e Estados Unidos, avaliando-se a possibilidade ou não do reconhecimento de novas funções à responsabilidade civil, com o fim de verificar por meio desta, agora na via judicial, um caráter punitivo e principalmente dissuasório (de desestímulo) para atingir os produtores e fornecedores de alimentos que colocam a vida dos consumidores em risco – a chamada teoria dos *punitive damages*, danos punitivos ou prestações punitivas, largamente utilizada na *Common Law* norte-americana. Isto porque, apesar de não se desconhecer que os sistemas jurídicos seguem contando com um crescente conjunto de mecanismos penais ou sancionadores mediante os quais se castiga os transgressores, sendo a tendência atual considerar que estes não são mais eficazes para propiciar a estabilidade do sistema social e a segurança,[7] quando já esgotadas todas as possibilidades de orientação, fiscalização e advertência para que tais episódios não ocorram, não resta alternativa a não ser punir, ainda que para mostrar tais comportamentos serem fortemente censuráveis no Estado contemporâneo, objetivando sempre evitar a aplicação de sanções penais aos autores, as quais devem ser guardadas como *ultima ratio* para os comprovadamente criminosos.

O sexto capítulo revela a necessidade de instrumentos jurídicos prospectivos capazes de dar conta de mudança de perspectiva, da necessidade de um Direito cada vez mais preventivo, seja por meio de novas normas, seja pela nova interpretação integrativa e sistemática do que já existe, seja por uma atuação conjunta deste com outros ramos do conhecimento. Usando como exemplo os *punitive damages*, propõem-se formas de adotar o instituto em países da família romano-germânica, cuja ordem jurídica aparentemente não se afina com o sistema da *Common Law*, sem perder de vista que o mundo vivencia a era globalizada e que o problema do risco alimentar ocorre nos mais distantes lugares simultaneamente.

No sétimo, o trabalho traz algumas considerações finais acerca dos principais aspectos abordados, pois necessária a reflexão do que foi visto e proposto para que se possa efetivamente avançar na seara jurídica, de modo a trazer alternativas concretas ao menos para debate, já que a situação do risco/segurança alimentar está na pauta do dia seja nas ruas, na mídia, na legislação, no Poder Judiciário. O que importa é o Direito não ficar à margem desta realidade, devendo atualizar-se de forma ágil sob pena de se transformar em objeto obsoleto dissonante da sua finalidade maior, que é o restabelecimento do equilíbrio social.

---

[7] Sobre essas considerações, CALVO GARCÍA, 2007, p. 11.

1. A delimitação do risco no processo produtivo para a proteção dos consumidores

A fim de contextualizar o tema do direito à informação adequada dos consumidores[8] e, sobretudo, com o objetivo de justificar o porquê da necessidade de uma maior e diferente proteção a estes quando se fala em precaução do risco alimentar neste século, tecer-se-ão alguns apontamentos sobre o risco e sobre o seu conteúdo, para demonstrar como a sociedade contemporânea está inserida em tal realidade e os novos paradigmas que daí surgem.

Apesar de o debate não ser propriamente novo, com os avanços tecnológicos cada vez mais acelerados surgem novas consequências aos seres humanos quanto aos seus direitos mais elementares, como a saúde e a própria vida. Não se desconhecem, por outro lado, o conforto e as facilidades que as novas descobertas científicas trazem à sociedade, mas o paradoxo desenvolvimento/danos tem se constatado como um fato. Daí se justifica que o Direito, o qual serve à vida, deva andar junto com os conflitos que surgem, buscando diminuir possíveis riscos causadores de insegurança e medo a toda sociedade, evitando que o "homem venha efetivamente a ser o lobo do homem".[9]

Ainda, tendo em vista o interesse em pesquisar o tema também com o intuito de propor novas reflexões sobre este e, quiçá, novas alternativas para seu enfrentamento, o presente trabalho terá uma abordagem comparatista principalmente dos sistemas jurídico-legais brasileiro, espanhol e estadounidense,

---

[8] Consumidor, segundo o Código de Defesa do Consumidor brasileiro, Lei 8.078/90, "artigo 2° é toda pessoa física ou jurídica que adquire ou utiliza produto ou serviço como destinatário final. Parágrafo único. Equipara-se a consumidor a coletividade de pessoas, ainda que indetermináveis, que haja intervindo nas relações de consumo.
O *articulo 1.2 de La Ley 26/1984, de 19 de julio, General para la Defensa de los Consumidores y Usuarios* da Espanha, descreve: *2. A los efectos de esta Ley, son consumidores o usuarios las personas físicas o jurídicas que adquieren, utilizan o disfrutan como destinatarios finales, bienes muebles o inmuebles, productos, servicios, actividades o funciones, cualquiera que sea la naturaleza pública o privada, individual o colectiva de quienes los producen, facilitan, suministran o expiden.*
[9] Parafraseando a célebre passagem mencionada por Thomas Hobbes na obra *O Leviatã*: "o homem é o lobo do homem".

mencionando, sempre que possível e conveniente, as previsões da matéria em âmbito comunitário[10] e, eventualmente, internacional.[11]

1.1. O risco e a sociedade de risco contemporânea. O risco alimentar

Dentre diversos fenômenos que ocorrem na sociedade contemporânea, as consequências advindas do desenvolvimento industrial e, principalmente, tecnológico pautam novos debates por parte dos cientistas sociais, econômicos, políticos de todo o mundo. Não pode, portanto, o Direito ficar à margem dessa realidade, sob pena de não tutelar importantes bens jurídicos atingidos.

Nesse sentido, "a gestão dos riscos passou a ser uma das preocupações de governos e agências internacionais desde o século XX. Porém, nem sempre as ações se orientam sobre uma matriz reflexiva, que aponte as diferentes interpretações sobre o risco e suas causas", como afirmam Zanirato, Ramires, Amicci, Zulimar e Ribeiro.[12]

Segundo Rafaelli Di Giorgi, "a análise do risco na sociedade contemporânea pode ter a função de racionalizar o medo [...] o tema do risco tornou-se objeto de interesse e preocupação da opinião púbica quando o problema da ameaça ecológica permitiu a compreensão de que a sociedade produziria tecnologias que poderiam acarretar danos incontroláveis".[13]

O mesmo autor traz duas alternativas de tratamento do risco, segundo ele, consequência da verificação de que a segurança é um artefato em que não se pode confiar. A primeira seria:

> Tratar o risco como uma condição existencial, o resultado de uma condenação à liberdade, que explicava a insegurança como o reflexo de caráter arriscado da existência. [...] a outra trata da hipótese da segunda modernidade, também chamada de contra-modernidade ou sociedade de risco. [...] a sociedade sob o domínio absoluto da modernização da indústria [...] esta sociedade começa aí onde falham pela sua incapacidade de controlar as ameaças que provêm das decisões. Tais ameaças são de natureza ecológica, tecnológica, política, e as decisões são resultado de relações que derivam da racionalidade universal.[14]

Di Giorgi arremata, concluindo que "o risco não é nem uma condição existencial do homem, muito menos a categoria ontológica de sociedade moderna [...] é uma modalidade de relação com o futuro: é uma forma de determina-

---

[10] Âmbito Comunitário leia-se a abordagem da matéria quanto aos aspectos jurídicos e legais no Mercado Comum do Sul (MERCOSUL) e na União Europeia.

[11] Visando a demonstrar previsões normativas de organizações de âmbito internacional, como OMS (Organização Mundial da Saúde), ONU (Organização das Nações Unidas), entre outras.

[12] ZANIRATO, Silvia Helena *et al*. Sentidos do risco: interpretações teóricas. *Biblio 3W*, Revista Bibliográfica de Geografía y Ciencias Sociales, Barcelona, v. 13, n; 785, 25 mayo 2008. Disponível em: <http://www.ub.es/geocrit/b3w-785.htm>.

[13] DI GIORGI, Raffaele. *Direito, democracia e risco:* vínculo com o futuro. Porto Alegre: Fabris, 1998. p. 194.

[14] Ibid., p. 196.

ção das indeterminações segundo a diferença de probabilidade/improbabilidade".[15]

Por essa abordagem, compreende-se o fenômeno como algo iminente e real, que permeia a própria existência humana. Contudo, Ortwin Renn esclarece que pode ter uma heterogeneidade de sentidos. Para melhor compreende-lo há que se fazer uma análise sistemática de seus variados significados, sendo que explica o risco na perspectiva técnico-científica e cultural. Segundo ele, "as análises técnicas são compreendidas como espelho da relação entre observação e realidade e não consideram que as causas dos danos e a magnitude das consequências sejam ambas mediadas pelas experiências e interações sociais".[16] Quanto à análise cultural, afirma: "os seres humanos não percebem o mundo com olhos primitivos, mas por lentes filtradas por sentidos sociais e culturais transmitidos por meio de processos de socialização incluindo família, amigos, chefias e colegas do trabalho".[17]

Na mesma linha, Mary Douglas aborda os riscos em uma perspectiva cultural, pois entende que tal enfoque permite entender como são ou não estabelecidas as estratégias de prevenção, pois estas são orientadas pelo contexto cultural no qual os sujeitos se encontram inseridos.[18]

Assim, de imediato, vislumbra-se a possibilidade de diversas abordagens sobre o risco, não havendo, necessariamente, contraposição ou antagonismo em relação a estas. Pelo contrário, desponta como um fenômeno que atinge os seres humanos e que deve ser prevenido, seja sua abordagem num contexto puramente social ou até mesmo cultural. Mas os entendimentos que envolvem a definição de risco não param por aí.

Kourislky e Viney advertem não ser adequado confundir o risco com o perigo, e traçam um paralelo diferenciador entre os fenômenos, afirmando que o "perigo é aquilo que ameaça ou compromete a segurança, a existência, de uma pessoa ou de uma coisa, enquanto o risco é um perigo eventual mais ou menos previsível".[19]

Outro grupo de autores refere o risco sob o aspecto da governamentalidade deste, desenvolvido originalmente por Foucault, para explorar o risco no contexto da vigilância, disciplina e regulação das populações e de como tecnologias de poder desenvolvidas com base no conceito de risco constituem certas formas de comportamento que são usadas para encorajar indivíduos a engajar-se voluntariamente em normas.[20]

---

[15] DI GIORGI, 1998, p. 197.

[16] RENN, Ortwin. Concepts of risk. In: KRIMSKY, S., GOLDING, D. (Eds.). *Social theories of risk*. Westport: Praeger, 1992. p. 53 a 79, p. 61.

[17] Ibid., p. 67.

[18] DOUGLAS, Mary. *Pureza e perigo*. São Paulo: Perspectiva, 1976.

[19] KOURILSKY, Philippe; VINEY, Geneviève. *Le principe de précaution*: rapport au Premier Ministre (15 October 1999). Paris: Odile Jacob, 2000. p. 16.

[20] CASTEL, Robert. *From dangerousness to risk*. In: THE FOUCAULT effect: studies in governmentality. Chicago: The University of Chicago, 1991.

Possível perceber, assim, que apesar de tratados muitas vezes como sinônimos, o risco e o perigo não se confundem. E mais. Trazem consequências diferentes e, portanto, necessidades de enfrentamentos também distintas.

Conforme Goldim, o *Bioethics Thesaurus*, que é um instrumento de pesquisa para todos os campos da Bioética, caracteriza risco como sendo a probabilidade de ocorrência de um evento desfavorável. *Cox* caracteriza risco em saúde como sendo o perigo potencial de ocorrer uma reação adversa à saúde das pessoas expostas a ele.[21] Aduz, ainda:

> Risco, de acordo com a Resolução CNS196/96, é a possibilidade de danos à dimensão física, psíquica, moral, intelectual, social, cultural ou espiritual do ser humano, em qualquer fase de uma pesquisa e dela decorrente. Caberia distinguir a noção de risco processo de risco produto. Risco processo é aquele a que estão expostos os participantes de uma pesquisa, os próprios pesquisadores e os trabalhadores envolvidos, é aquele risco que ocorre ao longo do projeto. Risco produto é o risco decorrente do projeto, é aquele que atinge a sociedade de forma indistinta. É o risco que resulta dos rejeitos ou de outras formas de contaminação ambiental, por exemplo. O risco natural, ou seja, aquele que o paciente já possui, deve ser diferenciado do risco criado, ou construído, segundo Giddens, por um procedimento diagnóstico ou terapêutico ou por uma intervenção de pesquisa.[22]

Entretanto, foi o sociólogo alemão Ulrich Beck, em 1986, quem primeiro definiu cientificamente a expressão, tendo lhe aplicado fundamentalmente ao campo da tecnologia e assim conceituando: "Risco é o enfoque moderno da previsão e controle das consequências futuras da ação humana, as diversas consequências não desejadas da modernização radicalizada".[23] Sendo que em artigo mais recente ainda define os fenômenos no mesmo sentido:

> Risco não significa catástrofe, mas uma catástrofe antecipada, o perigo potencial. Sociedade de risco significa: o risco se deparou com o atual estágio da modernidade. Eu, então, faço a distinção entre o risco industrial e sociedade de risco, afirmando que a transformação da primeira para a segunda começou no final dos anos 1960. O que significa sociedade de risco são as incertezas fabricadas, que é uma gama de novos riscos – por exemplo, os problemas ambientais – que são efeitos colaterais não intencionais do desenvolvimento tecnológico e econômico. Estes resultados de incertezas fabricadas a partir do progresso científico e tecnológico, que supostamente deveriam resolver, e não criar problemas. Historicamente eu descrevo duas formas de movimento: de perigo ao risco e de risco de perigo, a incerteza fabricada. Eu defino que o perigo é causado pela natureza e o risco causado por seres humanos: o perigo não pressupõe decisão; risco pressupõe decisão (e modernização).[24]

Para Beck, os riscos atuais são bastante diferentes, uma vez que são globais e põem em perigo a sobrevivência da vida na Terra, em todas as suas manifestações. Eles resultam de causas técnico-científicas, pois são produtos da maquinaria do processo industrial, se expressam em fórmulas físico-químicas e na ameaça nuclear, por exemplo. Na conjuntura em que vivemos esses riscos

---

[21] GOLDIM, José Roberto. *Risco*. Disponível em: <http://www.bioetica.ufrgs.br/risco.htm>. Acesso em: 12 ago. 2012.
[22] Ibid.
[23] BECK, 1998, p. 13.
[24] BECK, 2012.

coexistem com outros, nada novos, como os riscos da pobreza, da saúde, da desqualificação profissional.

Simultaneamente à sociedade de risco, Beck identifica a existência de uma modernidade reflexiva, que define como autoconfrontação. Ou seja, para ele "a transição desde a época da modernidade industrial à modernidade do risco se produz de forma não intencional, não percebida, compulsivamente, no curso de uma dinâmica da modernização que se fez de forma autônoma, seguindo a pauta das consequências não desejadas".[25] Explica o fenômeno aduzindo:

> Na modernidade radicalizada, os novos riscos são, portanto, incertezas fabricadas ou perigos fabricados, porque a gama de catástrofes potenciais e incertezas cresce com progresso tecnológico e científico e mais industrialização, mais carros e mais riqueza também podem causar mais problemas ambientais. Naturalmente, tem sido sempre efeitos secundários, mas na primeira ou simples modernidade estes efeitos foram imediatamente perceptíveis, os novos riscos tendem a ser intangíveis aos nossos sentidos. O que significa que eles só podem ser conhecidos por meio das respostas de testes científicos, – e eles são muitas vezes latentes. Sua latência é uma razão pela qual esses novos riscos não são totalmente cientificamente determináveis, mesmo que eles sejam para um grau cognoscível através da ciência. Isto significa que as tradicionais tecnologias de gestão de riscos, avaliação e seguros não são mais totalmente funcionais. Os novos riscos são, por outras palavras, incertezas fabricadas e perigos: a modernidade é confrontada com a sua própria destruição potencial de desenvolvimento social e tecnológico, sem ter adotado respostas adequadas. Novamente, não é pós-modernidade, mas mais modernidade radicalizada, que produz a sociedade de risco mundial.[26]

A modernidade reflexiva é o novo que incorpora e desincorpora a tradição. Trata-se de uma "destruição criativa em que um tipo de modernização destrói o outro e o modifica".[27] Os riscos sociais, ambientais, econômicos e culturais que envolvem esse estágio da modernização não resultam de uma escolha consciente; eles são, antes, consequências indesejáveis "dos processos de modernização autônoma, que são cegos e surdos a seus próprios efeitos e ameaças".[28]

O processo de "modernização reflexiva" marca, portanto, um novo modo de considerar o perigo, conceituado como *risco*, consistente na probabilidade de ocorrência de situações potencialmente perigosas. Como afirma Robert Castel, "trata-se menos de afrontar uma situação já perigosa, do que de antecipar todas as figuras possíveis da irrupção do perigo".[29]

Outro autor que aborda com propriedade o tema da modernização reflexiva, e traz a análise do fenômeno relacionado com a práxis social inserida num período de incertezas, é Anthony Giddens.

Para ele, a reflexividade, no período moderno, é introduzida na própria base de reprodução do sistema [...]. A reflexividade da vida social moderna consiste no fato de que as práticas sociais são constantemente examinadas e

---

[25] BECK, 2012, p. 114.
[26] Ibid., p. 5.
[27] BECK, Ulrich. A reinvenção da política: rumo a uma teoria da modernização reflexiva. In: GIDDENS, Anthony. *Modernização reflexiva*. São Paulo: UNESP, 1997. p. 12.
[28] BECK, 2006, p. 114.
[29] CASTEL, Robert. *A gestão dos riscos*. Rio de Janeiro: Francisco Alves, 1987. p. 127.

reformadas à luz de informação renovada sobre estas próprias práticas, alterando assim constitutivamente seu caráter.[30] Nessa época de incertezas, tem-se "o risco fabricado, que é resultado da intervenção humana na natureza e nas condições da vida social. As incertezas (e as oportunidades) que ele cria são amplamente novas. Elas não podem ser tratadas como remédios antigos; mas tampouco respondem à receita do Iluminismo: mais conhecimento, mais controle".[31]

Neste passo, a doutrina salienta que se é notório que a modernização trouxe por um lado desenvolvimento econômico, embasado no sistema mercadológico do capitalismo, por outro lado trouxe consigo o estado de pobreza e mazela a determinadas categorias sociais e a muitos países que suportam a força das grandes potências, e suas repercussões nos mais diversos planos, como o econômico, ecológico e mercadológico, entre outros.

Percebido que na modernidade reflexiva o risco está diretamente ligado ao processo de industrialização e ao avanço tecnológico, Beck preleciona que a especificidade reside em sua invisibilidade e salienta:

> Essa relativa invisibilidade dos riscos e sua dependência do saber científico-tecnológico indicam que a existência e distribuição social dos riscos estão mediatizadas por princípios inteiramente argumentativos, pois freqüentemente o que prejudica a saúde e destrói a natureza não pode ser conhecido pela percepção dos indivíduos, pelos próprios olhos, mas depende, para sua constatação objetiva, do parecer de um *expert*.[32]

Acerca das características do risco, Beck assevera ainda:

> [...] Porque os riscos dizem respeito a possíveis eventos, que poderiam, mas não precisam ocorrer, são marcados por um alto grau de irrealidade. Riscos são construções sociais e definições baseadas em relações correspondentes acerca da definição. Sua existência toma forma de conhecimento. Como resultado, a sua realidade pode ser dramatizada ou minimizada, transformada ou simplesmente negada de acordo com as normas as quais decidem o que é conhecido e o que não é.[33]

A descontinuidade entre a modernidade e as ordens sociais tradicionais envolve o que este autor denomina de *ritmo de mudança, escopo da mudança* e *natureza intrínseca das instituições modernas*. Ou seja, se a modernidade permitiu aos homens uma vida mais segura e com infindáveis possibilidades de desenvolvimento tecnológico, permitiu também um potencial destrutivo de alguns bens e valores. Refere, ainda: "o mundo moderno vive um paradoxo, pois para se ter uma vida com prazer e segurança a sociedade é, contraditoriamente, desafiada por novos riscos que se desdobram da capacidade tecnológica que anuncia uma suposta *máxima qualidade* para as vidas humanas".[34]

Importante salientar, porém, que no presente trabalho, em que pesem as diferentes conotações de riscos globalizados, os que interessam como marco teórico, partindo da conceituação de Beck, são aqueles diretamente relacio-

---

[30] GIDDENS, Anthony. *As conseqüências da modernidade.* São Paulo: UNESP, 1991. p. 45.
[31] GIDDENS, Anthony. *A transformação da intimidade.* São Paulo: UNESP, 1994. p. 38.
[32] BECK, Ulrich. *La sociedad del riesgo:* hacia una nueva modernidad. Barcelona: Paidós, 2006. p. 39-40.
[33] BECK, Ulrich. *World at risk.* Cambridge: Polity, 2010. p. 30.
[34] GIDDENS, Anthony. *A reinvenção da política: rumo a uma teoria da modernização reflexiva.* 1997. p. 13.

nados ao homem em decorrência do processo produtivo, especificamente aos alimentos. Nas palavras da doutrinadora Rodriguez Font,

> os derivados da intervenção humana associados à alimentação e à tecnologia e à química nos processos produtivos, cujos efeitos não se encontram ainda plenamente esclarecidos, como acontece com os criados pela indústria alimentar.[35]

Os riscos relacionados à alimentação, enquadram-se também na perspectiva da globalização, haja vista que a produção, circulação e comercialização de alimentos atualmente não está adstrita aos limites territoriais de um determinado país, podendo-se quiçá falar de um "risco alimentar global".[36] Nesse sentido, Beck afirma que o risco tomado em sua dimensão de rede assume um caráter de indeterminação, tanto em relação à intensidade como ao alcance de seus efeitos – não há possibilidade de nos concebermos imunes ao risco ou fora dele. O que se percebe, portanto, é que, dada a distribuição contemporânea dos "males", torna-se impossível a qualquer indivíduo escapar de suas consequências: "estamos todos retidos na malha mundial de riscos tecnológicos",[37] o que pode ser experimentado, portanto, no consumo de alimentos produzidos em todo o mundo.

É essa realidade com a qual a sociedade se depara no século XXI que traz a necessidade premente de estratégias capazes de efetivar a informação adequada para os consumidores, visando a evitar que os alimentos, fonte da subsistência, causem prejuízos irreversíveis à sua saúde e à própria vida. Os Organismos Geneticamente Modificados e os transgênicos[38] são exemplos a demonstrar quão desenvolvida é a capacidade do ser humano em criar e recriar novas espécies vivas, vegetais ou animais, e principalmente a simbolizar como são nebulosas essas descobertas advindas dos avanços científicos e tecnológicos para os consumidores, já que completamente leigos e distantes

---

[35] RODRIGUEZ FONT, Mariola. *Régimen jurídico de la seguridad alimentaria:* de la policía administrativa a la gestión de riesgos. Madrid: Marcial Pons, 2007. p. 93.

[36] Embora não se encontre obras doutrinárias nesse sentido, depreende-se da própria natureza do risco alimentar no contexto atual, haja vista, como já mencionado, que os alimentos produzidos num país muitas vezes são vendidos, comercializados e consumidos em outros.Daí entender-se razoável a denominação do fenômeno como "risco alimentar globalizado".

[37] BECK, Ulrich: A ciência é causa dos principais problemas da sociedade industrial. Entrevista concedida a Antoine Reverchon, do "Le Monde." *Folha de São Paulo*, São Paulo, em 20 nov. 2001.

[38] Em que pese este não seja o foco central do trabalho, não se pode deixar de mencionar que os termos "organismo geneticamente modificado" (OGM) e "organismo transgênico" apesar da aplicação como sinônimos para muitos autores (Maria Rafaela Junqueira Bruno Rodrigues e Jorge Riechmann, por exemplo), precisam ser devidamente diferenciados principalmente para fins de regulamentação.Conforme ensina Rafaela Di Sabato Guerrante, existem diferenças importantes a observar: "[...] é importante ressaltar que, ainda que os termos "geneticamente modificado"e "transgênico" sejam empregados, na maioria das vezes, como sinônimos,existe uma diferença semântica entre eles. Conceitualmente, todo transgênico é um OGM, mas nem todo OGM é um transgênico. Isso ocorre porque se considera transgênico o organismo cujo material genético (genoma) foi alterado, por meio da tecnologia do DNA recombinante, pela introdução de fragmentos de DNA exógenos, ou seja, genes provenientes de organismos de espécie diferente da espécie do organismo alvo [...] Os organismos geneticamente modificados, por sua vez, podem ser transgênicos ou não. Se o organismo alvo for modificado geneticamente, por um ou mais genes provenientes de um organismo da mesma espécie do organismo alvo, este é considerado um organismo geneticamente modificado..." (WEYERMÜLLER, André Rafael. *Organismos geneticamente modificados e direitos do consumidor*. Disponível em: <http://www.egov.ufsc.br/portal/sites/default/files/anexos/24756-24758-1-PB.pdf>. Acesso em: 20 mar. 2013).

da cientificidade, desconhecem as consequências dos elementos utilizados na elaboração, produção e conservação de alimentos para o ambiente e para sua higidez física. Tudo isso gera a insegurança, o receio e muitas vezes o medo antes referido.

A preocupação com a saúde dos seres humanos no que diz respeito aos alimentos que possam afetá-la, conforme destaca Losada Manosalvas "é tão antiga quanto à história da medicina. Já em sua época, Hipócrates estabeleceu umas normas dietéticas concretas, não somente para manter um estado saudável nas diversas etapas vitais, senão também modos terapêuticos de manejar a alimentação ante diferentes situações patológicas. Dele é aquela máxima que segue vigente: 'seja teu alimento o melhor medicamento'".[39]

Sendo a alimentação uma necessidade de todo o ser humano para a sua sobrevivência, muitos ramos científicos interagem para o estudo dessa prática, pois como afirma a Professora Deborah Lupton, "a preferência por alimentos e o hábito de comer não são simples questões de nos enchermos, aliviar a sensação de fome ou ter prazer nas sensações gustativas [...] discursos e práticas sobre comida e o hábito de comer são dignos de detalhadas análises e interpretações culturais [...]".[40] A autora afirma que ela, assim como Michel Foucault, Pierre Bourdieu, Norbert Elias, Mary Douglas *and* Julia Kristeva, e muitos outros estudiosos e pesquisadores, têm explorado as dimensões socioculturuais e históricas da alimentação e do hábito alimentar nas sociedades ocidentais.[41]

Sobre a aparição do risco alimentar, propriamente, Rodríguez Font lembra que

> a satisfação de uma série de necessidades essenciais para a vida como a alimentação conduziu o homem a uma intervenção primária sobre os recursos naturais que se tornou, com o passar do tempo, em uma exploração e, inclusive, sobre exploração. Assinalam alguns autores que a mais antiga intervenção humana sobre o meio ambiente talvez seja a derivada da obtenção, elaboração, transformação, distribuição e consumo dos alimentos. Esta ação sobre a natureza, em ordem à superação de suas limitações, mas também de seus perigos, se converteu na pretensão de seu pleno domínio quando a intervenção humana nos recursos naturais se articulou através da técnica. A técnica por definição criada pelo homem; a técnica por definição geradora de riscos.[42]

Segundo Beck, muitos dos novos riscos (contaminações nucleares ou químicas, substâncias nocivas nos alimentos, enfermidades civilizatórias) fogem por completo à percepção humana imediata, a exemplo do que refere Mary Douglas, acima destacado. Ao centro passam cada vez mais os perigos, que muitas vezes não são visíveis nem perceptíveis para os afetados, perigos que em certos casos não se ativam durante a vida dos afetados, mas têm consequências nas de seus descendentes; trata-se, em todo o caso, de perigos que precisam dos "órgãos perceptivos" da ciência (teorias, experimentos, instru-

---

[39] LOSADA MANOSALVAS, Samuel. *La gestión de la seguridad alimentaria*. Barcelona: Ariel Prevención y Seguridad, 2001. p. 34.
[40] LUPTON, Deborah. *Food: the body and the self*. London: Sage, 1998. p. 1.
[41] Ibid., p. 3.
[42] RODRÍGUEZ FONT, 2007, p. 87.

mentos de medição) para se fazerem 'visíveis', interpretáveis como "perigos",[43] evidenciando a existência do risco relacionado aos alimentos.

Assim, desde uma perspectiva simplesmente intuitiva das pessoas quanto a não ingerir o que lhes faça mal, passando pela abordagem interdisciplinar de diversas searas científicas, até chegar numa regulação sobre o tema, tardaram anos, sendo que um conceito de alimento é tarefa sobre a qual os estudiosos não lograram êxito em definir de maneira uniforme.

Losada Manosalvas preleciona que "para a União Europeia, alimento seria toda aquela substância destinada a ser ingerida pelos seres humanos, ou com a probabilidade razoável de sê-lo. No âmbito internacional se tem aceitado que esse termo compreenderia, além disso, as substâncias, os ingredientes, as matérias primas, os aditivos e os nutrientes ingeridos pelo sistema gastrointestinal, incluídas as bebidas; mas não os remédios, nem os cosméticos, nem o tabaco".[44]

A legislação sanitária brasileira, por sua vez, define alimento como "toda substância ou mistura de substâncias, no estado sólido, líquido, pastoso ou qualquer outra forma adequada destinada a fornecer ao organismo humano os elementos normais à sua formação, manutenção e desenvolvimento".[45]

Além da definição, são diversas as questões controvertidas em relação ao tema. Pode-se dizer que a defesa da saúde e a circulação de alimentos no mundo sempre motivaram debates e a procura por novos meios para melhor implementá-las e protegê-las. Para dirimir os obstáculos comerciais e em virtude da constante utilização de substâncias químicas pelas indústrias alimentícias no mundo, em novembro de 1963 foi criado a Comissão do *Codex Alimentarius* para levar a cabo o programa conjunto que devia articular a FAO (Organização para Agricultura e Alimentação da ONU) e a OMS (Organização Mundial da Saúde) com o principal compromisso de elaborar normativa alimentária internacional sobre o programa conjunto FAO/OMS[46] de normas alimentárias, sendo que as matérias principais deste Programa são a proteção da saúde dos consumidores, assegurar práticas de comércio claras e promover a coordenação de todas as normas alimentárias acordadas pelas organizações governamentais e não governamentais.[47]

Segundo Figueiredo e Miranda,

A década de 90 constitui um marco para o Codex, pois ele foi reconhecido como referência internacional pela OMC, tornando-se elemento chave para dirimir as controvérsias de ordem sanitária,

---

[43] BECK, 2006. p.40.
[44] LOSADA MANOSALVAS, 2001, p. 28.
[45] Definido pelo BRASIL. *Decreto-Lei nº 986*, de 21 de outubro de 1969. Disponível em: <http://74.125.47.132/search?q=cache:3M1r7ugIOqEJ:www.anvisa.gov.br/legis/consolidada/decreto-lei_986_69.pdf+decreto+986+alimento&cd=1&hl=pt-BR&ct=clnk&gl=br>. Acesso em: 5 jun. 2011.
[46] A FAO conta atualmente com 191 países-membros, dois membros associados e uma organização-membro, a União Europeia. Informação disponível em: <https://www.fao.org.br/quemSomos.asp>, último acesso em 5 jun. 2013.
[47] INTERNATIONAL FOOD STANDARDS. *Codex alimentarius*. 1963. Disponível em: <http://www.codexalimentarius.net/web/index_es.jsp> Acesso em: 5 jun. 2013.

atinentes ao comércio mundial de alimentos. Com isso, inicia-se o processo de desenvolvimento de um método capaz de lidar com os riscos à saúde pública veiculados por alimentos.[48]

No Brasil, define-se que as normas *Codex Alimentarius* abrangem os principais alimentos, sejam estes processados, semiprocessados ou crus, também abrangem substâncias/produtos que são usados para a elaboração dos alimentos, na medida em que seja necessário para alcançar os principais objetivos do Codex. As diretrizes *Codex* referem-se aos aspectos de higiene e propriedades nutricionais dos alimentos, abrangendo código de prática e normas de aditivos alimentares, pesticidas e resíduos de medicamentos veterinários, substâncias contaminantes, rotulagem, classificação, métodos de amostragem e análise de riscos.

Desde a sua criação, o Codex gerou investigações científicas sobre os alimentos e contribuiu para que aumentasse consideravelmente a consciência da comunidade internacional acerca de temas fundamentais, como a qualidade e inocuidade dos alimentos e a saúde pública.[49]

Sendo certo que o alimento é fonte de energia e imprescindível para a manutenção da vida, também o é o fato de que sua ingestão pode acarretar danos, seja como potencializador de doenças que determinada pessoa possa portar, seja como transmissor destas. Por isso que alguns autores sustentam que comer pode ser uma atividade de risco. Losada Manosalvas[50] coloca:

> Se partirmos da base de que comer é uma atividade de risco, tudo que tem a ver com a comida deveria ser tratado com especial interesse pelas autoridades no âmbito da proteção da saúde. Disso se deduz a necessidade de estabelecer todo tipo de mecanismos de controle sobre os alimentos com a finalidade de proteger nossa saúde.

É por essa razão que o *Codex Alimentarius* abrange, dentre outras, as normas e práticas referentes à análise de riscos, como acima mencionado. Não se pode esquecer, entretanto, que a princípio o risco se encontra inserido nos grandes acontecimentos que afetam o ser humano em larga escala, como explosões nucleares, derramamento de CO_2 no ar, etc. Entretanto, considerando-se as características elementares delineadas por Beck, como a invisibilidade e a inevitabilidade, pode-se chegar à conclusão de que nem sempre o risco abrangerá a sociedade de uma única vez em larga escala ou em âmbito internacional. E mesmo assim manterá sua gênese.

Segundo Figueiredo e Miranda, a norma Codex de análise de risco aprovada rege-se pelos princípios de efetividade, participação, transparência e atualização à luz dos novos dados científicos e consiste em um método estruturado que compreende três elementos distintos, porém estreitamente vinculados:

> Avaliação de risco: fundamenta-se em conhecimentos científicos sobre os perigos e riscos em toda a extensão da cadeia produtiva, os métodos de controle, a incidência de efeitos prejudiciais à saúde, tanto agudos quanto crônicos, acumulativos e ou combinados, e os grupos da população

---

[48] FIGUEIREDO, Ana Virgínia de Almeida; MIRANDA, Maria Espínola. *Análise de risco aplicada aos alimentos no Brasil*. Disponível em: <http://www.scielo.br/pdf/csc/v16n4/v16n4a24.pdf>. Acesso em 7 jul. 2013.
[49] Disponível em: <http://www.agricultura.gov.br/portal/page?_pageid=33,1212423&_dad=portal&_schema=PORTAL> Acesso em: 10 jun. 2009.
[50] LOSADA MANOSALVAS, 2001, p. 34.

vulneráveis ou expostos a alto risco; Gerenciamento de risco: trata-se do processo de decisão sobre as opções de gerenciamento, o qual deve contemplar as incertezas, as consequências econômicas, a viabilidade técnica, política e econômica, entre outros fatores; Comunicação de risco: consiste na difusão das informações às partes interessadas, de forma transparente, a fim de garantir a sua adequada participação e o gerenciamento eficaz dos riscos.[51]

No Direito Comunitário, a Europa tem como principal instrumento o Livro Branco da Comissão das Comunidades Europeias, o qual versa sobre a segurança dos alimentos, explicitando as diretrizes de atuação dessa para o enfrentamento do tema.

Percebe-se, pois, que o tema do risco está diretamente relacionado à segurança, pois onde o risco resta mitigado ou superado, a segurança alimentar se faz, em tese, presente aos consumidores.

A União Europeia em matéria de segurança alimentar engloba a segurança dos alimentos e rações de animais, a saúde e o bem-estar dos animais e a fitossanidade, assegura a rastreabilidade dos alimentos desde a exploração agrícola até a mesa do consumidor, mesmo quando atravessam fronteiras internas da UE, de forma a evitar obstáculos ao comércio e para que a oferta dos alimentos seja tão variada quanto possível e aplica normas muito rigorosas tanto aos alimentos produzidos na União Europeia como aos alimentos importados.[52]

Foi criada uma política no domínio da segurança dos produtos alimentares que tem como objetivo atingir o nível mais elevado possível de proteção da saúde humana e dos interesses dos consumidores no que respeita aos produtos alimentares, tendo em conta a diversidade e incluindo os produtos tradicionais, e simultaneamente garantindo o correto funcionamento do mercado interno. Para tanto, a União Europeia elaborou um quadro legislativo global em matéria de segurança alimentar, que tem sido objeto de atenção constante e adaptado em função das novas realidades, embasando-se na análise dos riscos.[53] Ainda, foi criada a Autoridade Europeia para a Segurança dos Alimentos (AESA), que em estreita colaboração com as autoridades nacionais e em consulta aberta com as partes interessadas proporciona aconselhamento científico independente sobre os riscos existentes ou potenciais.[54]

A "Autoridade Europeia para a Segurança dos Alimentos", como o órgão responsável pela avaliação de risco, desenvolve opiniões e pareceres científicos para fornecer uma base sólida no legislativo e de políticas na Europa, e para permitir que a Comissão Europeia, o Parlamento Europeu e os Estados-Membros da UE possam tomar decisões oportunas e gestão de risco eficaz, e deseja ser reconhecida internacionalmente como o organismo europeu de

---

[51] FIGUEIREDO, Ana Virgínia de Almeida; MIRANDA, Maria Espínola. *Análise de risco aplicada aos alimentos no Brasil*. Disponível em: <http://www.scielo.br/pdf/csc/v16n4/v16n4a24.pdf>. Acesso em 7 jul. 2012.

[52] Disponível em: <http://europa.eu/pol/food/index_pt.htm>. Acesso em: 30 jan. 2013.

[53] Mais informações sobre o teor do Livro Branco, no que diz respeito à segurança alimentar, ver em <http://europa.eu/legislation_summaries/other/l32041_pt.htm>. Acesso em: 20 jan. 2013.

[54] COMISSÃO EUROPEIA. *Segurança dos produtos alimentares*. Disponível em: <http://ec.europa.eu/health-eu/my_environment/food_safety/index_pt.htm>. Acesso em: 10 jan. 2013.

referência para a avaliação de riscos nas áreas de atuação que engloba. Graças a este sistema, os consumidores na Europa estão entre os mais protegidos do mundo e melhor informados sobre os riscos associados com a cadeia alimentar, conforme publicação oficial.[55]

O princípio orientador da Comissão, estabelecido principalmente no seu Livro Branco sobre a Segurança dos Alimentos, é a aplicação de uma abordagem integrada "desde a exploração agrícola até à mesa" que abranja todos os setores da cadeia alimentar, incluindo a produção de alimentos para animais, a produção primária, o processamento dos alimentos, a armazenagem, o transporte e o comércio retalhista.[56]

A preocupação com a segurança alimentar apesar de existente em todo o mundo, não recebeu o mesmo grau de dedicação normativa por parte de outro importante mercado comum, o MERCOSUL.

No Mercado Comum do Sul, que abrange Brasil, Argentina, Uruguai, Paraguai e Venezuela, a origem da temática "segurança alimentar" se deu na Conferência RIO 92. Após a evolução lenta, com a inserção do tema da segurança/soberania alimentar na pauta, pode-se dizer que não houve avanços concretos para a proteção dos consumidores acerca dos alimentos que fazem parte desse Mercado Comum, ficando a responsabilidade por tais cuidados para os países isoladamente, como se pode perceber do relatório constante em sites oficiais, devendo ser destacado que o enfoque é principalmente para prover alimentação adequada, no sentido de que não falte aos países-membros e suas populações, do que a qualidade e a informação destes.[57]

Segundo especialistas, não se pode deixar de considerar que a relação do risco com a segurança alimentar deve ser analisada *cum grano salis*. Isso porque, bem referiu Alves Paz em congresso nacional sobre os alimentos no Brasil, a "segurança alimentar possui diversas dimensões fundamentais, consoante estabelecido pela própria FAO: quantidade de alimentos suficiente; qualidade e sanidade da alimentação e garantia de acesso digno a esses alimentos".[58]

O presente trabalho volta-se, pois, à dimensão de qualidade e sanidade da alimentação, visando a verificar a possibilidade de, em havendo uma informação adequada sobre os alimentos, evitar que pessoas sofram prejuízos à sua saúde e à própria vida sem saber que isso pode ter decorrido de algo que ingeriram. Afinal, sem a informação não há como evitar a lesão, nem tampouco identificar os responsáveis pelo uso de substâncias que causaram a moléstia.

---

[55] Disponível em: <http://www.efsa.europa.eu/it/aboutefsa.htm>. Acesso em: 10 jan. 2013.

[56] COMISSÃO EUROPEIA. *Livro branco sobre a segurança dos alimentos*. 12 jan. 2000. Disponível em: <http://europa.eu/legislation_summaries/other/l32041_pt.htm>. Acesso em: 17 de jan. 2013.

[57] VIGNA, Edélcio. *Segurança Alimentar no âmbito do MERCOSUL e do Parlasul*. 30 out. 2008. Disponível em: <http://www4.planalto.gov.br/consea/noticias/artigos/2008/10/seguranca-alimentar-no-ambito-do-MERCOSUL-e-do-parlasul>. Acesso em: 10 ago. 2012.

[58] Sezifredo Paulo Alves Paz, Secretário Executivo do Fórum Nacional das Entidades Civis de Defesa do Consumidor. (PAZ, Sezifredo Alves. Palestra. In: ENCONTRO BRASILEIRO DE ALIMENTOS, 2., Porto Alegre 2008. [Texto...] Disponível em: <http://www.mp.rs.gov.br/areas/ceaf/eventos/sezifredo.pdf>. Acesso em: 13 mar. 2013).

1.2. O risco alimentar e o paradigma dos OGMs e dos transgênicos

Retornando ao exemplo dos organismos geneticamente modificados, percebe-se que a circulação de produtos contendo essas substâncias geneticamente alteradas no mercado tem sido cada vez maior enquanto o conhecimento dos consumidores sobre tal realidade, inversamente proporcional.

Para pesquisadores sobre o tema,

> a manipulação genética, chamada tecnologia do DNA recombinante, trouxe várias inovações, revelando possibilidades positivas nas pesquisas de doenças como o câncer e outras. Não só na área médica que se verificaram sua aplicação. Na área da produção de alimentos, por exemplo, pode-se criar vegetais geneticamente modificados resistentes a insetos, herbicidas e vírus. Vislumbra-se ainda a aplicabilidade desses organismos na produção de produtos especiais como plásticos, vacinas e hormônios, bem como na produção de substâncias de uso farmacêutico tais como a insulina. Da mesma forma, na neutralização de insetos transmissores de doenças, criação de animais para consumo humano com taxas de crescimento acima do normal e até no desenvolvimento de bactérias utilizadas na produção de alimentos.[59]

Segundo Grassi Neto, com a manipulação genética verificou-se fato que Germano denominou "salto de natureza", algo que nunca teria se verificado naturalmente, mas que ocorreu em razão de o homem ter inventado o *modus operandi*.[60]

Estudo feito na UNICAMP (Universidade de Campinas – São Paulo – Brasil) e referido no início deste trabalho destaca como vantagens dos transgênicos que o alimento pode ser enriquecido com um componente nutricional essencial; o alimento pode ter a função de prevenir, reduzir ou evitar riscos de doenças; a planta pode resistir ao ataque de insetos, seca ou geada, aumento da produtividade agrícola através do desenvolvimento de lavouras mais produtivas e menos onerosas.[61]

Como desvantagens para os seres humanos, em contrapartida, mencionam: os alimentos transgênicos poderiam aumentar as alergias. Muitas pessoas são alérgicas a determinados alimentos em virtude das proteínas que elas produzem. Há evidências de que os cultivos transgênicos podem proporcionar um potencial aumento de alergias em relação a cultivos convencionais.[62]

Assim também reforça o *Greenpeace*:

> Os riscos sanitários a longo prazo dos OGM presentes em nossa alimentação ou na dos animais cujos produtos consumimos não estão sendo avaliados corretamente e seu alcance segue sendo desconhecido. Novas alergias, aparecimento de novos tóxicos e efeitos inesperados são alguns dos riscos.[63]

A título de exemplo, já foram verificados no Japão casos de doenças e até óbitos de pessoas provocadas por um aminoácido produzido com o concur-

---

[59] WEYERMÜLLER, André Rafael. Organismos geneticamente modificados e direitos do consumidor. *Estudos Jurídicos*, São Leopoldo, v. 37, n. 99, p. 125-145, 2004.
[60] GRASSI NETO, 2013, p. 370.
[61] Disponível em: <http://transgenicos.vilabol.uol.com.br>. Acesso em: 9 abr. 2012.
[62] Disponível em: <http://transgenicos.vilabol.uol.com.br>. Acesso em: 9 abr. 2012.
[63] Disponível em: <http://www.greenpeace.org/espana/campaigns/transgenicos>. Acesso em: 11 ago. 2012.

so de uma bactéria geneticamente modificada, bem como constatadas reações alérgicas em consumidores de feijões produzidos com a inserção de um gene da castanha, ou ainda o caso do triptofano tóxico nos Estados Unidos.[64]

As principais consequências são, portanto, reações adversas dos alimentos derivados de OGM,[65] os quais, de acordo com os efeitos, podem ser classificados em dois grupos: alergênicos e intolerantes. Os alimentos alergênicos causam a hipersensibilidade alérgica. O segundo grupo responde por alterações fisiológicas, como reações metabólicas anormais ou idiossincráticas e toxicidade (Finardi, 1999).

Como o transgene confere novas características ainda pouco avaliadas quanto aos seus impactos, não foi gerada uma base de conhecimento suficiente e adequada para abordar definitivamente o assunto. Contudo, existe a experiência com os agroquímicos liberados a partir da Segunda Guerra Mundial para uso sem a realização de testes adequados: só posteriormente alguns dos efeitos nefastos causados por eles seriam conhecidos, destacam os mesmos autores.[66]

Por outro lado, para Maramaldo Costal *et al.*, a inserção de novas construções no genoma de um organismo supõe a melhora de suas propriedades, úteis ao ser humano, e a redução nos custos da produção. No entanto, junto com as novas características, os organismos adquirem um conjunto de novas qualidades devido às atividades pleiotrópicas da nova proteína e às propriedades da própria construção, incluindo instabilidade e seus efeitos regulatórios sobre os genes vizinhos. Todos os fenômenos e eventos indesejáveis resultantes do crescimento e consumo dos OGM podem ser classificados em três grupos de risco: alimentares, ecológicos e agrotecnológicos:

> 1. Riscos alimentares. a) Efeitos imediatos de proteínas tóxicas ou alergênicas do OGM;b) Riscos causados por efeitos pleiotrópicos das proteínas transgênicas no metabolismo da planta; c) Riscos mediados pela acumulação de herbicidas e seus metabólitos nas variedades e espécies resistentes; d) Risco de transferência horizontal das construções transgênicas, para o genoma de bactérias simbióticas tanto de humanos quanto de animais [...].[67]

Aliás, pesquisas com uso de transgênicos na alimentação têm sido feitas com ratos cobaias, os quais têm denotado algumas disfunções orgânicas que podem vir a se repetir no homem, e têm sido base de discussão para a continuidade do consumo de alguns produtos. Importante trecho da notícia que revela o resultado desse estudo esclarece:

> [...] o estudo foi realizado ao longo de 2 anos com 200 ratos de laboratório, nos quais foram avaliados mais de 100 parâmetros. Eles foram alimentados de três maneiras distintas: apenas com milho NK603, com milho NK603 tratado com Roundup e com milho não modificado geneticamente

---

[64] WEYERMULLER, 2004, p. 134.

[65] Lembre-se mais uma vez, como referido desde a introdução, que OGM e transgênicos não são tecnicamente sinônimo, podendo haver do ponto de vista taxionômico uma relação de gênero (OGM) e espécie (transgênicos). GRASSI NETO, 2013, p. 372..

[66] Ibid.

[67] COSTA, Thadeu Estevam Moreira Maramaldo *et al. Avaliação de risco nos organismos geneticamente modificados*. Disponível em: <http://www.scielo.br/scielo.php?script=sci_arttext&pid=S1413-81232011000100035>.

tratado com Roundup. As doses de milho transgênico (a partir de 11%) e de glifosato (0,1 ppb na água) utilizadas na dieta dos animais foram equivalentes àquelas a que está exposta a população norte-americana em sua alimentação cotidiana. Os resultados revelam uma mortalidade mais alta e frequente quando se consome esses dois produtos, com efeitos hormonais não lineares e relacionados ao sexo. As fêmeas desenvolveram numerosos e significativos tumores mamários, além de problemas hipofisários e renais. Os machos morreram, em sua maioria, de graves deficiências crônicas hepato-renais.[68]

Para os cientistas, os resultados são alarmantes. Observaram, por exemplo, uma mortalidade duas ou três vezes maior entre as fêmeas tratadas com organismos geneticamente modificados [OGM]. "Há entre duas e três vezes mais tumores nos ratos tratados dos dois sexos", explicou Gilles-Eric Seralini, coordenador do estudo e professor da Universidade de Caen, na França, sendo colacionadas as fotos que seguem para a demonstração dos resultados nas cobaias.[69]

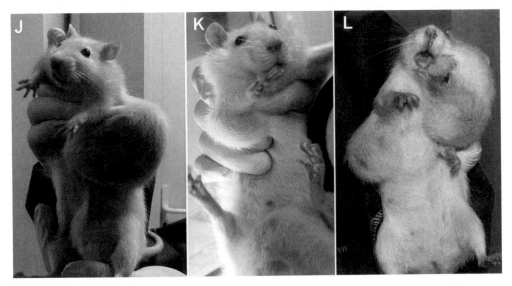

Fonte: <http://www.advivo.com.br/blog/luisnassif/os-efeitos-dos-transgenicos-em-ratos>.

Tais resultados que impactaram os pesquisadores ensejaram calorosos debates cada vez mais disseminados pelo mundo, em virtude da globalização também na área do comércio alimentar.

Da mesma forma que ocorre hoje com os transgênicos, por primeiro houve a situação do uso indiscriminado e, às vezes, inadequado de agrotóxicos nos alimentos, gerando risco à saúde e à própria vida. No Brasil há legislação federal regulamentando a produção, a embalagem e rotulagem, o transporte,

---

[68] Mais informações vide: ESTUDO de longo prazo confirma efeitos devastadores de transgênico e agrotóxico. Disponível em: <http://www.mst.org.br/Estudo-de-longo-prazo-confirma-efeitos-devastadores-de-transgenico-e-agrotoxico>. Acesso em: 15 mar. 2013.

[69] Fotos e informações completas da pesquisa disponíveis em: <http://www.advivo.com.br/blog/luisnassif/os-efeitos-dos-transgenicos-em-ratos>. Acesso em: 29 mar. 2013.

o armazenamento, a comercialização, a propaganda comercial, a utilização, a importação, a exportação, o destino final dos resíduos e embalagens, o registro, a classificação, o controle, a inspeção e a fiscalização de agrotóxicos,[70] visando a diminuir os efeitos maléficos que tais substâncias podem causar ao meio ambiente e seres humanos, o que ainda é muito incipiente, embora exista, quanto aos OGMs.

Apesar de em alguns países ser prevista por lei a necessidade de constar no rótulo dos produtos quando estes contêm transgênicos ou até mesmo agrotóxicos, como ocorre no Brasil,[71] poucos produtores e comerciantes de um modo geral as têm cumprido, sendo a fiscalização igualmente insuficiente para dar conta de tais irregularidades.

Aliás, Ulrich Beck, na sua obra *A sociedade de risco global,* já utilizara o exemplo dos transgênicos falando dos "peligros frente a providencialidad". Segundo ele:

> A época do risco nos impõe a todos a carga de tomar decisões cruciais que podem afetar a nossa sobrevivência mesma sem nenhum fundamento adequado ao conhecimento. Todos os conselhos de técnicos governamentais, comitês éticos, etc. ocultam esta abertura radical e esta incerteza fabricada. E os governos que seguem acreditando na certeza científica e a esperando não entendem nossa situação, que é também a sua. A controvérsia que rodeia os riscos e às consequências imprevisíveis dos alimentos modificados geneticamente não é mais que um exemplo desta situação.[72]

Sobre as consequências desconhecidas pelo uso dos OGMs especificamente na alimentação, Rodríguez Font afirma que

> o afã de inovação do ser humano que se referiu anteriormente encontra hoje em dia seu apogeu na criação de alimentos geneticamente modificados. A aplicação da engenharia genética à alimentação é bastante recente e afeta a mais alimentos do que aqueles que o consumidor poderia pensar; assim, nos produtos agrícolas, além da soja, existem morangos e tomates transgênicos.[73]

Volta-se, portanto, à análise da modernidade reflexiva e dos paradoxos do desenvolvimento, abordados por Beck e Giddens. Ou seja, ao mesmo tempo em que os avanços tecnológicos contribuem para a expansão da produção de novos alimentos, ocorre a possibilidade de o ser humano, além do meio ambiente, vir a ser severamente afetado na sua sanidade. Daí a preocupação com o uso de determinadas tecnologias no que diz respeito à própria manutenção da vida humana.

---

[70] Lei nº 7.802/89, art. 2º Para os efeitos desta Lei, consideram-se I – agrotóxicos e afins: a) os produtos e os agentes de processos físicos, químicos ou biológicos, destinados ao uso nos setores de produção, no armazenamento e beneficiamento de produtos agrícolas, nas pastagens, na proteção de florestas, nativas ou implantadas, e de outros ecossistemas e também de ambientes urbanos, hídricos e industriais, cuja finalidade seja alterar a composição da flora ou da fauna, a fim de preservá-las da ação danosa de seres vivos considerados nocivos; b) substâncias e produtos, empregados como desfolhantes, dessecantes, estimuladores e inibidores de crescimento;

[71] Lei nº 7.802/89, acima mencionada sobre agrotóxicos, Decreto nº 4680/2003 regulamenta o direito à informação, assegurado pela Lei nº 8.078, de 11 de setembro de 1990, quanto aos alimentos e ingredientes alimentares destinados ao consumo humano ou animal que contenham ou sejam produzidos a partir de organismos geneticamente modificados.

[72] BECK, 2006, p. 123.

[73] RODRÍGUEZ FONT, 2007, p. 81.

Na mesma esteira, Paul Slovic afirma que o uso dos organismos geneticamente modificados na produção de alimentos, bem como na medicina e farmacologia tem criado muitas preocupações públicas, especialmente nos 15 Estados da União Europeia. Muitos estudos sobre a percepção do risco têm conduzido Europa e Estados Unidos a explorar as razões para a oposição quanto à biotecnologia.[74]

Nodari e Guerra destacam que as liberações para o cultivo comercial de plantas transgênicas deveriam ser precedidas por estudos nutricionais e toxicológicos de longa duração. Esta cautela poderia evitar consequências danosas, as quais eventualmente um produto pode vir a apresentar, se liberado apressadamente, como se pôde perceber nos testes com os ratos. Os autores complementam:

> Tais estudos de longa duração ainda não existem, nem mesmo nos Estados Unidos, que, reconhecendo o fato, manifestaram a necessidade de fazê-los. A British Medical... (1999), considerando a possibilidade de eventuais que possíveis efeitos adversos das plantas transgênicas serem irreversíveis, sugeriu o banimento dos genes de resistência a antibióticos, a moratória de plantações comerciais e a melhoria da Vigilância Sanitária.[75]

Tomando-se de partida o marco conceitual de Beck para *risco*, tem-se como efeito não intencional a possibilidade de algumas características existentes nos organismos que podem ser alteradas, afetando componentes constitutivos. O transgene pode integrar dentro ou em regiões adjacentes dos genes da planta e perturbar sua expressão, pelo aumento ou diminuição dessa expressão. O transgene pode ser expresso de uma maneira tardia através da ação dos promotores em genes adjacentes da planta ou pela alteração das ORFs do gene da planta. O rearranjamento durante a integração pode criar ORFs alteradas que permitem ao transgene sintetizar produtos não intencionais.[76]

São efeitos não intencionais, por exemplo, a elevação dos níveis de constituintes antinutricionais ou tóxicos em alimentos, que já foram caracterizados em organismos obtidos através de métodos convencionais de reprodução. Estes podem ter possibilidades de melhoramento genético (e epigenético – alterações induzidas pelo ambiente que podem afetar a expressão do gene, sem mudar a sequência de DNA) e de instabilidades, como o silenciamento de genes.[77]

Os efeitos não intencionais podem ser classificados como efeitos inseridos, ou seja, relacionados à posição de inserção do gene de interesse, ou como efeitos secundários, associados com a interação entre os produtos expressos do gene introduzido e as proteínas endógenas e metabólitos. Métodos adequados para a avaliação de efeitos não intencionais precisam ser estudados caso a

---

[74] SLOVIC, Paul. *The feeling of risk:* new perspectives on risk perception. London: Eartscan, 2010. p. 245.
[75] NODARI; GUERRA, 2012.
[76] WORLD HEALTH ORGANIZATION. Food Safety Department. *Modern food biotechnology, human health and development:* an evidence-based study. [s.l.]: Department of Food Safety, Zoonoses and Foodborne Diseases; 2005. Disponível em: <http://www.who.int/foodsafety>. Acesso em: 19 mar. de 2013.
[77] Ibid.

caso, considerando fatores tóxicos e antinutricionais não intencionais, através de uma análise dos constituintes e de características GM.[78]

Pode-se dizer, portanto, que se esses efeitos ocorrem de maneira imperceptível à própria ciência, com maior razão à sociedade contemporânea que vivencia e experimenta todo esse fenômeno, sem o conhecimento técnico específico, tampouco o conhecimento mínimo, por vezes, acerca do uso dessas substâncias e, consequentemente, o risco dos alimentos que ingerem.

Na Europa, houve grande rejeição ao uso dos transgênicos mais recentemente, em especial por ambientalistas e consumidores, em virtude da questão do desconhecimento das consequências. Inclusive, periódico de maior circulação no Brasil referiu em janeiro de 2012:

> Em 2011 foi autorizado o cultivo na União Europeia de dois tipos de transgênicos: o milho MON810 da multinacional Monsanto e a batata Amflora, da química alemã BASF. A Espanha passou em um só ano de 67.700 hectares a 97.300 hectares de cultivos de milho transgênico, após três anos consecutivos de redução da superfície dedicada a esse objetivo. [...] O crescimento contrasta com a situação dos estados membros como Alemanha, onde desde 2009 não se cultiva mais o milho transgênico, ou Romênia e Eslováquia, que registraram redução considerável em um ano. Por outro lado, o cultivo da batata Amflora, resistente aos antibióticos, caiu drasticamente nos dois países em que estava presente (Alemanha e Suécia).
>
> Segundo o relatório, em toda a União Europeia a indústria biotecnológica destina ao cultivo de transgênicos um total de 110.000 hectares. O crescimento em 2011 desse tipo de cultivo foi de 0,1%, contra 4% do aumento da agricultura orgânica. Segundo a organização, nos últimos cinco anos a preocupação dos europeus pelo impacto dos transgênicos cresceu 66%. Por outro lado, o Greenpeace explicou que a queda do cultivo desses organismos na Europa se deve à grande oposição dos cidadãos e à preocupação pelo impacto ambiental. O Greenpeace culpou a Espanha pelo "ligeiro" crescimento registrado no cultivo dos transgênicos no ano passado [...].

Grande preocupação que exsurge da doutrina é a falta dessa referida percepção pelo público das consequências do uso de substâncias que possam ser prejudiciais à saúde e à vida. Ou seja, de algumas situações de risco. Enquanto os países debatem sobre a conveniência ou não de alimentos serem produzidos com OGMs, refere-se que muitos consumidores não têm qualquer conhecimento disso e, menos ainda, que existem consequências adversas aos seres humanos a partir daí, o que também merece uma breve abordagem.

1.2.1. A percepção do risco alimentar pelo público

Acerca da percepção do risco pelo público, os autores mencionam como é difícil saber tendo em vista as características inerentes a esse. Assim, o próprio Beck, dentre outros, refere que se pode observar uma preeminência da concepção realista do risco que não é tão pronunciada em escritos, afirmando que não há uma diferença cabal entre o risco em si e sua percepção pública. Para ele

---

[78] WORLD HEALTH ORGANIZATION. Food Safety Department. *Modern food biotechnology, human health and development:* an evidence-based study. [s.l.]: Department of Food Safety, Zoonoses and Foodborne Diseases; 2005. Disponível em: <http://www.who.int/foodsafety>. Acesso em: 19 mar. de 2013.

nunca fica claro se os riscos se intensificam ou a nossa visão sobre eles. Ambos os aspectos convergem, se condicionam e se fortalecem mutuamente e, porque os riscos são no conhecimento, os riscos e sua percepção não são coisas diferentes, mas sim uma mesma coisa.[79]

Douglas e Wildavsky inclusive questionam se "nós sabemos os riscos com os quais nos deparamos agora ou no futuro?", ao que respondem:

> Não, não podemos; mas sim, devemos agir como se nós soubéssemos. Alguns perigos são desconhecidos; outros, são conhecidos, mas não por nós porque nenhuma pessoa pode saber de tudo. A maioria das pessoas não pode estar alerta acerca da maioria dos perigos na maior parte do tempo. Assim, ninguém pode calcular precisamente todos os riscos a serem enfrentados.[80]

Tais consequências adversas derivam, paradoxalmente, como dito, daquilo que se considera avanço, desenvolvimento e, portanto, melhor qualidade de vida à sociedade atual. Talvez por isso as pessoas possam imaginar que convivam diuturnamente se expondo a determinados riscos, como os advindos da tecnologia avançada, mas preferem desfrutar dos benefícios que esta proporciona, a refletir acerca das suas consequências. Nessa linha é o entendimento de Douglas e Wildavsky ao mencionar:

> [...] o que precisa ser explicado é como as pessoas concordam em ignorar a maioria dos perigos potenciais que os cercam e interagir, assim como concentrar somente em alguns aspectos selecionados desses. [...] as palavras-chave no debate sobre tecnologia são risco e aceitabilidade. Ao calcular a probabilidade do perigo da tecnologia, uns concentram no risco que está fisicamente "lá fora", na intervenção do homem no mundo natural. Em determinando o que é aceitável, uns concentram nas incertezas que estão "aqui dentro", na mente de uma pessoa. Indo do que "está lá fora" ao que está "aqui dentro" requer uma conexão entre os perigos da tecnologia e a percepção dos riscos.[81]

Paul Slovic argumenta que os riscos são atributos qualitativos como voluntariedade ou probabilidade. Para ele cada fato define, pelo juízo humano, o risco e sua relação com o perigo, a partir do conhecimento humano sobre ele. O volume de informação sobre o fato e suas prováveis consequências qualifica o risco. Assim, entender a subjetividade e a percepção natural dos riscos são desafios sobre os quais mais se dedica a psicologia.[82]

Em importante pesquisa, Slovic, partindo de uma amostra de 116 pessoas, sendo 58 *experts* (Professores ou PhDs em Biologia de uma Universidade do Nordeste da Itália) e 58 *não experts*, refere, dentre várias discussões, que constatou a diferença na percepção do risco, tanto no aspecto qualitativo como quantitativo.[83]

Segundo o autor, a pesquisa revelou que os *experts* sistematicamente percebem menos risco do que o público em geral, "não *expert*". Aqueles consideram a aplicação dos OGMs menos perigosa e mais útil, e ao estimar o risco da biotecnologia aplicada à alimentação, o público em geral estava preocupado

---

[79] BECK, 2006.
[80] DOUGLAS, Mary; WILDAVSKY, Aaron. *Risk and culture*: an essay on the selection of technological and environmental dangers. London: University of California, 1983. p. 1.
[81] DOUGLAS; WILDAVSKY, 2010, p. 9-10.
[82] SLOVIC, Paul. *Perception of risk. Science*, n. 236, p. 280-285, 1987.
[83] Ibid., p. 248-257.

não só com os potenciais perigos e benefícios, mas também com o quanto a ciência sabe sobre isso e quão nova é a percepção do produto, enquanto os peritos se preocupam com o perigo e utilidade tão somente.[84]

Portanto, considerando-se a realidade em que a produção industrial e tecnológica e o avanço científico são constantes, crescentes e irreversíveis nos mais diversos setores e nos mais distantes pontos do globo terrestre; considerando, ainda, conforme acima colocado, que a consequência desse exasperado desenvolvimento é a incerteza sobre seus efeitos imediatos e mediatos ao homem, consoante a percepção das pessoas em geral, necessárias se fazem atuações efetivas para sua proteção. E nesse contexto surge a necessidade de o direito interferir, por meio de seus institutos compatíveis com a finalidade última de controle social, assegurando a tranquilidade aos consumidores, pelo menos quanto aos alimentos que utilizam, para que possam optar por sua aquisição ou não de maneira consciente.

Dentro dessa constatação, relevante a referência feita por Nodari e Guerra sobre David Byrne, Comissário Europeu para a Saúde e Proteção do Consumidor, em conferência proferida no dia 21/1/2000, no Simpósio Biotecnologia – Ciência e Impactos apresentou um relato dos principais aspectos relacionados com a segurança alimentar, os impactos e a percepção pública dos OGM na Europa: [...]

> 4) Em resumo, para o consumidor e para as autoridades dos órgãos regulatórios e fiscalizadores da União Européia, os OGM devem ser seguros, a informação deve ser adequada, o monitoramento do ambiente e da saúde deve ser cuidadoso, as autorizações de liberação comercial devem ser limitadas no tempo, as preocupações dos consumidores devem ser levadas em conta, estes devem ter livre escolha sobre os produtos que desejam consumir (free-choice) e as indústrias e parte dos cientistas devem mudar de atitude em relação à sua posição de considerar as apreensões dos consumidores são irracionais e sem fundamento.[85]

Os autores comentam os resultados do estudo feito por Aerni *et al.* (1999) sobre a percepção ou aceitação pública em relação aos OGM nas Filipinas, considerando que a aceitação pública significa a atitude dos indivíduos sobre aspectos originados de inovações tecnológicas e depende da percepção individual dos benefícios e riscos de uma tecnologia, dos valores sociais, da confiança nas instituições que representam estas tecnologias, das fontes de informação.

Foram aplicados questionários e realizadas entrevistas com funcionários de vários órgãos dos governos relacionados ao tema, líderes Organizações não governamentais (ONGs), agricultores, religiosos, cientistas de universidades, institutos de pesquisa, agências internacionais, representantes da mídia e políticos. As principais preocupações manifestadas foram a ineficiência do mercado e a implementação inadequada de normas de biossegurança, questões que podem impedir a distribuição dos benefícios e aumentar os riscos.[86]

Os resultados demonstraram que, para as ONGs, a transgenia não apresenta potencial para a agricultura e os riscos superam os benefícios. O segundo

---

[84] SLOVIC, Paul. *The feeling of risk:* new perspectives on risk perception. London: Eartscan, 2010. p 258.
[85] NODARI; GUERRA, 2012.
[86] Ibid.

grupo, constituído por políticos e funcionários graduados do governo foi considerado influenciador de decisões políticas, das diretrizes regulamentadoras do financiamento da pesquisa e, em menor escala, da opinião pública. Já o terceiro grupo, constituído por cientistas de universidades, institutos de pesquisa e empresas privadas, há uma atitude positiva sobre a transgenia, assinalando, contudo, um potencial mais modesto para a agricultura e entendendo que ela não resolverá problemas estruturais, e sim agronômicos pontuais; ele é considerado como o mais importante para o fluxo de informações, exerce influência alta nas decisões políticas e baixa na opinião pública e não tem acesso direto ao público, e sim indireto, mediado por ONG e pela mídia.[87]

Sobre essa diferença de resultados consoante a formação do grupo de entrevistados já foi apontada por Slovic ao mencionar que muitos estudos têm documentado diferenças entre experts e o público na percepção do risco, enquanto outros estudos não encontraram diferenças. O resultado depende provavelmente do tipo de prejuízo estudado.[88]

Daí a relevância de se saber como gerir o risco e, mais detidamente, o risco alimentar na contemporaneidade, tema ainda pouco enfrentado pelos estudiosos.

1.3. A regulação do risco e o direito regulativo

Pertinente abordar como a doutrina especializada vem tratando do assunto, tendo em vista a trajetória dos Estados Unidos, bem como da União Europeia no desenvolvimento de uma política de segurança frente ao risco, usando-se como exemplo a segurança alimentar.

Hood, Rothstein e Baldwin, asseveram que

> na modernidade avançada, a atividade humana e a tecnologia produzem, como efeito colateral, riscos cuja valoração e reconhecimento requerem perícia especializada; que são coletivos, mundiais e irreversíveis em seus impactos", de onde surge a necessidade da busca de segurança, pelo que as idéias de sociedade de risco e Estado regulador se encontram, consoante mencionado anteriormente.[89]

Nesse mesmo contexto, entende-se que urge a eleição de meios para efetivar o direito à informação dos consumidores quanto ao risco das inovações tecnológicas na produção agrícola e industrial já que, em última análise, trata-se de proteger direitos fundamentais, quais sejam, a integridade física, a saúde e a própria vida humana.

Se o risco se trata, como entende Raffaele De Giorgi, "de uma modalidade da relação com o futuro, sendo uma forma de determinação das indeterminações segundo a diferença de probabilidade/improbabilidade",[90] convém

---

[87] NODARI; GUERRA, 2012.
[88] SLOVIC, 1987, p.246.
[89] HOOD; ROTHSTEIN; BALDWIN, 2006, p. 21.
[90] DI GIORGI, 1998, p. 197.

analisar se a regulamentação não pode ser uma forma eficaz de precaver as consequências adversas à saúde e a vida das pessoas.

Para tanto, faz-se relevante verificar como se comportam os regimes de regulação dos riscos, ou seja, "o complexo de geografia institucional, normas, práticas e ideias inspiradoras que se associam à regulação de um risco ou perigo concreto", como prelecionam Hood, Rothstein e Baldwin.[91]

Segundo refere Calvo Garcia, desde a década de 30, mais precisamente após a queda da Bolsa de Nova Iorque, surgiu a primeira onda regulativa, todavia no âmbito econômico, quando houve a quebra de um número elevado de instituições financeiras dos Estados Unidos da América e a necessidade de restabelecer regras de mercado. Posteriormente, nos anos sessenta, esse movimento complementa-se com uma nova etapa, a "regulativa social", que se aproxima ao fenômeno de legislação compensatória e promocional do estado providência, às formas e dinâmicas jurídicas deste. Em sua terceira onda, acaba por ter um âmbito maior de aplicação do que o econômico, para o qual era imaginado, associando-se, normalmente, o direito regulativo, ao desenvolvimento do estado de bem-estar.[92]

Nesse diapasão, diz-se que o direito regulativo consiste em um novo tipo de direito útil ou instrumental que visa a utilização do direito como meio para a realização de políticas de intervenção e promoção de fins, valores e interesses sociais, possibilitando ao sistema jurídico uma nova racionalidade político-burocrática, que ultrapassa os padrões das funções tradicionais do direito.[93]

O Estado Regulador caracteriza-se, nas palavras de Marçal Justen Filho, "pela instituição também de mecanismos jurídicos e materiais de acompanhamento da atividade privada. Seria a edição de regras e outras providências orientadas a influir sobre a atuação das pessoas e instituições".[94]

Portanto, como consequência da constatação de uma sociedade mais complexa, atingida por uma série de riscos sociais (meio ambiente, interesses dos consumidores, discriminação, etc.) o Estado passa de um papel negativo, de não intervenção, neutro ou, ainda, imparcial para um modelo intervencionista, ativo, positivo, que pretende controlar esses riscos e evitar desequilíbrios.

Para o autor,

a lógica promocional dos direitos e as políticas sociais do Estado de bem-estar obrigam ativamente as autoridades públicas na consecução de objetivos materiais. Essa orientação do Direito para fins pôs em marcha uma impressionante máquina burocrática cujas redes de organização e tomada de decisões articulam-se através de normas jurídicas. O Direito deixa de ter o ar clássico de um sistema normativo formal composto por regras cuja missão é orientar diretamente a conduta dos membros de uma comunidade e facilitar padrões de relação social. Os sistemas jurídicos, pelo contrário, contêm cada vez mais normas que buscam regular o funcionamento de estruturas

---

[91] HOOD; ROTHSTEIN; BALDWIN, op. cit., p. 25.
[92] CALVO GARCIA, 2007, p. 17.
[93] Ibid.
[94] JUSTEN FILHO, Marçal. *O direito das agências reguladoras independentes*. São Paulo: Dialética, 2002. p. 15-50.

burocráticas de caráter público ou semi-público destinadas a conseguir objetivos e realizar fins e valores sociais.[95]

Uma das mais importantes consequências dessa modificação da estrutura jurídica é a grande quantidade de normas escritas elaboradas no período, sendo o direito utilizado, nesse sentido, como meio para possibilitar a maior intervenção do Estado para a promoção de fins, valores e interesses sociais. Mas normas, agora, de cunho positivo, que representam a intenção de uma atuação "proativa" do Estado e não meramente negativa, como ocorria no período do Estado Liberal.

O direito regulativo, por sua vez, traz uma preocupação maior com a prevenção dos riscos sociais, estabelecendo uma postura de antecipação frente a estes e um consequente esforço com a previsão e a extensão dos mecanismos de controle social, não se satisfazendo com as normas meramente punitivas.

Surge, consequentemente, a burocratização dos mecanismos de realização do direito, no sentido de que se fará necessária a criação de uma estrutura capaz de tornar efetiva a intervenção estatal e o alcance dos fins preconizados pelo direito regulativo, como a definição e efetivação de políticas públicas e programas e a formalização de procedimentos coercitivos.

Cada vez mais se exige que os poderes públicos atuem na defesa dos hipossuficientes, ao invés de simplesmente se absterem de intervir nas relações entre particulares, o que demanda mecanismos efetivos para o exercício de direitos por parte da sociedade.

Por outro lado, a abundância de normas positivas traz também uma profunda degradação dos instrumentos de elaboração destas, seja pelo aspecto das técnicas de produção, seja pelos instrumentos utilizados, abrindo-se a possibilidade para o uso de instrumentos pseudonormativos.

Por isso, apesar da necessidade da existência de regras e princípios acerca de determinado assunto, até mesmo para propiciar seu acompanhamento e fiscalização, surge a necessidade de utilização de outros ramos do conhecimento humano para a efetiva concreção dos fins almejados pelo direito. Por essa razão, talvez, a Constituição brasileira tenha em seu texto diversas normas programáticas, quando de cunho social. Isso quer dizer que não possuem eficácia imediata, mas dependem de uma atuação posterior do legislador infraconstitucional, mas também do Poder Público de um modo geral, Administração Pública e, por vezes, da ordem econômico-social.[96]

Assim, emerge a necessidade de se refletir sobre uma nova postura dos atores do mundo jurídico frente a esta realidade, de um direito com maior flexibilidade, maior interdisciplinaridade, buscando evitar o desequilíbrio social e concretizar uma igualdade material. Faz-se necessária a criação de espaços mais informais de resolução de conflitos, como a arbitragem, mediação, associações, etc., mais céleres e quiçá mais eficazes que somente as decisões

---

[95] JUSTEN FILHO, 2002, p. 19.
[96] Sobre o tema eficácia das normas constitucionais ver mais em: SILVA, José Afonso. *Aplicabilidade das normas constitucionais*. 8. ed. São Paulo: Malheiros, 2012.

judiciais. Ao Poder Judiciário remanesce a necessidade de atuar como *ultima ratio*, ou seja, quando as demais instâncias viáveis para a solução de conflitos falharem.

Merece destaque o fato de que

> a complexidade também caracteriza os meios e as técnicas de controle tanto positivos como negativos, sendo o controle positivo aquele que procura diretamente e mediante instrumentos positivos de intervenção o desenvolvimento de programas de proteção e promoção de valores, fins e interesses sociais, enquanto o controle negativo aquele que atende à prevenção e correção por meio de procedimentos sancionatórios e/ou de composição.[97]

Importante a advertência de Picontó Novales ao mencionar:

> no âmbito das políticas sociais, o deslocamento das instâncias tradicionais para a Administração e sua intervenção em esferas privadas de relação social não deixa expor problemas de legitimidade, por isso para legitimar a atuação da Administração neste âmbito do direito privado tão alheio a sua idiossincrasia o legislador precisa envolver todo o proceder administrativo de um feixe de garantias terapêuticas e científicas, requerendo a presença de expertos no desenvolvimento e avaliação das decisões públicas [...].[98]

Assim, compreendendo o teor da regulação de um modo geral, sobretudo como um Direito útil ou instrumental que visa a promover fins, podem-se analisar alguns aspectos acerca da regulação do risco.

Afinal, consoante coloca Calvo García,

> o uso do Direito com fins de intervenção frente a situações de risco excede amplamente os moldes das funções tradicionais do mesmo, dando lugar à eclosão de um modelo de Direito Regulativo, que representa o tipo de Direito Predominante nos Estados pós-industriais. Isso levou inclusive a se falar de 'Estado Regulativo'.[99] paralelamente ao discurso sobre a sociedade do risco.

Para Hood, Rothstein e Baldwin existem três características que embasam os regime de regulação e que devem ser considerados para tal desiderato: 1) contemplar o regime de regulação de riscos como sistemas; 2) contemplar o regime de regulação de riscos como entidades que têm um certo grau de continuidade ao largo do tempo; 3) os regimes se concebem como sistemas relativamente delimitados que podem se especificar a diferentes níveis de alcance.[100]

Tal explicação é dada com o intuito de fixar *a priori* do estabelecimento da regulação, que tipo de regime se está analisando e que tipo de risco aborda o referido regime.

Assevera-se que no mais das vezes o tema é abordado ou pelos sociólogos que falam de uma sociedade de risco, com uma visão telescópica do tema, ou por estudiosos com uma visão microscópica, de modo que verificam casos concretos ou características singulares.

Contudo, percebe-se como ponto nevrálgico estabelecer qual o conteúdo que um sistema regulador de risco deve adotar.

---

[97] CALVO GARCIA, 2007, p. 23.
[98] Ibid., p. 31.
[99] Para autor, o Estado Regulativo estaria se configurando a partir de ondas sucessivas de intervenção jurídica dirigida ao controle de riscos econômicos e sociais, com fins e alcances diversos. (Ibid., p. 96).
[100] HOOD; ROTHSTEIN; BALDWIN, 2006, p. 25.

Nesse sentido, valorosa a contribuição dos mestres ingleses ao traçarem um roteiro de sugestões para definir o risco e o conteúdo da regulação dos riscos.

Mencionam eles que podem ser considerados elementos básicos do conteúdo do regime de regulação: a) o tipo de risco: a natureza intrínseca, o perigo e os riscos associados; b) preferências e atitudes públicas; c) interesses organizados.[101]

Quanto ao tipo de risco, explicam que sua definição "engloba as características, muito discutidas na literatura, sobre percepção do risco, incluem sua fonte ou causa; o grau em que resulta familiar e está bem estabelecido; a gravidade de suas consequências e a probabilidade de incidência".[102]

Para viabilizar, portanto, uma proposta de regulação de riscos, alertam os autores ser necessário perceber qual a dimensão do regime regulador. Ou seja, "se nos regimes reguladores existem infinitos graus de liberdade, se requerem métodos muito complexos para descrevê-los e compará-los; se há tão só poucos graus de liberdade, bastará com uma caracterização livre".[103]

Assim, os autores ingleses comparam nove regimes de regulação de riscos que observaram com maior rigor, visando a verificar em que medida e de que forma o contexto do regime modela seu conteúdo.

Conforme explicam,

> [...] os regimes reguladores associados foram eleitos para abarcar todo um espectro tipológico, desde regimes concebidos de forma ampla, que compreendem a maior parte ou a totalidade da regulação do Estado em relação com um risco concreto, até regimes concebidos de forma estrita, que atuam simultaneamente com outras atividades estatais desempenhadas para afetar o risco de diferentes formas, quais sejam: ataques de cachorros perigosos fora do lar; câncer pulmonar causado por emissões de gás radón procedentes do solo ou de materiais de construção no lar; no posto de trabalho; câncer por emissões de benzeno procedentes de gases de escape de veículos ou outras fontes; por exposição laboral; agressões sexuais a crianças por parte de pedófilos convictos que vivem livremente na comunidade; feridas e mortes por acidentes de tráfico em estradas locais, na medida em que podem abstrair-se da normativa mais geral sobre a segurança viária; efeitos adversos sobre a saúde pela exposição a resíduos de pesticidas nos alimentos; na água potável.[104]

Referem, ainda, "os criadores de risco, no caso dos pesticidas, não são os indivíduos, mas as companhias ou organizações, especialmente as indústrias agropecuária, alimentar e de água, ainda que o setor agrícola e pequenas empresas ao final da cadeia alimentar podem interferir no processo".[105]

No que concerne à regulação propriamente dita, afirmam que alguns regimes, como ocorre com este de regulação dos resíduos de pesticidas nos alimentos, "têm níveis altos de complexidade organizativa no componente do estabelecimento de critérios já que abarcam esferas de governo a nível nacional

---

[101] HOOD; ROTHSTEIN; BALDWIN, 2006, p. 46.
[102] Ibid., p. 46.
[103] Ibid., p. 53.
[104] Ibid., p. 56.
[105] Ibid., p. 64.

e da Comunidade Europeia, implicando em uma estrutura elaborada de comitês e *experts* e múltiplos departamentos governamentais, e aproveitam uma gama de outros subregimes no mesmo domínio normativo".[106]

Mais concretamente, pode-se dizer que a gestão de uma intervenção preventiva, que se antecipe, assim, aos possíveis riscos para os consumidores, como a ingestão de determinadas substâncias, deu lugar a um debate até então adormecido, principalmente com o uso dos transgênicos.

1.3.1. Gestão do risco alimentar

No Brasil, a ANVISA, Agência de Vigilância Sanitária, no seu *codex alimentarius*, divulga como deve ser feita a avaliação do risco no que concerne aos alimentos colocados à disposição dos consumidores,[107] demonstrando proximidade à teoria acima mencionada, proposta pelos autores ingleses:

> Avaliação de Risco – processo com base científica que abrange as seguintes fases: (i) identificação do perigo, (ii) caracterização do perigo; (iii) avaliação da exposição e (iv) caracterização do risco. Avaliação Quantitativa do Risco – avaliação de risco que fornece expressões numéricas de riscos e indicação das incertezas associadas (determinado na definição de Análise de Risco constante da Consulta a Especialistas de 1995). Avaliação Qualitativa do Risco – avaliação de risco baseada em dados que, apesar de não constituírem uma base suficiente para estimativas numéricas de risco, permitem estabelecer uma classificação de risco ou separação em categorias descritivas de risco, quando condicionada por conhecimentos prévios de especialistas e pela identificação das incertezas associadas.

Portanto, possível entender que para avaliar o risco de determinado alimento à saúde ou à vida do ser humano, deve-se identificar e caracterizar o perigo. Isto é possível, por exemplo, no caso dos transgênicos, considerando os resultados das pesquisas acima mencionadas, as quais apontam "aumento das alergias; aumento de resistência aos antibióticos; aumentos das substâncias tóxicas; maior quantidade de resíduos de agrotóxicos",[108] a que ficam expostos todos os seres humanos da sociedade contemporânea, já que todos nós somos consumidores de produtos alimentícios com alguma quantidade de transgênico, segundo os especialistas.

Evitar a lesão à saúde e à própria vida das pessoas, nessa esteira de raciocínio, incita um conjunto amplo de políticas públicas pelo Estado, a exemplo do que destacam Hood, Rothstein e Baldwin, não se podendo perder de vista que a segurança alimentar deve estar em primeiro plano, já que para a manutenção da própria sobrevivência o ser humano tem a necessidade de se alimentar diversas vezes, diariamente.

---

[106] HOOD; ROTHSTEIN; BALDWIN, 2006, p. 69.

[107] ORGANIZAÇÃO PAN-AMERICANA DE SAÚDE. *Higiene dos alimentos*: textos básicos. Brasília: OPAS, 2006. p. 56. Disponível em: <http://www.anvisa.gov.br/divulga/public/alimentos/codex_alimentarius.pdf>. p. 56. Acesso em: 25 jan. 2013.

[108] *O que são alimentos transgênicos e quais os seus riscos*. Disponível em: <http://www4.planalto.gov.br/consea/noticias/noticias/2012/03/o-que-sao-alimentos-transgenicos-e-quais-os-seus-riscos>. Acesso em: 25 jan. 2013.

A preocupação com o assunto tem despertado considerável interesse por parte da biologia, sociologia, medicina, entre outros ramos além do Direito. Porém, percebe-se a carência de previsão normativa e, principalmente, de medidas que busquem acautelar as pessoas quanto aos hábitos mais simples que podem acarretar gravosos males.

Conforme bem coloca Losada Manosalvas, a "confiança do consumidor depende em parte da atuação coerente e objetiva na formulação de políticas em matéria de segurança alimentar e de prevenção dos perigos associados aos alimentos estabelecidos sobre a base de uma avaliação científica e independente da gestão do risco".[109]

Desta forma, percebe-se que a sociedade de risco, assim como a globalização[110] impõem ao mundo novos desafios. O risco é aumentado com o fenômeno da globalização, pois a expansão tecnológica, industrial e econômica denotam a fragilidade dos sistemas tradicionais e a necessidade de novos instrumentos nos mais diversos setores do conhecimento humano para enfrentar tal realidade tanto num prisma nacional, como também transnacional.

Entendendo-se como risco dentro da sociedade contemporânea aqueles acontecimentos que se caracterizam por dois principais fatores, de acordo com a doutrina de Beck, a inevitabilidade e a invisibilidade, no presente estudo, entende-se configurado o *risco alimentar quando há a probabilidade de, por meio da ingestão de alimentos, ocorrer dano à vida ou à saúde do ser humano*, como antes mencionado.

Na perspectiva do controle internacional dos riscos dos alimentos, entre as principais iniciativas da FAO, destaca-se, em 1996, a realização, em Roma, da Cúpula Mundial de Alimentação (CMA), ocasião em que os Chefes de Estado e de Governo afirmaram "o direito de toda pessoa a ter acesso a alimentos seguros e nutritivos, em consonância com o direito à alimentação adequada e com o direito fundamental de toda pessoa de estar livre da fome",[111] e comprometeram-se a implementar esse direito em sua totalidade e a realizá-lo, de uma forma gradativa, com o objetivo de garantir a segurança alimentar para todos até o ano de 2015. Em 2004, o Conselho da FAO aprovou as "Diretrizes Voluntárias em Apoio à Realização Progressiva do Direito à Alimentação Adequada no Contexto da Segurança Alimentar Nacional", visando à implementação dos compromissos da Cúpula de 1996.[112]

---

[109] LOSADA MANOSALVAS, 2001, p. 149.

[110] Vide: Globalização em David Held, para quem "La Globalización denota la expansión y la profundización de las relaciones sociales y las instituciones a través del espacio y el tiempo, de forma tal que, por un lado, las actividades cotidianas resultan cada vez más influidas por los hechos y acontecimientos que tienen lugar del otro lado del globo y, por el otro, las prácticas y decisiones de los grupos y comunidades locales pueden tener importantes repercusiones globales." (HELD, David. *La democracia y el orden global:* del Estado moderno al gobierno cosmopolita. Barcelona: Paidós, 1997).

[111] ORGANIZAÇÃO DAS NAÇÕES UNIDAS PARA ALIMENTAÇÃO E AGRICULTURA. *Segurança alimentar e assistência humanitária*. Disponível em: <http://www.itamaraty.gov.br/temas/balanco-de-politica-externa-2003-2010/7.1.7-seguranca-alimentar-fao>. Acesso em: 10 mar. 2013.

[112] Ibid.

Em 2005, foi aprovada a primeira norma AR (análise de risco) intitulada *Princípios de aplicación práctica para el análisis de riesgos aplicables en el marco del Codex Alimentarius*.[113]

A Comunidade Europeia, alavancando o processo evolutivo no sentido de uma maior evitabilidade de danos decorrentes do mencionado desenvolvimento tecnológico hodierno, tem realizado diversas medidas para gerir o risco alimentar.

Nesse sentido, sugerem os Europeus: 1) o assessoramento científico (análise do risco); 2) a compilação e análise dos dados (análise do risco); 3) a informação ao consumidor (comunicação sobre o risco); 4) os aspectos regulamentares e o controle (gestão do risco).[114]

Nos Estados Unidos da América há uma crescente preocupação com a segurança alimentar, tendo em vista os alarmantes dados de doenças contraídas pela população ao consumi-los. Segundo o *Food and Drug Administration*, "todo ano, um em cada seis pessoas que moram nos Estados Unidos, ou seja, 48 milhões de pessoas sofrem de doenças transmitidas por alimentos; mais de 100.000 são hospitalizadas, e milhares morrem".[115]

Esse mesmo órgão, visando a modificar tal realidade, estabeleceu em dezembro de 2010 a *Food Safety Modernization Act* (a Lei de Modernização de segurança alimentar), a qual traz uma série de medidas a serem adotadas para "prevenir" o risco alimentar da população, como controles preventivos, inspeção e normas próprias para os alimentos importados que são em grande monta.[116]

No Brasil, segundo destaca Alves Paz,

> para melhorar a situação da segurança alimentar, ante a falta de regulamentação e a devida atenção ao tema, deve-se evitar propostas setoriais e buscar a construção de uma nova realidade em conjunto e lembrar que o Estado nem tudo sabe e nem tudo pode; instituir um novo marco legal; pensar na participação ativa do cidadão em todo o ciclo da decisão. Para ele as características de uma efetiva segurança alimentar passa pelo acompanhamento da produção ao consumo; por estabelecer princípios e diretrizes sólidos; orientação estratégica única; postura integradora; cooperação Estado-Sociedade; responsabilização do fornecedor; expressão mobilizadora; por marco legal e operacional adequados; por uma base epidemiológica (científica); enfoque precautório e transparência. Considera, por fim, que os consumidores, em âmbito internacional, têm como

---

[113] *Food and Agriculture Organization of the United Nations, World Health Organization.* (FAO/WHO).Joint FAO/WHO Food Standards Programme CodexCommittee on General Principles. *Proposed draftworking principles for risk analysis for food safety*. 24thsession, Paris, France; 2007 April 2-6. FAO (*Food and Drug Administration*), instituto que faz parte da Organização das Nações Unidas para Agricultura e Alimentação. Mais informações em <ftp://ftp.fao.org/codex/meetings/CCGP/ccgp19/gp19_05e.pdf>. Último acesso em 10 mar.2013.

[114] Ver LOSADA MANOSALVAS, 2001, p. 157 que traz, inclusive, um gráfico desse sistema que simplifica o entendimento acerca desses pilares.

[115] Dados disponíveis em: <http://www.fda.gov/Food/FoodSafety/FSMA/ucm242971.htm>. Acesso em: 10 de mai. de 2013.

[116] Inteiro teor da legislação disponível em <http://www.fda.gov/Food/FoodSafety/FSMA/ucm247548.htm>. Último acesso em 10 de maio de 2013.

direitos: a satisfação das necessidades básicas; saúde e segurança; informação; ser ouvido; educação; reparação; ambiente saudável.[117]

Dos pilares estabelecidos pela Comunidade Europeia, Losada Manosalvas explica que em todo o referido processo que os constituem,

> será imprescindível a existência de uma boa harmonização, com o objetivo de que os gestores do risco cheguem a ter pleno conhecimento dos elementos que compuseram a base científica e a análise dos dados (a avaliação dos riscos) em concreto: identificação do perigo, caracterização do perigo, avaliação da exposição científica e a caracterização do risco, levando em conta as incertezas inerentes, a probabilidade, a frequência e a gravidade dos potenciais efeitos adversos que podem incidir sobre o meio ambiente ou a saúde das pessoas, sugerindo que quando os dados disponíveis forem inadequados ou não conclusivos, uma providência prudente e cautelosa poderia consistir, por exemplo, em optar pela hipótese mais pessimista.[118]

Concernente à gestão do risco propriamente, o regulamento da Comunidade Europeia nº 178/2002 a define como "o processo consistente em sopesar as alternativas políticas em consulta com as partes interessadas, tendo em conta a determinação do risco e outros fatores pertinentes e, se for necessário, selecionando as opções apropriadas de prevenção e controle".[119]

O que se pode perceber é que muitos países já estão buscando caminhos para administrar os riscos, antecipando-se a eles, sendo certo que cada qual de acordo com o seu sistema jurídico-político. Contudo, na seara jurídica, alguns princípios se tornam universais na busca desse fim. Quiçá o princípio que melhor traduza a tentativa última do ser humano em antecipar-se a danos que possam decorrer da ingestão de alimentos pelo desconhecimento de seu teor seja mesmo o princípio da precaução, tão difundido quanto às questões ambientais, mas ainda pouco mencionado quando o tema é segurança alimentar.

1.4. Os princípios jurídicos relacionados ao risco

O debate, indubitavelmente, é interdisciplinar. Por isso, a Administração Pública intervém na regulação das relações públicas e privadas de modo a promover os fins preconizados pelo Estado na maioria dos países ocidentais.

O Direito, inserido nesse contexto, deve lançar mão de normas que acompanhem esse intuito, o que nem sempre é possível no panorama de um Estado Liberal, identificado com um positivismo inflexível, o qual visava a limitar a atuação estatal e não fomentá-la.

Fala-se, atualmente, até mesmo em um neoconstitucionalismo, onde autores como Alexy, Dworkin, Ferrajoli, Nino e Zagrebelski ganham grande destaque, mormente quando abordam a temática dos princípios. Aliás, entende-se que Pérez Luño, Peces Barba e Prieto Sanchís, entre outros autores espanhóis,

---

[117] Sezifredo Paulo Alves Paz, Secretário Executivo do Fórum Nacional das Entidades Civis de Defesa do Consumidor. (PAZ, 2008).
[118] LOSADA MANOSALVAS, 2001, p. 158-159.
[119] RODRÍGUEZ FONT, 2007, p. 129.

assim como Ingo Wolfgang Sarlet e Flávia Piovesan, no Brasil, também fazem parte do rol de neoconstitucionalistas que confirmam, com suas teses, o marco de um novo Direito.

Chamam a atenção as teses neoconstitucionalistas que trazem a possibilidade de o direito deixar de ser um conjunto sistemático de normas autorizativas, para compreender valores e princípios disponíveis para respostas jurídicas dos operadores, com o uso da hermenêutica.

Talvez essa visão, em que pese se falar nos países de cultura jurídica romano-germânica num direito regulativo mais formal, baseado na legalidade estrita, traga a possibilidade de aproximar essa família jurídica da *Common Law* ao reconhecer o poder normativo da Constituição, concretizando as previsões insculpidas nesta, em suas regras e princípios norteadores de todo o sistema jurídico, mas sem abrir mão da garantia do controle constitucional.

Aliás, nas palavras de Zagrebelsky,

> O direito constitucional é um conjunto de materiais de construção, mas o edifício concreto não é a obra da Constituição enquanto tal senão de uma política constitucional que versa sobre as possíveis combinações de materiais.[120]

Não se desconhece as objeções à doutrina de interpretação do direito com base nos princípios,[121] mas para o alcance de uma justiça efetiva e material, dentro desse panorama de antecipação do direito, muitas vezes as regras[122] positivadas não são suficientes, deixando a sociedade descoberta diante de novas realidades, como no caso do risco gerado pelo uso de novas tecnologias e de novos experimentos científicos, o que ocorre rotineiramente.

Isso porque as regras, elaboradas por um procedimento mais complexo, muitas vezes demoram a ser alteradas para acompanhar as mudanças fáticas da sociedade, caindo em completo desuso ou, pelo menos, sendo incapazes de disciplinar a realidade, como tem se percebido ocorrer na chamada sociedade de risco, mencionada neste trabalho.

Nesse contexto, destaca-se a crítica de Ingeborg Maus, ao referir um crescimento de competências do Poder Judiciário Alemão, em especial da Corte Constitucional, o que decorreria do tipo de abordagem hermenêutica por parte dos juízes, que há muito não aplicam o direito positivo silogisticamente, mas apelam para fundamentos, segundo ela, de ordem moral.[123]

---

[120] ZAGREBELSKY, Gustavo. *El derecho dúctil*. Madrid: Trotta, 1995. p. 13.

[121] Princípios são "exigências de otimização abertas a várias concordâncias, ponderações, compromissos e conflitos" in ou ainda "são normas jurídicas impositivas de uma optimização, compatíveis com vários graus de concretização, consoante os condicionamentos fáticos e jurídicos" enquanto as regras são normas que prescrevem imperativamente uma exigência (impõem, permitem ou proíbem) que é ou não cumprida", constituem exigência de aplicação. (CANOTILHO, J. J. Gomes. *Direito constitucional e teoria da constituição*. Coimbra: Almedina, 1998. p. 1161 e p. 1163).

[122] Nesse sentido, entendem-se que as regras e princípios são espécies de normas, de modo que a distinção entre regras e princípios constitui uma distinção entre duas espécies de normas, na lição do autor português em comento. (Ibid., p.172).

[123] MAUS, Ingeborg. O Judiciário como superego da sociedade: o papel da atividade jurisprudencial na "sociedade órfã". Tradução de Martônio Lima e Paulo Albuquerque. *Revista Novos Estudos CEBRAP*, n. 58, nov. 2000. p. 186.

Por tal razão, os princípios do Direito, dotados de maior flexibilidade, em virtude do uso hermenêutico que lhe é peculiar, podendo estar positivados ou não em um sistema jurídico (princípios explícitos ou implícitos), configuram-se, como mais adequados para o trato de determinados assuntos.

No âmbito constitucional existem, via de regra, os denominados princípios fundamentais e, no curso da Constituição, outros princípios gerais de direito que norteiam determinadas matérias jurídicas.[124]

Aqueles primeiros são normas de natureza estruturante de toda a ordem jurídica e legitimam todo o sistema, já que consagram os valores culturalmente fundantes da própria sociedade. Segundo Canotilho, são

> os princípios definidores da forma do Estado, dos princípios estruturantes do regime político e dos princípios caracterizadores da forma de governo e da organização política em geral.[125] Já os princípios gerais formam temas de uma teoria geral do Direito Constitucional, por envolver conceitos gerais, relações, objetos, que podem ter seu estudo destacado da dogmática jurídico-constitucional.[126]

No tocante aos princípios infraconstitucionais, estes possuem a mesma finalidade dos princípios gerais, localizando-se, contudo, no âmbito jurídico-legal infraconstitucional, sem perder de vista o princípio da supremacia da constituição, o qual determina que *nenhum ato jurídico, nenhuma manifestação de vontade pode subsistir validamente se for incompatível com a Lei Fundamental*, nas palavras de Canotilho.[127]

São os direitos fundamentais, traduzidos algumas vezes em princípios, no âmbito constitucional,[128] sobre os quais se discorrerá mais demoradamente em capítulo próprio, e alguns princípios infraconstitucionais, no entender da autora, que melhor se afeiçoam à garantia do direito à informação adequada dos consumidores na chamada sociedade de risco.

Dentre estes destaca-se o princípio infraconstitucional da precaução, previsto em alguns ordenamentos jurídicos de forma positivada, em outros não, mas reconhecido também enquanto princípio jurídico em nível internacional, que resta eleito como norte interpretativo neste trabalho.

1.4.1. O princípio da precaução

Os doutrinadores esclarecem que o princípio da precaução foi formulado pelos gregos e significa ter cuidado e estar ciente. Nodari refere:

---

[124] SILVA, José Afonso da. *Curso de direito constitucional positivo*. 26. ed. São Paulo: Malheiros, 2006. p. 91-96.
[125] CANOTILHO, J. J. Gomes. *Direito constitucional*. 5. ed. Coimbra: Almedina, 1991. p. 178.
[126] SILVA, José Afonso. *Curso de direito constitucional positivo*. 30. ed. São Paulo, Malheiros. 2010. p. 95.
[127] CANOTILHO, op. cit., p. 92.
[128] Não se pode descuidar que o risco alimentar está diretamente relacionado ao direito à vida, à integridade física e moral, entre outros, os quais são assegurados em praticamente todas as leis fundamentais dos países de cultura romano-germânica como direitos fundamentais. Nesse sentido, artigos 5º e 6º da Constituição Federal brasileira, artigo 15 da Constituição Espanhola, artigos 24 e 25 da Constituição Portuguesa, etc.

Na era moderna, o Princípio da Precaução foi primeiramente desenvolvido e consolidado na Alemanha, nos anos 70, conhecido como *Vorsorge Prinzip*. Pouco mais de 20 anos depois, o Princípio da Precaução estava estabelecido em todos os países europeus. Embora inicialmente tenha sido a resposta à poluição industrial, que causava chuva ácida e dermatites entre outros problemas, o referido princípio vem sendo aplicado em todos os setores da economia que podem, de alguma forma, causar efeitos adversos à saúde humana e ao meio ambiente.[129]

Embora há muito conhecido, o princípio da precaução, embasado na máxima do "melhor prevenir do que remediar", tem sido objeto de maior atenção mundial nas últimas décadas do século XX. A precursora Alemanha trata sobre este princípio desde 1970, na Declaração de Wingspread, juntamente com o princípio da cooperação e do poluidor-pagador. Assim, o doutrinador alemão Kloespfer afirma que "a política ambiental não se esgota na defesa contra ameaçadores perigos e na correção de danos existentes. Uma política ambiental preventiva reclama que as bases naturais sejam protegidas e utilizadas com cuidado, parciosamente".[130]

Em nível internacional, o primeiro reconhecimento ao princípio foi na Assembleia Geral das Nações Unidas de 1982,[131] sendo mencionado uma única vez no Tratado de Maastricht, assinado em 1992, quando da instituição da União Europeia, em título destinado à disciplina da proteção do meio ambiente.[132] Contudo, foi na Conferência das Nações Unidas para o Meio Ambiente e o Desenvolvimento (CNUMAD) ocorrida no Brasil em 1992, mais conhecida como *Declaração do Rio 92* ou *ECO 92*, formalmente definido, como "princípio 15", o princípio da precaução, como "a garantia contra os riscos potenciais que, de acordo com o estado atual do conhecimento, não podem ser ainda identificados. Este Princípio afirma que a ausência da certeza científica formal, a existência de um risco de um dano sério ou irreversível requer a implementação de medidas que possam prever este dano".[133]

Goldim destaca que o Princípio da Precaução foi objeto de um seminário, realizado na França no ano 2000, onde a sua aplicação foi discutida em diversas áreas, além da saúde e do ambiente, como a comunicação social e o Direito, o qual não seria uma nova criação, mas sim o amadurecimento de uma ideia, que vem acompanhando a geração e a aplicação do conhecimento, pelo menos nos últimos 2400 anos. Aduz, ainda:

> não deve ser encarado como um obstáculo às atividades assistências e principalmente de pesquisa. É uma proposta atual e necessária como forma de resguardar os legítimos interesses de cada pessoa em particular e da sociedade como um todo. O Princípio da Precaução é fundamental para a abordagem de questões tão atuais e importantes como a produção de alimentos transgênicos e

---

[129] NODARI, Rubens Onofre. *Pertinência da ciência precaucionária na identificação dos riscos associados aos produtos das novas tecnologias*. Disponível em: <http://www.ghente.org/etica/principio_da_precaucao.pdf>. Acesso em: 12 ago. 2012.

[130] DERANI, Cristiane. *Direito ambiental econômico*. São Paulo: Max Limonad, 1997. p. 165.

[131] LOSADA MANOSALVAS, 2001, p. 146.

[132] Art.130-R do texto original do Tratado de Maastricht de 1992, atual artigo 191, versão consolidada em 2010, do Tratado em comento. Disponível em: <http://eur-lex.europa.eu/pt/treaties/dat/11992M/htm/11992M.html#0001000001>, último acesso em 12 nov. 2013.

[133] GOLDIM, José Roberto. *Institut Servier*: la prévention et la protection dans la societé du risque: le principe de précaution. Amsterdam: Elsevier, 2001. p. 15-16, p. 23-34.

a clonagem de seres humanos. Reconhecer a existência da possibilidade da ocorrência de danos e a necessidade de sua avaliação com base nos conhecimentos já disponíveis, é o grande desafio que está sendo feito a toda comunidade científica mundial.[134]

Segundo Grassi Neto, a minúcia procedida pela Comissão foi de tal ordem que seu valor doutrinário acabou por ultrapassar os limites da União Europeia, revestindo-se de inegável relevância, mesmo em países não europeus.[135]

Trata-se de princípio utilizado em âmbito universal, sendo que sua base científica está positivada em distintos diplomas legais de ordem nacional e internacional.

Na referida Comunicação de 2000, quanto à gestão do risco, na busca de elementos que poderão servir de fundamento para eventual decisão a ser adotada, aspectos estes que interessam ao presente trabalho, foram traçadas também as medidas a serem adotadas e as diretrizes que norteiam o princípio. Reconhecendo-se a incidência do princípio da precaução para evitar a adoção de medidas arbitrárias e apenas nas hipóteses de risco potencial razoável, a Comissão estabeleceu três condições a serem preenchidas simultaneamente, as quais justificariam a sua adoção: a) identificação dos efeitos potencialmente negativos; b) avaliação dos dados científicos disponíveis; e c) a extensão da incerteza científica.

Ainda, além de cautelas específicas também mencionadas pela Comunicação da Comissão, merecem destaque as seis diretrizes normativas gerais para uma "boa gestão" do dos riscos, nos seguintes termos colocados:

> Sempre que se considerar necessária uma atuação, as medidas baseadas no princípio da precaução deveriam ser, *nomeadamente: proporcionais* ao nível de protecção escolhido, não-discriminatórias na sua aplicação, *coerentes* com medidas semelhantes já tomadas, *baseadas numa análise das potenciais vantagens e encargos* da actuação ou ausência de actuação (incluindo, sempre que adequado e viável, uma análise econômica custo/benefício), *sujeitas a revisão*, à luz de novos dados científicos, e capazes de atribuir a responsabilidade de produzir os resultados científicos necessários para uma análise de riscos mais detalhada.[136]

Assim, vislumbra-se uma relação direta do princípio em comento e o risco alimentar que se pretende evitar. Contudo, apesar dessa preocupação da União Europeia com o tema, não se percebe a mesma nos demais países, tampouco no MERCOSUL, bloco econômico que poderia desenvolver o tema para seus países membros, a fim de evitar que danos aos consumidores se propagassem pelo consumo de alimentos. A única menção que se aproxima à precaução faz referência ao princípio da prevenção, o qual não se confunde com o da precaução, conforme abaixo se abordará. Está no Protocolo Adicional ao Acordo Quadro sobre o Ambiente, firmado em Florianópolis, Brasil, no ano de 2001, quando ratificados os compromissos assumidos na RIO 92, ao se reunir o

---

[134] GOLDIM, José Roberto. *O princípio da precaução*. Disponível em: <http://www.bioetica.ufrgs.br/precau.htm>. Acesso em: 10 mar. 2013.

[135] GRASSI NETO, 2013, p.217.

[136] Comunicação da Comissão relativa ao princípio da precaução. Bruxelas, 2-2-2000 COM (2000). 1 final. Disponível em <http://eur-lex.europa.eu/LexUriServ/LexUriServ.do?uri=COM:2000:0001:FIN:pt:PDF>. último acesso em 10 mai.2013.p.4.

Conselho do Mercado Comum, e editá-lo (o Protocolo Adicional ao Acordo Quadro sobre Meio Ambiente do em matéria de Cooperação e Assistência perante Emergências Ambientais) previu em cinco passagens a necessidade de adoção de medidas de prevenção no âmbito do meio ambiente.

Tal preocupação, reitere-se, surge em virtude do risco global, já mencionado e constatado no atual quadrante histórico, pelo que muitas vezes a falta de medidas adequadas dentro de um país pode gerar prejuízos a consumidores de outros países.

No direito positivo brasileiro, além do já mencionado Princípio 15 da RIO 92, embora não haja menção expressa ao princípio na Constituição Federal, pode-se subentendê-lo da leitura dos artigos referentes aos consumidores, 5º, XXXII e 170, V, bem como dos direitos coletivos à alimentação e à saúde, *no caput*, do art.6º, os quais abordam o dever de controle da produção, da comercialização e do emprego de técnicas, métodos e substâncias que importem em risco à vida, à qualidade de vida e ao meio ambiente.

No âmbito infraconstitucional, o princípio da precaução tem seu fundamento na Lei de Política Nacional do Meio Ambiente (Lei nº 6.938, de 31/08/81), mais precisamente no artigo 4º, I e IV, que expressa a necessidade de haver um equilíbrio entre o desenvolvimento econômico e a utilização, de forma racional, dos recursos naturais, inserindo também a avaliação do impacto ambiental (e foi expressamente incorporado em nosso ordenamento jurídico, no artigo 225, § 1º, V, da Constituição Federal), e também por meio da Lei de Crimes Ambientais, Lei nº 9.605/98, art. 54, § 3º, além da Lei de Biossegurança, Lei nº 11.105/05, que regulamenta a liberação de organismos geneticamente modificados no meio ambiente, a ele faça menção expressa. Como se percebe, embora se possa depreender a existência dos elementos conceituais do princípio, este não é referido de forma expressa. Assim também ocorre no Código de Defesa do Consumidor, Lei nº 8.078/90.

Porém, esta Lei traz a preocupação, em diversos dispositivos, com a vida, a saúde e a segurança do consumidor, conforme seus artigos 6º (art. 6º São direitos básicos do consumidor: I – a proteção da vida, saúde e segurança contra os riscos provocados por práticas no fornecimento de produtos e serviços considerados perigosos ou nocivos) e 8º (Art. 8º Os produtos e serviços colocados no mercado de consumo não acarretarão riscos à saúde ou segurança dos consumidores, exceto os considerados normais e previsíveis em decorrência de sua natureza e fruição, obrigando-se os fornecedores, em qualquer hipótese, a dar as informações necessárias e adequadas a seu respeito), dentre outros.[137]

Neste sentido, Milaré lembra que: "Precaução é substantivo do verbo precaver-se (do latim *prae* = antes e *cavere* = tomar cuidado), e sugere cuidados antecipados, cautela para que uma atitude ou ação não venha resultar em efeitos indesejáveis".[138]

---

[137] Inteiro teor do Código de Defesa do Consumidor; disponível em: <http://www.planalto.gov.br/ccivil_03/leis/l8078.htm>. Acesso em: 15 jun. 2013.

[138] MILARÉ, Edis. *Direito do ambiente:* doutrina, jurisprudência, prática, glossário. 3. ed. rev. atual. e ampl. São Paulo: Revista dos Tribunais, 2004. p. 144.

Observe-se que a consagração do princípio da precaução no ordenamento jurídico brasileiro representa a adoção de uma nova postura em relação à defesa dos consumidores e à degradação do meio ambiente. Ou seja, a precaução exige que sejam tomadas, por parte do Estado como também por parte da sociedade em geral, medidas que, num primeiro momento, impeçam o início da ocorrência de atividades potencialmente e/ou lesivas à vida, à saúde ou à segurança dos consumidores e ao meio ambiente. Mas a precaução também atua, quando os danos já estão concretizados, desenvolvendo ações que façam cessar esse dano ou pelo menos minimizar seus efeitos. Nesta linha de pensamento, quanto ao Ambiente Machado ensina que

> a precaução age no presente para não se ter que chorar e lastimar o futuro. A precaução não só deve estar presente para impedir o prejuízo ambiental, mesmo incerto, que possa resultar das ações ou omissões humanas, como deve atuar para a prevenção oportuna desse prejuízo. Evita-se o dano ambiental através da prevenção no tempo certo.[139]

O que se depreende das legislações e interpretações doutrinárias é a necessidade, antes de tudo, de se antecipar, investigar, pesquisar e precaver a potencial e/ou efetiva ocorrência de uma atividade lesiva, pois há de se considerar que nem todos os danos podem ser reparados pela ação humana.

Nesse sentido, a saúde e a vida dos consumidores colocadas em risco pela circulação e consumo de alimentos sem informação de seus conteúdos pelos produtores e fornecedores em geral enquadram-se e precisam, no âmbito jurídico, da tutela trazida pelo Princípio da Precaução. Na verdade, pode-se dizer que tal princípio bem se adequa aos mais diversos casos onde há a possibilidade de ocorrência de risco na tentativa de evitá-los. Nessa esteira de raciocínio, Hoppe assevera que "é uma precaução contra o risco, que objetiva prevenir já uma suspeição de perigo ou garantir uma suficiente margem de segurança da linha de perigo".[140]

Teresa Ancona Lopes, quando aborda o tema falando da Responsabilidade Civil, aduz que o princípio da precaução é

> aquele que trata das diretrizes e valores do sistema de prevenção de riscos hipotéticos, coletivos ou individuais, que estão a ameaçar a sociedade ou seus membros com danos graves e irreversíveis e sobre os quais não há certeza científica; esse princípio exige a tomada de medidas drásticas e eficazes com o fito de prevenir o risco suposto e possível, mesmo diante da incerteza.[141]

Apesar de muito difundida sua relação com o conceito de risco alimentar, pouco ou quase nada se encontra sobre o princípio da precaução na literatura quanto à noção de gestão de risco. Atualmente, pode-se dizer que ele "está sendo utilizado pelo *Codex Alimentarius* para sua aplicação na elaboração de medidas de proteção à saúde em matéria de segurança alimentar", como acentua Losada Manosalvas.[142]

---

[139] MACHADO, Paulo Afonso Leme. *Direito ambiental brasileiro*. São Paulo: Malheiros, 2001. p. 57.

[140] DERANI, Cristiane. *Direito ambiental econômico*. São Paulo: Max Limonad, 1997. p. 165.

[141] LOPES, Tresa Ancona. *Princípio da precaução e evolução da responsabilidade civil*. São Paulo: Faculdade de Direito da Universidade de São Paulo, 2008. Tese de Titularidade em Direito Civil. p. 90.

[142] LOSADA MANOSALVAS, 2001, p. 146.

Como referido, a situação diferencia-se entre os países que adotam o princípio, pois, por exemplo, na União Europeia, ele tem sido diretamente relacionado às questões alimentares e ao Regulamento n° 178/2002 CE do Parlamento Europeu e do Conselho, de 28 de janeiro de 2002, que determina os princípios e normas gerais da legislação alimentar, não ocorrendo o mesmo no Brasil, nem no MERCOSUL.[143]

A definição de diretrizes comuns relativas à aplicação do princípio de precaução tem igualmente repercussões positivas em nível internacional. Uma definição clara do modo como a Comunidade tenciona recorrer ao princípio de precaução a fim de garantir um nível adequado de proteção do ambiente e da saúde pode contribuir para os debates já iniciados nas instâncias internacionais.

Ainda que o recurso ao princípio de precaução, consoante coloca a Comissão, só se justifica se estiverem preenchidas as três condições prévias (identificação dos efeitos potencialmente negativos, a avaliação dos dados científicos disponíveis e a extensão da incerteza científica), há a clara intenção de utilizá-lo com instrumento de decisão, o que parece positivo.

Destarte, no caso emblemático dos transgênicos, considerando a perspectiva do presente trabalho, de acordo com os conceitos até aqui traçados, pode-se dizer que para se efetivar o princípio da precaução seria necessário: a identificação dos efeitos potencialmente negativos destes para o ser humano; a avaliação dos dados científicos disponíveis a seu respeito; e a extensão da incerteza científica acerca das consequências de seu consumo. Dentro da proposta deste estudo, destaca-se um desses requisitos, qual seja, a identificação dos efeitos negativos deste para o ser humano.

Entende-se que se descobrindo referidas consequências maléficas e, estando estas ao alcance do conhecimento do consumidor quando for adquirir os alimentos que contenham OGM, já se está concretizando a precaução almejada para evitar prejuízos à saúde e à vida humana. Incumbe, assim, aos pesquisadores, antes disso, desvelarem os outros dois requisitos descritos, para precaver os consumidores. E, se for o caso, incumbe ao Poder Público sequer permitir que os alimentos que contenham substâncias de efeitos desconhecidos, mas potencialmente prejudiciais, sejam colocados em circulação no mercado.

Nesse sentido, em 2000, foi elaborado o Livro Branco da Comissão da Comunidade Europeia para a segurança alimentar, o qual faz menção expressa a este princípio, quando estabelece:

---

[143] Consoante definição do Ministério das Relações Exteriores do Brasil, o "Mercado Comum do Sul (MERCOSUL) é um amplo projeto de integração concebido por Argentina, Brasil, Paraguai e Uruguai. Envolve dimensões econômicas, políticas e sociais, o que se pode inferir da diversidade de órgãos que ora o compõem, os quais cuidam de temas tão variados quanto agricultura familiar ou cinema, por exemplo. No aspecto econômico, o MERCOSUL assume, hoje, o caráter de União Aduaneira, mas seu fim último é constituir-se em verdadeiro Mercado Comum, seguindo os objetivos estabelecidos no Tratado de Assunção, por meio do qual o bloco foi fundado, em 1991". Disponível em: <http://www.mre.gov.br/index.php?Itemid=548&id=1044&option=com_content&task=view> Acesso em: 10 de março de 2013.

Neste contexto, a Comunidade tem por objetivo clarificar e reforçar o quadro da OMC em vigor no que respeita à aplicação do princípio de precaução no domínio da segurança dos alimentos, principalmente tendo em vista estabelecer uma metodologia concertada sobre o âmbito de ação a título desse princípio.[144]

Não se pode deixar de mencionar, ainda, que muitos autores consideram como sinônimos precaução e prevenção, mas a melhor doutrina especializada diferencia estes dois princípios exatamente pela questão do risco.

Utilizando-se a diferenciação já esboçada sobre risco e perigo, parte dos estudiosos sobre o tema entende que há distinção entre os princípios da precaução e prevenção, a qual passa pela distinção entre risco (que corresponde à precaução) e perigo (que corresponde à prevenção). O risco pode ser definido como "possibilidade de ocorrer uma situação de perigo". Este, por sua vez, consiste na "possibilidade de ocorrer um dano". De acordo com Leme Machado "em caso de certeza do dano ambiental, este deve ser prevenido, como preconiza o princípio da prevenção. Em caso de dúvida ou de incerteza, também se deve agir prevenindo, invocando nesta hipótese o princípio da precaução, ou seja, a dúvida científica, expressa em argumentos razoáveis, não dispensa a prevenção".[145]

Segundo Leite e Ayala,[146] o princípio da prevenção se dá em relação ao perigo concreto, enquanto, em se tratando do princípio da precaução, a prevenção é dirigida ao perigo abstrato. Nesse sentido esclarecem:

> o princípio da prevenção é invocado para proibir a repetição da atividade que já se sabe perigosa, uma vez que há informações certas e precisas sobre a periculosidade e o risco fornecido pela atividade ou comportamento, que, assim, revela situação de maior verossimilhança do potencial lesivo que aquela controlada pelo princípio da precaução. Este, por sua vez, aplica-se nas situações onde haja risco de perigo potencial, isto é, há evidências verossímeis que levam a considerar que determinada atividade seja perigosa, não sendo possível qualificar nem quantificar integralmente o risco e seus efeitos devido à insuficiência ou caráter inconclusivo dos dados científicos disponíveis na avaliação dos riscos.

Constata-se, contudo, que os autores os quais escrevem sobre o tema no Brasil, fazendo ou não referida distinção, anotam que há muitos pontos de contato. O princípio da prevenção para manifestar-se precisa de elevado grau de verossimilhança do potencial lesivo. Já se sabe, por exemplo, que determinada atividade é danosa ao meio ambiente e se conhecem as cautelas que a técnica e a ciência recomendam – Não se está frente a uma eventualidade, a uma dúvida. O risco, na prevenção não é mais "risco de perigo" mas risco de produção de efeitos sabidamente ruinosos, já são conhecidas as consequências de determinado ato. O nexo causal já está cientificamente comprovado ou pode, muitas vezes, decorrer da lógica. Já o princípio da precaução visa a prevenir por não se saber quais as consequências e reflexos que determinada ação ou aplicação científica poderão gerar ao meio ambiente, no espaço ou tempo. Está

---

[144] COMISSÃO EUROPEIA, 2000b.
[145] MACHADO, 2001, p. 55.
[146] LEITE, José Rubens Morato; AYALA, Patryck de Araújo. *Direito ambiental na sociedade de risco*. Rio de Janeiro, Forense Universitária, 2002. p. 57.

presente a incerteza científica. O Professor José Rubens Morato Leite arremata: "o conteúdo cautelar do princípio da prevenção é dirigido pela ciência e pela detenção de informações certas e precisas sobre a periculosidade e o risco corrido da atividade ou comportamento, que, assim, revela situação de maior verossimilhança do potencial lesivo que aquela controlada pelo princípio da precaução".[147]

Grassi Neto chega a tratar a precaução e a prevenção como princípios jurídicos da segurança alimentar, destacando, assim como os demais autores, diferenças no uso de cada um: "haveria precaução na adoção de cautelas visando diminuir eventual situação de risco incerto e prevenção em se cuidando providências destinadas a evitar acidentes em situação de perigo previamente conhecido".[148]

No direito comparado, Rodríguez Font[149] refere o Tratado da União Europeia (TUE) onde

> não se encontra menção ao princípio da precaução, somente à prevenção como fundamento da atividade da Administração Pública no que concerne ao controle de risco, e implica que as medidas preventivas podem ser adotadas quando a informação disponível é suficiente para poder estabelecer os danos; e se define pelo Tratado como aquele que exige que se adotem as medidas de proteção antes que se produza a deterioração ambiental". Para o autor, o princípio da precaução, cuja previsão não se encontrava originalmente no TUE "pode justificar uma atuação para prevenir um dano, inclusive quando não se pode estabelecer com absoluta certeza uma relação de causa-efeito embasando-se na evidência científica disponível. O principal propósito deste princípio é evitar que as autoridades competentes possam amparar-se de uma suposta incerteza científica para permanecer inativas ante determinada situação de ameaça.

Constata-se, segundo o entendimento diferenciador dos princípios tomando por base o critério do risco, que a precaução melhor se afina com a situação do risco alimentar, quando se refere à inclusão de substâncias cujos efeitos ao homem são desconhecidos. Nesse sentido, está se falando de riscos abstratos, que podem ocorrer, e não de uma situação de perigo iminente e concreto, ou seja, que é certo que ocorrerá, quando incidiria, então, o princípio da prevenção.

Como visto, o princípio da precaução revela-se um importante instrumento para o mapeamento do risco e a deliberação sobre maneiras de evitá-lo. Contudo, por seu elevado grau de abstração, mesmo que com diretrizes bem delineadas, impõe-se o questionamento acerca de formas concretas para sua efetivação. Acerca disso ainda não se encontra literatura específica relacionada ao Direito, razão pela qual o presente trabalho procura analisar algumas possibilidades.

E, em se tratando de princípio inequivocamente relacionado com os riscos desencadeados pelas atividades industriais, tecnológicas, e humanas de um modo geral, propõe-se a análise do direito à informação adequada aos consu-

---

[147] LEITE, José Rubens Morato. *Dano Ambiental: do individual ao coletivo extrapatrimonial.* 2. ed. São Paulo: Revista dos Tribunais, 2003. p. 226.
[148] GRASSI NETO, 2013, p. 197.
[149] RODRÍGUEZ FONT, 2007, p. 209.

midores como o meio de efetivar o princípio da precaução de casos concretos que assolam a sociedade contemporânea.

Para tanto, passa-se a abordar o direito à informação como um direito fundamental dos consumidores, já que inegável a sua vinculação à segurança alimentar, e mais detidamente à saúde e a própria vida humana.

1.5. A sociedade de risco e o risco alimentar: novos desafios ao Direito

A doutrina e especialmente as situações fáticas atuais antes mencionadas denotam que a falta de informação relacionada aos alimentos colocados em circulação no mercado para consumo podem deixar a saúde e até mesmo a vida do ser humano em efetivo risco.

Como afirmado ao início, utilizam-se os transgênicos e os OGMs a título de exemplos do risco a que se expõem os consumidores, no atual quadrante histórico, pela falta de informação quanto ao uso de organismos geneticamente modificados nos alimentos. Contudo, são diversas as situações que alarmam a sociedade mundial a cada dia, a qual fica de "mãos atadas", pois sem a informação adequada não há como proceder a escolha de alimentos, precavendo-se de problemas à saúde e à própria vida.

Nesse sentido, outro exemplo de grande repercussão na Europa é a constatação da venda de alimentos utilizando carne de cavalo dentre os ingredientes, em vez de carne bovina, como informado nas etiquetas ou nos anúncios dos supermercados. Diversos veículos de comunicação trouxeram à tona essa fraude, detectada em algumas carnes de corte embaladas para venda, e alimentos feitos com o produto alterado,[150] envolvendo até mesmo grandes empresas multinacionais.[151]

Além da fraude no sentido de se informar algo errado aos consumidores, o que por si só pode configurar conduta ilícita, ainda resta a dúvida acerca das consequências à saúde e à vida de quem ingere a referida carne. Quanto a esse aspecto, importantes as elucidações técnicas para que se possa saber das consequências da ingestão, já que, segundo Beck os riscos só serão conhecidos por meio das respostas de testes científicos, pois podem ser intangíveis aos nossos sentidos, consoante acima transcrito.

---

[150] Na Europa, novo casos vêm sendo detectados rotineiramente desde que descoberto o problema, como esclarecem os Periódicos. Informações disponíveis em: <http://es.euronews.com/2013/04/16/cronica-del-escandalo-alimentario-de-la-carne-de-caballo/>. No Brasil, a Revista Veja, de maior circulação nacional, trouxe como matéria de capa a ocorrência da mencionada fraude, o que está disponível para acesso no site: <http://veja.abril.com.br/noticia/economia/fraude-alimentar-deixa-consumidores-de-maos-atadas>. Último acesso em 11 de maio de 2013.

[151] A última empresa que esteve envolvida no problema foi o grupo IKEA, onde se constatou a venda de almôndegas com carne de Cavallo, em vez de carne bovina, conforme anunciado. Informações no periódico *El País* disponível em: <http://sociedad.elpais.com/sociedad/2013/02/25/actualidad/1361787627_327149.html>. Último acesso em 13 de maio de 2013.

No Brasil, periódicos relacionados à área da saúde tentam explicar tais decorrências, sendo que as opiniões divergem quanto ao consumo da carne equina.

Em entrevista publicada no *Jornal Ciência*, a nutricionista Martha McKittrick afirmou: "Como a carne de búfalo, ela [carne equina] tende a ter mais músculo, por isso tem menos gordura. É também muito rica em proteínas e rica em ferro". Apesar disso, McKittrick não defende o consumo desse tipo de carne, destaca o periódico.[152] No mesmo sentido a nutricionista Esther Blum declarou:

Profissionalmente falando, [a carne equina] é uma alternativa muito melhor do que a carne bovina, porque com a carne convencional, os animais são alimentados com soja, milho e cereais, que os torna pro-inflamatório. Considerando que, com cavalos, eles são definitivamente uma carne magra e não expostos a hormônios ou antibióticos.[153]

Blum também observou que as vacas ingerem muitos pesticidas, e esses compostos químicos prejudicam o sistema endócrino e podem levar à obesidade. Os cavalos de pasto, por sua vez, não consomem esses compostos, por isso são mais saudáveis. Entretanto, tudo depende da alimentação desses animais.[154]

A Revista Veja, de grande circulação no Brasil, esclareceu que a carne de cavalo só gera risco à saúde pelo desconhecimento de sua procedência, esclarecendo aos leitores:

Recente descoberta de que há carne de cavalo misturada a alimentos feitos com carne bovina, incluindo hambúrgueres e lasanha, e vendida em mercados europeus provocou repercussão internacional. As reações negativas ao caso não são à toa: o consumidor deve ser informado sobre o que está comendo e qual a procedência do seu alimento – direitos que lhes foram retirados nesse caso. É errado pensar, no entanto, que consumir carne de cavalo por si só já representa um risco à saúde. A carne de cavalo é consumida normalmente em diversos países da Europa, entre eles França, Bélgica e Itália. Restaurantes japoneses às vezes a servem crua, como iguaria. Quando produzida conforme as normas sanitárias determinam, o alimento não faz mal – assim como não fazem mal a carne de boi, de porco, de coelho e até de cachorro. O problema em relação ao ocorrido na Europa é o fato de que a carne de cavalo encontrada tem procedência desconhecida. "Isso abre a possibilidade de irregularidades em seu processo de fabricação, como a contaminação da carne por medicamentos ou anabolizantes, ou ainda um processo inadequado de conservação do alimento", diz Alexandre Momesso, mestre em saúde pública, professor de microbiologia e parasitologia de alimentos e coordenador do curso de pós-graduação de Controle Sanitário de Alimentos da Universidade de São Caetano do Sul.[155]

Portanto, as opiniões não apontam efetivo risco à integridade física da pessoa pelo consumo desse alimento. Pelo contrário, dão conta de que possui nutrientes importantes, pendendo a divergência acerca de ser recomendável a

---

[152] Informações disponíveis no site da revista: <http://www.jornalciencia.com/saude/mente/2451-alem-do-tabu-afinal-comer-carne-de-cavalo-e-prejudicial-a-saude>. Último acesso em 12 de maio de 2013.

[153] Mesma referência acima.

[154] Informações disponíveis no site da revista: <http://www.jornalciencia.com/saude/mente/2451-alem-do-tabu-afinal-comer-carne-de-cavalo-e-prejudicial-a-saude>. Último acesso em 12 de maio de 2013.

[155] Informação disponível em: <http://veja.abril.com.br/noticia/saude/carne-de-cavalo-por-si-so-nao-faz-mal-a-saude>. Acesso em 22 de abril de 2013.

sua ingestão ou não, mas uníssonos na ilicitude da falta ou incorreta informação.

No âmbito da União Europeia, desde fevereiro de 2013 foi instaurada investigação sobre o problema da carne fraudada, a fim de coletar dados concretos sobre a extensão do ilícito, bem como das consequências sanitárias.[156] Em virtude da larga abrangência de denúncias e da globalização no comércio de alimentos, o tema surtiu interesse internacional, instando órgãos relacionados à investigação de crimes significativos, como a Scotland Yard, também a entrarem em campo.[157]

Recentemente, os primeiros resultados foram anunciados, dando conta que efetivamente as denúncias prosperavam e quantidades de carne de cavalo estavam em produtos etiquetados como "feitos com carne bovina".[158]

Segundo o Jornal *El País*, de grande circulação na Espanha, onde se debelou esta irregularidade inicialmente, "via de regra os rótulos dos alimentos observam as normas exigentes, sendo poucos os casos de inobservância quanto à divulgação dos ingredientes que os compõem". Acredita-se que isso possa ocorrer em grandes companhias que escondem tais práticas irregulares, já que confiantes no prestígio que desfrutam", afirma Carlos Arnaiz, *subdirector general de Calidad del Instituto Nacional de Consumo*, o qual conclui:

> El grado de cumplimiento de la legislación es bastante alto. Lo normal es que encontremos pequeños problemas de etiquetado: errores en las indicaciones sobre el peso y omisiones de ingredientes. En todo caso, podría haberse producido un aumento de estas prácticas sobre todo en circuitos marginales, que se mueven fuera de los canales oficiales de comercialización y a veces escapan a los controles oficiales. Los gigantes del sector, las grandes marcas y las cadenas de distribución se juegan demasiado, en prestigio y dinero, para arriesgarse a ser señaladas en cualquier problema de seguridad o fraude alimentario.[159]

No Rio Grande do Sul, Brasil, no final de 2014, houve a sétima operação para apurar "fraude no leite", consistente em se colocar sal e açúcar para não aparecer o teor de água adicionado ao produto,[160] prática essa adotada por diversos fornecedores. Trata-se objetivamente de fraude econômica, mas para os diabéticos, pessoas que têm intolerância ao açúcar, o leite pode efetivamente ser prejudicial à saúde quando contar com açúcar na sua composição. Daí a necessidade imperiosa dos consumidores serem informados de forma honesta.

---

[156] Informações disponíveis em: <http://www.euroefe.efe.com/1311_noticias/1930392_la-ue-aumentara-los-controles-para-saber-si-hay-riesgo-sanitario-en-la-carne-de-caballo.html>. Último acesso em 12 de maio de 2013.

[157] Segundo o periódico El Mundo, a Scotland Yard também instaurou investigação para saber se havia carne de cavalo nas carnes utilizadas em alimentos que circulam na Inglaterra. Inclusive, o Ministro do Meio ambiente, reputou a fraude como *una conspiración de implicaciones internacionale*. Disponível em <http://www.elmundo.es/elmundo/2013/02/09/ciencia/1360415524.html>. Último acesso de 13 de maio de 2013.

[158] Informações completas disponíveis em: <http://www.doscadesa.com/index.php/noticias/nuevos-resultados-en-la-investigacion-de-la-carne-de-caballo/?lang=es>. Último acesso em 12 de maio de 2013.

[159] Disponível em: <http://sociedad.elpais.com/sociedad/2013/01/28/actualidad/1359399930_311458.html>, último acesso em 12 de maio de 2013.

[160] Disponível em: <http://g1.globo.com/rs/rio-grande-do-sul/campo-e-lavoura/noticia/2014/12/operacao-leite-compensado-7-tem-16-presos-e-posto-interditado-no-rs.html>. Último acesso 30 de dezembro 2014.

Portanto, a exemplo dos transgênicos, o abalo à ordem pública e à sociedade de um modo geral, no sentido de os consumidores perderem a confiança nos produtores, comercializadores, enfim, nos fornecedores de alimentos, além de se sentirem extremamente vulneráveis quanto às suas opções e à veracidade daquilo que é neles informado. Afinal, como saber se as indicações acerca do que está escrito nas embalagens ou anúncios são verídicas?

Tais características fazem crer, considerando os aspectos da definição de sociedade de risco por Ulrich Beck, que a falta de informação ou a informação inadequada aos consumidores os insere efetivamente nesse fenômeno.

Feita tal constatação, resta a dúvida de como o Direito agirá para solucionar os conflitos daí decorrentes? Essa é a preocupação principal do presente trabalho.

As ciências jurídicas, que tem também a função de pacificação social,[161] devem buscar novas alternativas dentro do sistema jurídico atual e, se essas não forem possíveis, portanto, a criação de normas compatíveis com a nova realidade, capazes de cumprir também esse objetivo.

Há bastante tempo se sabe que as ciências, especialmente as jurídicas, não são capazes de sozinhas enfrentar a complexidade dos problemas que surgem cotidianamente, sobretudo nesta era tecnológica e globalizada em que vivemos.

Dentro da concepção de que o Direito serve à vida, e não o contrário, não se pode abandonar o princípio da adequação social, o qual permite verificar se determinadas normas estão ou não sendo observadas pela sociedade. Caso negativo, elas caem em desuso e podem ser suprimidas do sistema jurídico-legal.

Por isso, propõem-se reflexões acerca de alguns instrumentos jurídicos, judiciais e extrajudiciais, que pretendem auxiliar a sociedade a enfrentar os problemas que surgem no contexto da sociedade de risco e que devem ser, portanto, meios jurídicos utilizáveis como precaução às consequências adversas à sua saúde e à própria vida.

Nas ciências jurídicas, ao contrário do que ocorre com as exatas, dificilmente há consenso sobre o uso do Direito e de seus instrumentos, já que muito se trabalha com a hermenêutica, em especial com a hermenêutica principiológica. Mas é isso que torna possível a flexibilização das regras e das aplicações destas para a solução jurídica de determinados casos concretos.

É com essa visão mais sistêmica, unindo outros ramos do conhecimento até mesmo de fora do Direito e, sobretudo, o Direito comparado, que se pretendem discutir propostas para enfrentar as questões que surgem e que podem afetar o ser humano inserido na sociedade de risco atual.

---

[161] Conforme Cláudio Souto, "As regras jurídicas surgem no meio social, sendo testadas, comprovadas e baseadas em dados de ciência empírica que atestem a conformidade das normas com a realidade social posta, em especial refletindo os reais valores e bens jurídicos a merecer proteção por todos os que compõem o seio social." (SOUTO, Cláudio. *Ciência e Ética no Direito: uma alternativa de modernidade*. Porto Alegre: Fabris, 1992. p. 90).

A primeira delas envolve os Direitos Fundamentais de alguns países, buscando construir as bases de sustentação das proteções jurídicas diferenciadas aos consumidores, já que a sociedade de risco e, mais precisamente, o risco alimentar afetam bens jurídicos essenciais ao ser humano, daí a preocupação com uma efetiva segurança alimentar.

2. O direito fundamental à informação dos consumidores e a precaução do risco alimentar

A informação de um modo geral se faz mais difundida e acessível graças aos rápidos meios de comunicação, notadamente televisão e *internet*, inserida no contexto da globalização. Por isso, o que é divulgado no Brasil e em qualquer país pode ser conhecido simultaneamente no resto da América, bem como nos países europeus, africanos, asiáticos e da Oceania.

Para a finalidade do presente trabalho, delimitam-se alguns aspectos, como as características e o conteúdo do "direito à informação dos consumidores" sobre o qual se seguirá falando de ora em diante.

Ou seja, o Direito à informação, genericamente, é conhecido e utilizado em distintas áreas jurídicas, inclusive com aparições nas Constituições de diversos países como direito fundamental, a exemplo do que ocorre na Constituição alemã, que consagra pertencer ao cidadão o direito de *"informar-se sem obstáculos nas fontes acessíveis a todos"*, (artigo 5, 1) e no mesmo sentido nas Constituições da Itália (artigo 21), da França (artigos 10 e 11), da Espanha (artigos 20.1.d), Portugal (artigos 37 e 268), da Argentina (artigos 14 e 32), do Paraguai (artigo 26) e a própria Constituição brasileira (artigo 5, XIV, XXIII). Já o sistema americano, cujo direito é embasado na *common law*, opera adotando como diretrizes os precedentes jurisprudenciais ou analogias (*cases law*), mas também possui normas específicas sobre determinados direitos, em temas como a informação dos consumidores, detidamente acerca da responsabilidade dos produtos – *product liabylity*, tutelada pelo *Magnuson-Moss Act of 1973*.[162]

No que tange às características, destaque-se, desde já, que a informação a qual ora se considera é aquela adequada, ou seja, eficaz para os fins de cognoscibilidade e de capacidade de influência na decisão do consumidor no mercado, para que seja efetiva a fim de proteger direitos elementares do ser humano.

---

[162] CONSUMER protection laws 2005. Disponível em: <http://legal-dictionary.thefreedictionary.com/consumer+protection+laws>. Acesso em: 10 set. 2012.

2.1. A definição do direito à informação

No Brasil, segundo o dicionário de Língua Portuguesa, *informação* é considerada como *dados acerca de alguém ou de algo*.[163]

A palavra informação tem um sentido polissêmico, e por isso é necessário delimitar o campo de abordagem. Assim, considera-se informação a transmissão de conhecimentos. Nesse sentido, Información: "[...]. 7. Comunic. Comunicación o adquisición de conocimientos que permiten ampliar o precisar los que poseen sobre una materia determinada. 8. Comunic. Conocimientos así comunicados os adquiridos".[164]

No que concerne ao *direito à informação adequada*, mais detidamente, utilizar-se-á o termo *informação* em sentido estrito, relacionando-se com "o direito à comunicação, entendido este como direito de procurar, receber, compartilhar e publicar informações".[165] Consoante Corchero y Murillo, para a informação cumprir seus objetivos deve reunir três características essenciais, adotando as mencionadas pela *Comissão Federal de Comércio:* a informação deve ser útil, utilizável e utilizada. Útil, no sentido de que estabeleça opção de resolver de uma maneira eficaz os problemas com os quais os consumidores se depararem e, desta forma, contribuindo para um correto funcionamento do mercado. Para tanto, a informação deverá ser objetiva, certa, eficaz, suficiente, veraz e não induzir em erro. Utilizável, pois a informação deve apresentar-se de forma que seja acessível à capacidade e possibilidade do consumidor médio, o que não ocorrerá se, por exemplo, ela for excessivamente técnica ou complexa em sua configuração, ou não puderem entender porque vem redigida em um idioma que não compreendem. Usada, ainda que este elemento, segundo os autores, não possa ser considerado fundamental ao direito à informação, pois dificilmente pode-se compelir um consumidor a que use a informação que é fornecida pelos diferentes produtos, serviços e bens que potencialmente vá a adquirir. Mas mesmo que a informação não seja utilizada pelo consumidor, esta não perde sua condição e é perfeitamente válida. O importante é a informação ser oferecida em tempo e local oportunos, na forma adequada para que produza benefícios ao consumidor.[166] Assim, adequada seria a informação quando observasse os três aspectos relacionados à utilidade.

Quanto ao conteúdo desta, o autor Guillén Caramés aponta a existência de diferentes possibilidades. Segundo ele, autores como Bermejo Vera consideram que "o direito do consumidor à informação se constitui como espécie de um gênero superior – o direito fundamental a receber livremente informação

---

[163] FERREIRA, Aurélio Buarque de Holanda. *Novo Aurélio século XXI:* o dicionário da língua portuguesa.
[164] DICCIONÁRIO de la lengua española. 21. ed. Madrid: Real Academía Española, 1992. v. 1.
[165] LÔBO, Paulo Luiz Netto. *A informação como direito fundamental do consumidor*. Disponível em: <http://jus.uol.com.br/revista/texto/2216/a-informacao-como-direito-fundamental-do-consumidor>. Acesso em maio 2013.
[166] CORCHERO, Miguel; GRANDE MURILLO, Ana. *La protección de los consumidores.* Navarra: Thomson Aranzadi, 2007. p. 101.

veraz por qualquer meio de difusão (artigo 20.1.d da Constituição Espanhola) da Constituição".[167]

Outros, a exemplo de Vallejo y Marín, consideram que o direito a ser informado é indissociável de outro direito que é o de informar. Aquele corresponde ao direito que tem todo o cidadão a estar devidamente informado, enquanto o segundo está relacionado ao direito de difundir informação ou, o que é o mesmo, a conhecida liberdade de imprensa.[168]

Contundente é a lição de Gomes Calero ao afirmar: "o direito à informação dos consumidores deve produzir-se num momento anterior ao ato de aquisição, utilização ou desfrute que aqueles dispõem a realizar e em consideração ao qual lhes outorga os Estatutos de Consumo a consideração de consumidores".[169]

Por essa razão, deve-se ressaltar que a informação do consumidor tem contornos próprios e distintos das demais searas, com características e finalidades, portanto, também distintas, sendo a necessidade de proteção desse direito bem explicada por Corchero y Murillo, para quem

> o desequilíbrio nas relações entre profissionais e consumidores se explica em boa medida pela desigualdade de informação: os profissionais conhecem os bens e serviços postos no mercado, enquanto os consumidores são incapazes de julgar antecipadamente [...] Melhor informados, os consumidores poderão eleger melhor.[170]

Corroborando tal entendimento, Guillén Caramés acrescenta que

> uma das causas fundamentais que tem enfraquecido o consumidor é a falta de transparência do mercado, ou, dito em outras palavras, a falta de informação adequada e suficiente que este lhe proporciona. Estas deficiências informativas permitem que os consumidores se vejam induzidos a adquirir bens, produtos ou serviços, ou ainda a aceitar condições, que rechaçariam se tivessem uma mais ampla e eficaz informação [...].[171]

Portanto, pela multiplicidade de opiniões acerca do objeto, e conhecido o motivo que origina, adota-se neste trabalho o entendimento de Bermejo Vera, segundo o qual o conteúdo do Direito à informação se pode contemplar desde uma tríplice perspectiva:[172] a) o conteúdo substantivo do direito à informação, o qual assiste aos possíveis consumidores de bens ou serviços frente àqueles que os produzem, facilitam, fornecem ou expedem, qualquer que seja a natureza, pública ou privada, individual ou coletiva; b) estrutura orgânica das Administrações Públicas, ou seja, os poderes públicos e, de forma mais específica, as Administrações Públicas desenvolvem o encargo legal de organizar campanhas ou atuações programadas de controle de qualidade; fomento de diversas atuações relacionadas com a proteção dos consumidores, como pode

---

[167] GUILLÉN CARAMÉS, Javier. *El Estatuto Jurídico del Consumidor*. Madrid: Civitas, 2002. p. 339.

[168] Ibid., p. 339.

[169] GÓMES CALERO, Juan. *Los derechos de los consumidores y usuários*. Madrid: Dykinson, 1994. p. 139.

[170] CORCHERO; MURILLO, 2007, p. 93.

[171] GUILLÉN CARAMÉS, 2002, p. 336.

[172] BERMEJO VERA, J. (1984). *El derecho a la información de los consumidores y usuários*, Estudios sobre Consumo, nº 3. pp.88-96. apud CORCHERO, Miguel; GRANDE MURILLO, Ana. *La protección de los consumidores*. Navarra: Thomson Aranzadi, 2007.

ser uma campanha de informação sobre o sistema arbitral de consumo, etc.;[173] c) instrumentalização dos meios de comunicação.[174]

Considera-se, ainda, pertinente a lição de Paulo Luiz Netto Lôbo quanto ao correlato dever de informar:

> o direito fundamental à informação resta assegurado ao consumidor se o correspectivo dever de informar, por parte do fornecedor, estiver cumprido. O dever de informar tem raiz no tradicional princípio da boa fé objetiva, significante da representação que um comportamento provoca no outro, de conduta matrizada na lealdade, na correção, na probidade, na confiança, na ausência de intenção lesiva ou prejudicial. A boa fé objetiva é regra de conduta dos indivíduos nas relações jurídicas obrigacionais. Interessam as repercussões de certos comportamentos na confiança que as pessoas normalmente neles depositam.[175]

Dentre as diversas formas de abordagem e garantia do direito à informação dos consumidores, opta-se pela realizada via rotulagem dos alimentos. Para tanto, faz-se necessário constar de legislações específicas de que forma os dados imprescindíveis para precaução do risco alimentar devem ser disponibilizados. Ou seja, o rótulo deve ter informações suficientes para esclarecer o consumidor ou pelo menos para este localizar o cadastro público ou privado, mo qual existam documentadas todas as substâncias que constituem determinado produto.

No que concerne à previsão jurídica desse conteúdo, deve-se ressaltar que em alguns países do sistema continental, os legisladores regularam no que consiste o direito à informação de maneira expressa, como ocorre na Espanha no art. 13.1 da própria *Lei Geral de Defesa dos Consumidores e Usuários*, na qual existe um capítulo dedicado exclusivamente a esse direito, bem como nas leis das Comunidades Autônomas do país. Da mesma forma, a matéria encontra-se regulamentada em normas específicas sobre as informações que deverão constar nos rótulos de alimentos colocados à disposição dos consumidores.

No Brasil, apesar de estar positivado como direito do consumidor na Lei nº 8.078/90 (Código de Defesa do Consumidor),[176] não há definição legal do conteúdo do direito à informação. Por outro lado, existem regras acerca da

---

[173] [...] o que tem sido enquadrado pela LGDCU e demais Estatutos de Consumo como Oficinas de Informação ao Consumidor, conforme se deduz dos artigos 14.15. e 15 da referida Lei.

[174] Conforme o autor, o artigo 17 da LGDCU estabelece que os meios de comunicação dedicarão espaços e programas para informação e educação dos consumidores ou usuários e, segundo o autor, o dever de informar nessa perspectiva apresenta uma dupla dimensão com relevância para os consumidores: de um lado é a Administração Pública que impõe diretamente através de seus meios de comunicação este dever. De outro, lhe cabe a função indireta de facilitar o acesso e participação das associações de consumidores, assim como dos demais grupos ou setores interessados.

[175] LÔBO, Paulo Luiz Netto. A informação como direito fundamental do consumidor. *Revista de Direito do Consumidor*, São Paulo, v. 37, p. 59-61, jan./mar. 2001.

[176] "Art. 6º São direitos básicos do consumidor:I – a proteção da vida, saúde e segurança contra os riscos provocados por práticas no fornecimento de produtos e serviços considerados perigosos ou nocivos; II – a educação e divulgação sobre o consumo adequado dos produtos e serviços, asseguradas a liberdade de escolha e a igualdade nas contratações; III – *a informação adequada e clara sobre os diferentes produtos e serviços, com especificação correta de quantidade, características, composição, qualidade e preço, bem como sobre os riscos que apresentem*; [...]".(Grifei) (BRASIL. *Lei 8.078*, de 11 de setembro de 1990. Disponível em: <http://www.planalto.gov.br/ccivil_03/leis/l8078.htm>. Acesso em: 18 jul. 2012).

rotulagem dos alimentos conforme mencionado, por meio de resoluções da ANVISA (Agência Nacional de Vigilância Sanitária brasileira), e que estão sendo cobradas com maior rigor desde 2007, consoante verificar-se-á no decorrer deste trabalho.

Frise-se, no entanto, a lição de Netto Lôbo, quanto à natureza desse direito no âmbito das relações de consumo

> o direito à informação, no âmbito exclusivo do direito do consumidor, é direito à prestação positiva oponível a todo aquele que fornece produtos e serviços no mercado de consumo. Assim, não se dirige negativamente ao poder político, mas positivamente ao agente de atividade econômica. Esse segundo sentido, próprio do direito do consumidor, cobra explicação de seu enquadramento como espécie do gênero direitos fundamentais.[177]

Nos Estados Unidos, havendo o uso de um Direito baseado preponderantemente em precedentes jurisprudenciais, não existem normas gerais sobre o tema do direito à informação do consumidor. Contudo, como ocorre no Brasil, em matéria de rótulos de produtos alimentícios, está regulada de maneira específica sobre algumas informações que consideram relevantes, como, por exemplo, o dever de alertar a possibilidade de determinado alimento causar alergias nos consumidores.[178]

Cada país, ao abordar o tema do direito à informação, desenvolve em nível constitucional e infraconstitucional, principalmente a doutrina, diversas características e delimitações de seu conteúdo. No presente trabalho, pretende-se desenvolver o conteúdo substancial do direito à informação dos consumidores, retomando-se a classificação adotada por Bermejo Vera, mormente no que diz respeito ao direito a uma informação adequada dos consumidores de gêneros alimentícios, nos rótulos destes produtos, seja sobre os ingredientes em geral, seja sobre os nutrientes que o compõem, inclusive destacando-se quando determinado elemento possa colocar a saúde de uma pessoa em risco, seja porque as consequências de sua ingestão são comprovadamente prejudiciais ao ser humano e, ainda, quando possivelmente prejudiciais por desconhecidas ou pouco conhecidas pelos cientistas e produtores. Alternativamente, poderiam os rótulos conter indicação do fabricante ou produtor, para junto a estes o consumidor buscar os esclarecimentos necessários.

Para ampliar-se a investigação nesse sentido, relevante iniciar por uma análise do tratamento dado no Direito Internacional e Direito Comparado, sendo notadamente nos Estados Unidos e a Espanha, em virtude do grande desenvolvimento jurídico-social da matéria, a fim de neles verificar os parâmetros de proteção ao direito em comento e, em sendo possível, analisar hipóteses que possam colaborar com o desenvolvimento e maior proteção do tema no sistema jurídico brasileiro.

Não se deve perder de vista que a proposta desta pesquisa é verificar modos de a sociedade ser menos prejudicada por riscos do desenvolvimento de novas tecnologias e métodos de produção, participando ativamente para

---

[177] LÔBO, 2001.
[178] Sobre o tema, que será desenvolvido ao longo deste estudo, ver em <http://www.cfsan.fda.gov/~dms/alrgn.html>. Acesso em: 20 set. 2012.

precaver esses riscos gerados pela ingestão de alimentos. E, para tanto, investigam-se formas de efetivar o direito à informação do consumidor para defesa da saúde e da própria vida humanas.

2.2. A proteção jurídica do direito à informação do consumidor no direito internacional e no direito comparado

Como antes referido, dentre as diversas formas de implementação do direito à informação dos consumidores, neste trabalho, abordar-se-á o tema da rotulagem de alimentos e, em menor escala, a informação relacionada àqueles vendidos sem embalagem.

Tal opção se deve ao fato de que os alimentos, via de regra, independente da forma como colocados à venda, possuem dados relevantes sobre a sua composição, fabricação, origem, etc. A investigação, contudo, será no sentido de verificar de que modo isso se encontra regulado em alguns países e comunidades internacionais, bem como de que forma a rotulagem pode ser feita para atingir de maneira mais eficaz o objetivo de precaver os consumidores dos riscos à saúde e à própria vida que a ingestão de alguns alimentos pode causar.

Nesse sentido, entende-se importante analisar o tema num prisma transnacional, pois como referido acima, em tempos de globalização, quando grande parte dos produtos são distribuídos e vendidos para além das fronteiras nacionais, de nada adianta investigar somente a situação local, já que as consequências, por exemplo, da ingestão de transgênicos poderão ocorrer com os cidadãos de qualquer país onde esses produtos circulem.

2.2.1. O direito à informação e a rotulagem de alimentos no direito internacional

O Direito do Consumidor aparece pioneiramente nos Estados Unidos com perspectiva individualista e reparatória, protegendo-se, inicialmente, o indivíduo consumidor para, depois, passar à proteção coletiva. "[...] em ambos os sistemas – *common law* e *civil law* – o Direito do Consumidor, que havia nascido como corpo legal eminentemente repressivo (penal e administrativo), foi aos poucos se transformando, em face de certas características do mercado [...]. E hoje o Direito do Consumidor é fundamentalmente preventivo".[179]

O *Sherman Antitrust Act* de 1890 foi a primeira manifestação moderna da necessidade de proteção do consumidor, mas o marco fundamental no desenvolvimento das ideias e das políticas de defesa dos consumidores foi a mensagem do presidente dos Estados Unidos da América, John Kennedy, em março

---

[179] GRINOVER, Ada Pellegrini. O Código de Defesa do Consumidor no sistema socioeconômico brasileiro. *Revista da Faculdade de Direito de São Paulo*, São Paulo, n. 91, 1996. MARQUES, Cláudia Lima. *Confiança no comércio eletrônico e a proteção do consumidor*: um estudo dos negócios jurídicos de consumo no comércio eletrônico. São Paulo: Revista dos Tribunais, 2004. p. 319.

de 1962, dirigida ao Congresso norte-americano, quando já acentuava especial importância à informação adequada.[180]

Em seu discurso, Kennedy reconheceu quatro direitos básicos do consumidor: direito à segurança, informação, escolha e direito de ser ouvido, tendo assinalado:

> Se aos consumidores lhes dão produtos de inferior qualidade e em contraprestação os preços são altos, se os remédios são perigosos ou não servem, se o consumidor não tem possibilidade de eleger com base em uma adequada informação, então esbanja seu dólar, sua saúde e sua segurança ficam ameaçados e sofre o interesse geral.[181]

Partindo do princípio de que os consumidores constituíam o mais importante grupo econômico e o único não efetivamente organizado, defendeu que eles deveriam ser considerados nas decisões econômicas, e enumerou os seus direitos à saúde e segurança, à informação, à escolha e a serem ouvidos, enunciando o respectivo conteúdo.

Nesse sentido, Prada Alonso[182] considera que as ideias dos direitos concretos em relação aos consumidores visava a alcançar a plena garantia destes pela via do poder instituído, destacando das palavras de Keneddy:

> O princípio da informação consistiria em proteger o consumidor contra a desinformação, anúncios, propaganda e, em geral tudo que pode alterar qualquer dado, seja de forma dolosa ou culposa; o princípio de proteção frente a qualquer produto que atente a saúde ou a vida; o princípio de defesa e de ser escutado nas instâncias do governo ou Tribunais de Justiça e o princípio do antimonopólio, no sentido de que haja liberdade de produtos, junto a liberdade de compra por parte dos consumidores.

O movimento de defesa dos consumidores difundiu-se rapidamente, embora em âmbito internacional somente em 1985, foi editada a Resolução nº 39/248 da Assembleia Geral das Nações Unidas, de 10.04.1985, a qual determina em seu artigo 3º que "é necessário promover o acesso dos consumidores à informação".

Mas a autora Miriam Souza bem recorda que

> as Nações Unidas também entendem como medida para a proteção dos consumidores o Código de Conduta para as Firmas Transnacionais, projeto da ONU desde meados dos anos 60, ponto de vista compartilhado pela Organização Internacional das Associações de Consumidores (*International Organization of Consumers Unions* – IOCU), com sede em Haia. Segundo salienta, o IOCU é amplamente respeitado entre as associações de consumidores no mundo. E sobre os direitos do consumidor enumera: (1) segurança – proteção contra produtos, processos e serviços nocivos à saúde ou à vida;(2) informação – conhecimento dos dados necessários para fazer escolhas e decisões informadas; entre outros.[183]

Na Europa, destaca-se como marco significativo de defesa dos consumidores a "Carta de Proteção do Consumidor", elaborada pela Assembleia

---

[180] GRINOVER, op. cit., p. 319.
[181] PRADA ALONSO, Javier. *Protección del consumidor y responsabilidad civil*. Madrid: Marcial Pons, 1998. p. 21.
[182] Ibid., p. 22.
[183] SOUZA, Miriam de Almeida. *A política legislativa do consumidor no direito comparado*. Belo Horizonte: Ciência Jurídica, 1996. p. 57-58.

Consultiva do Conselho da Europa, consistente na Resolução nº 543, de 17 de maio de 1973,[184] sendo consumidor, segundo essa normativa, "a pessoa física ou coletiva a quem são fornecidos bens ou prestados serviços para uso privado, e proclamou-se que incumbe ao Estado assegurar-lhe completa proteção jurídica e assistência ativa (A. (i) e (ii))".

No que concerne à informação, referiu-se que

> o comprador de bens e serviços deverá ter direito a uma informação suficiente, incluindo a identidade dos fornecedores, de modo a permitir-lhe uma escolha racional entre produtos e serviços concorrentes, bem como a informações ou recomendações que lhe permitam utilizar o produto ou serviço em segurança e com inteira satisfação, e que deveriam ser estabelecidas regras específicas e obrigatórias nomeadamente quanto à declaração de pesos, medidas, qualidade, componentes, data de fabrico e prazo de duração (de alimentos, produtos farmacêuticos, películas fotográficas), modo de emprego, precauções a tomar, cláusulas dos contratos, preço efetivo e taxa real de juro para o crédito e o preço, incluindo por unidade de medida.

Cerca de dois anos depois, pela Resolução de 14 de abril de 1975, o Conselho (CEE) definiu um programa preliminar da Comunidade para uma política de proteção e informação dos consumidores.[185]

Entre os princípios enunciados afirmou-se que os compradores de bens e serviços devem dispor de uma informação suficiente que lhes permita conhecer as características essenciais dos bens e serviços ao seu dispor, por exemplo a natureza, a qualidade, a quantidade e os preços, para uma escolha racional entre produtos e serviços concorrentes, e a utilizá-los com toda a segurança e de maneira satisfatória, e o direito a exigir a reparação de eventuais danos deles resultantes (Anexo, D, a), 34).[186]

Quanto às ações relativas à informação dos consumidores em matéria de bens e serviços, considerou-se prioritário, além do mais, o estabelecimento das regras de rotulagem para os produtos cujas especificações fossem harmonizáveis em nível comunitário, em termos de clareza, legibilidade e não ambiguidade, e para os gêneros alimentícios, a indicação clara das diversas menções que devem ser comunicadas aos consumidores, por exemplo, a natureza, composição, peso, valor nutritivo, a data do fabrico ou outras com utilidade, e quanto aos gêneros não alimentícios e serviços a indicação clara das menções com interesse para os consumidores, e a formação de princípios comuns relativos à formação do preço, eventualmente por unidade de peso ou de volume, e a promoção da utilização e harmonização dos sistemas de rotulagem voluntária informativa (Anexo, D, b), 35, i)).

No desenvolvimento dos princípios mencionados, o Conselho CEE, emitiu, em 18 de dezembro de 1978, a Diretiva nº 79/112/CEE relativa à aproximação

---

[184] ALMEIDA, Carlos Ferreira de. *Os direitos dos consumidores*. Coimbra, 1982. p. 318-320.
[185] COMUNIDADE EUROPEIA. Conselho. Resolução de 14 de abril de 1975. *Jornal oficial das Comunidades Europeias*, v. 15, n. 1, p. 66-80, 25 abr. 1975. Disponível em: <http://eur-lex.europa.eu/LexUriServ/LexUriServ.do?uri=DD:15:01:31975Y0425(01):PT:PDF>. Acesso em: 20 set. 2012.
[186] COMUNIDADE EUROPEIA, 1975.

das legislações dos Estados-Membros respeitantes à rotulagem, apresentação e publicidade dos gêneros alimentícios destinados ao consumidor final.[187]

Entendeu-se por rotulagem, para efeitos do disposto na Diretiva,

as menções, indicações, marcas de fabrico ou de comércio, imagens ou símbolos referentes a um gênero alimentício e que figurem em qualquer embalagem, documento, aviso, rótulo, anel ou gargantilha, que o acompanhe ou se lhe refira (artigo 1º, nº 3, alínea "a"). [...] a rotulagem não deve ser de natureza a induzir em erro o comprador, além do mais, no que respeita às características dos gêneros alimentícios e, em especial, no que concerne à natureza, identidade, qualidade, composição, quantidade, durabilidade, origem ou proveniência, modo de fabrico ou de obtenção (artigo 2º, nº 1. alínea "a" e "i").[188]

Em 24 de setembro de 1990 o Conselho CEE emitiu a Diretiva 90/496/CEE relativa à rotulagem nutricional dos gêneros alimentícios. Considerou-se que, para chamar a atenção do consumidor médio e atingir os fins a que se destina, dado o baixo nível atual dos conhecimentos no domínio da nutrição, a informação fornecida deveria ser simples e de fácil compreensão.[189]

Determinou-se, por outro lado, que os Estados-Membros tinham de garantir que as informações abrangidas pela referida Diretiva fossem apresentadas numa língua facilmente compreensível pelos compradores, a menos que a informação destes fosse assegurada por outros meios, nada obstando a que as informações sejam fornecidas em várias línguas (artigo 7º, nº 2).

Os Estados-Membros deveriam tomar as medidas necessárias de forma a permitir, até 12 de abril de 1992, o comércio dos produtos em conformidade com a Diretiva, e a proibi-lo, se em desconformidade com ela, até 1º de outubro de 1993 (artigo 11º, nº 1).

O Conselho CEE, na Resolução nº 92/C186/01, de 13 de julho de 1992, pronunciou-se sobre as futuras prioridades no desenvolvimento das políticas de defesa dos consumidores. E, na mesma linha de defesa dos direitos dos consumidores, o Conselho, por Resolução de 19 de maio de 1981, lançou o segundo programa da CEE para uma política de proteção e de informação dos consumidores, consubstanciado na atualização e aperfeiçoamento desta.

Porém, foi o Tratado de Amsterdã em 1997 que ao modificar o Tratado da União Europeia e os Tratados que instituem as Comunidades Europeias e certos atos afins, incluiu entre os "novos direitos dos consumidores", como refere Guillén Caramés,[190] o Direito à informação, que passou a figurar de modo expresso como um dos cinco direitos básicos dos consumidores internacionalmente aceitos.[191]

---

[187] COMISSÃO EUROPEIA. *Rotulagem, apresentação e publicidade dos géneros alimentícios.* 16 nov. 2010. Disponível em: <http://europa.eu/legislation_summaries/consumers/product_labelling_and_packaging/l21090_pt.htm>. Acesso em: 20 set. 2012.

[188] Ibid.

[189] COMISSÃO EUROPEIA, 2010.

[190] Sobre os fundamentos jurídicos da política comunitária de proteção dos consumidores ver em GUILLÉN CARAMÉS, Javier. El marco jurídico de la política comunitaria de protección de los consumidores. *Revista de Derecho de la Unión Europea*, Madrid, n. 5, 2003.

[191] PARLAMENTO EUROPEU. *Política dos consumidores: princípios e instrumentos.* 2001. Disponível em: <http://www.europarl.europa.eu/factsheets/4_10_1_pt.htm>. Acesso em: 20 set. 2012.

Atualmente, sobre a informação mais especificamente quanto à rotulagem de alimentos está em vigor a Diretiva 2008/5/CE, que é uma proposta elaborada pela Comissão das Comunidades Europeias para regulamentação do Parlamento Europeu e do Conselho acerca de informações sobre alimentos para os consumidores, sendo que o projeto consolida e atualiza duas áreas da legislação em matéria de rotulagem: a rotulagem dos gêneros alimentícios em geral e a rotulagem nutricional, respectivamente abrangidas pela Diretiva 2000/13/CE e 90/496/CEE.

A Diretiva 2000/13/CE foi alterada várias vezes e a evolução quer do mercado alimentar quer das expectativas dos consumidores, segundo a Comissão, torna a sua atualização e modernização necessárias.

No que concerne à rotulagem nutricional, o recente Livro Branco[192] sobre uma estratégia para a Europa em matéria de problemas de saúde ligados à nutrição, ao excesso de peso e à obesidade salientou a necessidade de os consumidores terem acesso à informação clara, coerente e fundamentada. A rotulagem nutricional é uma forma consagrada de dar informação aos consumidores para que estes possam fazer opções alimentares conscientes em termos de saúde. É do consenso geral que a eficácia da rotulagem nutricional pode ser reforçada como forma de ajudar os consumidores a escolher um regime alimentar equilibrado.[193]

O Objetivo da Diretiva 2008/5/CE é estabelecer princípios gerais, requisitos e responsabilidades que regem as informações alimentares e, em especial a rotulagem dos alimentos em geral (artigo 1, n° 2),[194] uma legislação que pretende ser a mais completa possível, constituída de 53 artigos, distribuídos em 8 capítulos que tratam dos mais diversos aspectos relacionados ao tema, revogando a maior parte da legislação anterior, ou seja, das Diretivas acima mencionadas.

Sobre os aspectos eminentemente jurídicos, destaca a Comissão:

> A adoção de um regulamento do Parlamento Europeu e do Conselho relativo à informação sobre os gêneros alimentícios prestada aos consumidores. A proposta moderniza, simplifica e clarifica o atual enquadramento da rotulagem dos gêneros alimentícios. Visa, em particular: – Reformular as diferentes disposições horizontais em matéria de rotulagem. A fusão destes textos (diretivas) num único ato legislativo (regulamento) maximizará sinergias e aumentará a clareza e coerência das regras comunitárias. Trata-se de um método de simplificação poderoso que deve fornecer aos operadores econômicos e às autoridades de execução um quadro normativo mais claro e simplificado. – Assegurar a coerência entre regras horizontais e verticais.– Racionalizar (atualizar,

---

[192] Entre os documentos utilizados para implementar a política da União Europeia, os Livros Brancos são aqueles que apresentam propostas de ação comunitária num domínio específico. São muitas vezes elaborados na sequência de um Livro Verde publicado para lançar um processo de consulta a nível europeu. Enquanto os Livros Verdes expõem uma série de ideias para análise e debate público, os Livros Brancos apresentam um pacote oficial de propostas em áreas políticas específicas e contribuem para o seu desenvolvimento. Disponível em: <http://europa.eu/documents/comm/index_pt.htm>. Acesso em: 20 set. 2012.

[193] COMMISSION OF THE EUROPEAN COMMUNITIES. *Proposal for a Regulation of the European Parliament and of the Council on the provision of food information to consumers*. 30 ago. 2008. Disponível em: <http://ec.europa.eu/food/food/labellingnutrition/foodlabelling/publications/proposal_regulation_ep_council.pdf>. Acesso em: 20 set. 2012.

[194] Ibid.

clarificar) a informação obrigatória exigida pelo n.º 1 do artigo 3.º da Diretiva 2000/13/CE. – Criar um mecanismo de abordagem ascendente flexível (através de regimes nacionais) que permita à indústria inovar e facilite a adaptação de alguns aspectos das regras de rotulagem à constante evolução dos diferentes mercados e das exigências dos consumidores.[195]

De outra banda, não é demasiado mencionar que o Tratado de Maastricht deu à União Europeia a competência para estabelecer a política de proteção dos consumidores na região, mas limitada pelo princípio da subsidiariedade, que determina que a União Europeia só pode intervir quando os Estados-Membros não apresentarem ações realizadas de maneira apropriada para garantir os objetivos da livre circulação de mercadorias sem discriminação, objetivo do mercado comum. Ou ainda, para garantir que, nos domínios em que a competência é partilhada entre os Estados-Membros e a União Europeia (exemplo: ambiente), a ação seja tomada ao nível mais adequado: só se preveem ações a nível da União Europeia se esta estiver realmente em condições de atuar de modo mais eficaz do que os Estados-Membros em nível individual. Isso porque a política europeia visa sempre a harmonização, tentando aproximar as legislações, respeitando as diferenças entre os mercados, uns mais desenvolvidos que outros.[196]

Todavia, na Diretiva em comento, a Comissão refere que: "a competência comunitária é utilizada, tendo plenamente em conta os princípios da subsidiariedade e da proporcionalidade, sabendo que, relativamente a certos aspectos, a uniformidade total dos rótulos em toda a União Europeia não é necessariamente a única forma e a forma desejável de alcançar o objetivo pretendido. Pelo contrário, iria impedir o potencial de adaptação rápida das regras às necessidades e circunstâncias em constante evolução". Asseveram, ainda, que: "a harmonização é prevista para gêneros alimentícios pré-embalados que fariam potencialmente parte do comércio intracomunitário. Os Estados-Membros podem introduzir regras quando os produtos não são sujeitos ao comércio intracomunitário, tais como os gêneros alimentícios não pré-embalados e os gêneros alimentícios fornecidos por estabelecimentos que servem a coletividade" e, assim, a proposta se adéqua ao princípio da subsidiariedade, segundo a comissão.[197]

Percebe-se, deste modo, a evolução normativa a passos largos na Europa, o que denota a preocupação e a urgência que o tema assume no atual quadrante histórico. E mais do que isso, a preocupação com um tratamento uniforme em todos os Estados-membros da União Europeia a fim de efetivamente imple-

---

[195] COMISSÃO EUROPEIA. *Proposta de Regulamento do Parlamento Europeu e do Conselho relativo à informação sobre os géneros alimentícios prestada aos consumidores*. 30 jan. 2008. Disponível em: <http://ec.europa.eu/food/food/labellingnutrition/foodlabelling/publications/3359-pt.pdf>. Acesso em: 20 set. 2012.

[196] Nesse sentido, pertinente as palavras de Fausto de Quadros, para quem o princípio é concebido para se amoldar às intenções dos Tratados: a União Europeia será preferencialmente obra dos Estados membros e dos seus cidadãos; a integração deve respeitar a identidade histórica, política e cultural dos Estados; o poder político comunitário deve exercer-se a um nível o mais próximo possível dos cidadãos e, especialmente, para "dar resposta, na integração européia, às idéias de Democracia, de Estado de Direito, de Participação e de Descentralização". (QUADROS, Fausto de. *O princípio da subsidiariedade no direito comunitário após o tratado da união européia*. Coimbra: Almedina, 1995).

[197] Sobre o princípio da subsidiariedade e a proposta de regulação do Parlamento Europeu e do Conselho sobre o tema, ver COMMISSION OF THE EUROPEAN COMMUNITIES, 2008.

mentar, no maior âmbito possível, o direito à informação dos consumidores, principalmente em relação a algo que é essencial para a vida do ser humano, que é o alimento.

Apesar da existência dos mesmos problemas, até como decorrência do fenômeno da globalização, a comunidade formada pelos países que integram outro bloco econômico importante, o MERCOSUL,[198] não repetiu o empenho europeu.

Ainda que tenha como finalidade fortalecer a economia da região, o Mercado Comum do Sul não estabeleceu normas específicas para a tutela do consumidor. No entanto, seria um grave retrocesso admitir um tratado que tenha como objetivo a construção de um mercado comum que desconheça a figura do consumidor, conforme destaca Arrighi.[199]

Posteriormente, a vulnerabilidade do consumidor nas relações de consumo dentro do MERCOSUL foi admitida na Resolução 126/94 do Grupo Mercado Comum (GMC) e no ano de 1996, o GMC aprovou cinco capítulos do que viria a ser o Regulamento Comum sobre Defesa do Consumidor, sob a forma de Resoluções. A Resolução nº 123/96 traz os conceitos básicos da relação de consumo, como consumidor, fornecedor, produtos e serviços. A Resolução 124/96 elenca, em seu anexo, os direitos básicos dos consumidores, os quais vêm a ser reiterados na Declaração Presidencial de Direitos Fundamentais dos Consumidores. A terceira Resolução, aprovada em Direito do Consumidor pelo GMC no ano de 1996, foi a nº 125/96, que defende a proteção à saúde e à segurança do consumidor, estando nesta a principal menção ao direito à informação do consumidor.[200] E, posteriormente, a quarta Resolução, a nº 126/96, estabeleceu *standards* mínimos de proteção ao consumidor no que se refere à publicidade, constando também aí uma menção à informação no que concerne à publicidade.[201]

---

[198] Criado pelo Tratado de Assunção (1991) e com formação definitiva a partir do Protocolo de Ouro Preto (1994), o Mercado Comum do Sul (MERCOSUL) foi instituído inicialmente por Brasil, Argentina, Paraguai e Uruguai, que estabeleceram um cronograma de integração para se atingir a meta de um mercado comum, a partir de 1994. Há acordos de livre comércio com Chile e Bolívia e no ano de 2006 a Venezuela passou a integrar o bloco como membro efetivo.

[199] ARRIGHI, Jean Michel. La protección de los consumidores y el Mercosur. *Revista de Direito do Consumidor*, v. 2, 1992. p. 127.

[200] Resolução 125/96 Anexo: "Proteção à saúde e segurança do consumidor: I – Os produtos e serviços somente poderão ser colocados pelos fornecedores no mercado de consumo quando não apresentem riscos à saúde ou segurança dos consumidores, exceto os considerados normais e previsíveis por sua natureza ou utilização. Os fornecedores não poderão colocar no mercado de consumo produtos ou serviços que apresentem, para a saúde ou segurança do consumidor, alto grau de nocividade e periculosidade, considerado pelas autoridades competentes no âmbito do MERCOSUL, qualquer que seja seu uso ou utilização. II – Os fornecedores de bens e serviços devem proporcionar aos consumidores ou usuários, de forma certa e objetiva, informação veraz, eficaz e suficiente sobre suas características essenciais, de acordo com a sua natureza. Em se tratando de produtos industriais, o fabricante deverá prestar as informações a que se refere este artigo. [...]"

[201] Resolução 126/96 Anexo: Publicidade: I) Toda publicidade deve ser transmitida e divulgada de tal forma que o consumidor imediatamente a identifique como tal. II) Fica proibida qualquer publicidade enganosa. Entender-se-á por publicidade enganosa qualquer modalidade de informação, difusão ou comunicação de caráter publicitário que seja inteira ou parcialmente falsa, ou que de qualquer outro modo, inclusive por

No ano de 1997, o Protocolo de Defesa do Consumidor no MERCOSUL foi aprovado pelo Ministério da Justiça brasileiro, tendo sido, posteriormente, recusado pela delegação brasileira na CCM, no mesmo ano. Foi considerado pela CCM mero texto de trabalho, sendo sua apreciação pelo Presidente da República desnecessária. A recusa da delegação brasileira ocorreu por motivo justificável do ponto de vista brasileiro: o Protocolo, quando ratificado e internalizado pelo Brasil, reduziria as garantias e as proteções conferidas ao consumidor pelo Código de Defesa do Consumidor.

Somente em 15 de dezembro de 2000, no âmbito do MERCOSUL, foi firmada a Declaração Presidencial dos Direitos Fundamentais dos Consumidores no bloco. Apesar do avanço na matéria, tal declaração não constituiu mais que uma carta de boas intenções.[202]

No dia 3 de junho de 2004, foi assinado pelos Estados-Membros do MERCOSUL o Acordo Interinstitucional de Entendimento entre os Órgãos de Defesa do Consumidor dos Estados-Partes desse mercado para a Defesa do consumidor Visitante, que permite a brasileiros, argentinos, paraguaios, uruguaios e mais recentemente venezuelanos serem atendidos por órgãos de defesa do consumidor em qualquer um dos países quando estiverem em trânsito.

O acordo faz parte dos trabalhos do Comitê Técnico do CT-7 e tem como objetivo garantir a efetiva proteção dos consumidores da região que se encontrem transitoriamente em outro país do bloco, beneficiando, principalmente, os turistas. Mais especificamente sobre o direito à informação, pelo texto assinado, os países comprometem-se a assessorar e informar os consumidores a respeito de seus direitos, colocar à disposição mecanismos ágeis para a solução de conflitos relativos a consumo (seguindo as normas e os procedimentos do país anfitrião), estabelecer mecanismos de informação recíproca sobre o curso das reclamações e analisar conjuntamente os resultados do acordo.

---

omissão de seus dados essenciais, seja capaz de induzir a erro o consumidor, quando do fornecimento de informações a respeito da natureza, características, qualidade, quantidade, propriedades, origem, preço, condições de comercialização, e quaisquer outros dados essenciais sobre produtos e serviços que sejam necessários para decidir uma relação de consumo. III) A publicidade comparativa será permitida sempre que sejam respeitados os seguintes princípios e limites: a) que não seja enganosa; b) seu principal objetivo seja o esclarecimento da informação ao consumidor; c) tenha por princípio básico a objetividade na comparação e não dados subjetivos, de caráter psicológico ou emocional; d) a comparação seja passível de comprovação; e) não se configure como concorrência desleal, desprestigiando a imagem de produtos, serviços ou marcas de outras empresas; f) não estabeleça confusão entre os produtos, serviços ou marcas de outras empresas. IV) Não será permitida a publicidade comparativa quando seu objetivo seja a declaração geral e indiscriminada da superioridade de um produto ou serviço sobre outro. V) O ônus da prova da veracidade e correção da informação ou comunicação publicitária recairá sobre o anunciante. VI) Cada Estado Parte, internamente, poderá exigir que o fornecedor de produtos e serviços mantenha em seu poder, para a informação dos legítimos interessados, os dados fáticos, técnicos e científicos que dão sustentação à mensagem publicitária.

[202] Nesta Declaração Presidencial dos Direitos Fundamentais dos Consumidores do MERCOSUL está contemplada como uma das regras matrizes: "[...] f) à educação para o consumo e ao fomento no MERCOSUL do desenvolvimento de entidades que tenham por objetivo a defesa do consumidor; g) à informação suficiente, clara e veraz; [...]" (DECLARAÇÃO presidencial dos direitos fundamentais dos consumidores do MERCOSUL. 2000. Disponível em: <http://www.mercosur.int/msweb/Documentos/Publicados/Declaraciones%20Conjuntas/003672406_CMC_15-12-2000__DECL-DPR_S-N_PT_DerechosConsum.pdf>. Acesso em: 20 out. 2012.

No tocante à rotulagem dos alimentos, as legislações vigentes em nível comunitário, pelo Mercado Comum do Sul, "são as resoluções /GMC 18/94, 44/03 e 46/03, que estão aceitas pelos países membros. Alguns países complementam estas legislações com regulamentos técnicos específicos, como ocorre com Brasil e Argentina quanto às bebidas alcoólicas, erva-mate, águas minerais e alimentos derivados de organismos geneticamente modificados", conforme os autores Mista e Souza.[203]

São estes mesmos que explicam a diferença entre declaração de nutrientes e a de propriedades nutricionais:

> A Declaração de nutrientes é uma relação ou enumeração padronizada do conteúdo de nutrientes de um alimento, enquanto a Declaração de propriedades nutricionais é qualquer representação que afirme, sugira ou implique que um produto possui propriedades nutricionais particulares, especialmente, mas não somente, em relação ao seu valor energético e conteúdo de proteínas, gorduras, carboidratos e fibra alimentar, assim como ao seu conteúdo de vitaminas e minerais. A informação nutricional deve estar redigida no idioma oficial do país de consumo (espanhol ou português), sem prejuízo de textos em outros idiomas. A disposição deve ser feita em local visível, em caracteres legíveis e com cor contrastando com o fundo onde estiver impressa.[204]

Segundo se depreende da Resolução 46/03, a rotulagem nutricional compreende: a) declaração de valor energético e nutrientes e b) a declaração de propriedades nutricionais, também considerada informação nutricional complementar.

Após essa legiferação em sede comunitária, não foram editadas normas mais atuais específicas e a implementação desses direitos no âmbito comunitário, no sentido de previsão de condutas necessárias para a efetivação desse direito ainda é incipiente, restando a preocupação maior com a alimentação adequada em termos de quantidade para que não haja falta em qualquer país membros e associados.

O tema merece especial atenção no Direito internacional como um todo, haja vista que os reflexos da globalização e da sociedade de risco são inquestionáveis. Afinal, a grande maioria da população mundial consome produtos industrializados e não raras vezes produtos alimentícios que são produzidos e fabricados em outras cidades e outros países. Assim, pouco adianta a regulação no âmbito interno do Estado, se o alimento que será ingerido pelo consumidor foi produzido e embalado em outro local, onde as normas referentes à informação, quando existem, são diversas, gerando o risco à saúde e à vida da sociedade mundial.

Todavia, é pertinente verificar o tratamento jurídico e, principalmente, as formas de implementação do direito em comento adotadas por estes Estados e os caminhos trilhados para alcançar sua maior efetividade.

No âmbito interno dos países, percebe-se que o direito à informação dos consumidores, a exemplo do que ocorre com o direito à informação quando se

---

[203] MISTA, Hector Sebastian; SOUZA, Júpiter Palagi de. Legislação brasileira e argentina sobre rotulagem de embalagens de alimentos facilita integração comercial no MERCOSUL, e influi nos direitos do consumidor. *Âmbito Jurídico*, Rio Grande, n. 22, 31 ago. 2005. Disponível em <http://www.ambito-juridico.com.br/site/index.php?n_link=revista_artigos_leitura&artigo_id=374> Acesso em: 20 set. 2012.
[204] Ibid., 2005.

refere a outras searas do Direito, não está contido apenas na legislação infraconstitucional, pois as constituições mais recentes o elencam dentre os direitos fundamentais. Portanto, não diz respeito apenas à ordem privada dos sujeitos, mas como bem destaca Netto Lôbo "irradia-se na consideração pública do campo indisponível da cidadania ativa, segundo a concepção contemporânea que não a vê apenas no exercício do direito oponível ao poder político, mas em face do poder econômico".[205]

Nesse sentido, elegeu-se analisar acerca do tema *direito à informação dos consumidores* o que existe nos Estados Unidos da América, pelo amplo desenvolvimento do tema no país, e no espanhol pela mesma razão, e também pelas aproximações deste com o sistema jurídico-constitucional brasileiro, especialmente no aspecto do direito substancial e das organizações públicas e privadas pertinentes.

2.2.2. *O direito à informação dos consumidores nos Estados Unidos, Espanha e Brasil*

Conforme já mencionado, os Estados Unidos foram pioneiros na defesa dos interesses dos consumidores, remontando-se ao discurso do Presidente Kennedy, no ano de 1962, as primeiras menções ao direito à saúde, segurança e informação relacionados diretamente ao consumidor.[206]

Desde então, desenvolveram muito o tema, sendo que a proteção aos direitos dos consumidores, principalmente no que diz respeito a esses três aspectos, ocorre atualmente não só por meio de regulamentação governamental quando, por exemplo, o governo exige das empresas a divulgação de informações detalhadas sobre os produtos, especialmente em áreas onde a segurança ou a saúde pública são consideradas problema, como a comida, mas também pela via judicial e por meio de organizações de consumidores, que ajudam estes a fazer melhores opções no mercado.

A estrutura estatal de proteção aos interesses dos consumidores ocorre de maneira que cada tema relacionado a eles tenha um tratamento específico pela Administração e pelo ordenamento jurídico, ainda que sem qualquer menção a esse grupo de pessoas.

Não se vislumbra, nem na Constituição do país, tampouco na ordem infraconstitucional, normas que tragam as linhas gerais e/ou específicas de defesa ao direito à informação dos consumidores e, menos ainda, relacionando este com a rotulagem dos produtos alimentícios, como ocorre na maioria dos países do sistema romano-germânico, com os códigos, leis gerais ou estatutos de defesa dos consumidores e leis especiais sobre a questão de informação e segurança alimentar.

Contudo, existem diversos âmbitos de proteção dos consumidores no que pertine ao direito a uma informação adequada nas rotulagens de alimentos em geral e sobre os nutrientes, especialmente as Agências.

---

[205] LÔBO, 2001. p. 59 e p. 61.
[206] Vide PRADA ALONSO, 1998. p. 22.

O sistema de informação para efetivar a segurança alimentar nos Estados Unidos envolve a responsabilidade do Poder Público em três vias: Executivo, Legislativo e Judiciário. O Congresso aprova leis que visam a garantir a segurança do fornecimento de alimentos e que estabelecem o nível de proteção da nação. Os departamentos e agências do Executivo são responsáveis pela sua execução, e poderão fazê-lo promulgando regulamentos, publicados no Registro Federal dos Estados Unidos, e que também estão disponíveis eletronicamente. As decisões das Agências americanas embasadas nas normas de segurança alimentar podem ser objeto de recurso para os tribunais que têm competência para resolver tais conflitos. As leis sobre segurança alimentar promulgada pelo Congresso fornecem às agências reguladoras uma ampla autoridade, mas também estabelecem limites sobre as ações reguladoras.[207]

As leis são elaboradas para atingir objetivos específicos. Agências de segurança alimentar, seguidamente, desenvolvem regulamentos específicos visando a estabelecer medidas específicas. Quando novas tecnologias, produtos, ou riscos à saúde devem ser tratados, as agências têm a flexibilidade para rever ou alterar regulamentos geralmente sem necessidade de nova legislação.[208]

O sistema é guiado pelos seguintes princípios:

(1) apenas alimentos seguros e saudáveis podem ser comercializadas; (2) regulamentar a tomada de decisão para a segurança alimentar com base na ciência; (3) o governo tem responsabilidade na execução; (4) espera-se que os fabricantes, distribuidores, importadores e outros respeitem as normas e são responsáveis se não o fizerem; e (5) o processo regulatório seja transparente e acessível ao público. Como resultado, o sistema norte-americano tem elevados níveis de confiança do público.[209]

As principais entidades reguladoras federais responsáveis pela defesa do consumidor são o Departamento de Saúde e Serviços Humanos (DHHS) e a Administração de Comidas e Medicamentos (FDA), o Departamento de Agricultura (USDA) e Serviço de Inspeção da Segurança Alimentar (FSIS), além do Serviço de Inspeção de saúde animal e das plantas (APHIS), e da Agência de Proteção do meio ambiente (EPA).

As agências alimentares respondem perante o Presidente, o Congresso, que tem autoridade de superintendência, perante os Tribunais, que revisam os regulamentos e as medidas de execução, e perante a sociedade, que exerce regularmente o seu direito de participar no desenvolvimento das leis e regulamentos, comentando ou propondo normas, e falando em público sobre as questões da segurança alimentar.

Trabalham nestas Agências cientistas e especialistas em saúde pública de forma cooperativa para garantir a segurança dos alimentos nos Estados Unidos.

No que concerne ao direito à informação dos consumidores relativo à rotulagem de alimentos e remédios, já que são tratados conjuntamente no país

---

[207] Disponível no site do governo norte-americano: <http://www.foodsafety.gov/~fsg/fssyst2.html> Acesso em: 20 set. 2012.
[208] Ibid.
[209] Ibid.

em questão, pelos mesmos órgãos e normas, compete à Agência de Administração de Comidas e Medicamentos (*Food and Drug Administration* – FDA) proteger os consumidores contra produtos impuros, inseguros e fraudulentamente rotulados, com exceção das áreas reguladas pelo Serviço de Inspeção e Segurança Alimentar (*Food Safety and Inspection Service* – FSIS), pois este tem a responsabilidade de assegurar que as carnes, aves e produtos de ovos estejam seguros, saudáveis e rotulados adequadamente.[210]

As normas referentes aos rótulos, visando a propiciar a informação dos usuários, encontram-se principalmente no *Code of Federal Regulation*,[211] no seu "título 21 – Comida e Medicamentos –, Capítulo I – Administração de comidas e medicamentos, Departamento de saúde e serviços humanos, Parte 101 – rotulagem de alimentos".[212] Nesse título estão disciplinadas todas as regras referentes aos alimentos e remédios, não só sobre as informações que devem constar nos rótulos, mas tudo que diz respeito a esses produtos, visando, em última análise, à proteção de seus consumidores contra eventuais riscos à integridade física e moral.

No que diz respeito à rotulagem, na parte 101.3 desse referido diploma, constam as informações que devem ser colocadas nos rótulos de alimentos em geral e específicos, por exemplo:

> 101.3. (a) O rótulo de visualização principal do alimento embalado deve conter como uma das suas principais características uma afirmação da identidade da mercadoria. (b) Essa informação de identidade será composta por: (1) O nome agora ou no futuro ou especificado ou exigido por qualquer lei federal ou regulamento aplicável ou, na falta deste, (2) o nome comum ou usual do alimento, ou, na falta, (3) um termo descritivo apropriado, ou quando a natureza da alimentar é óbvio, de um nome fantasia comumente utilizado pelo público para tal alimento. (c) Quando um alimento é comercializado em várias formas opcionais (inteiros, fatias, cubos, etc.), a forma particular deverá ser considerada como uma parte necessária da informação da identidade do produto e será declarada em letras de um tipo que ostentem uma dimensão razoável relação ao tamanho das letras que formam a outros componentes de identificação; [...] (d) Esta informação de identidade deve ser apresentada em negrito no rótulo principal, deve estar em um tamanho razoável na parte mais visível do material impresso, e será em linhas geralmente paralelas à base sobre a qual repousa o pacote, pois é feita para ser exibida. [...].[213]

Quanto à rotulagem nutricional, a previsão está na parte 101.9, da qual se destacam as seguintes:

> (a) Informação nutricional sobre os alimentos devem ser fornecidos para todos os produtos destinados ao consumo humano e oferecidos para venda a menos que uma isenção esteja prevista para o produto na alínea (j) desta seção. (1) Quando o alimento é empacotado, as informações

---

[210] Disponível em: <http://www.foodsafety.gov/~fsg/fssyst2.html>. Acesso em: 20 set. 2012.

[211] O *Code of Federal Regulations* ou Código de Regulamentos Federais (CFR) é a codificação das regras gerais e permanentes publicado no Registro Federal dos departamentos executivos e agências do Governo Federal. Está dividido em 50 títulos que representam grandes áreas sujeitas à regulamentação federal. Cada volume da FCF é atualizado uma vez por ano civil e são emitidos numa base trimestral. (CODE of Federal Regulations. Disponível em: <http://www.gpoaccess.gov/cfr/index.html>. Acesso em: 20 mar. 2013).

[212] Food and drugs. Disponível em: <http://www.access.gpo.gov/nara/cfr/waisidx_08/21cfr101_08.html>. Acesso em: 20 set. 2012.

[213] Food and drug administration. Disponível em: <http://edocket.access.gpo.gov/cfr_2008/aprqtr/pdf/21cfr101.2.pdf>. Acesso em: 20 set. 2012.

nutricionais devem constar no rótulo no formato especificado na presente seção. (2) Quando os alimentos não estão embalados, as informações necessárias sobre os nutrientes devem ser claramente indicadas no ponto de compra (por exemplo, sobre um contador cartão, etiqueta afixada no produto, ou algum outro dispositivo apropriado). Alternativamente, as informações exigidas podem ser colocadas em uma caderneta, ou outro formato adequado que esteja disponível no momento da compra [...].[214]

Deve-se destacar que no âmbito jurídico o Direito Norte-Americano, diferentemente do que ocorre nos países que seguem o sistema continental, tem como fontes precípuas a doutrina do precedente, *stare decisis*, pela qual as decisões devem estar baseadas na jurisprudência estabelecida em casos anteriores (*stare decisis et non quieta movere*), além da Lei escrita editada pelo Congresso e legislaturas estaduais do país, *Statute law*, e da *Equity*, conjunto de regras e modo de decidir que, baseadas em princípios de justiça,[215] melhor se adequam a casos concretos, vindo algumas a constituir regras gerais. Utilizam-se, ainda, do *Standard*, da *Costumary law*, e do *Restatement*.[216]

Por outro lado, quando existe algum tipo de lesão aos consumidores, especialmente à saúde ou a vida destes, devido à ingestão de comidas ou medicamentos, decorrente de prática contrária às normas estabelecidas por parte dos produtores/fornecedores, também incide o ramo da responsabilidade civil, além da administrativa e criminal.

Em nível constitucional, a Carta Magna espanhola vigente prevê o direito à informação do consumidor em seu artigo 51, dentro do título I "Os Direitos e Deveres Fundamentais", a garantia de defesa dos consumidores e usuários por parte dos poderes públicos.[217]

Verifica-se na doutrina que desde a vigência da atual Constituição existe debate acerca da natureza jurídica das normas referentes à proteção dos consumidores e usuários na Espanha.

Segundo explica Lasarte Álvares, tal dúvida surge principalmente em virtude do teor do artigo 1.1.1º da Lei Geral de defesa dos consumidores e usuários, na qual consta: "Em desenvolvimento ao previsto no artigo 51.1 E 51.2 da Constituição, esta Lei tem por objeto a defesa dos consumidores e usuários,

---

[214] Food and drug administration. Disponível em: <http://edocket.access.gpo.gov/cfr_2008/aprqtr/pdf/21cfr101.2.pdf>. Acesso em: 20 set. 2012.

[215] LEME, Lino de Moraes. *Direito civil comparado*. São Paulo: Revista dos Tribunais, 1962. p. 64.

[216] SILVEIRA, Alípio. *Introdução ao direito e à justiça norte-americanos*. São Paulo: Imprensa Oficial do Estado, 1962. p. 8-22. O autor esclarece que o *Standard* é direcionado ao julgador, tem por finalidade prescrever o tipo médio de conduta social correta, para categoria determinada de atos que se trata de julgar; O *Costumary law* é o costume jurídico resultante do uso continuado dos interessados, do povo, diferenciando-se dos precedentes judiciários. O *Restatement*, por sua vez, significa uma compilação impressa do direito norte-americano sobre determinados temas, realizado por juristas e promulgado pelo *American Law Institute*.

[217] Artículo 51.1. Los poderes públicos garantizarán la defensa de los consumidores y usuarios, protegiendo, mediante procedimientos eficaces, la seguridad, la salud y los legítimos intereses económicos de los mismos. 2. Los poderes públicos promoverán la información y la educación de los consumidores y usuarios, fomentarán sus organizaciones y oirán a éstas en las cuestiones que puedan afectar a aquéllos, en los términos que la Ley establezca. 3. En el marco de lo dispuesto por los apartados anteriores, la Ley regulará el comercio interior y el régimen de autorización de productos comerciales.

o que, de acordo com o artigo 53.3 da mesma tem o caráter de principio geral informador do ordenamento jurídico".[218]

É este mesmo autor que afirma resultar "absolutamente improcedente negar o caráter informador da defesa dos consumidores e usuários, que originou uma verdadeira montanha de disposições legais, cuja *ratio legis* consiste principalmente em superar velhos esquemas de igualdade formal e em adotar critérios especiais de proteção do consumidor".[219]

Nesse sentido, para ele, o art. 51 da Constituição estabelece nos seus "apartados" uma distinção entre os direitos que correspondem aos consumidores como direitos fundamentais ou básicos (art. 51.1) e os direitos instrumentais daqueles (art. 51.2), ou seja, que estão previstos para implementá-los.

Prada Alonso, por sua vez, refere que

a intenção dos redatores do artigo era considerar que o apartado 1 (51.1) refere-se a direito fundamental, enquanto o apartado 2 (51.2) tem um sentido instrumental. Não há dúvida que em ambos os casos está-se ante princípios reitores de política social e econômica e que é correto dar um sentido de instrumentalidade ao apartado segundo, já que encerram os utensílios básicos para o cumprimento do Direito em relação a proteção dos consumidores,[220] considera o civilista.

Essa é uma posição corrente na doutrina espanhola, sendo que Garrido Falla, em sua obra *Comentários à Constituição*, ao analisar o artigo 51 afirma no mesmo sentido. Ou seja, que

na idéia dos redatores do artigo 51, o apartado 1 do mesmo se referia aos denominados direitos fundamentais, enquanto o apartado 2, aos instrumentais. Sendo que nem num, nem noutro caso se está ante direitos em sentido jurídico-constitucional, senão ante princípios reitores da política social e econômica. Acrescenta ele: "Acertado parece, por outra parte, a consideração da instrumentalidade do apartado 2 a respeito ao que consagra o apartado 1, posto que detalha as ferramentas básicas para que o postulado da defesa dos consumidores seja realidade.[221]

Para a Professora García Martínez,

entre os direitos instrumentais que estabelece o art. 51.2 da Constituição merece especial atenção a obrigação dos poderes públicos de promover a informação e a educação dos consumidores. Se há afirmado em ocasiões de pouco afortunada redação deste apartado a respeito do termo "educação" por entender que em todo caso já estava compreendido no art. 27 do Texto constitucional. De todas formas bem poderia considerar-se que o preceito pretende vincular educação com informação, entendendo que esta é um dos instrumentais mais eficazes que podem colaborar na educação do conhecimento e hábitos de consumo [...].[222]

De outra banda, autores como Guillén Caramés vão ainda mais longe e ressaltam a ideia de que o direito previsto no art. 51.2 não configura um direito à informação dos consumidores, se não que estabelece um mandato aos

---

[218] LASARTE ALVAREZ, Carlos. *La protección del consumidor como principio general de derecho.* In: NUEVOS *derechos fundamentales en el ámbito del derecho privado.* Madrid: Cuadernos de Derecho Judicial, 2007. p. 66.
[219] Ibid, p. 69.
[220] PRADA ALONSO, 1998, p. 39.
[221] GARRIDO FALLA, Fernando. *Comentários a la Constitución.* 3. ed. Madrid: Civitas, 2001. p. 957.
[222] GARCÍA MARTÍNEZ, Asunción. *Sinopsis artículo 51 de la Constitución Española.* Disponível em: <http://narros.congreso.es/constitucion/constitucion/indice/sinopsis/sinopsis.jsp?art=51&tipo=2> Acesso em: 20 set. 2012.

poderes públicos que devem desenvolver um labor de promoção da informação dos consumidores. O autor explica que este direito está previsto no capítulo III, título I, da Constituição espanhola, que trata dos princípios reitores da política social e econômica e, portanto, tem um valor de princípio informativo da política de consumo, que não se traduz em um verdadeiro direito à informação dos consumidores de caráter subjetivo. Para que possa adquirir a condição de direito subjetivo, segue ele, será necessário que uma lei o desenvolva, de acordo com o artigo 53.3 da CE.[223]

A referida lei foi devidamente editada em julho de 1984, Lei Geral de Defesa dos Consumidores e Usuários, incumbindo a esta e aos chamados estatutos Autonômicos de Proteção do Consumidor[224] a consagração do direito à informação dos consumidores.

Portanto na Espanha, como na maioria dos países de cultura jurídica romano-germânica, as normas infraconstitucionais regulamentam os mandamentos constitucionais, viabilizando o acesso à justiça por parte dos interessados para reclamarem os direitos nela estabelecidos. Para isso foram produzidas as leis gerais e leis das comunidades autonômicas.

Atualmente, existe o direito legalmente estabelecido à informação dos consumidores, sendo que constitucionalmente se encontrava um mandato para que o Poder Público o fizesse, o que foi concretizado, portanto, com advento da Lei 26/84, quando os consumidores passaram a ter o direito subjetivo.

Segundo Corchero y Murillo

> aos consumidores e usuários lhes reconhece legalmente um direito a informação de maneira que podem assegurar-se da identidade dos bens e serviços, realizar sua eleição baseando-se em critérios de racionalidade e utilizá-los de modo satisfatório, participando ativamente em sua própria proteção frente a publicidade, promoção e ofertas ilícitas. Este reconhecimento vai desde a simples fórmula direito a informação em matéria de consumo, passando por um direito a informação correta sobre os diferentes produtos ou serviços, a mais completa e precisa como é o direito a informação veraz, correta, eficaz e suficiente.[225]

A Lei Geral de Defesa dos Consumidores e Usuários na Espanha, por sua vez, estabelece um amplo regramento sobre o tema, inclusive de forma específica sobre o teor do direito à informação.

Lasarte Álvares, comentando a informação como um direito básico do consumidor na Espanha, refere que "o desenvolvimento do direito a informação se leva a cabo no artigo 13 da LGDCU.[226] Este artigo, por sua vez, é o

---

[223] GUILLÉN CARAMÉS, Javier. El marco jurídico de la politica comunitaria de protección de los consumidores. *Revista de Derecho de la Unión Europea*, Madrid, n. 5, 2003.

[224] Na Espanha a divisão política do Estado, que é conhecido como um Estado Regional ou Estado Unitário Descentralizado, se dá através de Comunidades Autônomas as quais recebem do Estado parcela de autonomia para legiferarem sobre temas jurídicos de interesse regional.

[225] CORCHERO; MURILLO, 2007, p. 92.

[226] *LCU "Capítulo IV. Derecho a la información. Artículo 13:* 1. Los bienes, productos y, en su caso, los servicios puestos a disposición de los consumidores y usuarios deberán incorporar, llevar consigo o permitir de forma cierta y objetiva una información veraz, eficaz y suficiente sobre sus características esenciales, y al menos sobre las siguientes: a) Origen, naturaleza, composición y finalidad. b) Aditivos autorizados que, en su caso, lleven incorporados. c) Calidad, cantidad, categoría o denominación usual o comercial, si la tienen. d) Precio

primeiro do capítulo IV da Lei, que leva precisamente a rubrica de 'Direito a Informação'. Ambos dados permitem perceber a importância que a Lei atribui a questão da devida e oportuna informação",[227] diz ele.

Nesta previsão, os legisladores propuseram-se a abarcar o maior número de relações consumeristas possível, estabelecendo normas para implementar o direito à informação desde a venda e colocação de mercadorias e serviços em circulação, até mesmo para a compra e venda de moradias.

Cumprindo o comando constitucional, os legisladores, na verdade, disciplinam distintas manifestações da informação por meio dos Estatutos de Consumo.

Objetivamente, existe uma série de medidas que a Administração Pública espanhola, de um modo geral, deve implementar, de acordo com os ditames constitucionais e legais pátrios, a fim de levar a cabo o direito à informação dos consumidores. Na Lei Geral de proteção dos consumidores espanhóis é possível verificar-se, no tocante ao direito à informação, todas as características que esta deve reunir para que ela seja considerada eficaz,[228] além de diretrizes claras para que a Administração Pública regulamente o conteúdo da informação a ser fornecido aos destinatários do produto, de acordo com a natureza deste.

No que se refere à informação e o rótulo do produto, o mencionado artigo 13, no seu apartado 13.2 da Lei Geral de Defesa dos Consumidores na Espanha, primeira parte, refere que

> as exigências concretas nesta matéria se determinarão nos regramentos de rotulagem, apresentação e publicidade dos produtos ou serviços, nas regulamentações ou normativas especiais aplicáveis em cada caso, para garantir sempre o direito dos consumidores e usuários a uma informação certa, eficaz, veraz e objetiva.

As normas sobre rotulagem de produtos a que se refere essa previsão, especificamente sobre os alimentícios, está em vigor na Espanha por meio do Real Decreto 1334/1999, que consiste na Norma General de rotulagem, apresentação e publicidade dos Produtos Alimentícios, tendo sofrido várias alterações desde a sua entrada em vigor em 24 de agosto de 1999. Aplica-se, conforme seu artigo 1º,

---

completo o presupuesto, en su caso, y condiciones jurídicas y económicas de adquisición o utilización, indicando com claridad y de manera diferenciada el precio del producto o servicio y el importe de los incrementos o descuentos en su caso, y de los costes adicionales por servicios, accesorios, financiación, aplazamiento o similares. e) Fecha de producción o suministro, plazo recomendado para el uso o consumo o fecha de caducidad. f) Instrucciones o indicaciones para su correcto uso o consumo, advertencias y riesgos previsibles. 2. Las exigencias concretas en esta materia se determinarán en los reglamentos de etiquetado, presentación y publicidad de los productos o servicios, en las reglamentaciones o normativas especiales aplicables en cada caso, para garantizar siempre el derecho de los consumidores y usuarios a una información cierta, eficaz, veraz y objetiva. En el caso de viviendas cuya primera transmisión se efectúe después de la entrada en vigor de esta Ley, se facilitará además al comprador una documentación completa suscrita por el vendedor, en la que se defina, en planta a escala, la vivienda y el trazado de todas sus instalaciones, así como los materiales empleados en su construcción, en especial aquellos a los que el usuario no tenga acceso directo".
[227] LASARTE ALVAREZ, 2007, p. 73.
[228] Ver nota 94, com as características da informação, conforme estabelecidas e sua íntegra na LGDCU espanhola.

à rotulagem dos produtos alimentícios destinados a ser entregues sem ulterior transformação ao consumidor final, assim como aos aspectos relativos a sua apresentação e à publicidade que se faz deles e que nesta norma se regulam. Aplica-se também aos produtos alimentícios destinados a ser entregues aos restaurantes, hospitais, cantinas e outras coletividades similares, denominadas no sucessivo coletividades.[229]

No que diz respeito ao conteúdo, ou seja, a informação obrigatória do rótulo, o artigo 5º do Real Decreto estabelece que deverá conter como indicações:

1.a) A denominação de venda do produto. b) A lista de ingredientes. c) A quantidade de determinados ingredientes ou categoria de ingredientes. d) O grau alcoólico nas bebidas com uma graduação superior em volume a 1,2 por 100. e) A quantidade nata, para produtos envasados. f) O prazo de duração mínima ou prazo de vencimento. g) As condições especiais de conservação e de utilização. h) O modo de emprego, quando sua indicação seja necessária para fazer um uso adequado do produto alimentício. i) Identificação da empresa: o nome, a razão social ou a denominação do fabricante ou responsável pela embalagem ou de um vendedor estabelecido dentro da União Européia e, em todo caso, seu domicílio. j) O lote. k) O lugar de origem ou procedência. l) As previstas no anexo IV para diversas categorias.[230]

Paralelamente à Norma Geral, entretanto, existem outras normas que regulamentam a rotulagem de determinados alimentos, como a que regula a informação complementar da rotulagem dos produtos alimentícios congelados que se apresentem sem embalar, e a relativa ao rótulo de produtos alimentícios que contém quinina e produtos alimentícios que contêm cafeína.[231]

Nesse sentido, Carmen Moreno-Luque Casariego ratifica a existência de um vasto conjunto de normas sobre o tema, segundo ela

buscando regular o máximo conteúdo possível sobre rotulagem e informação, visando a que esta chegue de forma efetiva aos consumidores e usuários, com o objetivo primordial de que a colocação no mercado de bens e serviços se realize sem risco para a saúde ou segurança. [...] É por isso que devemos considerar este preceito em relação com o artigo 4º da Lei, o qual pertence ao Capítulo II, sob a rubrica 'Proteção da saúde e segurança', [...] estabelecer que os regramentos reguladores dos diferentes produtos, atividades ou serviços determinarão ao menos: [...] e) o etiquetado, apresentação e publicidade," referindo-se à Lei Geral de Defesa dos Consumidores e Usuários.[232]

Vislumbra-se, assim, a tentativa de cumprimento do mandato contido no artigo 13 da LGDCU por parte da Administração. Quanto ao apartado 13.2, ao ditar as regras que regulamentam a rotulagem dos alimentos de modo geral bem como de modo específico, a fim de melhor atender aos interesses dos consumidores espanhóis e de se adequarem aos parâmetros estabelecidos pelas normativas comunitárias. Quanto ao 13.1, analisando o rol acima de informações obrigatórias, percebe-se a atenção do Real Decreto quanto às características preconizadas na LGDCU, para permitir de forma certa e objetiva uma

---

[229] ESPANHA. *Real Decreto 1334/1999*. Disponível em: <http://www.aesa.msc.es/aesa/web/AesaPageServer?idcontent=985&idpage=61>.
[230] Ibid.
[231] Ibid.
[232] MORENO-LUQUE CASARIEGO, Carmen. Protección previa a la contratación de bienes y servicios. In: *Derechos de los consumidores y usuários*. Valencia: Tirant lo Blanch, 2000. p. 134.

informação veraz, eficaz e suficiente sobre as características essenciais do produto.

A mencionada doutrinadora acrescenta que

a regulamentação sobre a rotulagem adquire especial importância desde uma perspectiva comunitária, pois supõe um dos meios restritivos para levar a cabo intercâmbios comerciais. Nesse sentido, o Tribunal de Justiça das Comunidades Européias assinalou como forma para a proteção eficaz dos consumidores a informação satisfatória através de uma rotulagem adequada ou de uma informação correta e o suficientemente explícita que evite qualquer risco de confusão.[233]

Ainda, no âmbito interno, a Espanha possui regramentos específicos sobre a regulação da rotulagem e as leis de segurança alimentar, como no Real Decreto 890/2011, que modifica a norma geral de rótulos, apresentação e publicidade dos produtos alimentícios, aprovada pelo Real Decreto 1.334/1999,[234] como divulga a agência espanhola de segurança alimentar e de nutrientes e a Ley 17/2011.[235]

Esta última legislação tem como objetivo principal concretizar o mandamento constitucional do art. 43, contando no art. 1.2 e como fins específicos:

a) El establecimiento de instrumentos que contribuyan a generar un alto nivel de seguridad de los alimentos y los piensos y la contribución a la prevención de los riesgos para la salud humana derivados del consumo de alimentos. b) La fijación de las bases para la planificación, coordinación y desarrollo de las estrategias y actuaciones que fomenten la información, educación y promoción de la salud en el ámbito de la nutrición y en especial la prevención de la obesidad. c) El establecimiento de los medios que propicien la colaboración y coordinación de las administraciones públicas competentes en materia de seguridad alimentaria y nutrición.) La regulación de los procedimientos para la evaluación, la gestión y comunicación de los riesgos alimentarios, así como la regulación de procedimientos de actuación en supuestos de crisis o de emergencias.[236]

Já o Real Decreto 1334/1999, o qual se encontra em consonância com o preconizado no Livro Branco da União Europeia, disciplina o que são ingredientes dos alimentos, a forma como estes devem constar nos rótulos, bem como quais são os principais alergênicos, deixa evidente a necessidade de a informação ser clara, ainda que estes estejam modificados, conforme se depreende do anexo V, artigos 7.9 e 7.10, dentre outros esclarecimentos importantes

---

[233] Nesse sentido, interessante acórdão do Tribunal de Justiça das Comunidades Europeias, envolvendo provocação de Estado-Membro relativa às normativas sobre rotulagem de alimentos, a fim de ilustrar o funcionamento deste Tribunal dentro da União Europeia. Ver em: <http://curia.europa.eu/jurisp/cgi-bin/form.pl?lang=pt&newform=newform&alljur=alljur&jurcdj=jurcdj&jurtpi=jurtpi&jurtfp=jurtfp&alldocrec=alldocrec&docj=docj&docor=docor&docop=docop&docav=docav&docsom=docsom&docinf=docinf&alldocnorec=alldocnorec&docnoj=docnoj&docnoor=docnoor&typeord=ALL&docnodecision=docnodecision&allcommjo=allcommjo&affint=affint&affclose=affclose&numaff=&ddatefs=10&mdatefs=10&ydatefs=1998&ddatefe=10&mdatefe=11&ydatefe=2008&nomusuel=&domaine=ENVC&mots=informa%C3%A7%C3%A3o+e+alimentos+e+responsabilidade&resmax=100&Submit=Pesquisar>. (2000, p. 134)

[234] Maiores detalhes disponíveis em: <http://www.aesan.msc.es/AESAN/web/legislacion/subdetalle/etiquetado_alimentos.shtml>. Acesso em: 11 set. 2013.

[235] Disponível em: <http://www.boe.es/buscar/doc.php?id=BOE-A-2011-11604>. Acesso em: 11 set. 2013.

[236] Ibid.

disponíveis no sítio do Órgão de Proteção à saúde da "Prefeitura de Madrid", com a disponibilização de fotografias ilustrativas.[237]

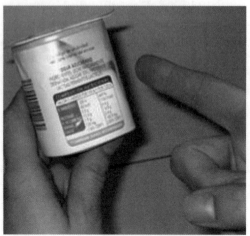

Fonte: <http://www.madridsalud.es/temas/alergias_alimentarias_etiquetado.php>.

É importante destacar que desde 2001 a Espanha também possui uma agência reguladora do risco alimentar, a qual busca

> reducir los riesgos de las enfermedades transmitidas o vehiculadas por los alimentos; Garantizar la eficacia de los sistemas de control de los alimentos y promover un sector productivo que considere a la seguridad alimentaria como estrategia competitiva; Promover el consumo de los alimentos sanos, favoreciendo su accesibilidad y la información sobre los mismos; Ofrecer garantías de información objetiva a los consumidores y agentes económicos del sector agroalimentario español.[238]

Como se percebe, em todas as legislações, a regulamentação envolve a informação dos consumidores para a precaução do risco alimentar, merecendo destaque, inclusive, a menção a oferecimento de informação objetiva, o que se entende em consonância com a ideia de informação adequada, pois se for algo prolixo, difícil de entender, de nada adiantará para o consumidor a sua existência.

Ao verificar a abordagem jurídica do direito à informação dos consumidores quanto à rotulagem de alimentos e segurança alimentar, no tocante à gestão do risco e, principalmente, os objetivos preconizados pela Espanha, em consonância com os ditames da União Europeia, percebe-se no país um desenvolvimento avançado da regulação e, portanto, o uso do Direito Regulativo para a precaução dos riscos alimentares.

Daí é possível concluir mais uma vez o quanto está relacionada a ciência jurídica com a sociologia jurídica, que trata da denominada "sociedade de

---

[237] Disponível em: <http://www.madridsalud.es/temas/alergias_alimentarias_etiquetado.php>. Acesso em: 11 set. 2013.
[238] Disponível em: <http://www.aesan.msc.es/AESAN/web/sobre_aesan/sobre_aesan.shtml>. Acesso em: 11 set. 2013.

risco", embricando-se para a tutela efetiva dos consumidores inseridos nessa realidade.

No que tange à responsabilidade civil, está tutelada nos artigos 26 a 31 da Lei Geral de Defesa dos Consumidores, sendo que o artigo 26 a define:

> As ações ou omissões de quem produz, importa, fornece ou facilita produtos ou serviços aos consumidores ou usuários, determinantes de danos ou prejuízos aos mesmos, darão lugar à responsabilidade daqueles, a menos que conste ou se acredite que se cumpriram devidamente as exigências e requisitos estabelecidos em regulamento e os demais cuidados e diligências que exige a natureza do produto, serviço ou atividade.

Quanto a quem deverá responder por eventual indenização decorrente da colocação dos alimentos impróprios à venda para os consumidores, o artigo 27.1.c assim dispõe:

> No suposto de produtos envasados, etiquetados e fechados com fechamento íntegro, responde a assinatura ou razão social que figure no seu rótulo, apresentação ou propaganda. Poderá escusar-se dessa responsabilidade provando sua falsificação ou incorreta manipulação por terceiros, que serão os responsáveis.

Logo em seguida, o artigo 28.1 traz a responsabilidade objetiva, ou seja, a possibilidade de responsabilizar-se civilmente quem causar danos a outrem, independentemente de culpa, ao afirmar:

> não obstante o disposto nos artigos anteriores, responderá pelos danos originados no correto uso e consumo de bens e serviços, quando pela sua própria natureza ou estiver assim estiver regulamentado, incluam necessariamente a garantia de níveis determinados de pureza, eficácia ou segurança, em condições objetivas de determinação e suponham controle técnicos, profissionais ou sistemáticos de qualidade, até chegar em devidas condições ao consumidor ou usuário, constando no artigo 28.2 que se consideram submetidos a este regime de responsabilidade os produtos alimentícios, os de higiene e limpeza, cosméticos, especialidades e produtos farmacêuticos, serviços sanitários, de gás e eletricidade, eletrodomésticos e elevadores, meios de transporte, veículos a motor e brinquedos e produtos dirigidos às crianças.

Portanto, a Espanha tem a matéria amplamente regulada, em todos os aspectos de precaução e eventual sanção, demonstrando a preocupação com o tema e o engajamento às normas estabelecidas em nível comunitário.

Contudo, o que se questiona é até onde essa regulação tem sido objeto de fiscalização e cumprimento pelas autoridades responsáveis? Ainda: em se tratando de substâncias com consequências pouco conhecidas, como no caso dos transgênicos ou nas situações em que os ingredientes são informados de maneira errônea, seja por má-fé ou não. Essa regulação é suficiente para evitar lesão à saúde e à própria vida dos consumidores?

Retornando-se ao risco propriamente dito, apesar de o país não ser o maior usuários de substâncias geneticamente modificadas, não se pode olvidar que a Espanha importa muitos alimentos de distintos países e que, nesse sentido devem ser observadas as rotulagens, sob pena de os espanhóis, mesmo involuntariamente, pela falta de esclarecimentos, virem a ser prejudicados.

No Brasil, apesar de o uso de substâncias transgênicas ser muito mais difundido e aceito, a regulação da informação e da rotulagem de alimentos está muito aquém da encontrada na Espanha, sendo que o direito à informação de forma genérica está previsto na Constituição Federal e pode ser contemplado no que tange ao tema da informação adequada dos consumidores no rol do art. 5º, XIV e XXXIII, dos direitos e garantias fundamentais:

> XIV – é assegurado a todos o acesso à informação e resguardado o sigilo da fonte, quando necessário ao exercício profissional; [...] XXXIII – todos têm direito a receber dos órgãos públicos informações de seu interesse particular, ou de interesse coletivo ou geral, que serão prestadas no prazo da lei, sob pena de responsabilidade, ressalvadas aquelas cujo sigilo seja imprescindível à segurança da sociedade e do Estado; [...].[239]

Já o Código de Defesa do Consumidor[240] traz princípios gerais das relações de consumo enumerados nos artigos 1º ao 7º, destacando-se, entre eles: a) princípio da transparência e o direito à informação; b) princípio da irrenunciabilidade de direitos e autonomia da vontade; c) princípio do equilíbrio contratual e a vulnerabilidade do consumidor, sendo que dar-se-á especial atenção ao princípio da transparência e o direito à informação.

Assim, o dever de rotulagem de alimentos no Brasil relaciona-se ao direito básico do consumidor à transparência e à informação, consubstanciado nos artigos 4º e 6º, III, do Código de Defesa do Consumidor, respectivamente.: "Art. 4º A Política Nacional das Relações de Consumo tem por objetivo o atendimento das necessidades dos consumidores, o respeito à sua dignidade, saúde e segurança, a proteção de seus interesses econômicos, a melhoria da sua qualidade de vida, bem como a transparência e harmonia das relações de consumo, atendidos os seguintes princípios Art. 6º São direitos básicos do consumidor: [...] III – a informação adequada e clara sobre os diferentes produtos e serviços, com especificação correta de quantidade, características, composição, qualidade e preço, bem como os riscos que apresentem. [...]".

A estes direitos do consumidor corresponde o dever de o fornecedor, por ocasião da oferta e da apresentação de seus produtos e serviços, assegurar que sejam disponibilizadas informações, de acordo com o art. 31 do CDC. "Art. 31. A oferta e apresentação de produtos ou serviços devem assegurar informações corretas, claras, precisas, ostensivas e em língua portuguesa sobre suas características, qualidades, quantidade, composição, preço, garantia, prazos de validade e origem, entre outros dados, bem como sobre os riscos que apresentam à saúde e segurança dos consumidores".

Como se pôde perceber do anteriormente colocado, os Estados Unidos, a União Europeia e a Espanha possuem um vasto leque legislativo sobre o tema, estando amplamente regulamentada a questão do etiquetamento de alimentos e seus conteúdos substanciais. Pelo menos de modo geral.

No Brasil, a Agência Nacional de Vigilância Sanitária – ANVISA –, órgão responsável pela legislação e fiscalização quanto à segurança alimentar, editou a Lei nº 8.543 em 23 de dezembro de 1992, que determina a impressão de

---

[239] BRASIL. (Constituição, 1988). *Constituição da República Federativa do Brasil*. 1988. Disponível em: <http://www.planalto.gov.br/ccivil_03/constituicao/constitui%C3%A7ao.htm>. Acesso em: 5 out. 2012.

[240] BRASIL. *Código de defesa do consumidor*. 1990. Disponível em: <http://www.planalto.gov.br/ccivil/leis/l8078.htm>. Acesso em: 5 out. 2012.

advertência em rótulos e embalagens de alimentos industrializados que contenham glúten, a fim de evitar a doença celíaca ou síndrome celíaca.[241]

De outra ordem, ainda em 1998, a ANVISA expediu a Portaria nº 27, em 13 de janeiro, na qual, a Secretaria de Vigilância Sanitária, do Ministério da Saúde, considerando a necessidade de constante aperfeiçoamento das ações de controle sanitário na área de alimentos visando a proteção à saúde da população e a necessidade de fixar a identidade e as características mínimas de qualidade a que devem obedecer os alimentos que utilizarem a informação nutricional complementar, determinou a obrigatoriedade da inserção de declarações relacionadas ao conteúdo de nutrientes, aplicando-se, exclusivamente, à Informação Nutricional Complementar dos alimentos que sejam produzidos, embalados e comercializados prontos para oferta ao consumidor.[242]

Conforme Murilo de Morais e Miranda, em setembro de 1999, foi sugerido ao diretor do DPDC que a exigência de informações quanto à *característica transgênica* do alimento fosse estendida a todo e qualquer alimento colocado no mercado de consumo, cumprindo-se o disposto no artigo 31 do Código de Defesa do Consumidor. Segundo o autor,

> A nova regulamentação expedida pelo Ministério da Justiça contemplava parcialmente a nossa tese, haja vista ressalvar que os alimentos não embalados serão objeto de regulamentação específica. O regulamento técnico para Rotulagem de Alimentos e Ingredientes Geneticamente Modificados traz, no item 1, seu âmbito de aplicação, *in verbis: 1 – Âmbito de Aplicação: Este Regulamento Técnico aplica-se aos alimentos e ingredientes geneticamente modificados, embalados, definidos neste Instrumento, destinados a consumidor final, sem prejuízo da legislação em vigor. 1.1 – Os alimentos não embalados e aquelesque por sua natureza ou forma de oferta e apresentação não possam ser rotulados serão regulados por norma específica..."* Assim, a normatização sobre informações relevantes sobre alimentos transgênicos será expedida em momento oportuno pelo DPDC e terá de ter como norte, obrigatoriamente os artigos 6º, 9º e 31 do Código de Defesa do Consumidor. A nova portaria sobre alimentos não embalados deverá abranger, inclusive, os restaurantes e lanchonetes, haja vista a importância da informação sobre origem e característica transgênica dos alimentos que estarão à disposição do Consumidor.[243]

Posteriormente, a Resolução nº 360, de 23 de dezembro de 2003,[244] trouxe ao Brasil a obrigatoriedade de Rotulagem Nutricional de Alimentos Embalados, devendo nela ser declarados os seguintes nutrientes: valor energético, carboidratos, proteínas, gorduras totais, gorduras saturadas, gorduras *trans* e sódio.

No que concerne aos transgênicos, exemplo utilizado como paradigma neste trabalho, foi editada em 2003 a Lei nº 4.680, que regulamenta o direito à informação, assegurado pela Lei nº 8.078, de 11 de setembro de 1990, quanto aos alimentos e ingredientes alimentares destinados ao consumo humano ou

---

[241] Legislação disponível no *site*: <http://www.anvisa.gov.br/alimentos/legis/especifica/rotuali.htm>. Acesso em: 2 out. 2012.

[242] Legislação disponível em: <http://www.anvisa.gov.br/alimentos/legis/especifica/rotuali.htm>

[243] MIRANDA, Murilo de Morais e. *Os alimentos transgênicos e o direito à informação no Código do Consumidor.* Disponível em: <http://www.mp.go.gov.br/portalweb/hp/4/docs/os_alimentos_transgenicos_direito_informacao.pdf>. Acesso em: 20 mar. 2013.

[244] Legislação disponível em: <http://www.anvisa.gov.br/alimentos/legis/especifica/rotuali.htm>

animal que contenham ou sejam produzidos a partir de organismos geneticamente modificados.[245]

Todavia, desde já, pode-se afirmar que o cumprimento da legislação não vem ocorrendo a contento no Brasil. Basta frequentar supermercados, restaurantes, bares e congêneres para perceber que grande parte dos alimentos não traz no rótulo qualquer menção à existência de transgênicos na sua produção, tampouco se faz presente a identificação dos produtores de alimentos naturais, a fim de se rastrear eventual uso de agrotóxicos de forma inadequada. E, nas raríssimas vezes em que isso ocorre, a informação não é clara ou compreensível pelo consumidor.

Existem diversas decisões judiciais recentes condenando empresas a indenizarem consumidores pela falta de informação do fabricante sobre a composição e características nutricionais do produto, capaz de gerar problemas à saúde destes.[246]

Pode-se dizer que o Brasil começou a dar alguns passos no caminho da precaução ao risco alimentar quando da elaboração de normas que visam a proteger o consumidor. Contudo, as experiências dos países desenvolvidos e com estratégias já implementadas, como na Espanha e Estados Unidos, devem ser consideradas visando a realmente concretizar o direito à informação pela rotulagem, não deixando que a regulação fique somente na teoria.

Nesse sentido, a liberação para comércio de alimentos transgênicos sem a devida informação dos consumidores infringe normas básicas de proteção e defesa do consumidor que estão consagradas na Resolução nº 39, da 248ª Assembleia Geral das Nações Unidas, que proclamou os *Direitos Fundamentais do Consumidor*, entre eles: o direito à segurança – garantia contra produto ou

---

[245] Art. 2º Na comercialização de alimentos e ingredientes alimentares destinados ao consumo humano ou animal que contenham ou sejam produzidos a partir de organismos geneticamente modificados, com presença acima do limite de um por cento do produto, o consumidor deverá ser informado da natureza transgênica desse produto. § 1º Tanto nos produtos embalados como nos vendidos a granel ou *in natura*, o rótulo da embalagem ou do recipiente em que estão contidos deverá constar, em destaque, no painel principal e em conjunto com o símbolo a ser definido mediante ato do Ministério da Justiça, uma das seguintes expressões, dependendo do caso: "(nome do produto) transgênico", "contém (nome do ingrediente ou ingredientes) transgênico(s)" ou "produto produzido a partir de (nome do produto) transgênico"; § 2º O consumidor deverá ser informado sobre a espécie doadora do gene no local reservado para a identificação dos ingredientes; § 3º A informação determinada no § 1º deste artigo também deverá constar do documento fiscal, de modo que essa informação acompanhe o produto ou ingrediente em todas as etapas da cadeia produtiva." (BRASIL. *Decreto n. 4.680*, de 24 de abril de 2003. Disponível em: <http://www.planalto.gov.br/ccivil_03/decreto/2003/d4680.htm>. Acesso em: 20 mar. 2013).

[246] APELAÇÃO CÍVEL. RESPONSABILIDADE CIVIL. RESPONSABILIDADE OBJETIVA. PRELIMINAR CONTRARRECURSAL. APLICABILIDADE DO CÓDIGO DE DEFESA DO CONSUMIDOR. DEVER DE INFORMAR. SEGURANÇA DO PRODUTO. INFORMAÇÕES FALHAS NO RÓTULO DA *EMBALAGEM*. BOLACHA RECHEADA CONTENDO LACTOSE. INGESTÃO POR MENOR COM ALERGIA À PROTEÍNA DO LEITE DE VACA. NEXO CAUSAL DEMONSTRADO. DANO MORAL CONFIGURADO. VALOR DA INDENIZAÇÃO MANTIDO. 1. (RIO GRANDE DO SUL. Tribunal de Justiça. Sexta Câmara Cível. Apelação Cível nº 70046666319, Relator: Artur Arnildo Ludwig. Julgado em: 13 set. 2012. Disponível em: <http://www.tjrs.jus.br/busca/?q=rotulo+e+embalagem&tb=jurisnova&partialfields=tribunal%3ATribunal%2520de%2520Justi%25C3%25A7a%2520do%2520RS.%28TipoDecisao%3Aac%25C3%25B3rd%25C3%25A3o|TipoDecisao%3Amonocr%25C3%25A1tica|TipoDecisao%3Anull%29&requiredfields=&as_q=>. Acesso em: 10 mar. 2012).

serviço nocivo à saúde; direito de escolha – opção entre vários produtos de serviços com qualidade satisfatória e preços compatíveis; direito à informação – conhecimento sobre dados indispensáveis sobre produto ou serviço para uma decisão consciente; direito à indenização – reparação financeira por dano causado por produto ou serviço; direito à educação para o consumo – meios para o cidadão exercitar conscientemente sua função no mercado; e, direito a um meio ambiente saudável – defesa do equilíbrio ecológico para melhorar a qualidade de vida agora e preservá-la para o futuro.

A Constituição Federal brasileira traz, em nível nacional, o direito dos consumidores como um direito fundamental e, ainda, o Código de Defesa do Consumidor, no seu artigo 6º, quando se refere àqueles que são básicos: "Art. 6º São direitos básicos do consumidor:I – a proteção da vida, saúde e segurança contra os riscos provocados por práticas no fornecimento de produtos e serviços considerados perigosos ou nocivos;II – a educação e divulgação sobre o consumo adequado dos produtos e serviços, asseguradas a liberdade de escolha e a igualdade nas contratações;III – a informação adequada e clara sobre os diferentes produtos e serviços, com especificação correta de quantidade, características, composição, qualidade e preço, bem como sobre os riscos que apresentem".

Bem coloca Prada Alonso que

> em uma sociedade de consumo e de livre mercado como a nossa, onde o que interessa aos produtores de bens e aos prestadores de serviços é aumentar seus ganhos, incitando o cidadão ao consumo de uma forma indiscriminada e irracional, se produzem verdadeiras situações de superioridade daqueles frente a estes que conduzem ao abuso da sua situação para a conquista de seus fins.[247]

Não é por outro motivo que o próprio ramo do Direito Civil, na maioria dos países de cultura jurídica romano-germânica e até mesmo nos Estados Unidos que se insere na família da *Common Law*, conforme referido anteriormente, passou a adotar a chamada "teoria do risco"[248] tendo este como fator de incidência, além da culpa, a embasar a responsabilidade civil, inclusive na seara consumerista, o que será melhor analisado em capítulo próprio.

Nesse sentido, são exemplos a previsão do artigo 28 da "Lei geral de defesa dos consumidores e usuários" espanhola na versão original (Lei 26/1984)[249]

---

[247] PRADA ALONSO, 1998, p. 13.

[248] Para essa teoria, toda pessoa que exerce alguma atividade que cria um risco de dano para terceiros, deve ser obrigada a repará-lo, ainda que sua conduta seja isenta de culpa, passando a responsabilidade civil a embasar-se na noção de risco e não somente no conceito de culpa. (CAVALIERI FILHO, Sérgio. *Programa de responsabilidade civil*. 3. ed. São Paulo: Malheiros, 2002. p. 166).

[249] Ley General para la defensa de los consumidores y usuarios (España), nº 26/1984. Artículo 28 "No obstante lo dispuesto en los artículos anteriores, se responderá de los daños originados en el correcto uso y consumo de bienes y servicios, cuando por su propia naturaleza o estar así reglamentariamente establecido, incluyan necesariamente la garantía de niveles determinados de pureza, eficacia o seguridad, en condiciones objetivas de determinación y supongan controles técnicos, profesionales o sistemáticos de calidad, hasta llegar en debidas condiciones al consumidor o usuario.2. En todo caso, se consideran sometidos a este régimen de responsabilidad los productos alimenticios, los de higiene y limpieza, cosméticos, especialidades y productos farmacéuticos, servicios sanitarios, de gas y electricidad, electrodomésticos y ascensores, medios de transporte, vehículos a motor y juguetes y productos dirigidos a los niños. 3. Sin perjuicio de lo estable-

e os artigos 12 e 14 do Código de Defesa do Consumidor no Brasil (Lei 8.078/90).[250]

Quando se fala na responsabilidade civil contemporânea, há de se ter uma preocupação maior com a vítima, em especial neste contexto de risco, já que ela se coloca numa situação de notória inferioridade em relação àqueles que comandam os meios de produção e comercialização, por não ter o conhecimento técnico, nem mesmo empírico acerca das consequencias do consumo de determinados produtos, destacando-se a invisibilidade do risco, conforme afirmava Beck.

Nessa esteira, Josserand já advertia que a reparação dos danos não deve ser deixada aos azares da sorte ou do destino, tanto mais que, entre a vítima e o autor do dano, a primeira merece mais proteção, porque comumente, é a que possui menos recursos e porque nada fez para causar o prejuízo.[251]

O paradigma social mudou e com isso altera-se o enfoque jurídico da nova ordem, agora global. Os riscos cotidianos aumentaram na vida em sociedade e a ciência jurídica, de um modo geral, deve acompanhar essa nova realidade com vistas à manutenção do controle social.

O que preocupa os operadores do Direito e os homens ao interagirem em sociedade, segundo Kauffman, é que "o homem atua sobre o mundo sem, às vezes, saber como seria o modo correto de agir, em face de novidade insurgida com o desenvolvimento da comunidade. Assim ele atua na insegurança, pois não sabe, ainda, quais são as normas de evitação do risco".[252]

Nesse mesmo diapasão, o doutrinador espanhol Luiz Pablo Coderch preleciona que "a sociedade de risco incrementa o âmbito de influência do direito da responsabilidade civil, penal, administrativa, de forma muito notável, mesmo não sendo muito mais que um eco distante do clamor social pela formulação de juízos de imputação e por sua posta em prática: desde o ponto de vista normativo, o tema fundamental do moderno direito de danos é a imputação objetiva e sua dinâmica: como e porquê se reformulam sem cessar juízos de atribuição da responsabilidade cujo resultado é a definição de novos círculos de obrigados a responder, quer dizer, a tratar de tais ou quais riscos?"[253]

---

cido en otras disposiciones legales, las responsabilidades derivadas de este artículo tendrán como límite la cuantía de 500 millones de pesetas. Esta cantidad deberá ser revisada y actualizada periódicamente por el Gobierno, teniendo en cuenta la variación de los índices de precios al consumo".

[250] Lei nº 8.078/90 Art. 12. O fabricante, o produtor, o construtor, nacional ou estrangeiro, e o importador respondem, independentemente da existência de culpa, pela reparação dos danos causados aos consumidores por defeitos decorrentes de projeto, fabricação, construção, montagem, fórmulas, manipulação, apresentação ou acondicionamento de seus produtos, bem como por informações insuficientes ou inadequadas sobre sua utilização e riscos. [...] Art. 14. O fornecedor de serviços responde, independentemente da existência de culpa, pela reparação dos danos causados aos consumidores por defeitos relativos à prestação dos serviços, bem como por informações insuficientes ou inadequadas sobre sua fruição e riscos.

[251] GARCEZ NETO, Martinho. *Responsabilidade civil no direito comparado*. Rio de Janeiro: Renovar, 2000. p. 98.

[252] KAUFMANN, A. *Filosofía del derecho*. Bogotá: Universidad Externado de Colombia, 1999. p. 529.

[253] CODERCH, Pablo Luís. *Recensión: Ciencia y política del riesgo*. Barcelona: Facultad de Derecho Universitat Pompeu Fabra, 2001. Disponível em: <http://www.indret.com/pdf/068_es.pdf>.

Todavia, sabe-se que a responsabilidade penal, civil e administrativa há muito vem sofrendo alterações para correspondem às expectativas sociais. Isso porque ontologicamente são disciplinas que atuam repressivamente sobre o agir. Ou seja, sempre se faz presente a necessidade de uma conduta humana ativa ou omissiva e um resultado danoso, para que aí, verificados os demais requisitos inerentes a cada ramo do direito em comento, haver a responsabilização do autor da referida conduta.

O direito à informação adequada dos consumidores por meio de uma rotulagem correta dos alimentos, visando a evitar riscos à saúde e à própria vida humana, pode-se considerar que para além de ser um direito com proteção na esfera administrativa, civil e criminal, se trata de verdadeiro direito fundamental.

A finalidade última da divulgação correta dos ingredientes dos produtos alimentícios nos rótulos e de seus nutrientes é informar aos consumidores qual o conteúdo do que eles estão adquirindo. Além de propiciar que as pessoas elejam de forma consciente o que querem ingerir, permitindo que exerçam autonomamente sua vontade, auxilia-se a quem tem predisposição para contrair ou agravar determinadas doenças.

Sabe-se que os riscos não escolhem destinatários, sendo que Beck encontra uma lógica de repartição diferente destes, pois para ele

> os riscos da modernização afetam mais tarde ou mais cedo também a quem os produzem ou se beneficiam deles. Contêm um efeito bumerangue que faz saltar pelo ar o esquema de classes. Tampouco os ricos e poderosos estão seguros ante eles. E isto não só quanto ao perigos para a saúde, senão também quanto aos perigos para a legitimação, a propriedade e a ganância [...].[254]

Segundo ele, "as constatações do risco não podem ser isoladas por um ou por outro especialista e ser desenvolvidas e fixadas de acordo com os próprios padrões de racionalidade. Pressupõem uma colaboração mais além das trincheiras das disciplinas, dos grupos de cidadãos, das empresas, da Administração e da política, ou (o que é mais provável) se dividem entre estas em definições opostas e lutas de definições",[255] definindo aí as linhas que denotam ser necessário o reconhecimento de uma postura solidária de toda a humanidade.

Nesse sentido, é que se pretende tratar o direito à informação como um direito fundamental de terceira dimensão/geração, embasado, pois, no paradigma da solidariedade.

2.3. A informação adequada na rotulagem para a precaução do risco alimentar

A dúvida que persiste é que tipo de rotulagem possa ser suficientemente clara, sem ser demasiadamente detalhada, para evitar os riscos à saúde ou

---
[254] BECK, 2006, p. 34.
[255] Ibid., p. 42.

à vida do consumidor. Importante, pois, analisar algumas propostas que os países acima mencionados estão fazendo acerca do tema paradigmático neste trabalho sobre os transgênicos.

Seguindo a pesquisa nos países acima mencionados, percebe-se que nos Estados Unidos a rotulagem de alimentos que contenham OGM não fazem menção a estes. No próprio sítio da agência reguladora dos alimentos e medicamentos existe um tutorial para os consumidores lerem os dados informados nas embalagens. Contudo, não fazem qualquer indicação aos alimentos que contenham organismos geneticamente modificados,[256] até porque neste país não há uma lei federal classificando os alimentos transgênicos. Tal debate não é novo por lá, tampouco o conhecimento de que existem transgênicos sendo usados em muitos alimentos. Contudo, grande parte dos americanos prefere acreditar que não há efeitos colaterais maléficos ao ser humano. E o governo, até o momento, ainda não adotou uma postura de ao menos dar a chance de os consumidores saberem quando estão ingerindo tais substâncias.[257]

O assunto, inclusive, é motivo de crônicas na mídia, que até agora não se posicionou, reproduzindo situações em que eventualmente poderiam existir tais informações, como se percebe no famoso *site* de Cartoons, CartoonStock.com:[258]

"Notice how with truth in packaging requirements all the labels begin with 'OMG!'"

Fonte: <http://www.cartoonstock.com/directory/f/food_labels.asp>.

---

[256] HOW TO UNDERSTAND and use the nutrition facts label. 2003. Disponível em: <http://www.fda.gov/Food/ResourcesForYou/Consumers/NFLPM/ucm274593.htm>. Acesso em: 15 mar. 2013.

[257] CARTER, Colin A.; GRUERE, Guillaume P. *International approaches to the labeling of genetically modified foods*. 2003. Disponível em: <http://www.agmrc.org/media/cms/cartergruere_929beb69ba4ee.pdf>. Acesso em: 15 mar. 2013.

[258] Disponível em: <http://www.cartoonstock.com/directory/f/food_labels.asp>. Acesso em: 15 mar. 2013.

Por outro lado, até mesmo referendo[259] foi realizado no país, como no Estado da Califórnia, tema mencionado em um documentário,[260] o qual, no final da exibição, se reivindica o direito de saber, no momento da compra, se os alimentos são ou não transgênicos, através de um selo em sua embalagem. Tal proposta (*California Proposition 37*) foi rejeitada pelos Californianos que entenderam serem os custos da providência muito elevados, e a medida, em apertada síntese, desnecessária, acolhendo-se a campanha contra o Projeto 37 que teria sido patrocinada pelas maiores empresas vendedoras de grãos geneticamente modificados.[261]

Assim, não há como se analisar se a informação dos consumidores pela rotulagem de alimentos nos Estados Unidos é adequada pela simples inexistência de qualquer sinal identificador da substância.

A União Europeia nesse sentido vem renovando a legislação constantemente para aprimorar as embalagens alimentícias. Em 2011, a preocupação era exatamente com a clareza e legibilidade das informações sobre as substâncias que provocam alergias, as quais foram incluídas na lista de ingredientes, de modo a que os consumidores as identificassem com facilidade. A informação sobre as substâncias alergêneas também passaram a ser fornecidas em relação a alimentos não embalados, como os que são vendidos em restaurantes ou refeitórios.

Segundo o Regulamento (UE) n° 1169/2011 do Parlamento Europeu, no seu item 9,

> é necessário racionalizar a legislação em vigor relativa à rotulagem a fim de facilitar o seu cumprimento e de a tornar mais clara para as partes interessadas, e modernizá-la a fim de ter em conta a evolução no domínio da informação sobre os gêneros alimentícios. O presente regulamento serve, por um lado, os interesses do mercado interno, ao simplificar a legislação, garantir a segurança jurídica e reduzir a carga administrativa, e, por outro, os interesses dos cidadãos, ao prever a obrigatoriedade de rótulos claros, compreensíveis e legíveis para os alimentos.[262]

---

[259] Disponível em: <http://voterguide.sos.ca.gov/propositions/37/>. Acesso em: 15 mar. 2013.
[260] Disponível na íntegra em: <http://geneticroulettemovie.com/>. Acesso em: 15 mar. 2013.
[261] Notícia disponível em <http://www.huffingtonpost.com/2012/11/07/prop-37-defeated-californ_n_2088402.html>. Acesso em: 15 mar. 2013.
[262] PARLAMENTO EUROPEU. *Regulamento (UE) n° 1169/2011* Disponível em: <http://eur-lex.europa.eu/LexUriServ/LexUriServ.do?uri=OJ:L:2011:304:0018:0063:PT:PDF>. Acesso: em: 15 mar. 2013.

No Brasil, por sua vez, criou-se uma sigla simples e que pode ser facilmente identificada nos alimentos que possuem transgênicos, a fim de informar os consumidores.[263]

Fonte: <http://www.portalnutrirse.com/transgenicos-voce-sabe-o-que-come/>

---

[263] BRASIL. Ministério da Justiça. *Portaria nº 2658*, de 22 de dezembro de 2003. Disponível em: <http://portal.anvisa.gov.br/wps/wcm/connect/1e3d43804ac0319e9644bfa337abae9d/Portaria_2685_de_22_de_dezembro_de_2003.pdf?MOD=AJPERES>. Acesso em: 12 mar. 2013.

Ocorre que o emblema sozinho poderia não ser suficiente para a população compreender seu significado, pois mesmo com ampla divulgação, a verdade é que o consumidor mais desatento não se preocupa em saber o que os sinais querem dizer. Ademais, pode-se perceber que o símbolo dos transgênicos é muito pequeno, o que dificulta até mesmo sua visualização em embalagens com muitas informações. Assim, algumas empresas passaram a adotar a informação por extenso na embalagem, além da sigla determinada pela Agência Nacional de Vigilância Sanitária acima.

Contudo, esta última é uma das raras medidas de esclarecimentos efetivos aos consumidores, por meio da informação do rótulo, pois não se vislumbram no Brasil campanhas de orientações aos consumidores para lerem ou conhecerem as siglas e sinais identificadores que por ventura possam estar nas embalagens, tornando-os inúteis aos fins a que se destinam. Talvez por essas razões, frise-se novamente, muitas pessoas tenham alergias por causas desconhecidas, pois por certo não sabem o que ingerem no seu dia a dia.

Fonte: <http://www.greenpeace.org/brasil/pt/Noticias/projeto-no-senado-quer-acabar/>

Uma tentativa de se mudar essa realidade é aumentar a proteção do direito à informação dos consumidores, o que se pretende fazer considerando este como direito fundamental. Haja vista a possibilidade desses direitos subjetivos terem maior força, inclusive normativa, é que se preconiza uma interpretação capaz de tornar o direito à informação dos consumidores como universal, inalienável, imprescritível, indisponível, enfim garantido pelos mais distintos meios jurídicos visando a precaver o risco alimentar.

3. A informação como direito fundamental do consumidor para precaução do risco alimentar

Os Direitos Fundamentais tão festejados e reconhecidos contemporaneamente ensejam, por parte da doutrina, diversas tentativas de definição, como de distinção entre eles e os Direitos Humanos.

Para Cançado Trindade, a ideia dos direitos humanos é tão antiga quanto a história das civilizações, e tem como objetivo "afirmar a dignidade da pessoa humana, lutar contra todas as formas de dominação, exclusão e opressão, em prol da salvaguarda contra o despotismo e a arbitrariedade, e na asserção da participação na vida comunitária e do princípio da legitimidade".[264] Segundo o autor, o reconhecimento destes direitos básicos acaba por formar padrões mínimos universais de comportamento e respeito ao próximo, observando as necessidades e responsabilidades dos seres humanos. Os direitos humanos são vinculados ao bem comum, tendo em vista a emancipação do ser humano de todo o tipo de servidão, inclusive a de ordem material.[265]

Paulo Bonavides considera que os direitos fundamentais são os direitos do homem que as Constituições positivaram, recebendo destas um nível mais elevado de garantias ou segurança. Cada Estado, pois, tem seus direitos fundamentais específicos. Entretanto, o autor acrescenta que os direitos fundamentais estão vinculados aos valores de liberdade e da dignidade humana, nos levando assim ao "significado de universalidade inerente a esses direitos como ideal da pessoa humana".[266]

Canotilho, por sua vez, ensina que a positivação dos direitos considerados "naturais e inalienáveis" do indivíduo, pela Constituição como normas fundamentais constitucionais é que vincula o direito. Sem o reconhecimento constitucional, estes direitos seriam meramente aspirações ou ideais, seriam

---
[264] TRINDADE, Antônio Augusto Cançado. *Tratado de direito internacional dos direitos humanos*. Porto Alegre: Fabris, 1997. 2 v. p.17.
[265] Ibid.
[266] BONAVIDES, Paulo. *Curso de direito constitucional*. São Paulo: Malheiros, 2000. p. 516.

apenas "direitos do homem na qualidade de normas de ação moralmente justificadas".[267]

Como se percebe, as expressões *direitos humanos* e *direitos fundamentais* muitas vezes efeivamente são utilizadas como sinônimos. Contudo, entende-se que tal compreensão não merece prosperar. Conforme preleciona grande parte da doutrina especialmente da família romano-germânica, "a terminologia *direitos fundamentais* serve para designar os direitos positivados em nível interno, enquanto *direitos humanos* seria a mais usual para denominar os direitos naturais positivados nas declarações e convenções internacionais, assim como aquelas exigências básicas relacionadas com a dignidade, liberdade e igualdade da pessoa que não alcançaram um estatuto jurídico-positivo".[268]

Nesse sentido, Pérez Luño ensina que *direitos fundamentais* e *direitos humanos* não se confundem, apesar do seu uso indistintamente, não raras vezes, equivocado. Diz ele:

> Os direitos fundamentais são aqueles direitos do ser humano reconhecidos e positivados em esfera do direito constitucional positivo de um determinado Estado, enquanto que os *direitos humanos* se relacionam aos documentos de direito internacional, onde se evidenciam posições jurídicas que se reconhecem ao ser humano como tal, não importando sua vinculação com determinada ordem constitucional, desvinculada de tempo, aspirando validade supranacional. Partindo destes conceitos, pode-se dizer que os direitos humanos que adentram no ordenamento jurídico constitucional de um Estado pelos caminhos estabelecidos internamente, passam a integrar o rol dos direitos fundamentais deste Estado.[269]

Adotando-se tal diferenciação pode-se dizer que os direitos fundamentais no mais das vezes consistem também em direitos humanos, pois antes mesmo de integrar o rol positivado de direito referentes ao ser humano nas Constituições ou normas dos países, já têm tal natureza reconhecida por tratados e convenções internacionais. Por isso não é errôneo chamar-se alguns direitos de humanos ou fundamentais indistintamente, já que positivados no âmbito interno e internacional dos Estados.

3.1. A delimitação dos direitos fundamentais

Dentro do exposto até aqui, propõe-se, em razão da relevância e afinidade do tema, a abordagem dos direitos fundamentais,[270] utilizando-se as previsões normativas existentes em conjunto com a hermenêutica, como propõe Ricardo Guastini ao abordar as formas de suprir as lacunas do Direito.

---

[267] CANOTILHO, 1998, p. 353-356.
[268] PÉREZ LUÑO, Antonio-Enrique. *Los derechos fundamentales*. 9. ed. Madrid: Tecnos, 2007. p. 44-46.
[269] PÉREZ LUÑO, Antonio-Enrique. *Derechos humanos, estado de derecho y constitución*. 5. ed. Madrid: Tecnos, 1995. p. 41.
[270] SARLET, Ingo Wolfgang. *A eficácia dos Direitos Fundamentais*. 6. ed. Porto Alegre: Livraria do Advogado, 2006. p. 91.

Justifica-se tal opção em virtude de os direitos fundamentais serem responsáveis pela criação e manutenção dos pressupostos elementares de uma vida na liberdade e na dignidade humana, segundo Konrad Hesse.[271]

Para Jorge Miranda,

> Por direitos fundamentais entendemos os direitos ou as posições jurídicas subjetivas das pessoas enquanto tais, individual ou institucionalmente consideradas, assentes na Constituição, seja na Constituição formal, seja na Constituição material – donde, direitos fundamentais em sentido formal e direitos fundamentais em sentido material.[272]

Sarlet propõe como definição de direitos fundamentais, baseada em Robert Alexy:

> todas aquelas posições jurídicas concernentes às pessoas que, do ponto de vista do direito constitucional positivo, foram, por seu conteúdo e importância (fundamentalidade em sentido material), integradas ao texto da Constituição e, portanto, retiradas da esfera de disponibilidade dos poderes constituídos (fundamentalidade formal), bem como as que, por seu conteúdo e significado, possam lhes ser equiparados, agregando-se à Constituição material, tendo ou não, assento na Constituição formal (aqui considerada a abertura material do catálogo).

Quanto à característica da fundamentalidade, Canotilho também recepcionando a doutrina de Alexy, aponta para a especial dignidade e proteção dos direitos num sentido formal e material. Para o autor, a fundamentalidade formal é associada ao direito constitucional positivo e resulta dos seguintes aspectos. Por serem parte integrante da Constituição escrita, os direitos fundamentais estão situados no ápice do ordenamento jurídico; como normas constitucionais, estão submetidos aos limites formais (procedimento agravado) e materiais (cláusulas pétreas) da reforma constitucional.[273]

A fundamentalidade material significa que o conteúdo dos direitos fundamentais é constitutivo das estruturas básicas do Estado e da sociedade. Muito embora a fundamentalização pode não estar associada à constituição escrita e à ideia de fundamentalidade formal, é por meio do direito constitucional positivo que se permite a abertura da constituição a outros direitos, também fundamentais, mas não constitucionalizados (materialmente fundamentais), a direitos situados fora do catálogo (mas formalmente constitucionais).

Tais direitos, que tradicionalmente diziam respeito a um Estado Liberal, tendo seu marco inicial no período da Revolução Francesa, em 1789, ultrapassaram as barreiras do tempo, firmando-se no contexto jurídico universal como valores os quais, na medida em que são reconhecidos pela ordem jurídica interna, identificam cada sociedade do período contemporâneo.

Karel Vasak, em Estrasburgo, França, na aula inaugural do Instituto Internacional dos Direitos do Homem,[274] foi quem elaborou a classificação para os Direitos Humanos, com o título *Pour les droits de l'homme de la troisième*

---

[271] BONAVIDES, 2000, p. 514.

[272] MIRANDA, Jorge. *Manual de direito constitucional*. 2. ed. Coimbra: Coimbra, 1993. v. 4: Direitos Fundamentais. p. 7

[273] CANOTILHO, 1991, p. 509.

[274] BONAVIDES, 2000, p. 517. Ver também: VASAK, Karel, For the third generation of human rights: The righs of solidarity. Inaugural Lecture to the Tenty Study Session of the Internationational Institute of human

génération: les droits de solidarieté (=Pelos direitos do homem da terceira geração: os direitos de solidariedade), quando abordou que os direitos do homem chegam a uma terceira geração: os direitos de solidariedade, tendo sido tal classificação adotada pela doutrina constitucional mundial como pertinente também à classificação dos direitos fundamentais.[275]

Tais "gerações de direitos" foram denominadas de acordo com o lema que marcou o panorama político-social de 1789, "*liberdade, igualdade, fraternidade,*" sob uma ideologia não intervencionista na ordem econômica e social, mas notadamente individualista.

Em breve apanhado, tem-se que a primeira geração de direitos fundamentais constitui-se pelos direitos civis e políticos oponíveis ao Estado e faculdades da pessoa, ostentando na subjetividade o traço mais característico. São direitos negativos, que impõem ao Estado o dever de não agir, não intervir no exercício da liberdade da esfera jurídica do indivíduo. Valorizam, pois, o homem isoladamente, o homem daquelas liberdades abstratas, o homem mecanicista da sociedade civil.

Os de segunda geração dominam o século XX, como os de primeira dominaram o século XIX. São os direitos sociais, culturais e econômicos, bem como os direitos coletivos ou da coletividade. Relacionam-se ao princípio da igualdade, pois esta é a razão deles existirem, sendo que dominaram nas constituições pós-guerra (de cunho social-democrata) de Weimar, Alemanha (1919). São direitos que exigem prestação material do Estado, comportamento agora positivo (não mais negativo como na primeira dimensão). Muitos são direitos previstos em normas programáticas, pois não continham para sua concretização as garantias ministradas aos direitos fundamentais de primeira geração, sendo necessários meios e recursos para sua efetivação. Posteriormente, veio a fase de consolidação e execução, pois as recentes constituições (do Brasil, inclusive) estabelecem que as normas de direitos fundamentais são autoaplicáveis (aplicabilidade imediata).[276]

Ingo Sarlet, referindo-se aos direitos de "terceira dimensão", aduz que "a nota distintiva destes direitos reside basicamente na sua titularidade coletiva, muitas vezes indefinida e indeterminável, dando como exemplo o meio ambiente. Ressalva que esses direitos ainda não encontraram seu reconhecimento na área do Direito Constitucional, estando consagrados em nível de Direito Internacional, conforme se vislumbra de diversos tratados e outros documentos transnacionais nesta seara".[277]

Manoel Gonçalves Ferreira Filho aduz que "a consciência de novos desafios, não mais à vida e à liberdade, mas especialmente à qualidade de vida e à

---

righs, Strasbourg, 1979. *apud* SARLET, Ingo Wolfgang. *A eficácia dos direitos fundamentais*. 6. ed. Porto Alegre: Livraria do Advogado, 2006. p. 82.

[275] PÉREZ LUÑO, 1995, p. 41.

[276] Bonavides cita ainda uma quarta dimensão de direitos originários do mundo globalizado. São eles os direitos à democracia, à informação, ao pluralismo e seriam estes direitos que possibilitariam a legítima globalização política. (BONAVIDES, 2000, p. 524-526).

[277] Ibid., p. 58.

solidariedade entre os seres humanos de todas as raças ou nações, redundou no surgimento de uma nova geração – a terceira –, dos direitos fundamentais".[278]

Todavia, diversas críticas vêm sendo tecidas a essa classificação.[279] A primeira versa do próprio termo "geração", pois entendem alguns autores ser "dimensão" termo mais apropriado às diferentes fases dos direitos fundamentais em sua história, pois gerações levam a entender a existência de ciclos que iniciam e encerram. E, na verdade, os períodos são contínuos, uns direitos se acrescendo aos outros. Para Sarlet, parafraseando Cançado Trindade,

> a teoria dimensional dos direitos fundamentais não aponta tão-somente, para o caráter cumulativo do processo evolutivo e para a natureza complementar de todos os direitos fundamentais, mas afirma, para além disso, sua unidade e indivisibilidade no contexto do direito constitucional interno e, de modo especial, na esfera do moderno "Direito Internacional dos Direitos Humanos".[280]

Tal observação toma vulto no sentido em que enfraquece bastante a normatividade dos direitos sociais, retirando do Poder Judiciário a oportunidade de efetivar esses direitos. É deveras ortodoxo e equivocado o pensamento que considera os direitos de liberdade, em todos os casos, direitos negativos, e que os direitos sociais e econômicos sempre exigem atuação positiva, traduzida em gastos públicos. Na verdade, o comprometimento com a concretização de qualquer direito fundamental passa pela adoção de um espectro amplo de obrigações públicas e privadas, que se interagem e se complementam, e não apenas com um mero agir ou não agir por parte do Estado.

Importante, no entanto, a ressalva de Flávia Piovesan,

> [...] adota-se o entendimento de que uma geração de direitos não substitui a outra, mas com ela interage. Isto é, afasta-se a idéia da sucessão "geracional" de direitos, na medida em que acolhe a idéia da expansão, cumulação e fortalecimento dos direitos humanos consagrados, todos essencialmente complementares e em constante dinâmica de interação. Logo, apresentando os direitos humanos uma unidade indivisível, revela-se esvaziado o direito à liberdade, quando não assegurado o direito à igualdade e, por sua vez, esvaziado revela-se o direito à igualdade, quando não assegurada a liberdade.[281]

Um exemplo trazido por Sarlet, a corroborar a crítica, é a área da saúde (artigo 198 da Constituição Federal do Brasil), esta considerada um direito social, portanto, de segunda dimensão, e teria, na classificação tradicional mencionada, um *status* positivo. No entanto, esse direito não é garantido exclusivamente com obrigações de cunho prestacional, em que o Estado necessita agir e gastar verbas para satisfazê-lo. O direito à saúde possui também facetas negativas como, por exemplo, impedir o Estado de editar normas que possam prejudicar a saúde da população ou mesmo evitar a violação direta da integridade física

---

[278] FERREIRA FILHO, Manoel Gonçalves. *Direitos humanos fundamentais*. 11. ed. São Paulo: Saraiva, 2009. p. 57.

[279] Entre doutrinadores que preferem o termo *dimensões* a *gerações* estão GUERRA FILHO, Willis Santiago. *Introdução ao direito processual constitucional*. Porto Alegre: Síntese, 1999, p. 26; SARLET, 2006, p. 47; BONAVIDES, 2000, p. 525.

[280] TRINDADE, 1997, p.55.

[281] PIOVESAN, Flavia. *Direitos humanos e o direito constitucional internacional*. 7. ed. São Paulo: Saraiva, 2006. p. 43-104.

de um cidadão pelo Estado. Além disso, nem todas as obrigações positivas decorrentes do direito à saúde implicam gastos para o erário.[282]

O direito ao meio ambiente (artigo 225 e seus parágrafos da Constituição Federal) também pode ser visualizado em múltiplas dimensões. Em uma dimensão negativa, o Estado fica, por exemplo, proibido de poluir as reservas ambientais. Por sua vez, não basta uma postura inerte, pois o Estado também deve propiciar a fiscalização apta a impedir que os particulares promovam a destruição do ambiente, a fim de preservar os recursos naturais para as gerações futuras.

A intenção das críticas, como se pode perceber, é demonstrar que os direitos fundamentais não se constituem de valores imutáveis. Nesse ponto, a teoria das gerações/dimensões facilita a compreensão do processo evolutivo desses direitos, embora essa evolução demonstrada pela teoria não se aplique a todos os momentos históricos.

Ressalte-se, pois, a mudança de leitura que deve ser feita, no sentido de que os direitos fundamentais sejam civis, políticos, sociais, culturais, ambientais, etc., devem ser analisados em todas as dimensões, a saber: na dimensão individual-liberal (primeira dimensão), na dimensão social (segunda dimensão), na dimensão de solidariedade e fraternidade (terceira dimensão) e na dimensão democrática (quarta dimensão), para aqueles juristas que a reconhecem.[283] Cada uma dessas dimensões é capaz de fornecer uma nova forma de conceber um dado direito, adequando-se às novas realidades sociais.

Nesse contexto, entende-se que a informação do consumidor pode-se configurar num dever de abstenção do Estado no que tange à autonomia dos fornecedores para fazerem constar nos alimentos as informações da maneira como entenderem melhor para a finalidade mercantil; numa dimensão social, pois o Estado terá o dever de fiscalizar a existência de informação mínima sobre o produto ou de quem produziu o alimento; de solidariedade, pois deve ser difundido de modo que todos os possíveis consumidores tenham acesso, pouco importando onde estejam quando forem adquirir o alimento, de modo a evitar lesões à saúde ou à vida de quem quer que seja, sendo por isso também reconhecidos como universais e transindividuais.

Assim, tanto gerações como dimensões devem ser adotadas de forma didática, os direitos mais elementares ao homem, os quais foram sendo reconhecidos paulatinamente pela sociedade, em determinados momentos históricos. Por essa razão, a proteção a tais direitos encontra-se em sucessivas reuniões da

---

[282] Ingo Sarlet: "o direito à saúde pode ser considerado como constituindo simultaneamente direito de defesa, no sentido de impedir ingerências indevidas por parte do Estado e terceiros na saúde do titular, bem como – e esta a dimensão mais problemática – impondo ao Estado a realização de políticas públicas que busquem a efetivação deste direito para a população, tornando, para além disso, o particular credor de prestações materiais que dizem com a saúde, tais como atendimento médico e hospitalar, fornecimento de medicamentos, realização de exames da mais variada natureza, enfim, toda e qualquer prestação indispensável para a realização concreta deste direito à saúde". (SARLET, Ingo Wolfgang. Algumas considerações em torno do conteúdo, eficácia e efetividade do direito à saúde na Constituição de 1988. *Interesse Público*, São Paulo, n. 12, p. 91-107, 2001, p. 98).

[283] Ver Bonavides, 2000.

ONU e da UNESCO, bem como em documentos dessas entidades, embora ainda hoje sejam poucas vezes reconhecidos no Direito Constitucional, conquanto apareçam em cartas internacionais, como na Carta Africana dos Direitos do Homem e dos Povos, de 1981 e na Carta de Paris para uma nova Europa, de 1990.[284]

Os principais direitos de solidariedade, que seriam pertencentes a uma terceira dimensão, são os direitos da coletividade, de titularidade coletiva ou difusa. Dentre eles se encontram o direito à paz, ao meio ambiente equilibrado, à comunicação, à proteção do consumidor, dentre outros.[285]

Como se pode perceber, direitos com característica de universalidade, já que dizem respeito a toda humanidade, e não a um indivíduo, ou grupo determinável de pessoas, dentro de uma comunidade tão somente.

Para esta abordagem, interessa o reconhecimento da necessidade de uma comunicação adequada e defesa dos consumidores. Segundo a doutrina sobre o tema, existem duas abordagens daquele: a liberdade de expressão, mais detidamente a liberdade de imprensa; e o direito à informação,[286] sendo este último o foco deste trabalho.

No Brasil, o Direito à informação, como direito fundamental, está previsto no rol dos direitos individuais e coletivos, no artigo 5º, incisos XIV e XXXIII,[287] sendo regulamentado infraconstitucionalmente de acordo com cada matéria a que for aplicável o direito. O primeiro inciso refere que é assegurado a todos o acesso à informação, enquanto no segundo, todos têm direito a receber dos órgãos públicos informações de seu interesse particular, ou de interesse coletivo ou geral.

Nesse mesmo sentido ocorre na Espanha, onde se constatam menções a esse direito em algumas passagens da Constituição, especialmente no artigo 20 e no artigo 105.b,[288] sendo que o 105.b é a provável origem do inciso XXXIII do art. 5º brasileiro.

Contudo, não há qualquer menção expressa de direito à informação aos consumidores, de forma expressa, como direito fundamental. Mesmo assim, ressalte-se, uma vez mais, que o direito à informação dos consumidores deve ser analisado com o fim último de proteger estes de qualquer forma de agres-

---

[284] Ver em TRINDADE, Antônio Augusto Cançado. *A proteção internacional dos direitos humanos*. São Paulo: Saraiva, 1991.

[285] DE LUCCA, Newton. *Direito do consumidor*. São Paulo: Quartier Latin, 2003. p. 426.

[286] FERREIRA FILHO, 2009, p. 61.

[287] Dos Direitos e Deveres Individuais e coletivos: Art. 5º Todos são iguais perante a lei, sem distinção de qualquer natureza, garantindo-se aos brasileiros e aos estrangeiros residentes no País a inviolabilidade do direito à vida, à liberdade, à igualdade, à segurança e à propriedade, nos termos seguintes [...] XIV - é assegurado a todos o acesso à informação e resguardado o sigilo da fonte, quando necessário ao exercício profissional; [...] XXXIII – todos têm direito a receber dos órgãos públicos informações de seu interesse particular, ou de interesse coletivo ou geral, que serão prestadas no prazo da lei, sob pena de responsabilidade, ressalvadas aquelas cujo sigilo seja imprescindível à segurança da sociedade e do Estado. [...]. (BRASIL, Constituição, 1988).

[288] Disponível em <http://www.accessinfo.org/documents/Access_Docs/Advancing/Spain/Preguntas_y_respuestas.pdf>. Último acesso em 20 de outubro de 2012.

são a bens jurídicos essenciais ao ser humano, como a saúde e a vida, e que por isso são merecedores de uma proteção especial.

3.2. O direito fundamental (transindividual) à informação dos consumidores

Os direitos dos consumidores, via de regra, ultrapassam a esfera individual, atingindo um grupo indeterminado ou determinável de pessoas, já que não se pode negar que "consumidores somos todos nós", como afirmava o Presidente Kennedy.[289]

Assim, os denominam alguns juristas de direitos fundamentais transindividuais,[290] os quais se classificam também, de acordo com parte da doutrina estrangeira e nacional sobre o tema, em direitos de terceira geração ou dimensão.

Após as grandes guerras mundiais, conforme a mencionada teoria de Karel Vasak na segunda metade do século XX, surgiram os direitos de fraternidade, chamados, ainda, de solidariedade no âmbito do direito internacional. Suas primeiras manifestações emergiram em documentos da ONU e da UNESCO. Essa origem próxima se explica em função do quadro político que lhes deu causa imediata. Um quadro de emergência dos problemas relativos à ordem global, não simplesmente internacional, mas supranacional.

Econômica, política e socialmente, os países têm se classificado em nações desenvolvidas, subdesenvolvidas e em desenvolvimento, havendo o reconhecimento de que é necessário o respeito à qualidade de vida e à proteção dos direitos mais básicos de todos.

Assim, no período em comento, passaram a ganhar espaço questões pautadas pelo ideal da solidariedade. Bonavides faz referência à formação de um "um novo pólo jurídico de alforria do homem". Carregados de um alto grau de "humanismo e universalidade",[291] os direitos de terceira dimensão emergem sob a forma das tutelas dos direitos "à paz, à autodeterminação dos povos, ao desenvolvimento, ao meio ambiente e qualidade de vida, bem como o direito à conservação e utilização do patrimônio histórico e cultural e o direito à comunicação".[292]

Essa transformação dos valores ou interesses relevantes em bens jurídicos, entendidos esses como valores pessoais ou comunitários que o direito

---

[289] PRADA ALONSO, 1998, p. 21.

[290] De acordo com Mauro Cappelletti, os interesses transindividuais são "interesses que excedem o âmbito estritamente individual, mas não chegam a constituir interesse público". (MAZZILLI, Hugo Nigro. *A defesa dos interesses difusos em juízo*: meio ambiente, consumidor e outros interesses difusos e coletivos. 13. ed. São Paulo: Saraiva, 2001. p. 43).

[291] BONAVIDES, Paulo. *Direitos fundamentais, globalização e neoliberalismo*. Disponível em: <http://www.oab-sc.com.br/oab-sc/outros/discursos/discurso_paulo.doc>. Acesso em: 13 mar. 2012.

[292] Ibid.

quer preservar e coibir agressões,[293] é explicada por Alexy quando aborda o tema dos bens coletivos e, em especial, os casos de colisão entre esses bens e os direitos individuais. Esclarece o jurista:

> Para converter-se em um bem coletivo de um sistema jurídico, o interesse puramente fático tem que transformar-se em um interesse juridicamente reconhecido e, neste sentido, justificado. Porém, um tal interesse justificado não é outra coisa que algo cuja perseguição está ordenada *prima facie* ou definitivamente. Com isso, o interesse adquire um *status* normativo.[294]

Considera-se, pois, que o direito à informação dos consumidores, para fins de precaução quanto ao risco alimentar, se encontra inserido nesses direitos que se referem a toda coletividade, passando a esfera do indivíduo e sendo comum a um número determinável ou indeterminado de pessoas, os quais recebem o nome, por tais características, de direitos transindividuais.

Netto Lôbo identifica os direitos do consumidor, dentre eles o direito à informação, como inseridos nesses direitos fundamentais de terceira geração e afirma

> somente foram concebidos tais nas últimas décadas do século XX. E apenas foi possível quando se percebeu a dimensão humanística e de exercício de cidadania que eles encerram, para além das concepções puramente econômicas. Com efeito, as teorias econômicas sempre viram o consumidor como ente abstrato, despersonalizado, como elo final da cadeia de produção e distribuição. O *homo oeconomicus* simboliza o distanciamento da realidade existencial do ser humano que consome. Não é sujeito; é apêndice do objeto, somente identificável mediante o consumo. No mundo atual, até mesmo suas necessidades podem ser artificialmente provocadas pelo monumental aparato publicitário que cerca os produtos e serviços lançados no mercado. A dissolução da pessoa humana em apenas consumidor bem demonstra o distanciamento da ótica economicista dos valores que plasmaram a opção jurídica.[295]

Alguns autores classificam os direitos fundamentais de terceira dimensão, os chamados direitos de fraternidade ou solidariedade, como direitos fundamentais transindividuais, os quais complementariam os direitos individuais e sociais.

Referindo-se a esta complementaridade das dimensões dos direitos humanos, Pérez Luño afirma

> com base nisso, abre-se passagem, com crescente intensidade, à convicção de que nos achamos ante uma terceira geração de direitos humanos complementadora das fases anteriores, referidas às liberdades de âmbito individual e aos direitos econômicos, sociais e culturais.[296]

Já o Professor Martínez de Pisón reconhece que esses direitos que denomina de terceira geração têm sua razão de ser intimamente ligada às novas realidades que surgem no planeta e às transformações que emergem na sociedade e na vida internacional no final do século XX. Segundo ele, quer seja pelas

---

[293] PUREZA, José Manuel; FRADE, Catarina. *Direito do ambiente*. Coimbra: Faculdade de Economia da Universidade de Coimbra. 2001, v. 1: Parte: a ordem ambiental portuguesa, p. 32.

[294] ALEXY, Robert. *El concepto y la validez del derecho*. 2. ed. Barcelona: Gedisa, 1997. p. 187.

[295] LÔBO, Paulo Luiz Netto. *A informação como direito fundamental do consumidor*. Disponível em: <http://jus.uol.com.br/revista/texto/2216/a-informacao-como-direito-fundamental-do-consumidor>. Acesso em: maio 2008.

[296] PÉREZ LUÑO, 2006. p.61.

novas situações derivadas da incessante evolução tecnológica cujas possibilidades elevam o homem a posições e a um conhecimento no mundo de coisas que eram imprevisíveis, quer seja pelos riscos insólitos uns anos antes, ou ainda por concepções mais solidárias, coletivas da vida humana, tudo isso antecipa um mundo diferente e justifica, destaca Pisón, essa categoria tão variada de direitos na qual se englobam exigências com pressupostos tão distintos.[297]

O mencionado doutrinador explica que em virtude da indeterminação dos titulares desses direitos, "costuma-se chamá-los de direitos difusos, já que não parece claro o titular concreto que pode desfrutar destes, exercê-los e pedir sua proteção". Mais adiante, refere que esses também se denominam direitos coletivos, e que certamente esse caráter difuso ou coletivo dificulta sua categorização como direitos do homem. Todavia, em que pese considerar difícil a justificação desses direitos de terceira dimensão como direitos do homem, reconhece que os mesmos são inerentes a toda humanidade, pelo interesse comum que os formam e que os levam a se caracterizarem como direitos de solidariedade ou fraternidade, solidariedade que constitui plataforma básica para modificar muitas realidades de miséria da vida no planeta e que permite justificar essas novas necessidades e aspirações de direitos de uma *terceira geração*, como ele denomina.[298]

E, vai mais além, ao relacionar esses direitos com o princípio da solidariedade, afirma que este é um instrumento de organização social, pois, conforme Durkheim, "tem como objetivo a coesão social através da articulação de vínculos orgânicos entre as pessoas e os grupos que a compõem".[299]

Na descrição de Mazzilli,

> situados numa posição intermediária entre o interesse público e o interesse privado, existem os interesses transindividuais (também chamados de interesses coletivos, em sentido lato), os quais são compartilhados por grupos, classes ou categorias de pessoas (como os condôminos de um edifício, os sócios de uma empresa, os membros de uma equipe esportiva, os empregados do mesmo patrão). São interesses que excedem o âmbito estritamente individual, mas não chegam propriamente a constituir interesse público.[300]

No Brasil, os direitos ou interesses transindividuais, quando dizem respeito aos consumidores, vêm conceituados na própria Lei 8.078/90, Código de Defesa do Consumidor, o qual estabelece:

> Art. 81. A defesa dos interesses e direitos dos consumidores e das vítimas poderá ser exercida em juízo individualmente, ou a título coletivo. Parágrafo único. A defesa coletiva será exercida quando se tratar de:I – interesses ou direitos difusos, assim entendidos, para efeitos deste código, os transindividuais, de natureza indivisível, de que sejam titulares pessoas indeterminadas e ligadas por circunstâncias de fato; II – interesses ou direitos coletivos, assim entendidos, para efeitos deste código, os transindividuais, de natureza indivisível de que seja titular grupo, categoria ou classe de

---

[297] MARTÍNEZ DE PISÓN, José Maria. *Derechos humanos:* historia, fundamento y realidad. Zaragoza: Egido, 1997. p. 200-203.
[298] Ibid., p. 200-203.
[299] Ibid., p. 203.
[300] MAZZILLI, Hugo Nigro. *A defesa dos interesses difusos em juízo:* meio ambiente, consumidor, patrimônio cultural, patrimônio público e outros interesses. 17. ed. São Paulo: Saraiva, 2004. p. 48.

pessoas ligadas entre si ou com a parte contrária por uma relação jurídica base;III – interesses ou direitos individuais homogêneos, assim entendidos os decorrentes de origem comum.[301]

Assim, os interesses difusos compreendem grupos menos determinados de pessoas, entre as quais inexiste vínculo jurídico ou fático preciso. São como um feixe ou conjunto de interesses individuais, de objeto indivisível, compartilhados por pessoas indetermináveis, que se encontram unidas por circunstâncias de fato conexas.[302]

Quanto aos interesses coletivos em sentido estrito, segundo Mazzilli,

embora o Código de Defesa do Consumidor se refira a ser uma relação jurídica básica o elo comum entre os lesados que comunguem o mesmo interesse coletivo, ainda aqui é preciso admitir que essa relação jurídica disciplinará inevitavelmente uma hipótese fática concreta; entretanto, no caso de interesses coletivos, a lesão ao grupo não decorrerá propriamente da relação fática subjacente, e sim, da própria relação jurídica viciada que une todo o grupo.[303]

Já os interesses individuais homogêneos, para o autor, "são aqueles de grupo, categoria ou classe de pessoas determinadas ou determináveis, que compartilhem prejuízos divisíveis, de origem comum".[304]

Os direitos transindividuais possuem uma proteção especial em juízo,[305] diversa da proteção dada aos direitos individuais, uma vez que o processo civil brasileiro, que está sendo abordado como paradigma, precipuamente preocupa-se com estes direitos (individuais), não positivando a defesa necessária aos outros direitos humanos (transindividuais).

Portanto, entende-se que os direitos dos consumidores, dentre eles o direito à informação, podem ser considerados como pertencentes à terceira dimensão dos direitos fundamentais, tendo em vista o reconhecimento com a preocupação da coletividade, por um prisma de solidariedade, podendo receber proteção jurídica tanto individual, como coletivamente, quando observadas as características acima descritas.

Por outro lado, para reforçar a argumentação, apesar de os bens protegidos serem a saúde e a vida, a Constituição brasileira também estabelece a alimentação adequada como um Direito Fundamental. Contudo, diferentemente daqueles, que são individuais, esta seria um direito social.[306]

---

[301] BRASIL. Código de Defesa do Consumidor, 1990.

[302] MAZZILLI, op. cit., p. 50.

[303] Ibid., p. 52.

[304] Ibid., p. 55.

[305] No Brasil, além do Código de Defesa do Consumidor, há legislação especial para a defesa destes em juízo, como a Lei nº 7.347/85, que instituiu a Ação Civil Pública, a Lei nº 7.853/89, que protege os portadores de deficiência, Lei nº 7.913/89, que protege os investidores no mercado de valores mobiliários, a Lei nº 8.069/90, que protege as crianças e adolescentes, a Lei nº 8.078/90, que protege o consumidor, a Lei nº 8.884/94, que protege as pessoas atingidas por danos à ordem econômica e a economia popular e a Lei nº 10.257/01, que protege a ordem urbanística. Para atingir seu desiderato, a chamada Lei da Ação Civil Pública, Lei nº 7347/85, traz instrumentos como o Inquérito Civil e estabelece não só regras de direito material, como as demais, porém menciona o procedimento para efetivar esses direitos.

[306] Com a inserção do art. 6º passou a ter a seguinte redação, introduzido o termo alimentação: "São direitos sociais a *alimentação*, a educação, a saúde, o trabalho, a moradia, o lazer, a segurança, a previdência social, a proteção à maternidade e à infância, a assistência aos desamparados, na forma desta Constituição". Regula-

Houve a inclusão explícita do direito à alimentação na Constituição Federal pela Emenda Constitucional nº 64/2010, em seu art. 6º. Dessa forma, destaca Chaves:

> marcando-se o perfil da segurança alimentar no país, que além de visar à garantia da qualidade ganhou aspecto nitidamente social, no sentido da necessidade de adoção de políticas públicas que visem garantir um mínimo existencial digno relativo ao consumo diário de alimentos, em imposição de caráter positivo para o Estado. Tal positivação constitucional explicitou a noção de direito humano à alimentação adequada (DHAA), entendido como o direito fundamental à alimentação saudável, fácil de ser conseguida, de qualidade, em quantidade suficiente, de modo permanente e regular, sustentável do ponto de vista ambiental.[307]

Tal Direito teve sua positivação constitucional criticada por muitos doutrinadores, haja vista a dificuldade de concretização de normas de cunho programático como essa. Contudo, deve-se observar que num país com diferenças sociais enormes como no Brasil, com tantas pessoas passando fome, ou ainda, faz-se à sua extensão territorial e populacional, tantos problemas gerados à saúde em virtude da ingestão de alimentos impróprios, tal atitude do Constituinte derivado foi um progresso social.

Por essa razão também, argumento de relevo que se pode opor a quem resiste a aceitação deste Direito Fundamental, reside na garantia do princípio da proibição de retrocesso social em relação ao direito à alimentação. Referido princípio está centrado no reconhecimento do grau de vinculação do legislador aos ditames constitucionais relativos aos direitos sociais, significando que uma vez alcançado determinado grau de concretização de uma norma constitucional definidora de direito social, de prestação a ser seguida pelo Estado e pela sociedade, fica o legislador proibido de suprimir ou reduzir essa concretização sem a criação de mecanismo equivalente ou substituto.[308]

Sobre as características dos direitos sociais e do princípio em tela, J. J. Gomes Canotilho é incisivo ao afirmar:

> os direitos sociais apresentam uma dimensão subjetiva, decorrente da sua consagração como verdadeiros direitos fundamentais e da radicação subjetiva das prestações, instituições e garantias necessárias à concretização dos direitos reconhecidos na Constituição, isto é, dos chamados direitos derivados à prestações, justificando a sindicabilidade judicial da manutenção de seu nível de realização, restando impedida qualquer tentativa de retrocesso social. Assumem, pois, a condição de verdadeiros direitos de defesa contra as medidas de natureza retrocessiva, cujo objetivo seria a sua destruição ou redução.[309]

---

menta referido dispositivo, no aspecto do combate à fome, a Lei Orgânica de Segurança Alimentar e Nutricional – LOSAN – (BRASIL. *Lei 11.346* de 15 de setembro de 2006. Disponível em: <http://www.planalto.gov.br/ccivil_03/Constituicao/Constituicao.htm>. Acesso em: 22 mar. 2013).

[307] CHAVES, Arthur Pinheiro. *O direito à segurança alimentar no Brasil*. Disponível em: <http://www.idb-fdul.com/uploaded/files/2012_02_0705_0737.pdf>. Acesso em: 12 mar. 2013.

[308] Importante decisão sobre o tema no Supremo Tribunal Federal se deu na ADI (Ação direta de inconstitucionalidade) nº 2.065-0-DF, relator originário, Ministro Sepúlveda Pertence, que admitia a inconstitucionalidade de lei que simplesmente revogava lei anterior necessária à eficácia plena de norma constitucional e reconhecia uma vedação genérica ao retrocesso social. Outras decisões do STF trataram do tema, como as ADIs nºs 3.105-8-DF e 3.128-7-DF, o MS nº24. 875-1-DF e, mais recentemente, a ADI nº 3.104-DF.

[309] CANOTILHO, J.J. Gomes. *Constituição dirigente e vinculação do legislador*: contributo para a compreensão das normas constitucionais programáticas. 2. ed. Coimbra: Coimbra, 2001. p. 539.

Assim, contundente a manifestação de Arthur Pinheiro Chaves, ao arrematar a análise sobre as críticas da positivação do direito à alimentação como direito fundamental:

> A postura a ser adotada é no sentido contrário, levando-se em conta a realidade social e econômica do país. Há que se partir do texto constitucional e de como ele passou a consagrar o direito fundamental à alimentação para procurar efetivá-lo, inclusive com o auxílio de conceitos como os do princípio do mínimo existencial e da proibição de retrocesso, estabelecendo que o Estado *pode e deve* efetivar o direito à alimentação, ainda que se deixe espaço para discussão dos limites e possibilidades, sem, contudo, se perder de vista o fim último de implementação do acesso universal aos alimentos que a previsão do direito constitucional representa, entendido de forma ampla, englobando não só alimentação segura do ponto de vista sanitário, com formas de produção ambientalmente sustentáveis, livre de contaminantes físicos, químicos e biológicos e de organismos geneticamente modificados, mas também considerando o acesso físico e econômico como condição essencial a ser atendida, ou seja, direito à alimentação acessível física e financeiramente, com acesso permanente e regular, de forma socialmente justa.[310]

Nesse sentido, destaca-se a consideração de que o Direito deve dizer respeito não somente ao acesso à alimentação, mas também a uma alimentação segura. Direito esse que deve respeitar, portanto, dentro de uma interpretação sistemática das normas-princípios constitucionais, o Direito à vida, à saúde, ao meio ambiente ecologicamente equilibrado, etc.

Segundo a classificação dimensional ou geracional dos Direitos Fundamentais já esboçada, o tratamento e acesso universalizados aos direitos mais importantes para a manutenção com dignidade do homem, sejam fundamentais individuais, coletivos ou sociais, são conquistas da sociedade contemporânea que possuem como característica principal o fato de não dizerem respeito a uma única pessoa, mas a todas, sendo, por vezes, o grupo passível de definição ou não: são os chamados direitos fundamentais transindividuais.

Os direitos sociais estariam, portanto, ao lado de direitos mais difusos como o meio ambiente, os direitos referentes à ordem econômica, dentre estes os direitos dos consumidores, decorrentes da globalização, etc., conforme venham a ser reconhecidos como fundamentais, dentro de determinada ordem jurídico-constitucoional, ou até mesmo como Direitos Humanos, positivados também por pactos internacionais entre países.

Acerca do marco inicial dos direitos ou interesses considerados transindividuais, Wolkmer preleciona: "importa lembrar que os chamados direitos relacionados à proteção do meio ambiente e do consumidor começaram a ganhar impulso no período pós-segunda Guerra Mundial. [...] Uma política governamental de defesa dos consumidores foi sendo estabelecida nas décadas de 70 e 80 nos Estados Unidos e na Europa".[311]

Por outro lado, a mencionada questão das incertezas e dos riscos advindos principalmente após o término da Guerra Fria com o fenômeno da globalização

---

[310] CHAVES, 2013.

[311] WOLKMER, Antônio Carlos. Novos pressupostos para a temática dos direitos humanos. In: SÁNCHEZ RUBIO, Davi; HERRERA FLORES, Joaquín; CARVALHO, Salo de. *Direitos humanos e globalização:* fundamentos e possibilidades desde a teoria crítica. Rio de Janeiro: Lumen Juris, 2004. p. 8.

e o rápido desenvolvimento tecnológico e industrial, bem como o surgimento de uma exasperada sociedade de risco, levam a inserir efetivamente a proteção de bens condizentes com a nova realidade de um Estado cosmopolita, numa dimensão diferente daqueles que diziam respeito ao período do Estado liberal ou social incipiente.

Portanto, apesar de não haver na Espanha, tampouco nos demais países europeus da família romano-germânica, previsão legal de proteção específica a interesses transindividuais como no Brasil, não se pode negar a existência de direitos que dizem respeito a interesses que ultrapassam a esfera do indivíduo. Interesses estes que caracterizam conteúdo diverso dos interesses de primeira e segunda dimensão, relativos a direitos civis, políticos e sociais, reconhecidos em outros períodos históricos, sendo certo que não negam, pelo contrário, se acumulam a estes, bem denotando o contexto da globalização.

Neste sentido, Richard Falk, autor de diversas obras sobre o tema da globalização, argumenta, em linhas gerais, que as prioridades da ordem mundial reafirmam uma ética de solidariedade humana e que por se tratar de direitos existe a obrigação de satisfazer as necessidades básicas de todas as pessoas, incluindo um espírito de governabilidade democrática dos âmbitos nacionais e internacionais de poder e decisão.[312]

Num momento em que se fala de uma democracia global, de interesses comuns essenciais ao ser humano, difundidos mundialmente, é que surge a necessidade de se proteger essa mesma humanidade dos riscos que, paradoxalmente, todo esse rápido desenvolvimento traz.

No mesmo contexto, Pérez Luño,[313] fazendo menção aos "direitos humanos de terceira geração", refere

> a estratégia reivindicativa dos direitos humanos se apresenta hoje com traços inequivocamente novos ao polarizar-se em torno de temas tais como o direito a paz, os direitos dos consumidores, os direitos na esfera da biotecnologia e no tocante à manipulação genética, o direito a qualidade de vida ou à liberdade informática.

O autor assevera, ainda, que

> a solidariedade possui um inquestionável protagonismo como valor-guía dos direitos e liberdades da hora presente. Isso não é óbice para admitir que os denominados direitos de solidariedade, em muitos casos, fazem referencia a garantias jurídicas reivindicadas desde o plano dos direitos econômicos, sociais y culturais, ou seja, desde os direitos da segunda geração.[314]

Sarlet, da mesma forma, referindo-se aos direitos de terceira dimensão, conclui:

> Compreende-se, portanto, porque os direitos de terceira dimensão são denominados usualmente de direitos da solidariedade ou fraternidade, de modo especial em face de sua implicação universal ou, no mínimo, transindividual, e por exigirem esforços e responsabilidades em escala até mesmo mundial para sua efetivação.[315]

---

[312] FALK, Richard. *La globalizacion depredadora:* una critica. Madrid: SigloXXI, 2002.
[313] PÉREZ LUÑO, Antonio-Enrique. *La tercera generación de derechos humanos.* Navarra: Thomson Aranzadi, 2006. p.16.
[314] PÉREZ LUÑO, 2006, p. 17.
[315] SARLET, 2006.

No cenário das inovações científicas e da globalização, destacam-se os riscos que notoriamente afetam esta terceira dimensão de direitos fundamentais transindividuais. Beck explica que

> diferentemente daqueles primeiros riscos industriais, estes são riscos nucleares, químicos, ecológicos e da engenharia genética, entre outros, que geram o medo e as incertezas da sociedade contemporânea. Estes riscos, diferentemente daqueles, não podem ser limitados nem quanto ao tempo nem quanto ao espaço; não é possível exigir responsabilidade por eles conforme as tradicionais normas estabelecidas de causalidade, culpa e responsabilidade legal e não podem ser compensados nem é possível assegurar-se contra eles.[316]

O reconhecimento da fundamentalidade do direito a uma informação adequada ao consumidor, integrando-se aos de terceira dimensão, viabilizando a precaução às pessoas de qualquer risco à saúde ou à vida pela ingestão de alimentos cujas consequências dos componentes se desconhecem, demonstram *a diversificação (e, portanto, a complexidade) destes direitos.*[317]

Tal diversificação encontra respaldo jurídico também pelo entendimento que, via de regra, os direitos fundamentais não são arrolados de forma taxativa pelas Constituições positivadas, consoante as teorias que logo em seguida serão analisadas. Afinal, se visam a proteger os direitos mais relevantes ao ser humano, dentro de um ordenamento jurídico nacional, devem considerar fundamentais todos aqueles direitos correlatos aos arrolados, ou a eles vinculados de alguma forma, sob pena de inviabilizar uma efetiva proteção.

Há muito a doutrina vem mencionando a abertura do rol de direitos fundamentais em todo o mundo, demonstrando-se, assim, a preocupação em resguardar o homem de eventuais ataques a seus bens jurídicos mais elementares, seja com a proteção desses direitos diante do Estado ou entre particulares.

3.3. A eficácia horizontal e vertical do direito fundamental à informação dos consumidores e o conflito de direitos fundamentais

Aspecto relevante no estudo dos direitos fundamentais é em relação aos destinatários, para que haja efetiva concretização. Nesse sentido, a doutrina menciona que possuem eles, de modo geral, dupla eficácia: as chamadas eficácia vertical e horizontal. Merece destaque, por elucidativa, a explicação de Ingo Sarlet:

> Poder-se-á falar de uma eficácia de natureza vertical dos direitos fundamentais no âmbito do Direito Privado, sempre que estiver em questão a vinculação das entidades estatais (públicas) aos direitos fundamentais, em última análise, sempre que estivermos falando da vinculação do legislador privado, mas também dos órgãos do Poder Judiciário, no exercício da atividade jurisdi-

---

[316] BECK, 2006, p. 120.
[317] ARA PINILLA, Ignácio. *Las transformaciones de los derechos humanos.* Madrid: Tecnos, 1994. p. 134.

cional no que diz com a aplicação das normas do Direito Privado e a solução dos conflitos entre particulares [...].[318]

Quanto à chamada eficácia horizontal, ou eficácia dos direitos fundamentais nas relações entre particulares, o autor esclarece

[...] que sob o prisma material, cuida-se da problemática da existência, ou não, de uma vinculação dos sujeitos particulares aos direitos fundamentais, bem como de verificar qual a amplitude e o modo desta vinculação, ao passo que, pelo prisma processual, se estará tratando, em princípio, dos meios processuais para tornar efetivos os direitos fundamentais nas relações interprivadas, assumindo destaque, neste contexto, o problema da possibilidade de o particular, via ação judicial, opor-se diretamente a eventual violação de direitos fundamental seu por parte de outro particular.[319]

No que tange ao reconhecimento de uma eficácia entre particulares, chamada eficácia horizontal, é possível constatar maior divergência na doutrina e, em que pese discussão ainda incipiente, a tendência dos autores que escrevem sobre o tema, em aceitá-la como possível. Na Alemanha, Claus-Wilhelm Canaris sustenta que pelo que foi colocado de forma expressa, os direitos fundamentais vinculam o Estado (poderes estatais), deixando de fora os particulares, sob a teoria da eficácia direta. Porém, entende para além de abster-se de violar os direitos fundamentais do particular, o Estado também está incumbido de proteger tais direitos, mesmo que estes estejam sendo violados por outro ente particular.[320]

Contudo, de acordo com as premissas que se pretende adotar neste trabalho, importa mencionar esses aspectos distintos, embora conexos, como ressalta o referido doutrinador,[321] para alertar sobre a sua existência e delimitar, *in casu*, que para a concretização do direito de acesso à informação dos consumidores como forma de precaução ao risco, a eficácia pode ocorrer em ambos os sentidos.

Isso porque, o objetivo do acesso à informação dos consumidores é permitir que possam ter os dados necessários para dirimir suas dúvidas referentes a determinado alimento, seja junto ao Poder Público, o qual tem o dever de autorizar e fiscalizar tais atividades, seja perante produtores ou fornecedores. Caso haja alguma violação do direito à informação por produtores ou fornecedores de determinado alimento, haverá a chamada eficácia vertical ou horizontal.

Concretamente, voltando ao exemplo deste trabalho. Se for utilizado transgênico na produção de determinado alimento e isso não for colocado no rótulo do produto, ainda que na forma de singela etiqueta (quando não houver embalagem), no momento da exposição à venda ao consumidor; se não constar o nome ou identificação do produtor para que nele se possa chegar e obter

---

[318] SARLET, Ingo Wolfgang. Direitos fundamentais e direito privado: algumas considerações em torno da vinculação dos particulares aos direitos fundamentais. In: SARLET, Ingo Wolfgang (Org.). *A Constituição concretizada*: construindo pontes com o público e o privado. Porto Alegre: Livraria do Advogado, 2000. p. 109.

[319] SARLET, 2000, p. 110.

[320] CANARIS, Claus-Wilhelm. *Direitos fundamentais e direito privado*. Coimbra: Almedina, 2003.

[321] SARLET, op. cit., p. 109.

maiores informações, em ambos os casos entende-se que já está sendo violado o direito fundamental à informação dos consumidores.

Nesse sentido, tanto o poder público, no seu dever fiscalizatório, até mesmo pelo Poder de Polícia da Administração, pelas agências e vigilâncias sanitárias de modo geral, poderá cobrar providências a aplicar as sanções pertinentes ao produtor/fornecedor, quanto o consumidor final poderá ingressar com eventual ação judicial e/ou adotar providências administrativas em relação ao faltante, quando constatada lesão à saúde ou à vida.

Nesse contexto, novamente destaca-se a solidariedade, que, para autores como Peces-Barba, tem contornos de princípio,[322] uma vez que os direitos dos consumidores para serem protegidos contemporaneamente necessitam de uma cooperação não só da comunidade local, mas de toda a sociedade mundial, sendo relevante o acesso à informação adequada desta para que tenha conhecimento acerca das consequências de determinados comportamentos humanos de forma imparcial e eficiente. Devem, pois, ser favorecidas ações positivas pela sociedade civil organizada, bem como pelas Instituições Públicas, como ocorre com todos os direitos considerados de terceira dimensão.

Robert Alexy, na obra *Direitos Fundamentais no Estado constitucional democrático*, referindo-se à possibilidade de a coletividade ser detentora de direitos fundamentais, explica as características de um direito para que ele possa ser reconhecido como um direito do homem.[323]

Quanto à Universalidade dos direitos, Peces-Barba ressalta:

puede entenderse en tres sentidos: racional, temporal y espacial. En el plano racional estamos refiriéndonos a una titularidad que se predica de todos los seres humanos. En el plano temporal significa que tienen un carácter racional y abstracto al margen del tiempo y válidos para cualquier momento histórico. En el plano espacial estamos ante la extensión de la cultura de los derechos a todas las sociedades sin excepción. La primera se sitúa en el ámbito de la razón, la segunda en el de la historia, en el de la cultura y el cosmopolitismo. La universalidad racional legitima a las dos otras, es decir que en última instancia descansan o enraizan en aquella, aunque los modelos teóricos puros se presentan con perfiles más complejos y difusos en la realidad.[324]

É o próprio Peces-Barba, contudo, que adverte acerca da dificuldade de defender essa universalidade, acrescentando, de forma crítica:

Para defender el universalismo hay que elevarse desde las pretensiones morales concretas que respaldan cada derecho, a la moralidad básica y genérica que respalda al conjunto de los dere-

---

[322] Vide PECES-BARBA MARTÍNEZ, Gregório. *Curso de derechos fundamentales:* teoría general. Madrid: Universidad Carlos III de Madrid, 1995.

[323] Recorde-se que assim como muitos autores tratam de maneira semelhante direitos fundamentais e direitos humanos, ainda alguns os chamam de direitos do homem (primeira designação conhecida), já que consideram ser todos eles inatos ao ser humano. Ver em CRUZ VILLALON, Pedro. Formación e evolucion de los derechos fundamentales. *Revista Española de Derecho Constitucional*, n. 25, 1989. p. 35 *et seq*. Alexy aduz, quanto aos requisitos para ser direito do homem, o primeiro é ser ele um direto universal, devendo concernir a todo e qualquer ser humano, sendo que na sua opinião a coletividade pode ter direitos fundamentais, na medida em que sejam para a realização dos direitos do homem. O segundo, que na sua base esteja um direito que valha moralmente. (ALEXY, Robert. Direitos fundamentais no Estado constitucional democrático. *Revista de Direito Administrativo*, Rio de Janeiro, v. 217, p. 55-66, jul./set. data. p. 58 *et seqs*).

[324] PECES-BARBA MARTINEZ, Gregorio. *El futuro de los derechos humanos*. Disponível em: <http://www.revista-critica.com/articulos.php?id=2141>. Acesso em: 10 out. 2012.

chos: es decir la moralidad de la dignidad humana y de los grandes valores de libertad, de igualdad, de fraternidad o solidaridad y de seguridad. Es la universalidad de la vocación moral única de los seres humanos, que deben ser considerados como fines y no como medios y que deben tener unas condiciones de vida social que les permita elegir libremente sus planes de vida (su moralidad privada).[325]

No tocante ao princípio da solidariedade, o referido autor o traz como fundamento de direitos, esclarecendo que *"a diferencia de otros valores constitucionales, como la libertad, la igualdad o la libertad igualitária, la seguridad jurídica, la solidaridad fundamenta indirectamente derechos, esto es, lo hace por intermedio de los deveres"*,[326] o que permite dizer que estes e seus derivados fazem surgir novos direitos fundamentais, tanto por razão dos conteúdos como em virtude da especificação, como destaca o autor.[327]

Adotando-se a linha argumentativa de Alexy e Peces-Barba, dentre outros como Peter Häberle, que usam como paradigma o Estado Democrático, o direito à informação dos consumidores é universal, pois abrange todas as pessoas que podem consumir determinado produto cujas consequências desse ato desconheça, como no exemplo dos transgênicos. O direito fundamental à informação dos consumidores tem validade moral, especialmente se forem considerados os principais bens jurídicos protegidos por ele, a saúde (integridade física e psíquica) e a própria vida. O argumento ganha força mormente se estamos num contexto em que o risco à saúde e à vida dos seres humanos é iminente face à enormidade de produtos e substâncias utilizadas por todos nós diuturnamente e que são elaborados com algum elemento de efeitos não conhecidos, como as substâncias geneticamente modificadas.

O direito do consumidor coloca o ser humano no centro das relações, na medida em que o afirma como titular de direitos constitucionalmente protegidos. Conforme Antônio Pinto Monteiro, proteger o consumidor é "lutar pela qualidade do relacionamento humano, no que ele implica de respeito pela dignidade do Homem e pelo seu poder de autodeterminação, e no que ele significa de uma solidária e responsável participação na vida em comunidade".[328] Desse modo, a migração para o campo dos direitos fundamentais, na concepção ampla que ostentam na atualidade, tornou-se inevitável, consoante acima demonstrado. Persiste, ainda, do que a filosofia do Direito bem se ocupa, o eterno dilema dos direitos fundamentais poderem ser representados por princípios/valores ou normas/Direito positivo.

Para Robert Alexy, os princípios e as regras são considerados espécie do gênero norma e possuem o caráter de mandatos de otimização, como antes referido, porque determinam que algo seja realizado na maior medida possível, dentro das possibilidades jurídicas e reais existentes. Portanto, os princípios

---

[325] Vide PECES-BARBA MARTINEZ, Gregório; ASÍS, Rafael de; BARRANCO, María del Carmen *Lecciones de derechos fundamentales*. Madrid: Dykinson, 2004.
[326] PECES-BARBA MARTINEZ, 1995, p. 280.
[327] Ibid., p. 155.
[328] MONTEIRO, Antonio Pinto. Título do trabalho. In: *Congresso Internacional de Comunicação e Defesa do Consumidor*, Coimbra, 1996. p. 492.

são caracterizados pelo fato de que podem ser cumpridos ou não, em graus diferentes, sendo a medida do seu cumprimento dependente não somente das possibilidades fáticas (determinadas no caso concreto a partir do qual são invocados princípios opostos pelas partes), mas também jurídicas, relacionadas com os princípios mesmos que se encontram em colisão e necessitam ser ponderados.[329]

O autor traça a diferença entre regras e princípios, embasando a distinção na solução de conflitos. Segundo Alexy, o ordenamento normativo do direito, pode ocorrer de duas maneiras: ou através de uma cláusula de exceção que uma das regras teria, a qual eliminaria o conflito ao estabelecer uma solução específica para o caso, ou então, uma delas estaria a lesar o ordenamento jurídico o que a tornaria inválida e, portanto, deveria tal regra ser expelida do mesmo ordenamento. No caso do conflito entre princípios (ou colisão entre princípios, nos termos de Alexy), diversamente das regras, este se dá no plano do seu "peso" valorativo que entre eles – os princípios colidentes – deverá ser ponderado e não no plano da validade, como no caso do conflito entre regras.[330]

Assim, o uso de princípios e a hermenêutica destes pode ser outra forma de se viabilizar o reconhecimento do direito à informação dos consumidores como direito fundamental. Isto porque, apesar de não estar previsto expressamente no rol dos direitos fundamentais da Constituição brasileira, nem espanhola, tampouco portuguesa, alemã, etc., não se pode desconhecer a possibilidade de conflitos que envolvam, eventualmente, esse direito. Nesse sentido, dever-se-ia perquirir que princípio estaria por trás desse direito, quando da perquirição do conflito, a fim de melhor se resolver o problema.

Para tanto, Alexy utiliza o princípio da proporcionalidade, adotando a ideia de um dado valor *jusfundamental* o qual concebe todos os direitos *jusfundamentais*, sob a sua roupagem de princípios, como de igual hierarquia na sua dimensão *prima facie*. Assim, o critério da proporcionalidade em sentido estrito estaria mais relacionado, com base nas suas consequências, sobre a opção entre um princípio e não o outro para aquele caso em que se realizou a ponderação.

O autor destaca que tal exercício somente será possível no caso concreto. Quando se depara com a colisão de princípios, o intérprete deverá valer-se de um critério hermenêutico de ponderação dos valores jusfundamentais que Alexy denomina de "máxima da proporcionalidade", a qual é composta pelas três máximas parciais, adequação, necessidade e proporcionalidade propriamente dita.[331] Isso tudo resulta em que os subcritérios de adequação e de necessidade consideram as possibilidades fáticas advindas do caso concreto, enquanto que a proporcionalidade, em sentido estrito, considera as possibilidades jurídicas. A relação de ponderação atribui a cada princípio um peso por serem eles exigências de otimização diferentes das regras que são rígidas

---

[329] ALEXY, Robert. *Teoria de los derechos fundamentales*. Madrid: Centro de Estudios Políticos y Constitucionales, 2002. p. 82-87.
[330] Ibid., p. 87-89.
[331] ALEXY, 2000, p. 111-115.

na sua aplicação a um caso concreto. Ou seja, neste último caso, as regras se aplicam de forma integral dentro do código binário válido/inválido; tudo ou nada, fazendo-se valer, quando cabíveis, em caráter definitivo e excludente. Os princípios, por seu lado, podem ter diferentes graus de concretização, dependendo das circunstâncias específicas (possibilidades fáticas) e dos demais princípios que se confrontam (possibilidades jurídicas). Somente após a realização do processo de ponderação é que o princípio considerado prevalente torna-se uma regra a estabelecer um direito definitivo para aquele caso.[332]

Pode-se no contexto deste trabalho, colocar a situação concreta de alguém que sofreu lesão à saúde ou à vida ao consumir determinado alimento, em virtude de não ter tido acesso à informação para saber se determinado produto podia ter originado tal prejuízo. De outro lado, o produtor que, exercendo legalmente sua profissão, colocou à venda o produto sem viabilizar o acesso à informação do consumidor. Ambos exercendo seus direitos, qual deveria preponderar no caso concreto? Numa situação hipotética como esta parece que os bens jurídicos do consumidor, se não sempre, em grande parte das vezes, merecerão tutela jurídica. Por essa razão, inclusive, existem regras infraconstitucionais que denotam a debilidade dos consumidores na vida e no processo judicial, frente os produtores, fornecedores e comerciantes, como a inversão do ônus da prova, por exemplo, em prol daqueles, havendo previsão expressa quanto à informação.[333]

Regras tratando sobre a inversão do ônus da prova para beneficiar o consumidor também estão presentes nos artigos 76 e 82.4.d., dentre outras, do *"Real Decreto Legislativo 1/2007, de 16 de noviembre, por el que se aprueba el texto refundido de la Ley General para la Defensa de los Consumidores y Usuarios y otras leyes complementarias"*.[334]

Assim, reafirma-se a necessidade de reconhecimento e proteção desse direito fundamental seja pelo Estado, Poderes Executivo, Legislativo e Judiciário, bem como a necessidade de reconhecimento da possibilidade de garanti-lo também nas relações interpessoais, quando algum consumidor já foi lesado e busca diretamente junto ao produtor/fornecedor ou comerciante obter a reparação ou quando ainda não foi, mas se considera em risco, e portanto, busca diretamente do produtor/fornecedor ou comerciante, obter as informações necessárias sobre determinado alimento disponibilizado para consumo.

Não se pode perder de vista, todavia, que os esforços envidados para resguardar tal direito à informação (adequada) como fundamental, dentro do contexto da sociedade de risco, foco da obra, exige uma reflexão própria e mais

---

[332] ALEXY, 2000, p. 111-115.

[333] Artigo 38 da Lei 8078/90 (Código de defesa do consumidor) – "O ônus da prova da veracidade e correção da informação ou comunicação publicitária cabe a quem as patrocina." Há também a possibilidade de Inversão pelo Juiz. Artigo 6°, inciso VIII, da Lei 8078/90 -VIII – "a facilitação da defesa de seus direitos, inclusive com a inversão do ônus da prova, a seu favor, no processo civil, quando, a critério do juiz, for verossímil a alegação ou quando for ele hipossuficiente, segundo as regras ordinárias de experiências" [...]. (BRASIL. *Código de defesa do* consumidor, 1990).

[334] ESPANHA. *Real Decreto Legislativo 1/2007*, de 16 de noviembre de 2007. Disponível em <http://www.consumo-inc.gob.es/queeselinc/pdf/TRLGDconsumidores.pdf>. Acesso em: 11 out. 2012.

complexa. Isto porque, destaca-se a necessidade de uma postura de precaução, já que as consequências dos avanços científicos e tecnológicos, especialmente no que tange à alimentação humana, podem trazer prejuízos e consequências ainda desconhecidas, a exemplo do que ocorre com o uso das substâncias geneticamente modificadas. Sobre alternativas jurídicas, mas nem sempre judiciais, é que se passa a analisar no próximo capítulo.

4. Instrumentos extrajudiciais de efetivação do direito fundamental à informação dos consumidores para precaver o risco alimentar

Após a análise do conteúdo do direito fundamental à informação dos consumidores para a precaução do risco alimentar, bem como da regulação pertinente no Brasil, Espanha, Estados Unidos e no Direito Internacional (União Europeia e MERCOSUL) no que tange à rotulagem de alimentos, impõe-se verificar quais são as soluções extrajudiciais e judiciais que os sistemas jurídicos em comento dispõem para a efetivação de tal direito.

O direito regulativo e os meios convencionais existentes para prevenção do risco pela informação, ao que tudo indica, não estão conseguindo evitar que alimentos para consumo humano causem cada vez mais problemas à saúde dos consumidores. Tal realidade impede que estes possam tomar alguma atitude para modificar a situação, já que sem acesso às informações adequadas e necessárias colocam-se diuturnamente em situação de risco.

Percebe-se que os sistemas jurídicos da Família Continental, como Espanha e Brasil já regulam a rotulagem de alimentos amplamente, em especial os países europeus. Todavia, a fiscalização quanto à observância dessas normas pelos produtores e comerciantes nem sempre acontece a contento por distintas razões.

Nos Estados Unidos, a regulação é mais genérica e compete à esfera administrativa o maior controle dos alimentos rotulados colocados no mercado. Ou seja, se as agências aprovam a venda e o consumo de determinado alimento este é colocado no comércio ainda que o consumidor não tenha acesso a qualquer informação detalhada, já que esta nem sempre é exigida pela regulamentação.

Não é demasiado mencionar que desde o início deste século a sociedade vem lidando de forma mais próxima com os transgênicos e organismos geneticamente modificados de um modo geral, embora desconheça essa realidade. Sabe-se que nos Estados Unidos, Espanha, assim como no Brasil, a produção com estas substâncias estava proibida quando de seu surgimento. Posteriormente, já regulada a matéria, constatou-se que produtores e responsáveis pelo segmento da alimentação não faziam a devida divulgação pela rotulagem.

Nesse sentido, alertavam periódicos espanhóis:

> Un estudio realizado sobre una muestra de "bacon vegetariano" de la marca Yves Veggie y que, según la etiqueta, no tenía organismos transgénicos, resultó positivo en una prueba de control según la cual el 40% de la soja empleada en su elaboración provenía de cultivos genéticamente alterados. Y éste fue tan sólo uno de los 20 productos alimenticios que un conocido laboratório estadounidense examinó a petición de *The Wall Street Journal*. Todos estos productos tenían una etiqueta que decía "no OGM" o "libre de OGM" o especificaba que ninguno de los cultivos usados para hacer los ingredientes habían sido genéticamente modificados. De los 20 productos examinados, 11 contenían evidencia de material genético usado para modificar plantas y otros cinco contenían cantidades más substanciales.[335]

Mas o problema não ocorre somente com as substâncias acima mencionadas, outras tantas utilizadas na elaboração de alimentos têm seus efeitos desconhecidos pelo homem. Sem falar nos inúmeros ingredientes que fazem parte desses produtos e também não são informados, podendo, quiçá, para alguns organismos, serem prejudiciais.

Portanto, constata-se que se pela regulação a precaução do risco não está sendo atingida como se pretendia, razão pela qual urgem providências para que os consumidores possam se emancipar e ter acesso às informações necessárias para evitar lesão a sua saúde e à própria vida. Daí sim poder-se-á falar na efetivação de direito fundamental à informação.

4.1. O direito à informação no espaço público

Ainda que cada espaço tenha as suas características e peculiaridades conforme o caso concreto, não se pode deixar de mencionar as definições necessárias para a compreensão de cada um, já que nos espaços públicos e/ou privados é que os consumidores buscarão (ou não) as informações que entenderem necessárias para esclarecerem dúvidas quanto a determinado alimento e aquilo que consta no seu rótulo, ou deveria constar.

A palavra *público* tem diversas aplicações. Isoladamente, que vem do Latim como *publicu*, enquanto adjetivo significa aquilo que é relativo ao povo, que é de todos, comum, que serve a todos. Ou ainda, aquilo que é notório, sabido. Enquanto substantivo, significa o povo por regra geral: auditório; assistência.

É muito comum o uso desse vocábulo para contrapor a palavra privado, que significa o que é particular, fechado, oculto, individual ou íntimo. Portanto, o oposto efetivamente de público. Também é muito usual quando unida a outras palavras, passando a ter outros sentidos, como interesse público,

---

[335] CALLAHAN, Patricia; KILMAN, Scott. *Detectar los transgénicos:* cada vez más difícil. Cinco Días 6 abr. 2001 Disponível em: <http://www.ejgv.euskadi.net/r53-2291/es/contenidos/informacion/bioletincec/es_1278/adjuntos/apirila2001.pdf>. Acesso em: 20 set. 2010.

administração pública, Ministério Público, serviço público; funcionário público; esfera pública; opinião pública; vida pública; espaço público; entre outros.

Empiricamente, considera-se como público o espaço de todos, da coletividade, aberto, acessível, democrático, sem intervenção do Estado.

Segundo Hannah Arendt, a palavra *público* tem dois significados: "primeiramente significa que tudo que aparece em público, pode ser visto e ouvido por todos, tendo a maior publicidade possível. Em segundo lugar, a palavra público designa o mundo, naquilo que nos é comum a todos. Esse mundo comum nos une, mas, também, nos impede, por assim dizer, de cairmos uns sobre os outros".[336]

A filósofa é reconhecida por abordar o tema do espaço público, sendo que, nas palavras de Lafer, "restaurar, recuperar, resgatar o espaço público que permite, pela liberdade e pela comunicação, o agir conjunto, e com ele a geração do poder, é o grande tema unificador da reflexão de Hannah Arendt".[337]

José Luis Dader afirma que o espaço público é o "condensador da atenção pública de uma sociedade, em um momento determinado, e em qualquer das acepções psicossociais, culturais, comunicacionais ou políticas que possam desencadear referida condensação".[338]

O mesmo autor refere que "uma discussão popular generalizada sobre um jogo de futebol ou sobre um programa de televisão constitui, sob um enfoque sociológico, fenômeno de opinião pública tão nítido ou genuíno, na arena do espaço público, como a discussão eleitoral ou a consideração de um escândalo político".[339]

Por outro lado, o espaço privado diz respeito à vida pessoal ou familiar da pessoa. Não abrange a vida do trabalho profissional ou empresarial. São áreas que se justapõem, mas que tem repercussão diferente no corpo social e político, consoante esclarece Paulo Affonso Leme Machado.[340]

O autor lembra que "sem se tratar, aqui, da proteção de determinados atos ou áreas pelo sigilo, cabe ao Poder Público ocupar-se da gestão da informação que diga respeito ao espaço público e assinala-se que os cidadãos têm direito constitucional a serem informados sobre o que concerne determinado espaço público".[341]

Para Habermas, os cidadãos são "portadores do espaço público" e nele expressam problemas dos distintos âmbitos de sua vida privada. O meio próprio é a interação comunicativa, quer dizer, a prática comunicativa cotidiana

---

[336] ARENDT, Hannah. *Condition de L'homme moderne*. Paris: Calmann-Lévy, 2005. p.89.
[337] LAFER, Celso. *Hannah Arendt*: pensamento, persuasão e poder. Rio de Janeiro: Paz e Terra, 1979.
[338] DADER, José Luis. *La democracia débil ante el populismo de la privacidad: terror panóptico y secreto administrativo frente al periodismo de rastreo informático en Espana*. Disponível em: <http://ddd.uab.cat/pub/analisi/02112175n26p145.pdf>. Acesso em: 8 mar. 2013. p.156.
[339] DADER, 2013.
[340] MACHADO, Paulo Affonso Leme. *Direito à informação e meio ambiente*. São Paulo, Malheiros, 2006a. p. 59.
[341] Ibid., p. 60.

que se produz a partir da inteligibilidade geral das linguagens naturais. Este intercâmbio comunicativo produz argumentos, influências e opiniões.[342]

Segue ressaltando que quando o espaço de jogo não permite a sinceridade nas expressões e as críticas abertas, se perde a capacidade de interação entre os agentes sociais e a articulação necessária entre eles (integração social, coação reprime e mascara, mas não elimina as contradições, senão que as incrementa).[343]

Nesse sentido, existem espaços públicos nos quais os consumidores poderão obter informação sobre a regulação e os componentes de determinado produto, e questionar o que está ou deveria estar no rótulo deste. Tais locais devem ser devidamente identificados quando pertencentes à Administração Pública de forma direta ou indireta, e até mesmo quando privados mas prestadores de atividade pública, dando efetividade, assim, aos princípios da publicidade e transparência. É o que ocorre com as Agências Reguladoras, órgãos de Vigilância Sanitária, etc.

Contudo, resta a dúvida acerca da transparência das empresas ou produtores de gêneros alimentícios de um modo geral, quando parte do setor privado. Até onde vai a liberdade de os consumidores obterem as informações desejadas junto a essas pessoas físicas ou jurídicas diretamente?

Se for levado em consideração o código de defesa dos consumidores no Brasil e a Lei de defesa destes na Espanha, constata-se que um dos pilares das legislações é o princípio da informação.

O acesso à informação, quando se trata de Administração Pública, não se confunde com a transparência, pois como assevera Paulo Affonso Leme Machado, "a comunicação deve fluir sem que se solicite".[344] E complementa:

> Administração Pública e utilizadores de recursos públicos informam, sem que lhes seja pedido. Mas, mais que isso, é a informação que corre, como um rio perene. A transparência não visa a fazer propaganda contra ou a favor de um governante ou de um partido político no poder, mas opera através de uma comunicação contínua, imparcial, plena e verossímil.[345]

Sendo assim, impõe-se como o dever de informar, que a Administração Pública fiscalize os rótulos dos produtos que autoriza serem colocados à disposição dos consumidores para que externem da maneira mais clara e eficiente possível a sua composição. Não se pode olvidar que os produtos alimentícios embalados e etiquetados têm sua venda para consumo autorizada pelos órgãos públicos responsáveis e, caso essa licença não exista, podem ser retirados de circulação. Em não estando satisfeito com as informações contidas no rótulo, ao consumidor interessado cabe verificar se existem esclarecimentos acerca da composição do alimento junto aos órgãos públicos competentes, a fim de evitar qualquer problema à sua saúde e própria vida.

---

[342] HABERMAS, Jürgen. *Facticidad y validez*. Madrid: Trotta, 1998. p. 440. En esta traducción de Manuel Jiménez Redondo se traduce *"Öffentlichkeit"* por "esfera o espacio de la opinión pública" y por "espacio de la opinión pública".
[343] HABERMAS, 1998, p. 444-445.
[344] MACHADO, 2006a, p. 64.
[345] Ibid., p. 64.

Consequentemente, incumbe ao Poder Público satisfazer as dúvidas e informar o consumidor de todos os dados existentes em seus cadastros, pois nisso consiste a transparência esperada da Administração.

Machado destaca que a fim de implementar a transparência a Administração Pública deve ter uma atuação consistente em:

> (a) coleta ininterrupta de informações; (b) organização completa e veraz dos dados existente; (c) facilitação do acesso às informações; (d) resposta rápidas às demandas apresentadas; (e) transmissão contínua dos dados informativos, de tal forma que eles cheguem, sem intermediários indevidos, aos seus legítimos destinatários; (f) possibilidade de serem verificadas e discutidas as informações fornecidas.[346]

Se, entretanto, o produtor deixou de mencionar a existência de alguma substância na composição do alimento, a qual deveria constar na etiqueta, entende-se que, além de o produto ser retirado do mercado, dever-se-ia responsabilizá-lo administrativa e civilmente e, caso ocorresse por tal omissão algum dano à saúde humana, também criminalmente, conforme a disciplina jurídica da matéria em cada país.

Essa transparência e a educação do consumidor no sentido de buscar a veracidade das informações é que fará a diferença no momento da formação da opinião pública.[347] Ressalte-se, ainda, a necessidade de uma linguagem acessível aos consumidores de um modo geral, já que o vocabulário técnico pode impedir a compreensão da informação que se quer passar e obter. Michel Crozier enfatiza a necessidade da abertura do conhecimento para afastar o poder da tecnocracia, dizendo:

> A tecnocracia renasce sempre, a nova tecnocracia traz mais medo que a anterior, com a qual já se conseguira conviver. O essencial não é saber se a situação atual é pior, mas ser capaz de dominá-la e transformá-la. [...] É preciso abrir os grupos, desmistificar o conhecimento, trabalhar os conhecimentos mais profundos contra os falsos conhecimentos ou quase-falsos: é nos domínios os mais imprecisos e os menos científicos – marketing, educação, saúde – que os tecnocratas são mais perigosos.[348]

A capacidade de dominar o conhecimento está relacionada ao risco que se quer evitar. Lembre-se, uma vez mais, que inserido na sociedade de risco, o consumidor somente poderá precaver-se e decidir acerca de consumir determinado alimento se tiver uma postura proativa, no sentido de buscar esse conhecimento. E o processo de decisão, por sua vez, que Manosalvas chama de "processo de decisão estruturado", deverá estar baseado, segundo o autor, "em uma informação científica, em informações detalhadas objetivas e subjetivas, e no raciocínio de precaução, quer dizer, na aplicação do princípio da precaução".[349]

---

[346] MACHADO, 2006a, p. 65.

[347] Segundo Monique Augras,"a opinião é um fenômeno social. Existe apenas em relação a um grupo, é um dos modos de expressão desse grupo e difunde-se utilizando as redes de comunicação do grupo". (AUGRAS, Monique. À procura do conceito de opinião pública. In: OPINIÃO pública: teoria e processo. Petrópolis: Vozes, 1970. Cap I, p. 11-19).

[348] MACHADO, 2006a, p. 64.

[349] LOSADA MANOSALVAS, 2001, p. 146.

Voltando aos OGMs, como já destacado, grande parte da produção mundial de milho, soja e algodão contém organismos geneticamente modificados, sendo que isso não consta nas etiquetas dos produtos, apesar da regulação existente nos países onde a substância é usada na produção. Se determinada pessoa, ao ingerir alimento, desenvolve uma reação alérgica, fica difícil rastrear a causa em não havendo informação exata das substâncias que o compõem ou, pelo menos, de onde buscar tais informações.

Por essa razão, no que concerne à informação adequada aos consumidores, além da fiscalização do Poder Público quanto à rotulagem, entende-se que as empresas ou produtores pessoas físicas deverão estar aptos a explicarem quais são as substâncias constantes nos alimentos por eles produzidos e as consequências potencialmente adversas à saúde humana que estes podem causar quando lançados no mercado. Nesse sentido, já em 1998 o Instituto de Defesa do Consumidor, IDEC, no Brasil, notificou todas as indústrias para que informassem o uso dos transgênicos, que à época era proibido, mas mesmo assim utilizado no país. A medida foi adotada exatamente pelo desconhecimento dos riscos que esses organismos geneticamente modificados poderiam acarretar aos consumidores.[350]

Destarte, é dentro desse amplo espaço público que o direito fundamental à informação dos consumidores, quando se fala em rotulagem de alimentos, para evitar o risco à saúde e à própria vida, pode se efetivar. Por um lado, o consumidor tendo as portas da Administração Pública abertas para quando precisar de alguma informação sobre determinado produto, cujo rótulo não satisfaz. Por outro, o Poder Público se fazendo presente no seio da sociedade, fiscalizando os alimentos que estão disponibilizados a consumo e retirando do mercado quando estes possuem informação inadequada ou inexistente.

Ainda, o espaço público deve ser utilizado para comunicar e discutir as informações relevantes a fim de evitar eventuais riscos, o que pode ocorrer pelas audiências públicas, já que a "incorporação das conclusões dessas audiências e sua ponderação nos procedimentos decisórios administrativos são uma das características de um sistema participativo na vida político-institucional de um país".[351]

Além destas, outras formas de atuação jurídica no espaço público e, principalmente, na via extrajudicial, estão ganhando espaço e se mostrando mais efetivas para auxiliar a sociedade, nas questões consumeristas, a evitar prejuízos econômicos e pessoais.

4.2. Instrumentos jurídicos extrajudiciais

A ocorrência de situações de risco a que são expostos os consumidores constantemente, como no caso da ingestão de alimentos compostos por subs-

---

[350] Disponível em: <http://www.idec.org.br/consumidorsa/arquivo/jul98/3201.htm>. Acesso em: 10 mar. 2013.
[351] MACHADO, 2006a, p. 65.

tâncias de efeitos desconhecidos, principalmente alergênicos, como visto até o momento, não se dá pela carência de regulamento nos sistemas jurídicos em análise. As leis existentes, caso aplicadas e fiscalizadas, quiçá poderiam trazer um resultado de maior proteção à saúde e à própria vida das pessoas ao ingerirem os mais diversos tipos de alimentos. Isto resta claro especialmente nos países europeus pertencentes à União Europeia, a qual possui um Direito Regulativo avançado e atual sobre a rotulagem dos alimentos e os mais distintos ingredientes e substâncias passíveis de colocar a vida humana em risco.

Nesse sentido, impõe-se verificar quais outras vias jurídicas os países em análise estão buscando para dar eficácia ao direito fundamental à informação dos consumidores, por meio da rotulagem de alimentos, visando a atingir o desiderato maior que é a precaução ao risco alimentar.

Desde já, vale ressaltar o entendimento de que a própria sociedade organizada, e os cidadãos individualmente também devem cobrar as informações necessárias para a satisfação de seus interesses e manutenção de seu bem-estar, já que o Poder Público nem sempre consegue concretizar o mister de utilizar o espaço público e efetivar a realização do Direito. Para tanto, em cada país é possível encontrar alternativas jurídicas extrajudiciais e judiciais distintas para salvaguardar os direitos dos consumidores. Nesse sentido, justifica-se a análise de atuações extrajudiciais de organizações públicas e privadas para precaução do risco alimentar em prol dos consumidores nos Estados Unidos, Espanha e Brasil.

4.2.1. Estados Unidos e a concentração da regulação pela Agência de Alimentos e Remédios (FDA) e Agência de Consumidores

Nos Estados Unidos, é possível encontrar diversos *sites* com canais de comunicação com os consumidores, os quais apontam o tema da informação de alimentos e até mesmo a questão dos OGMs.

Encontram-se facilmente as regras gerais sobre rotulagem, armazenamento, produção, venda, circulação desses produtos, mas dificilmente estão nos *sites* relacionados à matéria consumerista quaisquer esclarecimentos quanto à informação dos usuários no que tange à alimentação e seu conteúdo.

De um modo geral, o governo norte-americano tem um *site* oficial único, que versa sobre as mais diversas matérias de interesse da população, como alimentos, consumidores, etc. disponibilizando a esta pela *web* as informações e serviços públicos, no âmbito, federal, estadual e local.

Para a específica proteção dos consumidores existem as Agências de proteção aos consumidores em todos os estados norte-americanos[352] cuja atuação, via de regra, é repressiva. Não há um trabalho local de orientação, prevenção, de assuntos relacionados ao risco alimentar destes, mas buscar tais informações junto aos órgãos responsáveis em cada estado.

---

[352] Disponível em: <http://www.usa.gov/directory/stateconsumer/index.shtlm>. Acesso em: 19 mar. 2013.

Há a agência reguladora de Alimentos e Remédios a qual abarca a informação dos consumidores dentre as suas atividades (*Food and Drugs Administration*), bem como a agência de riscos. Isto porque na década de 70 as agências norte-americanos passaram a abranger temas como a defesa do meio ambiente, proteção à saúde e normas de segurança, prevista tal atuação no Consenso de Washington, com a criação de diversas agências reguladoras com papéis institucionais afetos à segurança e à proteção do meio ambiente. Os exemplos foram a criação da EPA – *Environmental Protection Agency* (Agência de Proteção ao Meio Ambiente), em 1970; da *National Highway Traffic Safety Comission* (Comissão Nacional de Segurança no Tráfego Rodoviário), também em 1970; da *Consumer Product Safety Comission* (Comissão de Segurança e Proteção ao Consumidor), em 1972; da *Mine Safety and Health Administration* (Administração da Segurança e Saúde das Minas), em 1973; e da *Nuclear Regulatory Comission* (Comissão de Regulação Nuclear), em 1975.[353]

Como antes referido, estas agências respondem perante o Presidente, o Congresso (que tem autoridade de superintendência),[354] perante os Tribunais, que revisam os regulamentos e as medidas de execução, e perante a sociedade, que exerce regularmente o seu direito de participar no desenvolvimento das leis e regulamentos, comentando ou propondo normas, e falando em público sobre as questões da segurança alimentar. Tais agências reúnem distintas competências, as quais lhes conferem autonomia para executar medidas para precaver o risco alimentar.

Conforme esclarecem em seu site oficial, a FDA protege a saúde pública, garante a segurança, eficácia dos medicamentos de uso humano e veterinário, vacinas e outros produtos biológicos para uso humano, e dispositivos médicos. A agência também é responsável pela segurança de abastecimento de alimentos, cosméticos, suplementos alimentares, produtos que emitem radiação eletrônica, e regula os produtos com tabaco.

Para tanto, as medidas adotadas são informações sobre os ingredientes de alimentos que costumam ser mais alérgicos, a fim de que os consumidores já possam saber de antemão, com simples consulta ao endereço eletrônico, caso eles estejam presentes no alimento que pretendam ingerir.[355] Além, é claro, da explicação detalhada de como estas informações devem constar nos rótulos, para serem evidentes ao consumidor. Mais do que isto, junto a este mesmo órgão e pela mesma via (endereço eletrônico) há a possibilidade de se fazer de-

---

[353] BARCELOS, Cristina. *O Poder Normativo das Agências Reguladoras no Direito Norte-Americano e no Direito Brasileiro*: Um Estudo Comparado. Dissertação de Mestrado. Orientação Almiro do Couto e Silva. Porto Alegre: Universidade Federal do Rio Grande do Sul, 2008.p.28-31.

[354] Nesse sentido, importante destacar que constantemente circula notícias dando conta de que a FDA solicitou mais recursos ou autoridade ao Senado para garantir a segurança alimentar no país, conforme periódico de grande circulação no Brasil: <http://www.gazetadopovo.com.br/mundo/conteudo.phtml?id=936859>. Acesso em: 20 de julho 2013.

[355] Os oito alimentos são o leite, ovo, o peixe e seus derivados, os frutos do mar, os frutos secos (amêndoas, amendoins, castanhas, etc.), as nozes, trigo e soja. Esclarecem que esses oito alimentos e aqueles feitos com proteína derivada de um ou mais destes são os alimentos mais alergênicos. Informações disponíveis em <http://www.fda.gov/Food/IngredientsPackagingLabeling/FoodAllergens/ucm079311.htm>. Acesso em: 10 de setembro 2014.

núncias que serão averiguadas pela agência, a fim de adotar as medidas legais cabíveis, inclusive para aplicação de sanções.

Ainda, é por essa via de comunicação também que ocorrem as comunicações das medidas adotadas pelo Poder Público quanto às sanções aplicadas aos produtores que estejam em desacordo com as regras expressas. Recentemente, foi informado na sessão de notícias da FDA que o proprietário e gerente de uma fazenda do *Distrito de Vermont* foram submetidos a injunção permanente por estarem vendendo carne de vaca e bezerro a consumo humano as quais continham resíduos de drogas em violação à lei federal.[356] "O FDA continua tomando rigorosas medidas contra empresas que colocam a saúde dos consumidores em risco ", disse Melinda K. Plaisier, comissária adjunta da FDA para assuntos regulatórios. "As ações que tomamos são necessárias para assegurar que os alimentos não contenham resíduos ilegais de drogas e sejam seguros para os consumidores".[357]

Ou seja, os Estados Unidos atribuem a um único órgão o desempenho de todas as tarefas preventivas e parte das repressivas relacionadas aos alimentos, exatamente para evitar riscos à vida, saúde e segurança dos consumidores, inclusive com a aplicação das medidas administrativas cabíveis e encaminhamento, quando necessário, às vias judiciais, publicizando as ocorrências envolvendo a segurança alimentar da população.[358] As agências reguladoras norte-americanas, portanto, subordinadas ao Poder Executivo e ao Congresso Nacional diretamente, atuam como se fosse o próprio Direito Administrativo dos países romano-germânicos, disciplinando toda a matéria de atuação do Estado frente à sociedade.

Porém, este órgão não está vinculado a programas específicos de proteção aos consumidores, como as agências estatais antes mencionadas, mas sim a distintas áreas relacionadas a estes, dentro do tema mais genérico da alimentação. Pode-se, portanto, encontrar regulação em distintas agências e, de forma completa, a disciplina de regras para precaver o risco alimentar no âmbito normativo.

Entende-se que tal forma concentrada de tratar os encaminhamentos e tutela estatal, com uma política independente, mais sólida, e ao mesmo tempo em constante relação direta com os Poderes do Estado abrevia os procedimentos de precaução e punição relacionados ao tema, ao mesmo tempo em que torna transparente aquilo que será objeto de constante fiscalização do Poder Público, no que a sociedade pode ajudar, denunciado quando se deparar com irregularidades e evitando problemas para si e seus próximos.

Poderia, quiçá, para abranger um público destinatário maior ainda e de forma mais direta, haver um espaço (*link*) intitulado "informações aos consumidores quanto à segurança alimentar" também no *site* de Proteção dos Con-

---

[356] Mais informações disponíveis no *site* da FDA <http://www.fda.gov/NewsEvents/Newsroom/PressAnnouncements/ucm360026.htm>. Acesso em: 15 maio 2014.
[357] Ibid.
[358] Informações disponíveis em <http://www.fda.gov/Food/IngredientsPackagingLabeling/default.htm>. Aacesso em: 10 maio 2014.

sumidores do Governo Norte-Americano,[359] a partir de onde estes buscariam as informações acima mencionadas existentes nos cadastros da FDA,[360] compartilhando os esclarecimentos de ambas as agências, com formas de acesso mais fáceis e rápidas, pois a terminologia utilizada na regulamentação nem sempre é de compreensão acessível a toda população.

Na Espanha e no Brasil o Estado também presta serviços relacionados às informações dos consumidores para sua proteção, bem como atua de forma preventiva e punitiva quando preciso. Contudo, algumas atuações diferenciadas chamam a atenção pela eficácia e celeridade na precaução do risco, abreviando, por vezes, a burocracia do processo judicial e evitando que mais prejuízos aconteçam à saúde e vida dos consumidores, tanto em âmbito individual, como coletivo.

4.2.2. Espanha – OMICs (Oficinas Municipais de Informação aos Consumidores) e arbitragem

Apesar de as previsões legais mencionadas e de a Administração Pública ou Poder Judiciário ter competência para a solução desses conflitos, destaca-se na Espanha, a exemplo do que ocorre nos Estados Unidos, uma atuação eminentemente preventiva, a qual conta, além da Administração Pública, com uma série de colaboradores, a ela vinculada ou não, agentes sociais e associações de consumidores que desempenham importante papel na defesa dos direitos dos consumidores, merecendo destaque as denominadas oficinas de informação ao consumidor.

Corchero Y Mora conceituam Oficina de Informação como "aquela instituição que tem por objeto a atenção dos consumidores e usuários, procurando dar-lhes informação, defesa e educação".[361]

Como natureza jurídica, Guillén Caramés bem esclarece haver uma dupla configuração. Segundo ele, a totalidade dos Estatutos estabeleceram a possibilidade de que as Oficinas de proteção ao Consumidor podem revestir uma natureza jurídico-pública, integrando-se, geralmente, neste caso, dentro da organização administrativa correspondente (autonômica ou local, segundo os casos); ou também, podem ter uma natureza jurídico-privada, adotando normalmente a forma de associações de consumidores.[362]

No que tange às suas funções, os Estatutos de Proteção dos Consumidores estabelecem diversas,[363] que devem ser prestadas pelas Oficinas Munici-

---

[359] Disponível em: <http://www.usa.gov/directory/stateconsumer/index.shtlm> Acesso em:11 set 2014
[360] Mais esclarecimentos disponíveis em: <http://www.fda.gov/Food/FoodScienceResearch/RiskSafetyAssessment/>. Acesso em 11 set 2014.
[361] CORCHERO, Miguel; SANDÍN MORA, Laura. El derecho a la información de consumidores y usuarios: especial referencia a las Oficinas de Información al Consumidor. *Actualidad Administrativa*, Madrid, n. 5, p. 103-143, 2001. p. 132.
[362] GUILLÉN CARAMÉS, 2002a, p. 371.
[363] Informações detalhadas no site do governo espanhol <http://www.consumo-inc.gob.es/arbitraje/home.htm?id=60>. Acesso em: 10 maio 2013.

pais de Informação aos Consumidores, tenham elas natureza jurídico-pública e, portanto, integradas à organização administrativa municipal, tenham uma natureza jurídico-privada, e dependam nesse sentido das associações de consumidores, como preleciona Caramés.[364]

Este mesmo doutrinador refere que algumas Leis de Proteção dos Consumidores das Comunidades Autônomas Espanholas estabelecem uma série de funções a ser desempenhadas seja pelas oficinas de natureza pública, sejam oficinas de natureza privada, como ocorre na Lei de Proteção dos Consumidores de Madrid e o Estatuto dos Consumidores de Murcia. Contudo, ele destaca que a Lei Geral de Defesa dos Consumidores e Usuários regula as funções que podem desempenhar as oficinas e os serviços de informação ao consumidor, enumerando algumas. Para ele, nesse rol existem informações que por sua natureza somente podem ser prestadas pelas oficinas de natureza pública, dando como exemplo dados que fazem referência à autorização e registro de produtos ou serviços, entre tantos outros que somente o Poder Público detém.[365]

De um modo geral, os autores[366] consideram que compete às oficinas municipais de informação ao consumidor as funções de:

a) informação, orientação e assessoramento, o que pode ocorrer de forma individual (a cada consumidor) ou de forma geral (à coletividade de consumidores), sendo que a própria LGDCU no artigo 15 enumera as obrigações mínimas das OMICs nesse sentido;[367]

b) indicação dos endereços e principais funções de outros centros, públicos ou privados, de interesse para o consumidor ou usuário;

c) recepção, registro e acuso de recebimento de queixas, reclamações e denuncias dos consumidores e seu encaminhamento a entidades e órgãos correspondentes e aos seguimentos das mesmas para informar devidamente aos interessados;

d) atenção, defesa e proteção dos consumidores, atividade relacionada a assessoramento legal que as oficinas prestam aos consumidores sobre requisitos concretos relacionados com empresários e profissionais, contando, para tanto, com bacharéis em Direito;

e) propiciar sistema de resolução voluntária das reclamações, consistindo, mais precisamente, no sistema de mediação de conflitos que se produ-

---

[364] Ibid., p. 381.
[365] GUILLÉN CARAMÉS, 2002a, p. 380.
[366] CORCHERO; SANDÍN MORA, 2001, p. 134-140 e GOMEZ CALERO, Juan. *Los derechos de los consumidores y usuarios*. Madrid: Dykinson, 2004. p. 147-148.
[367] Artigo 15 da LGDCU: Tendrán obligación de facilitar a los consumidores y usuarios, como mínimo los siguientes datos: 1. Referencia sobre autorización y registro de productos o servicios. 2. Productos o servicios que se encuentran suspendidos, retirados o prohibidos expresamente por su riesgo o peligrosidad para la salud o seguridad de las personas. 3. Sanciones firmes, impuestas por infracciones relacionadas con los derechos de los consumidores y usuarios. Esta información se facilitará en los casos, forma y plazos que reglamentariamente se establezca. 4. Regulación de precios y condiciones de los productos y servicios de uso o consumo común, ordinario y generalizado.

zem entre empresários e consumidores, mediante a busca de soluções por meio de sessões entre as partes e um mediador;

f) fomentar e divulgar o sistema arbitral de consumo, facilitando o acesso ao mesmo pelos consumidores e empresários, podendo servir de sede para o desenvolvimento do Sistema Arbitral de Consumo.[368] Na Espanha existem, ainda, as Juntas Arbitrais de Consumo, sendo que enquanto as OMICs servem essencialmente ao interesse do consumidor, a JAC tem faculdade decisória, devendo manter a imparcialidade no trato dos conflitos;

g) realizar, em colaboração com a Administração Regional, funções de inspeção e controle de qualidade sobre bens e serviços, qual, para alguns autores,[369] seria uma função atípica das OMICs, já que sua função é totalmente distinta da perseguida na prestação deste serviço, sendo que esta se encontra prevista unicamente no Estatuto do Consumidor da Comunidade de Castilla La Mancha e de Valencia;

h) educação e formação individual e coletiva dos consumidores mediante informações pontuais, cursos específicos, atuações em meios de comunicação e quaisquer outros de natureza análoga, dirigidas especialmente aos coletivos de especial proteção.

De outra parte, o artigo 8º da LGDCU, no seu apartado 8.3, dispõe que "a oferta, promoção e propaganda falsa ou enganosa de produtos, atividades e serviços será perseguida e sancionada como fraude. As associações de consumidores estarão legitimadas para iniciar e intervir nos procedimentos administrativos para fazê-las cessar", destacando, assim, outro aspecto em relação ao direito a uma informação adequada que pode ser fiscalizado por essas instituições.

Cada vez mais é possível verificar, inclusive, o uso de *sites* da internet pelas oficinas para levarem as informações necessárias aos consumidores quanto à rotulagem de alimentos. Como ler e interpretar, o que buscar, enfim, as páginas trazem verdadeiras "campanhas informativas" para educar o consumidor interessado.

Pode-se citar como exemplos as OMICs de Madrid, que oferecem cursos para os consumidores, incluindo classes específicas sobre os rótulos de alimentos;[370] de Boadilla Del Monte, que traz na seção *Campañas Informativas* o

---

[368] Pertinente ao sistema arbitral de consumo o "*Artículo 31 da LGDCU*" prevê: 1. Previa audiencia de los sectores interesados y de las Asociaciones de consumidores y usuarios, el Gobierno establecerá un sistema arbitral que, sin formalidades especiales, atienda y resuelva con carácter vinculante y ejecutivo para ambas partes las quejas o reclamaciones de los consumidores o usuarios, siempre que no concurra intoxicación, lesión o muerte, ni existan indicios racionales de delito, todo ello sin perjuicio de la protección administrativa y de la judicial, de acuerdo con lo establecido en el artículo 24 de la Constitución (RCL 1978\2836). 2. El sometimiento de las partes al sistema arbitral será voluntario y deberá constar expresamente por escrito. 3. Los órganos de arbitraje estarán integrados por representantes de los sectores interesados, de las organizaciones de consumidores y usuarios y de las aministraciones públicas dentro del ámbito de sus competencias.

[369] GUILLEN CARAMÉS, 2002a, p. 392.

[370] Disponível em <http://www.madrid.org/cs/Satellite?cid=1139836020225&pagename=PortalConsumo%2FPage%2FPTCO_FormMayoresTemplate>. Acesso em: 15 out. 2013;

ensinamento sobre como interpretar os rótulos;[371] de Marbella, que orienta os consumidores a lerem sempre o rótulo dos alimentos envasados, fornecendo os dados mínimos que devem constar;[372] de Santa Pola, a qual traz notícias atualizadas sobre a regulamentação dos rótulos para os consumidores poderem fiscalizar;[373] de Córdoba, que ilustra com um esquema gráfico todas as informações relevantes sobre rótulos de alimentos,[374] entre outras que inovam, visando a implementar orientações para que os consumidores sejam precavidos, por meio dos rótulos de alimentos, contra os riscos que estes podem lhes causar.

Todas as atuações das Oficinas de Informações e das Associações de Consumidores demonstram a sua força em matéria de defesa dos consumidores na Espanha. O leque de atribuições administrativas do Poder Público e da iniciativa privada, com apoio daquele, com ampla atuação no sentido de tornar efetivas as normas e, principalmente, com um viés educativo e preventivo, mostram a preocupação real com o tema.

A página da OMIC disponível ao acesso do público em geral traz todas as informações também para quem pretenda tão somente prestar informações ou fazer reclamações, deixando claro como o consumidor deve proceder.[375]

Relevante consignar que os próprios estabelecimentos comerciais, em suas páginas na internet, disponibilizam acessos às OMICs, bem como das Associações de Consumidores para que tenham conhecimento das vias de informação e reclamações, além de trazerem um resumo de todos órgãos e procedimentos legais para a defesa dos consumidores. Exemplo disso é a página de uma grande rede de supermercados espanhola, a qual incentiva os consumidores a fiscalizarem suas atividades, produtos, etc.[376]

Portanto, entende-se que os consumidores, ao se utilizarem das Oficinas Municipais para serem esclarecidos acerca do tema dos rótulos de alimentos e as substâncias que o compõem, ou ainda para reclamar quando constatada alguma irregularidade, estarão atuando de forma a evitar que o risco alimentar se transforme em concreta lesão às suas saúdes ou às próprias vidas. Além disso, poderão auxiliar os órgãos públicos na fiscalização dos produtos colocados em circulação no mercado, propensos a gerarem tais prejuízos.

Não se pode deixar de consignar que no Brasil existe também órgão congênere às OMICs, os chamados PROCONS,[377] os quais fazem parte do Sistema

---

[371] COMO interpretar las etiquetas. Disponível em: <http://www.aytoboadilla.com/omic/cam_informativas/interpretar_etiquetas.htm>. Acesso em: 15 out. 2013.

[372] ETIQUETADO. Disponível em: <http://www.marbella.es/omic/index.php?option=com_content&view=article&id=161:etiquetado&catid=99:alimentacion&Itemid=100210>. Acesso em: 15 out. 2013.

[373] Disponível em: <http://www.omicsantapola.com/>. Acesso em: 15 out. 2013.

[374] Disponível em: <http://www.consumo.ayuncordoba.es/secundarias/omic/fichas/Etiquetado_de_alimentos.html>. Acesso em: 15 out. 2013.

[375] Ver em: <http://www.madrid.org/cs/Satellite?cid=1137597423346&pagename=PortalConsumo%2FPage%2FPTCO_Info_QueHacerTemplate&subpunto=2>. Acesso em: 10 nov. 2012.

[376] Disponível em: <http://www.consumer.es/web/es/economia_domestica/sociedad-y-consumo/2004/08/09/107128.php?page=2>. Acesso em: 5 ago. 2012.

[377] Informações disponíveis em: <http://www.portaldoconsumidor.gov.br/procon.asp?acao=buscar>. Acesso em: 29 mar. 2013.

Nacional de Defesa do Consumidor.[378] Contudo, estes têm a missão de receber as reclamações do público consumidor e dar os encaminhamentos para solucionar o conflito na esfera administrativa. Todavia, não há atuação preventiva, de orientação, etc., tão fortemente estruturada como se percebe na formatação das OMICs.

Outra forma extrajudicial de efetivar o direito fundamental à informação dos consumidores, no mesmo país, é a possibilidade de estes dirimirem seus conflitos por meio da *arbitragem*, sendo o Direito Arbitral espanhol elaborado exclusivamente com base na voluntariedade. Os árbitros, inclusive, tratando de matéria de Direito, podem ser indicados pelas Associações de Consumidores acima referidas, não necessariamente sendo graduados em Direito.[379]

Os marcos normativos da arbitragem no país são o artigo 51 da Constituição espanhola, além da legislação específica, a Ley 44, de 29 de dezembro de 2006,[380] que altera a anterior Lei de Defesa dos Consumidores, e o Real Decreto 231, de 15 de fevereiro de 2008, o qual derrogou o anterior Real Decreto 636, de 3 de maio de 1993,[381] e que foi editado em cumprimento do previsto no artigo 31 da Lei 26/1984, de 19 de julho, Lei Geral para a Defesa dos Consumidores e Usuários,[382] hoje derrogada pelo Real Decreto Legislativo 001/2007, de 16 de novembro, pelo que se aprovou o texto revisado da Lei Geral para a Defesa dos Consumidores e Usuários com a previsão do sistema arbitral de consumo no artigo 57, atualmente.[383]

A Lei de defesa dos consumidores afirma que incumbiria ao governo criar, após prévia audiência dos setores interessados e de associações de consumidores usuários, um sistema arbitral que atendesse e resolvesse com caráter vinculante e executivo para ambas as partes sem formalidades especiais, queixas e reclamações originadas de conflitos surgidos em relações de consumo.[384]

Quanto a sua caracterização, as juntas arbitrais têm natureza pública, sendo que o presidente é sempre funcionário da Administração, ficando assegurada a participação de representantes de fornecedores e consumidores na solução dos conflitos, a fim de proporcionar a igualdade de tratamento. Portanto, após funcionar em caráter experimental a arbitragem de conflitos de consumo na Espanha com natureza pública, orgânica e institucional, em 1988,

---

[378] Disponível em: <http://portal.mj.gov.br/main.asp?ViewID=%7BF1FE712C-5F2A-407D-AA37-22786B860046%7D&params=itemID=%7B1A043C30-25C4-4DC6-A708-013D00747459%7D;&UIPartUID=%7B2868BA3C-1C72-4347-BE11-A26F70F4CB26%7D>. Acesso em 12 mai.2014.

[379] Conforme esclarece MARTÍNEZ, Maria. *Reformas en el arbitraje de consumo:* Real Decreto 231/2008, de 15 de febrero, por el que se regula el Sistema Arbitral de Consumo. Disponível em: <http://www.codigo-civil.info/nulidad/lodel/document.php?id=60219>. Acesso em: 15 out. 2012.

[380] ESPANHA. *Ley 44*, de 29 de dezembro de 2006. Disponível em: <http://www.boe.es/boe/dias/2006/12/30/pdfs/A46601-46611.pdf>. Acesso em: 15 out. 2012.

[381] ESPANHA. *Real Decreto 231*, de 15 de fevereiro de 2008. Disponível em: <http://www.camarasalamanca.com/juridica/documentos/Sistema_Arbitral_de_Consumo.pdf>. Acesso em: 30 jul. 2012.

[382] ESPANHA. *Lei Geral para a Defesa dos Consumidores e Usuários*, de 19 de Julio de 1984. Disponível em: <http://www.consumo-inc.gob.es/queeselinc/pdf/TRLGDconsumidores.pdf>. Acesso em: 15 maio 2013.

[383] Ibid.

[384] Ibid..

foi editada a primeira lei de arbitragem espanhola (Lei 36/88), a qual foi substituída em 2003.

Mesmo antes desta regulação, foi editado o Real Decreto nº 636/93, que dispunha sobre o sistema de arbitragem de consumo na Espanha, detalhando o objeto das arbitragens, constituição e funcionamento das juntas arbitrais, aperfeiçoamento do convênio arbitral, laudo arbitral de consumo e feições gerais do sistema arbitral de consumo, substituído em 2008 pelo mencionado Real Decreto 231.

As Juntas podem ter caráter municipal e até nacional, sendo que estas conhecem apenas das reclamações apresentadas por associações de consumidores que atuam em mais de uma comunidade autônoma decorrentes de reclamações que também superem este limite territorial.[385] O próprio governo espanhol disponibiliza esclarecimentos de como funciona o sistema para os usuários terem acesso, conforme suas necessidades.[386]

Incumbe às Juntas nomear o Presidente de cada colégio arbitral designado para a solução de dado litígio em particular, que deverá ser funcionário da administração e bacharel em direito. A composição de cada colégio arbitral é sempre de três membros. Escolhido o presidente pelo critério já mencionado, os outros dois devem pertencer a uma associação de empresários e de consumidores respectivamente. As juntas mantêm listas atualizadas com os nomes das pessoas autorizadas a funcionarem como árbitros ou presidente em colégio arbitral.

Cruz Villalón assevera sobre o legislador, quanto à autonomia da vontade na arbitragem:

> Se equivoca cuando pretende imponer el procedimiento arbitral como obligatorio. Para empezar, la fórmula legal empleada por el real decreto ley traspasa las líneas rojas de la constitucionalidad. Conforme a la jurisprudencia constitucional, el arbitraje obligatorio impuesto desde la ley solo es admisible en casos excepcionales que no concurren en el caso previsto en esta ocasión.[387]

José Maria de La Cuesta Saenz, destaca *a voluntariedade* – decorrência da Lei que instituiu o sistema arbitral de consumo na Espanha, a vontade livre de vícios das partes deve estar presente para que se possa recorrer à arbitragem.[388] De outro lado, do mesmo modo que está posto no Brasil (art. 51, VII, da Lei 8.078/90), a cláusula compromissória em contrato de consumo é despida de efeito obrigacional em relação ao consumidor.

Estudioso do tema, Marcos Paulo Veríssimo afirma que na Espanha:

---

[385] Informações disponíveis em: <http://www.consumo-inc.es/Arbitraje/home.htm>. Acesso em: 5 de mar. 2013.

[386] Informações disponíveis em: <http://www.consumo-inc.gob.es/arbitraje/organo.htm>. Acesso em 15 maio 2013.

[387] HERRERA DE LAS HERAS, Ramón. *La autonomía de la voluntad en el arbitraje y en la mediación:* jurisprudencia constitucional española y experiencias en el ámbito del consumo. Disponível em: <http://mercantil.blogs.lexnova.es/2011/06/29/una-reflexion-acerca-del-arbitraje-de-consumo-en-espana/>. Acesso em: 12 mar. 2013.

[388] DE LA CUESTA SAENZ, José Maria. Introduccion al arbitraje de consumo. *Revista de Derecho Privado*, p.121-129, feb. 1997.

[...] seria de se esperar que a classe empresarial viesse a boicotar sistematicamente o desenvolvimento do sistema arbitral de consumo, preferindo, sempre, que as reclamações feitas por consumidores fossem remetidas à via jurisdicional ordinária, inimaginavelmente mais lenta e cujos custos normalmente levariam a maior parte das queixas ao esquecimento. Todavia, o Real Decreto 636/93 criou uma forma bastante inteligente de tornar atrativa a via arbitral para o empresariado, através da criação de um distintivo, conhecido por contraseña, que é outorgado às empresas que se obrigarem à submissão ao sistema arbitral mediante oferta pública (artigo 7º).Esse distintivo, consiste em um selo em que três setas brancas convergem para o centro de um quadrilátero alaranjado, é, então utilizado pelas empresas com fins publicitários, constituindo um atrativo que se agrega a seus produtos e gera segurança quanto à sua qualidade.

Para submeter-se ao sistema arbitral mediante oferta pública, o fornecedor firma convênio com uma Junta Arbitral de Consumo, onde consta o âmbito de sua extensão, submissão aos termos do Real Decreto 636/93, o compromisso de cumprimento do laudo e o prazo de validade da oferta (na sua omissão entende-se indeterminado).

Outra característica da arbitragem é *gratuidade*, ela está mencionada na atual lei espanhola sobre o tema e restringe-se à arbitragem de consumo. Às partes incumbe apenas despesas decorrentes da produção de provas, ainda assim dividem-se as despesas daquelas de interesse comum.

O *caráter vinculante e executivo dos laudos* é outro traço marcante do instituto. Assim, para os fornecedores previamente participantes da arbitragem, basta que o consumidor formule a solicitação de arbitragem para que o convênio se aperfeiçoe imediatamente.

Quando o fornecedor ainda não participa do sistema ele é notificado para aderir ou recusar a arbitragem no prazo de 15 (quinze) dias.

Firmado o convênio as partes ficam vinculadas à arbitragem, o mesmo ocorrendo com os árbitros designados pela Junta que tenham aceito o encargo. Se ainda assim uma das partes pretender levar a demanda à justiça comum, a parte interessada pode opor exceção de incompetência de jurisdição. De outro lado, nem mesmo a inércia das partes impede a prolação da decisão, tampouco sua força definitiva e executória. Esta possui a eficácia das sentenças judiciais, fazendo coisa julgada, além disso, permite que sua *execução* seja realizada no juízo de primeira instância do lugar em que houver sido proferido.

Por fim, a *celeridade* e a *unidirecionalidade* do sistema – característica presente apenas na arbitragem de consumo – está umbilicalmente ligada à vulnerabilidade que permeia o conceito de consumidor. Este princípio veda a possibilidade de reconvenção do fornecedor em face do consumidor.

No que respeita ao procedimento arbitral, basta o nascimento de um conflito de consumo para que o consumidor decida por sua solução pela via arbitral. Isso se faz por meio de uma associação de classe ou por iniciativa própria sem a necessidade de representação de advogado.

Apresentada a solicitação à Junta Arbitral competente, o fornecedor é notificado para firmar convênio arbitral (caso ainda não o tenha feito) quando então o convênio se instaura pela simples apresentação da solicitação do consumidor. A recusa da solicitação poderá ser feita pelo Presidente da Junta

Arbitral nos casos de matéria não arbitrável ou quando envolver indícios consideráveis de delito.

Superada a formalização do convênio o procedimento se inicia pela designação do Colégio Arbitral (conforme visto anteriormente). Ouvidas as partes em audiência ou por escrito, tenta-se a conciliação. Caso seja necessária a produção de provas, elas serão requeridas pelas partes, e sua produção passa pelo crivo do colégio, que pode inclusive requisitá-las de ofício.

Produzidas as provas, o laudo deverá ser proferido. Seus requisitos são: local e data, nome das partes e árbitros com suas respectivas qualificações, os pontos controvertidos objeto da arbitragem, suma das alegações das partes, provas, prazo para cumprimento do laudo, voto da maioria e do presidente quando não unânime. Contra o laudo cabe "recurso de anulação".

Segundo Martínez, quinze anos depois do Real Decreto 636/1993,

> el arbitraje de consumo parece alternativa exitosa para la resolución de conflictos. La Web del Ministerio de Sanidad y Consumo da a conocer que cada año se presentan en España unas 60.000 solicitudes de arbitraje incluidas las de todas las juntas arbitrales de consumo (municipales, de mancomunidad, provinciales, autonómicas y nacionales).[389]

No Brasil, apesar da existência da Lei de Arbitragem (Lei 9.307/96), não há a tutela específica na área de defesa do consumidor, o que vem sendo defendido desde a década passada por alguns estudiosos sobre o tema.

José Celso Martins, inclusive, comenta sobre a experiência espanhola em arbitragem de consumo:

> A experiência mais profícua é a da Espanha, onde associações de consumidores organizaram tribunais arbitrais, e os fornecedores que se submetem à convenção arbitral são preferidos na prática comercial. A União Européia tenta agora estender a experiência espanhola ao resto dos Estados membros.[390]

Contudo, persiste no país a discussão acerca da possibilidade do uso de tal instituto, já que alguns autores entendem vedada sua aplicação às relações de consumo, ante a previsão do artigo 51, IV e VII, do Código de Defesa do Consumidor, o qual refere serem nulas as cláusulas contratuais que imponham o uso da arbitragem.[391]

Conforme o Grupo de Estudos sobre a solução extrajudicial de estudos de conflitos transfronteiriços no âmbito civil e mercantil, da Comunidade de Trabalho dos Pirineos, recentemente, foi divulgado que

> El Ministro de Justicia, Alberto Ruiz Gallardón enumeró en la Asamblea de Cámaras de Comercio, los procesos en los que podrá aplicarse la Ley de Mediación en Asuntos Civiles y Mercantiles, publicada en el BOE el pasado 7 de julio, con la que se prevé que la resolución de los conflictos no se demore más de un mes frente a los varios años que suele suponer un proceso judicial. Esta

---

[389] MARTÍNEZ, 2012.

[390] MARTINS, José Celso. *A nova Lei Arbitral Brasileira:* temores e preconceitos. Disponível em: <http://www.arbitragem.com.br/artigos.htm#3aa>. Acesso em: 30 jul. 2012.

[391] Lei 8.078/90 dispõe no Art. 51. "São nulas de pleno direito, entre outras, as cláusulas contratuais relativas ao fornecimento de produtos e serviços que: IV – estabeleçam obrigações consideradas iníquas, abusivas, que coloquem o consumidor em desvantagem exagerada, ou sejam incompatíveis com a boa-fé ou a equidade; VII – determinem a utilização compulsória de arbitragem [...]".

Ley está a punto de echar a rodar mediante la promulgación de dos reales decretos que crearán el Registro de Mediadores e Instituciones de Mediación, fijarán la formación específica que necesitarán estos operadores y establecerán la mediación a través de medios electrónicos.[392]

Cláudia Lima Marques, acerca da imposição da arbitragem como meio de solucionar os conflitos relacionados a consumo afirma que

as cláusulas contratuais que imponham a arbitragem no processo criado pela nova lei devem ser consideradas abusivas, forte no art. 4º, I e V, e art. 51, IV e VII, do CDC, uma vez que a arbitragem não-estatal implica privilégio intolerável que permite a indicação do julgador, consolidando um desequilíbrio, uma unilateralidade abusiva ante um indivíduo tutelado especialmente justamente por sua vulnerabilidade presumida em lei. No sistema da nova lei (arts. 6º e 7º da Lei nº 9.307/1996), a cláusula compromissória prescinde do ato subseqüente do compromisso arbitral. Logo, por si só, é apta a instituir o juízo arbitral, via sentença judicial, com um só árbitro (que pode ser da confiança do contratante mais forte, ou por este remunerado); logo, se imposta em contrato de adesão ao consumidor, esta cláusula transforma a arbitragem "voluntária" em compulsória, por força da aplicação do processo arbitral previsto na lei.[393]

Outros autores, no entanto, consideram o artigo 4º, § 2º, da Lei de Arbitragem como possibilidade jurídica de utilização da arbitragem nas relações consumeristas, desde que atendidos os requisitos desse dispositivo legal.[394]

Este é o entendimento, dentre outros, de Zelmo Denari, o qual adverte que

esse dispositivo da lei de arbitragem não é incompatível com o CDC, art. 51, VII, razão pela qual ambos os dispositivos legais permanecem vigorando plenamente. Com isso queremos dizer que é possível, nos contratos de consumo, a instituição da cláusula de arbitragem, desde que obedecida, efetivamente, a bilateralidade na contratação e a forma da manifestação da vontade, ou seja, de comum acordo.[395]

Analisando a experiência espanhola, bem como a litigiosidade exacerbada que envolve relações consumeristas, entende-se que a arbitragem poderia ser uma alternativa positiva no Brasil para dirimir conflitos, especialmente pela celeridade e gratuidade que envolvem o instituto. Isso desoneraria o Poder Judiciário de diversas demandas, muitas vezes de pequeno valor e relevância, e propiciaria uma resposta mais rápida e, quiçá, mais satisfatória aos envolvidos. Afinal, não se pode esquecer que a sentença judicial, no mais das vezes, desagrada uma das partes. Já o árbitro poderá atuar com maior proximidade dos interessados, buscando, pela manifestação destes, a melhor solução.

---

[392] Notícia esta, dentre outras relevantes sobre mediação e arbitragem na Espanha, disponível no *site* <http://www.mediacionarbitraje.eu/?cat=26>. Acesso em: 13 dez. 2012.

[393] MARQUES, Cláudia Lima. *Comentários ao Código de Defesa do Consumidor*. 4. ed. São Paulo: Revista dos Tribunais, 2004a, p. 635.

[394] Lei 9307/96 Art. 4º "A cláusula compromissória é a convenção através da qual as partes em um contrato comprometem-se a submeter à arbitragem os litígios que possam vir a surgir, relativamente a tal contrato. § 2º Nos contratos de adesão, a cláusula compromissória só terá eficácia se o aderente tomar a iniciativa de instituir a arbitragem ou concordar, expressamente, com a sua instituição, desde que por escrito em documento anexo ou em negrito, com a assinatura ou visto especialmente para essa cláusula." (BRASIL. *Lei 9.307/96*: Lei de arbitragem. Disponível em: <http://www.planalto.gov.br>. Acesso em: 2013).

[395] GRINOVER, Ada Pellegrini (Org.). *Código Brasileiro de Defesa do Consumidor comentado pelos autores do anteprojeto*. 8. ed. São Paulo: Forense Universitária, 2004. p. 582.

Respeitando os entendimentos diversos, entende-se que não há qualquer vedação legal no sistema jurídico brasileiro para o uso desse instituto. O que resta vedado é a previsão contratual de cláusula que obrigue o uso da arbitragem. Mas em não havendo tal imposição, respeitando-se a autonomia da vontade dos contratantes, estes podem deliberar pelo caminho da arbitragem, inclusive com menor custo que os processos judiciais e, certamente, com maior celeridade.[396]

No âmbito internacional, a arbitragem possui grande adesão, sendo relevantes algumas considerações sobre como os pactos acerca do tema vêm funcionando e são internalizados no Brasil.

Para Delgado, a tendência moderna, em vários países, dentre eles o Brasil, é seguir a Lei Modelo da United Nations Commission on International Trade Law (UNCITRAL), de 21/06/1985: Canadá, Chipre, Austrália, Bulgária, México, Escócia, Federação Russa, Peru, Nigéria, Tunísia, Hong Kong, Ucrânia, Hungria, Egito, Cingapura e vários Estados dos Estados Unidos incorporaram a Lei Modelo da UNCITRAL, na sua íntegra ou pelo menos em grande parte, na sua legislação interna, a qual é aplicável, tão somente, à arbitragem comercial internacional.[397]

Segundo o autor, o reconhecimento e execução de sentenças arbitrais estrangeiras, no Brasil, obedecem às regras seguintes:

> o tema é regulado pelos arts. 34 a 40, da Lei nº 9.307, de 23/09/1996; princípios a serem obedecidos: a) só será reconhecida e executada no Brasil se se apresentar conforme com os tratados internacionais com eficácia no ordenamento jurídico interno; b) na ausência de tratados só se estiverem de acordo com os termos da Lei nº 9.307, de 23/09/1996;- ser homologada pelo Supremo Tribunal Federal;- a homologação pelo STF obedece, no que couber, aos arts. 483 e 484, do CPC, e ao regimento Interno daquela Corte [...].[398]

Por fim, o autor refere que existem inúmeros Tratados multilaterais importantes sobre a arbitragem privada pelo mundo, desde 1923.[399] Tais constatações demonstram que a arbitragem é uma via a ser mais explorada para a questão específica da rotulagem de alimentos e a precaução do risco, haja vista sua aceitação por diversos países. Com isso, sem se esquecer do contexto da globalização, eventuais medidas preventivas ou até mesmo repressivas quando algum dano já tivesse ocorrido a consumidores, poderiam ser tratadas pelos tribunais de arbitragem, evitando a morosa e burocrática via do Direito Internacional e as respectivas Cortes.

---

[396] Na Espanha, a aposta mais recente no uso da mediação e arbitragem está na elevação das taxas do judiciário, fazendo com que os custos todos do processo sejam suportados pelo litigante, sem qualquer subsídio do Poder Público, o que se acredita atrairá ainda mais seguidores para o uso destas vias alternativas à Justiça Comum, conforme o Grupo de Estudos sobre a solução extrajudicial de conflitos transfronteiriços no âmbito civil e mercantil dos Pirineus, disponível no site <http://www.mediacionarbitraje.eu/?p=5238>. Acesso em: 12 dez. 2012.

[397] DELGADO, José Augusto. A arbitragem no Brasil: a evolução histórica e conceitual. Disponível em: <http://www.escolamp.org.br/arquivos/22_05.pdf>. Acesso em: 14 jan. 2013.

[398] DELGADO, 2013.

[399] Ibid.

Entretanto, existe no Brasil outro instrumento que vem ganhando cada vez mais uso e auxiliando no enfrentamento extrajudicial de questões relevantes, inclusive para a proteção de direitos fundamentais transindividuais, qual seja, o Inquérito Civil, assim como as audiências públicas que ocorrem nessa esfera de atuação.

4.3. O inquérito civil e o compromisso de ajustamento de conduta no Brasil

O Inquérito Civil é instrumento preparatório para o ajuizamento de eventual ação civil pública previsto na Lei Federal brasileira nº 7.347, de 24 de julho de 1985, artigos 8º e 9º, como instrumento apto a conter os elementos referentes a eventual investigação acerca das matérias previstas na mencionada normativa.

Seguindo-se à Lei nº 7.347/85, a Constituição de 1988 consagrou o inquérito civil (art. 129, III); a Lei nº 7.853/89, que dispôs sobre a proteção às pessoas portadoras de deficiência, também fez referência ao inquérito civil; da mesma forma o fizeram o Estatuto da Criança e do Adolescente (ECA – art. 210 da Lei nº 8.069/90), o Código de Defesa do Consumidor (CDC – art. 90 da Lei nº 8.078/90), a Lei Orgânica Nacional do Ministério Público (LONMP – art. 25, IV, da Lei nº 8.625/93) e a Lei Orgânica do Ministério Público da União (LOMPU – art. 7º, I, e 38, I, da LC federal nº 75/93).

Na palavras de Sílvia Cappelli,

o inquérito civil pode ser definido como um procedimento administrativo, de caráter pré-processual e inquisitorial, de âmbito interno do Ministério Público que, presidido diretamente pelo Promotor de Justiça, permite a coleta de provas para embasar o ajuizamento das ações cabíveis à tutela dos bens para os quais a legislação o legitime, especialmente, para a ação civil pública.[400]

Hugo Nigro Mazzilli, por sua vez, refere

inquérito civil é um procedimento administrativo investigatório a cargo do Ministério Público; seu objeto é a coleta de elementos de convicção que sirvam de base à propositura de uma ação civil pública para a defesa de interesses transindividuais — ou seja, destina-se a colher elementos de convicção para que, à sua vista, o Ministério Público possa *identificar ou* que a lei exige sua iniciativa na propositura de alguma ação civil pública.[401]

O autor complementa, esclarecendo que "subsidiariamente, serve, ainda para que o Ministério Público prepare a tomada de compromissos de ajustamento de conduta ou realize audiências públicas e expeça recomendações dentro de suas atribuições".[402]

---

[400] CAPPELLI, Sílvia. *O Ministério Público e os instrumentos de proteção ao meio ambiente*. Disponível em: <http://www.mp.rs.gov.br/ambiente/doutrina/id14.htm>. Acesso em: 14 jan. 2013.

[401] MAZZILLI, Hugo Nigro. *Pontos controvertidos sobre o inquérito civil*. Disponível em: <http://www.mazzilli.com.br/pages/artigos/pontoscontic.pdf>. Acesso em: 12 jan. 2013.

[402] MAZZILLI, Hugo Nigro. *A defesa dos interesses difusos em juízo*: meio ambiente, consumidor e outros interesses difusos e coletivos. 13. ed. São Paulo: Saraiva, 2001. p. 322.

A legitimidade para a instauração pertence somente ao Ministério Público, conforme preconiza a lei em comento, no artigo 8º, § 1º. O membro do Ministério Público (da União ou Estadual) pode instaurar a investigação a partir do comparecimento de qualquer reclamante na Promotoria, reduzindo a reclamação a termo; mediante representação, ou mesmo, de ofício, a partir de notícias veiculadas pela imprensa escrita, falada ou televisada, nestas últimas hipóteses requisitando o material. Trata-se, contudo, de medida facultativa.

Havendo elementos suficientes com a representação ou com as peças de informação, poderá o Ministério Público, desde já, ajuizar ação cabível, de abrangência transindividual, na defesa dos consumidores, do meio ambiente, da ordem urbanística, de bens e direitos de valor artístico, estético, histórico, turístico e paisagístico quer civil, quer penal. As investigações procedidas em âmbito de inquérito civil, se suficientes, podem dispensar a prévia apuração criminal.

Por meio do inquérito civil, pode, no entender da doutrina majoritária, o Ministério Público investigar previamente fatos que ensejem a propositura de quaisquer ações civis públicas a seu cargo outra, de que poderia instaurá-lo não só nos casos previstos na Lei da Ação Civil Pública, como em todos os casos de atribuições afetas ao Ministério Público e até mesmo servir de base para a propositura de ação penal.[403]

O inquérito civil caracteriza-se, na verdade, como um *procedimento* para colher elementos ou informações com o fim de formar-se a convicção do órgão do Ministério Público para eventual propositura ou não da ação civil pública. Assim, não sendo *um fim em si mesmo*, o inquérito civil não é contraditório; é o mesmo que ocorre com o inquérito policial.Pode-se facultar o contraditório no inquérito civil, sob juízo de conveniência do presidente do inquérito civil.[404]

O procedimento em análise está sujeito aos princípios da publicidade, salvo se o Ministério Público teve acesso a informações sigilosas que integram os autos, e se da publicidade resultar prejuízo à investigação ou ao interesse da sociedade. Fora dessas hipóteses, salienta Mazzilli,

> qualquer interessado terá direito à expedição de certidões e, ao fim das investigações, deve-se dar ampla publicidade ao que nele foi apurado, inclusive para que os interessados possam arrazoar perante o Conselho Superior, quando da revisão do arquivamento, ou propor diretamente a ação civil pública na qualidade de co-legitimados natos e autônomos.[405]

Assim, após a coleta de dados inerentes e necessários à investigação instaurada pelo Ministério Público, este decidirá se é necessário o ajuizamento de uma ação civil pública contra o investigado, pessoa física ou jurídica, ou se nada for confirmado, promoverá o arquivamento. Este ato, por sua vez, é submetido ao Conselho Superior do Ministério Público, para revisão, no prazo de três dias, conforme artigo 9º, §§ 1º a 3º, da Lei nº 7.347/85, o qual poderá facultar o arrazoamento às associações interessadas. Do arquivamento devem

---

[403] *Código de Processo Civil comentado*: notas ao art. 8º da LACP. 3. ed. São Paulo: Revista dos Tribunais, 1997.
[404] MAZZILLI, 2013.
[405] MAZZILLI, 2001, p. 323.

ser cientificados os interessados. O Conselho Superior, por sua vez, poderá homologar a promoção de arquivamento, reformar esta, determinando a propositura de ação civil pública ou determinar novas diligências.

Contudo, ainda é possível conclusão diversa por parte do Promotor de Justiça que atuou no Inquérito Civil. Pode ele, em vez de arquivar ou pedir diligências dentro do procedimento, entender que o mais eficaz e adequado ao caso concreto seria a assinatura de um compromisso de ajustamento de conduta do(s) investigado(s) com o Ministério Público, visando à adequação daquele(s) às normas estabelecidas pela legislação aplicável, com eventual fixação de multa cominatória e de medidas compensatórias aos danos irreversíveis, em considerando as características destes. Este compromisso será título executivo extrajudicial, como refere o artigo 5º, § 6º, da Lei nº 7.347/85, podendo ser executado diretamente se necessário.

Além das já citadas, são outras características desse compromisso a dispensa de testemunhas instrumentárias e não ser colhido, tampouco homologado em juízo.

Nesse sentido, se o compromisso de ajustamento for devidamente cumprido, ensejará o arquivamento do Inquérito Civil e a remessa deste ao Conselho Superior do Ministério Público, consoante esclarecido, para, se for o caso, o arquivamento total ou parcial. Contudo, em existindo a necessidade, incumbirá ao órgão do Ministério Público que realizou o compromisso a fiscalização deste até o integral adimplemento.

Caso não seja cumprido o pactuado, haverá, pois, a possibilidade de execução por obrigação de fazer ou não fazer, caso não haja multa aplicada, diretamente no Poder Judiciário. Se houver multa cominatória, caberá, então, execução por quantia certa no caso do descumprimento da obrigação de fazer, conforme o Código de Processo Civil brasileiro, no art. 585, inciso II.[406]

Contudo, não se pode deixar de mencionar que, havendo a discordância de qualquer colegitimado à ação civil pública ou coletiva em relação ao compromisso de ajustamento de conduta pelo órgão público, poderá desconsiderá-lo e buscar diretamente os meios jurisdicionais cabíveis, como ressalta Mazzilli.[407]

No que tange aos efeitos do compromisso de ajustamento de conduta, o mesmo doutrinador também esclarece que ocorrem

> a partir do instante em que é tomado pelo órgão público legitimado. Isso significa que nada obsta a os próprios interessados, no termo de compromisso celebrado perante órgão do Ministério Público, difiram a produção de seus efeitos a partir do momento da homologação do arquivamento do inquérito civil pelo Conselho Superior da Instituição, o que até poderá ser razoável ou conveniente [...].[408]

---

[406] BRASIL. *Código de Processo Civil brasileiro*. 1973. Disponível em: <http://www.planalto.gov.br/ccivil_03/leis/L5869.htm>. Acesso em: 18 jan. 2013.
[407] MAZZILLI, 2001, p. 298.
[408] Ibid., p. 298.

De outra banda, o compromisso em análise poderá ser declarado nulo ou anulado da mesma forma que os demais atos jurídicos, consoante dispõe o Código Civil brasileiro, bastando a adoção da medida pertinente em juízo, quais sejam, ações declaratórias de nulidade ou anulatórias para tanto.

Entende-se que esse instrumento de investigação extrajudicial é uma ferramenta importante para a fiscalização de fornecedores e produtores de bens de consumo e serviços, especialmente pela sua função coercitiva e pela efetividade que o compromisso de ajustamento de conduta muitas vezes tem demonstrado.

Trazendo para o caso concreto dos alimentos e a precaução quanto ao risco alimentar, no Ministério Público do Estado do Rio Grande do Sul, Brasil, muitos inquéritos civis são instaurados, e termos de ajuste de conduta assinados, com a finalidade de defesa dos consumidores, podendo o caso dos agrotóxicos ser utilizado como exemplo de aplicação deste procedimento para evitar a lesão pela ingestão de substâncias utilizadas nos alimentos.[409]

Também quanto à informação nos rótulos ou etiquetas relacionadas aos alimentos têm sido firmados termos de ajuste para se coibir ilícitos, ou seja, a circulação, venda e consumo de alimentos sem os esclarecimentos necessários para quem vai adquirir e ingerir estes. Neste sentido, interessante experiência e forma de encaminhamento do problema tem sido a cobrança da colocação de informações necessárias no rótulo dos alimentos ou, quando produtos sem invólucro, como frutas e legumes, por exemplo, em locais visíveis próximos a estes, constando a procedência:local da produção, nome do produtor e registro deste,[410] a fim de viabilizar a rastreabilidade destes e a checagem das substâncias nele colocadas.

Tais procedimentos têm feito com que os órgãos pactuantes, como agências de vigilância sanitária, Secretarias Municipais e Estaduais de Saúde, Secretarias Municipais e Estaduais de Meio Ambiente, empresas privadas e instituições públicas relacionadas ao tema fiscalizem a qualidade dos alimentos ainda que por amostragem, mormente quanto à quantidade de agrotóxicos, os quais estão sendo disponibilizados aos consumidores.

A ideia poderia, portanto, também ser ampliada para a fiscalização permanente quanto ao uso de outras substâncias maléficas ou de efeitos desconhecidos ao ser humano, como os transgênicos. Por exemplo, se o alimento é feito integralmente por organismos geneticamente modificados, ou parcialmente, visando a minimizar as hipóteses de problemas de saúde, em especial alergias, cujas origens ainda são desconhecidas.

---

[409] Vide exemplo sobre termo de compromisso de ajustamento de conduta nos anexos deste trabalho, como o Inquérito Civil nº 167/2009 – MP/RS.

[410] Ilustrativo, nesse sentido, mencionar que por vezes, para atingir seus objetivos, o poder público, de um modo geral, firma termos de cooperação, destacando a atribuição de cada ente público e também particulares, se estes existirem, quando não haverão ônus monetários para quaisquer dos envolvidos. Via de regra, nesses casos, o descumprimento pelo cooperado, da sua participação assumida, será o ajuizamento de ação civil ou penal cabível. Exemplo de interessante termo foi o do Estado do Paraná, que versa sobre o envolvimento de uma Rede de estabelecimentos para rastrear produtos, a fim de evitar riscos aos consumidores, o que pode ser conferido no anexo pelo nome de Termo de Cooperação Técnica do Estado do Paraná/BR.

Conforme acima mencionado, a União Europeia[411] já trabalha com a rastreabilidade de produtos. Contudo, quando não há uma informação de sua origem na embalagem, por não haver rótulo ou estar irregular, fica difícil averiguar as informações e a composição e/ou a sanidade do alimento. Por isso, imprescindível a existência de informação correta e eficaz.

Na mencionada operação realizada pelo Ministério Público do Rio Grande do Sul e demais órgãos da segurança, foram firmados diversos compromissos de ajustamento de conduta envolvendo os fornecedores de leite, no sentido de que deixassem de comercializar leite adulterado, bem como de que pagassem valores em dinheiro para fundo ou órgãos conveniados, ou mesmo para que entregassem bens que revertessem em prol dos consumidores e sua segurança, com a entrega de veículos para a polícia, aparelhamento para os laboratórios de pesquisa, a fim de propiciar a cessação do problema e evitar sua repetição.[412]

Não se pode olvidar, entretanto, que todos os esforços para precaver os consumidores do risco à saúde ou à própria vida do dano alimentar podem não ser exitosos. Assim, é possível que alguém venha efetivamente a enfrentar problemas como as alergias já mencionadas, infecções, reações orgânicas das mais diversas, pelo singelo ato de comer determinada substância que lhe faça mal. Nesse sentido, quer-se dizer que todas as formas de prevenção propostas podem ser inexitosas, pois ainda assim o consumidor desatento, ou o fornecedor, o produtor, o comerciante podem não observar as normas acerca das informações necessárias para a proteção do consumidor. Nesse sentido, entende-se necessária, para reparação de danos o ingresso na via judicial, quando voluntariamente o autor do dano não o faça.

Por isso, tanto a responsabilidade civil, como a penal, entram em campo para atuarem contra os transgressores das regras preestabelecidas no que diz respeito à correção das informações nas etiquetas ou embalagens dos alimentos e, eventualmente, também pelos danos já causados em virtude dessa incorreção.

Mesmo esses ramos do Direito, incumbe destacar, devem ter uma abordagem atual, a fim de que possam efetivamente auxiliar principalmente a evitar novos atos ilícitos contra os consumidores. Desde já, destaque-se a preferência pela seara da responsabilidade civil, já que a criminal não trará a vítima ao *status quo* nem poderá compensá-la de qualquer forma, restando dissonante com a preocupação do Direito atual que é muito mais com a proteção da vítima e do homem como um todo, do que com o agente causador de danos. Para essa finalidade, busca-se na *Common Law*, especialmente dos Estados Unidos da América, novas funções à responsabilidade civil.

---

[411] Disponível em: <http://europa.eu/pol/food/index_pt.htm>. Acesso em: 28 jan. 2012.
[412] Disponível em: <http://www.ssp.rs.gov.br/?model=conteudo&menu=81&id=20241>. Acesso em dez. 2014.

5. A responsabilidade civil para precaução ao risco alimentar

Assim como se propuseram estratégias jurídicas extrajudiciais para a precaução do risco alimentar, é necessário refletir também sobre novos instrumentos judiciais para o enfrentamento do tema, ainda e sempre com o objetivo de proteger o direito fundamental à informação do consumidor para a precaver os riscos da alimentação, proporcionando uma efetiva segurança alimentar para o homem.

Não se pode desconhecer que mesmo havendo empenho do poder público e da sociedade civil, no âmbito coletivo ou individual, a inobservância das normas relacionadas ao tema da informação ao consumidor, bem como danos concretos à saúde e à vida deste acontecerão. Nesse sentido, poderá ser necessário recorrer ao Poder Judiciário para que este intervenha na situação concreta, visando a restabelecer o equilíbrio das relações jurídicas e a paz social. Daí o interesse em recorrer à responsabilidade civil, ramo do direito que se ocupa em indenizar e compensar danos, para que quando da violação das normas relacionadas à precaução do risco alimentar, algum consumidor tenha sofrido ameaça ou lesão efetiva a direito seu ou, abstratamente, direito dos consumidores de forma transindividual.

Sendo certo que esta área do direito civil busca cada vez mais a proteção do ser humano em todos os países onde é reconhecida, voltando-se para a proteção da vítima, também o é que as funções da responsabilidade civil têm sido muito mais desenvolvidas para colocar, sempre que possível, esta ao *status quo* em relação ao momento em que o dano ocorreu, não havendo uma preocupação em utilizar este importante ramo do direito para precaver novas ocorrências lesivas especialmente a direitos fundamentais.

5.1. As funções da responsabilidade civil

Como referido anteriormente, tem-se em conta que a informação dos consumidores é um direito fundamental, sendo certo que nesse sentido é merecedor de uma tutela diferenciada, já que protege bens jurídicos de especial relevância, como a saúde e a vida das pessoas.

Percebe-se também que o direito regulativo, sozinho, não está sendo suficiente dentro dessa atuação preventiva para evitar que os riscos abstratos, pela falta de observância das regras acerca da rotulagem de alimentos, tampouco os danos concretos que eventualmente advêm da falta de informação adequada.

Nesse mesmo sentido, os pressupostos da responsabilidade civil e sua função clássica de ressarcir os danos estão passando por grandes transformações *pari passu* com as transformações do Estado e do Direito. E nem poderia ser diferente, tendo em vista seu conteúdo.

Assim, o presente capítulo tem como objetivo verificar de que forma esse instituto, interpretado não só com base nas leis, mas sob a égide dos princípios constitucionais e, principalmente, para proteger direitos fundamentais, pode auxiliar a precaver os riscos à saúde e à própria vida humana quando inobservado o dever de informar correta e adequadamente as substâncias usadas em determinado alimento aos consumidores.

Em que pese o esforço para que outros meios jurídicos extrajudiciais possam colaborar na precaução desses riscos, trabalha-se neste estudo também com a hipótese de estes eventualmente não serem efetivos, persistindo, assim, na sociedade danos concretos aos consumidores pela falta ou incorreção de informações nos rótulos de alimentos. Neste caso, o direito possui como instrumento a teoria e a prática da responsabilidade civil, ramo pelo qual se busca o ressarcimento de prejuízos, sejam patrimoniais ou extrapatrimoniais.

Para tanto, deve-se destacar que o direito civil (e o direito como um todo) não pode ser objeto de análise "estritamente jurídica", até porque não está num compartimento estanque, imune aos movimentos sociais, políticos, econômicos, culturais, devendo, pois, amoldar-se às novas realidades e clamores de determinado momento histórico, sob pena de se tornar ineficaz.

Segundo Miguel Reale,[413] mais do que uma ciência jurídico-social, o direito é uma espécie de experiência cultural, conforme esclarece:

> Nesse universo cultural dinâmico, processual, integrativo, e interdisciplinar, o direito é uma espécie de experiência cultural, uma realidade de que resulta da natureza histórica e social do homem, apresentando-se sempre como uma síntese ou integração do ser e do dever-ser, de fatos e de valores, quer em experiências particulares, quer na experiência global dos ordenamentos objetivados na história.

Como decorrência desse dinamismo, tem-se que apesar de a responsabilidade civil possuir, em tese, uma finalidade eminentemente de proteção da esfera jurídica de cada pessoa (ou manutenção do *status quo ante*) por meio da reparação ou da compensação, quanto aos danos patrimoniais e extrapatrimoniais, respectivamente, a doutrina e a jurisprudência, em especial no ordenamento jurídico alienígena, preveem atualmente outras funções: *de punição (ou sancionatória) e prevenção (ou dissuasória)*, que pela repercussão no universo

---

[413] REALE, Miguel. *O direito como experiência*. apud MARTINS-COSTA, Judith. Os direitos fundamentais e a opção culturalista do novo Código Civil. In: SARLET, Ingo Wolfgang (Org.). *Constituição, direitos fundamentais e direito privado*. Porto Alegre: Livraria do Advogado, 2003. p. 74.

jurídico da contemporaneidade são merecedoras de reflexão para auxiliar no propósito de efetivar a segurança alimentar.

Especificamente quanto à Legislação relacionada aos consumidores, o Código de Defesa do Consumidor brasileiro, Lei nº 8.078/90, traz diversas previsões penais entre os artigos 61 a 80, inclusive específicas referentes à falta de informação.[414]

A União Europeia também possui ampla proteção aos Direitos dos consumidores,[415] sendo que o Código Penal espanhol possui previsões de sanções penais para os crimes contra os consumidores,[416] bem como a Itália, inclusive com penas exclusivas relacionadas aos alimentos,[417] somente para exemplificar as mudanças do Direito, apontando a possibilidade de se fazer uma análise de como utilizá-lo dentro da chamada "sociedade de risco", a fim de evitar que as ocorrências desta afetem o homem de maneira irreversível. Daí o interesse em buscar no Direito Civil respostas concretas às novas necessidades, deixando o Direito Penal como última alternativa.

Não se pode deixar de mencionar, ainda, que a responsabilidade civil, com suas funções de ressarcimento e compensação de danos, está prevista em diversas leis especiais em praticamente todos os países. Nesse sentido, as leis de defesas de consumidores, as leis de defesa do meio ambiente, etc. No Brasil, diretamente relacionada ao tema do trabalho, a própria manipulação de alimentos, regulada pela Resolução RDC nº 216/2004, dispõe sobre o "Regulamento Técnico de Boas Práticas para Serviços de Alimentação", estabelecendo, em seu item 4.12.1: "a responsabilidade pela atividade de manipulação dos alimentos deve recair sobre o proprietário ou funcionário designado, devidamente capacitado, sem prejuízo dos casos em que há previsão legal para responsabilidade técnica", sendo que as sanções estão na Lei nº 6.437/77. Esta responsabilidade se soma com a do produtor pelas informações que deve prestar acerca dos componentes de cada alimento, sendo esta responsabilidade pela informação adequada, prevista no Código de Defesa dos Consumidores (objetiva).

Há, portanto, uma preocupação com a regulação da matéria em todos os níveis possíveis no que tange a responsabilizar alguém por danos advindos do risco alimentar. Porém, salta aos olhos a falta de fiscalização efetiva dessas normativas pelos mais diversos fatores, e a ineficácia das mesmas para a proteção da saúde e da vida dos consumidores. Por isso, além da cobrança por uma fiscalização mais efetiva, incumbe ao Estado a busca de novas soluções a um problema cada dia mais frequente.

---

[414] BRASIL, Código de Defesa do Consumidor, 1990.

[415] Informações disponíveis no *site*: <http://ec.europa.eu/justice/consumer-marketing/law/index_en.htm>. Acesso em: 10 maio 2013.

[416] Sobre os delitos relativos ao mercado e aos consumidores na Espanha, interessante artigo de BERISTAIN, Arantza Libano, disponível em <http://libros-revistas-derecho.vlex.es/vid/delitos-relativos-mercado-consumidores-343362906>. Acesso em: 22 maio 2013.

[417] Importante artigo sobre o tema de autoria de RICCIARDI,G.L. está disponível em italiano no *site* <http://www.moedco.it/pdf/IGI_DISI5_Pag%2028-32.pdf>. Acesso em: 22 maio 2013.

5.2. Outras funções da responsabilidade civil – *exemplary damages* e *punitive damages* – para efetivar o direito fundamental à informação dos consumidores

É com esse espírito, visando a encontrar novas alternativas, que se busca uma reflexão acerca da proposta das funções punitivas e dissuasórias da responsabilidade civil para precaução do risco alimentar, as quais são tratadas pela doutrina especializada como *punitive damages* sob a tradução de "danos punitivos, indenização punitiva, pena privada, indenização exemplar," e agora *prestações punitivas ou dissuasórias* como se entendeu adotar,[418] dentre outras.

O que importa salientar, contudo, é que apesar do tratamento generalizado, a função da prestação punitiva, é uma; e a exemplar é outra, ainda que *o quantum* a ser pago pelo lesante, além da indenização/compensação, seja um único, fixado para ambas as finalidades. Ordinariamente, contudo, percebe-se a doutrina chamando de *punitive damages* o valor dessa condenação que serve para responsabilizar civilmente o agente, a título de punição, mas também está abarcando a dissuasão.

A intenção é utilizar essas funções da responsabilidade civil para punir civilmente o causador do prejuízo concreto, ou abstrato, provável à saúde e à vida humanas pela falta de informação adequada quanto aos componentes do alimento nas embalagens. E, ainda, dissuadir o mesmo e outros fornecedores de repetirem tal conduta.

Pertinente reiterar que as principais funções da responsabilidade civil continuam sendo a reparatória e a compensatória. Todavia, busca-se incitar a reflexão sobre a possibilidade de, em casos excepcionais, quando diga respeito ao direito fundamental à informação, de forma a proteger a saúde e a vida dos consumidores, serem vislumbradas outras funções a esse ramo do direito, como as funções dissuasória e punitiva.

Sobejam exemplos atuais de prejuízos a pessoas que ingeriram substâncias as quais de qualquer forma lhes geraram doença ou mal-estar. Mesmo que isto não viesse a ocorrer, seja por lealdade, honestidade, o produtor de determinado alimento, assim como aquele que o coloca à venda no comércio deve deixar claro os componentes desses bens, para que haja a opção pelo consumo de uns ou outros, o que nem sempre vem ocorrendo, seja por negligência, imperícia, seja por má-fé.

O caso emblemático, ocorrido recentemente na Europa, da carne de cavalo[419] consumida em alimentos que informavam nos rótulos "contém carne

---

[418] Consoante acima referido, a autora entende que tal denominação é mais autoexplicativa, pois o que se busca pelo instituto dos punitive damages é o pagamento de valores distintos daqueles para reparar e compensar. Portanto, são prestações outras. Como o fim destas é punir e/ou dissuadir, entende-se que a denominação prestação punitiva ou dissuasória é mais adequada dos que as traduções de danos punitvos ou indenizações punitivas (já que os valores não servirão para indenizar a vítima, conforme adiante será explicado).

[419] Informações disponíveis em: <http://noticias.band.uol.com.br/mundo/noticia/?id=100000574015>. Acesso em: 12 maio 2013.

bovina" é outro exemplo de que a atuação pode ser fraudulenta. Buscando provavelmente um lucro maior e mais fácil, o fornecedor engana o consumidor que acredita estar ingerindo um alimento, enquanto em verdade está ingerindo outro. O que se quer destacar é que, mesmo não havendo prejuízos à saúde ou à vida de quem consome esses produtos de forma concreta, tais condutas não podem passar despercebidas e indiferentes dentro da sociedade e pelo Direito, já que aqueles que assim agem denotam um total descaso para com seus semelhantes, pouco se importando com o que lhes venha a ocorrer.

Nesse sentido, com a mudança de paradigmas sociais, como no caso da sociedade de risco, é importante refletir sobre novas possibilidades dentro do Direito, para dar respostas efetivas aos problemas complexos que surgem como o risco alimentar. Daí a proposta de analisar também este instituto, completando, assim, a abordagem interdisciplinar e comparatista do tema, realizada desde o início, do direito brasileiro, espanhol e norte-americano.

Deve-se lembrar que as prestações punitivas e dissuasórias são tema bastante antigo na *Common Law* e, apesar de desenvolvido a partir do século XVIII com a denominação que possui atualmente, narra a doutrina sua formatação inicial remontar ao século XIII,[420] conhecida na época como *indenização múltipla*. Por esta, o autor do dano era sancionado pela imposição de reparação equivalente a um múltiplo do valor do dano sofrido pela vítima, a qual poderia se utilizar da ação civil para essa finalidade. A primeira previsão, consoante Robert Blakey, deu-se no *Statute of Councester*, da Inglaterra, em 1278.[421]

Sendo instituto conhecido internacionalmente, informa Judith Martins-Costa[422] que

> já nos anos 30 do século transcurso Pasquale Voci afirmava a vitalidade que o Direito Pretoriano conferia à pena privada no período clássico. Pena privada, entenda-se bem, não como pena aplicada pelos privados ou como resultado de uma justiça privada, mas como forma de punição atrelada ao *delictum*, conceito originalmente próprio ao *ius civile* e, por isso privada e, distinto do *crimen*, ato contrário ao Direito castigado pelo Direito Penal Público.

A *pena privada*, como conhecidos os *punitive damages* na Itália, era, como referido acima, a sanção a uma conduta, derivada de uma ação intentada por um privado, a qual aplicava uma diminuição do patrimônio do réu com o caráter punitivo e não ressarcitório, o que vem elucidado nas palavras de Paolo Gallo:

> Scopo delle varie actiones poenales private non era tanto il rissarcimento del danno quanto la sanzione, o la repressione di determinate condotte lesive di interessi privati come per esempio il furto, la rapina e cosi via, da attuarsi mediante la cominazione dell'obligo di devolvere somme più che compensative, multiple dei danni effettivamente subiti.[423]

---

[420] MACIOCE, Francesco. L'evoluzione della responsabilità civile nei paesi di common law. In: LA RESPONSABILITÀ civile nei sistemi di Common Law. Padova: Giuffrè, 1989. v. 1: Profili generali. p. 5.

[421] BLAKEY, Robert. *Of characterization and other matters: thoughts about multiple damages*. Disponível em: <http://www.law.duke.edu/shell/cite.pl?60+Law+&+Contemp.+Probs.+97+(Summer+1997)>. Acesso em: 5 maio 2006.

[422] MARTINS-COSTA, Judith. Os danos à pessoa no direito brasileiro e a natureza da sua reparação. *Revista dos Tribunais*, São Paulo, n. 789, jul. 2001. p. 45.

[423] GALLO, Paolo. *Pene private e responsabilità civile*. Milano: Giuffrè, 1996. p. 37.

Contudo, gradativamente foi havendo a chamada despenalização da responsabilidade civil, visando a uniformizar cada vez mais as regras desse instituto e a separar a responsabilidade civil do direito penal. O mencionado autor esclarece que a situação do tema nos países anglo-saxônicos da *common law*, em que os objetivos sancionadores da responsabilidade civil não estão mais separados de tudo, tem havido nos últimos tempos, sobretudo nos Estados Unidos, uma redescoberta *dei danni punitive*.[424]

A responsabilidade civil com finalidade de punir e dissuadir origina-se, dentro desse ramo do direito, nos países que adotam a *Common Law*, havendo o registro do primeiro caso conhecido com essa nomenclatura, na Inglaterra.

Todavia, com as adaptações e interpretações necessárias às famílias jurídicas às quais pertence cada país, percebe-se a expansão do instituto jurídico em apreço, já que *mutatis mutandis*, o tema da responsabilidade civil integra o ordenamento jurídico das mais diversas nações, ainda que com peculiaridades diferentes na sua disciplina. Os comparatistas, civilistas, enfim, estudiosos do Direito, realizam a análise de tal categoria não somente com uma visão pragmática, mas também utilitarista dos *punitive damages*, e mais recentemente com uma abordagem econômica destes, levantando os argumentos mais variados, a favor e contra seu uso, com o foco principalmente nos Estados Unidos, onde o tema é mais difundido, instigando grandes debates por todo o mundo. Nesse contexto, compreende-se uma abordagem adequada aos fins de precaução do risco alimentar, especialmente no que tange à função dissuasória.

Por ser o berço das prestações punitiva e dissuasória (ou exemplar), concentra-se o trabalho primeiramente no sistema anglo-saxônico, e mais detidamente nos Estados Unidos, onde maior evolução se deu nas últimas décadas, para, logo após, tecer algumas considerações em relação a outros países do Direito Continental, a fim de averiguar a possibilidade de inserção dessas funções aos sistemas mencionados para a proteção dos consumidores pela rotulagem dos alimentos para precaver o risco alimentar.

5.2.1. Os punitive damages no direito comparado: o tratamento do tema nos países da Common Law

As funções dissuasória e punitiva da responsabilidade civil tornaram-se conhecidas por meio dos *punitive* (ou *exemplary*) *damages*, expressão utilizada pela primeira vez em 1763, nos casos *Huckle v. Money*,[425] quando uma pessoa foi presa sem motivo, tendo permanecido no cárcere por seis horas; os julgadores entenderam oportuno conceder a ela uma quantia de trezentas Libras excedentes ao dano efetivamente sofrido; e, no mesmo ano no processo

---

[424] GALLO, 1996. p. 38.
[425] 95 Eng. Rep. 768 (K.B. 1763). *Case: Huckle v. Money*. (KOENIG, Thomas H.; RUSTAD, Michael L. *Defense of tort law*. New York: New York University, 2001. p. 14. Ver também GALLO, 1996, p. 47).

Wilkes v. Wood,[426] contra a mesma vítima, só que, desta feita, os funcionários do Rei George III arrombaram e fizeram buscas ilegais na residência, sem qualquer mandado judicial. Em ambos os casos, o lesado era um tipógrafo que tornava públicas as suas opiniões desfavoráveis ao Rei George III através da publicação de seus artigos. A imposição dos *punitive damages* foi justificada como forma de punir os funcionários do Rei e também para impedir que eles voltassem a violar os direitos dos cidadãos.[427]

Tais casos foram marcantes porque consagraram o princípio da reparação dos danos causados por funcionários do Rei, sendo o caso *Huckle* ainda mencionado quando estão em jogo situações de abuso de autoridade, ressaltando-se que ficaram célebres por isso e por terem sido as primeiras decisões a reconhecerem a existência novas funções na responsabilidade civil extracontratual.

As prestações punitivas e dissuasórias foram erguendo-se, assim, como *standards* do respeito pelo direito à reserva da vida privada e pela liberdade do indivíduo contra abusos de poder.[428]

> Além disso, o instituto também era utilizado quando não havia envolvimento de relações hierárquicas, mas entre particulares, para autores de insultos, assaltos e agressões físicas, violação de propriedade, ou ainda sedução de mulher donzela. A fim de verificar a necessidade de atribuição do instituto, os jurados observavam circunstâncias como a intenção do agente, a sua forma de atuação e a todas aquelas que rodeavam seu comportamento. Ou seja, utilizava-se a responsabilidade civil para punir e dissuadir condutas consideradas infames, intoleráveis, humilhantes, vexatórias, agressivas ou mesmo violentas, numa sociedade regida por rigorosos padrões morais.[429]

Com o tempo, os casos com aplicação dos *exemplary (ou punitive) damages* na versão em que hoje se apresenta foram se avultando, sendo que enquanto no continente europeu a pena privada entrava em desuso, na Inglaterra este ressurgia, lembra Paolo Gallo.[430]

Foi na segunda metade do século XX que houve efetiva disciplina da responsabilidade civil como um ramo autônomo do direito nos Estados Unidos. Isso porque com o crescimento da população e, principalmente, da industrialização, novos e maiores problemas surgiram do convívio social e daí a urgência de um aprimoramento jurídico para dirimir os conflitos que passavam a se acumular, dentre estes as lesões aos consumidores, como ocorre novamente no mundo contemporâneo.

Note-se que não há uma definição ou estreitamento do tema com o risco de uma segurança alimentar propriamente, mas é esse o ponto onde se quer

---

[426] 98 Eng. Rep. 489 (K.B. 1763). Neste caso, John Wilkes era um político opositor do regime do Rei George III, tendo denunciado o autoritarismo do monarca através de numerosos escritos, tendo o Tribunal declarado: "a jury have it in their power to give damages for more than the injury received. Damages are designed not only as a satisfaction to the injured person, but likewise, as a punishment".

[427] LOURENÇO, Paula Meira. Os danos punitivos. *Revista da Faculdade de Direito da Universidade de Lisboa*, Coimbra 2002. p. 1028.

[428] GOMES, Júlio Manoel Vieira. Uma função punitiva para a responsabilidade civil e uma função reparatória para a responsabilidade penal? *Revista de Direito e de Economia*, p. 105-144, 1989.

[429] GOMES, 1989, p. 1028-1029.

[430] GALLO, 1996, p. 48.

chegar, já que a situação atual traz realidade distinta da época em que os *punitive damages* começaram a ser usados.

Em tal quadrante histórico, dentro da evolução do Direito naquele país, inseriu-se a necessidade da disciplina da responsabilidade civil, o que se deu pelo instituto denominado *Tort Law*.

O Direito Norte-Americano tem como fontes precípuas a doutrina do precedente, *stare decisis*, pela qual as decisões devem estar baseadas na jurisprudência estabelecida em casos anteriores (*stare decisis et non quieta movere*), além da Lei escrita editada pelo Congresso e legislaturas estaduais do país, *Statute law*, e da *Equity*, conjunto de regras e modo de decidir que, baseadas em princípios de justiça,[431] melhor se adequam a casos concretos, vindo algumas a constituir regras gerais. Utilizam-se, ainda, do *Standard*, da *Costumary law*, e do *Restatement*.[432]

Para este trabalho, interessa o foco na denominada *Tort Law* (responsabilidade civil decorrente de atos ilícitos) a qual objetiva, resumidamente, proteger interesses pessoais e/ou sociais, restabelecendo a(s) pessoa(s), vítima(s) de determinado prejuízo, ao *status quo ante* (*compensatory damages*), além de punir o responsável (pessoa física ou jurídica) pela prática do dano causado a essa vítima e dissuadir este e a sociedade em geral de praticar semelhante conduta (*punitive damages e exemplary damages*).

A doutrina norte-americana define a *Tort* como "um evento que decorre da ação ou omissão de outra parte, que causa dano ao corpo humano ou à personalidade, à propriedade, ou aos interesses econômicos, em circunstâncias onde o direito considera justo obter uma compensação da pessoa que agiu ou deixou de agir".[433] Ou seja, aproxima-se da ideia de responsabilidade civil decorrente de atos ilícitos, correspondente nos países de cultura romano-germânica ao que se classifica como responsabilidade civil extracontratual.

Nessa esteira, o objetivo do ramo do direito que regula os atos ilícitos é eminentemente compensatório. Contudo, não é recente na *common law* o uso dos *punitive (ou exemplary) damages*, instituto que visa a punir o agente que causa um prejuízo a terceiro, bem como a dissuadir este e as demais pessoas da sociedade da prática de conduta semelhante, como se passa a analisar em seguida.

Os Estados Unidos da América são um país com muita utilização dos *punitive damages*, dentre os cinquenta estados norte-americanos é possível encontrar em cada uma das 44 unidades da federação que utilizam o instituto (já que seis não adotam os *punitive damages*: Louisiana, Massachussets, Michigan, New

---

[431] LEME, Lino de Moraes. *Direito civil comparado*. São Paulo: Revista dos Tribunais, 1962. p. 64.

[432] SILVEIRA, Alípio. *Introdução ao direito e à justiça norte-americanos*. São Paulo: Imprensa Oficial do Estado, 1962. p. 8-22. O autor esclarece que o *Standard* é direcionado ao julgador, tem por finalidade prescrever o tipo médio de conduta social correta, para categoria determinada de atos que se trata de julgar; O *Costumary law* é o costume jurídico resultante do uso continuado dos interessados, do povo, diferenciando-se dos precedentes judiciários. O *Restatement*, por sua vez, significa uma compilação impressa do direito norte-americano sobre determinados temas, realizado por juristas e promulgado pelo *American Law Institute*.

[433] SHAPO, Marshall S. *Principles of tort law*. 2. ed. Minessota, USA: Thompson West, 1999. p. 3.

Hampshire, Nebraska e Washington), bem como, entre a plêiade de juristas da *common law*, diferentes contornos para este.

Os *punitive damages* são assim definidos no *Restatement of torts*:[434] "damages, other than compensatory or nominal damages, awarded against a person to punish him for his outrageous conduct and deter him and others like him from similar conduct in the future." (Indenização que não a compensatória ou nominal, concedida contra uma pessoa para puni-la por sua conduta ultrajante e dissuadi-la e outras como ela, de praticarem condutas semelhantes no futuro).

Quanto à finalidade das prestações punitivas está bem estabelecida na manifestação do *Justice* Stevens,[435] membro da Suprema Corte Norte-Americana, quando do julgamento do paradigmático caso *BMW of North America, Inc. v. Gore*, o qual fixou novos parâmetros para a constitucionalidade da matéria naquele país:

> [...] Punitive damages may properly be imposed to further a State's legitimate interests in punishing unlawful conduct and deterring its repetition. (Prestações punitivas podem ser corretamente aplicadas para promover o legítimo interesse do Estado em punir condutas ilegais e em evitar sua repetição.

Aspecto que merece destaque no tema, como objeto principal deste trabalho, são os objetivos buscados com o uso desta prestação pecuniária referentes a danos extrapatrimoniais decorrentes de condenações advindas da prática de atos ilícitos, como a falta de informação adequada ou total falta de informação dos componentes nos alimentos. Além da fixação de um *quantum* com o fim de compensar (ressarcir, indenizar) o prejuízo sofrido por estas, ao aplicarem os *punitive* (ou *exemplary*) *damages*, normalmente vultosas quantias em dinheiro, o Estado norte-americano visa também a demonstrar que determinadas condutas são mais censuráveis e, portanto, não aceitas no país. Por isso, com a concessão dos *punitives*, se está igualmente pretendendo evitar que semelhantes condutas sejam praticadas e, consequentemente, outras vítimas (determinadas ou indeterminadas) lesadas.

Um exemplo citado amplamente difundido sobre o uso deste instituto relacionado ao risco alimentar foi o da contaminação de mais de 1500 pessoas nos Estados Unidos pela *Salmonella* em 2010, quando do consumo de ovos, diretamente ou alimentos que os utilizavam, advindos de uma determinada fazenda produtora.[436]

No caso concreto, a autora da ação disse à Comissão de Energia e Comércio dos Estados Unidos em Washington como ela ficou gravemente doente depois de comer pastéis de nata em uma festa de formatura. Sob a lei Iowa, Lewis tem direito à indenização de *punitive damages*, pois Wright County Egg,

---

[434] *Restatement (second) of torts* § 908 (1979). (LOURENÇO, 2002, p. 1030).

[435] BMW of North America, Inc. v. Gore, 517 U.S. 559 (1996). (ESTADOS UNIDOS DA AMÉRICA. Suprema Corte. *Opinion of justice stevens*. Disponível em: <http://www.cortland.edu/polsci/bmw.html>. Acesso em: 10 mar. 2005).

[436] Mais informações disponíveis em <http://www.foodsafetynews.com/2010/09/marler-clark-files-punitive-damages-against-wright-county-egg/#.Ujbh76yrSSp>. Acesso em: 10 set. 2013.

fornecedora, agiu deliberada e desenfreadamente em desrespeitar os direitos e a segurança dos outros. Em seu blog Marler, Advogado Marler, questionou quando os promotores irão intensificar, e notou a falta de processos contra empresas que fizeram os consumidores doente. "Isso realmente é deixado para o instrumento de contencioso cível, e *punitive damages*, em particular, para punir esses maus atores", escreveu ele em jornal de grande circulação.[437]

A situação até hoje não está resolvida no âmbito judicial, mas posteriormente ao fato, o ex-gerente da fazenda produtora foi acusado por ter autorizado funcionário da fazenda a pagar U$300,00 (trezentos dólares) para um fiscal federal ignorar violações de saúde na unidade e esta continuar distribuindo os ovos contaminados, colocando em risco os consumidores americanos. Acredita-se que mais de 2000 (duas mil) pessoas tenham ficado doentes à época pelo consumo dos ovos ou de alimentos contendo este.[438]

Nos Estados Unidos, os *punitive damages* têm sido aplicados reiteradamente, com as peculiaridades que variam de um Estado para outro da Federação, conforme referido, para os casos de negligência grosseira (*gross negligence*), responsabilidade objetiva (*strict liability*), responsabilidade civil pela quebra de alguns pactos contratuais. Talvez estas fossem as melhores fundamentações, no sistema da *Common Law*, para utilização dos *punitive damages*: a *gross negligence* e/ou a *strict liability*. Ou seja, ou por negligência grosseira do produtor, fornecedor ou do comerciante ou ainda, a responsabilidade sem culpa dessas pessoas na relação de consumo, mais conhecida como responsabilidade objetiva.

Por muito tempo entendeu-se que deveria haver a comprovação da culpa do agente e o grau em que esta se deu para que somente então pudesse ser considerada a hipótese de condenar a tais prestações. Todavia, apesar da divergência existente até hoje acerca da aplicação dos *punitive damages* à responsabilidade civil objetiva, com a contínua ocorrência de danos causados às pessoas, passou-se a entender a possibilidade de serem invocados em alguns casos, o que se acredita bem estaria caracterizada a hipóteses de danos advindos do consumo de alimentos sem a informação adequada na embalagem ou no anúncio de divulgação. Giulio Ponzanelli refere sobre o tema:

> La grande novità legata all'afermarsi del principio di *strict liability* sta nell fatto che la condotta del sogetto produttore è divenuta normalmente irrelevanti in termini di diritto, non essendo basata la sua responsabilità su una sua colpa, ma sul fatto oggetivo di avere colocado nel mercato um prodotto *unreasonably dangerous* o *defective*.[439]

A primeira vez que se falou em responsabilidade civil objetiva do produtor nos Estados Unidos foi em 1944, no caso *Escola v. Coca Cola Bottling Co. of*

---

[437] Informações em: <http://www.foodsafetynews.com/2010/09/marler-clark-files-punitive-damages-against-wright-county-egg/#.Ujbh76yrSSp>. Acesso em: 10 set. 2013.

[438] Disponível em: <http://www.foodsafetynews.com/2012/09/employee-of-egg-farm-linked-to-2010-salmonella-outbreak-tried-to-bribe-usda-inspector/#.UjbwwKyrSSo>. Acesso em: 10 set. 2013.

[439] PONZANELLI, Giulio. *I punitive damages nell'esperienza nordamericana. apud* LOURENÇO, 2002, p. 1039.

Fresno[440] quando uma garrafa de Coca Cola havia explodido na mão de uma garçonete, deixando-a gravemente ferida. Foi considerada a existência de defeito na garrafa, sendo que o *Justice* Traynor com seu voto divergente (pois o caso seria resolvido com base na negligência e no princípio *re ipsa loquitur*),[441] elenca as vantagens legais à introdução do regime da responsabilidade objetiva.

O que se percebe é o entendimento dos tribunais norte-americanos no sentido de que as prestações punitivas devem ser utilizadas quando houver a colocação no mercado de produtos perigosos ou defeituosos pelos fornecedores que conhecem tais vícios, ou não fazem os testes de segurança, demonstrando, assim, flagrante indiferença pela segurança, saúde ou bem estar dos consumidores. Nesse contexto o tema chama a atenção por se adequar aos objetivos atuais que o Direito deve ter, quando inserido numa sociedade de risco, sendo o caso recente dos ovos da Fazenda de Iowa, acima citado, um exemplo ilustrativo.

Essa constatação se amolda igualmente à situação referida no primeiro capítulo sobre o uso de carne de cavalo na produção de alimentos na Europa. Contudo, este exemplo é ainda mais grave no que tange à informação dos consumidores, o que vem sendo atribuído a fornecedores até o momento não identificados publicamente.[442] Mais grave no sentido da intenção de informar de forma errada o conteúdo do alimento na embalagem, ainda que não se saiba de consequências concretas à saúde.

Os *punitive damages*, quanto à responsabilidade civil objetiva vinculada à informação dos consumidores, teria como terceiro exemplo, o caso de consumo de bolachas recheadas com lactose, ocorrido no Brasil, dentre tantos noticiados por todo o mundo, por um menino de nove anos, quando não havia qualquer informação na embalagem acerca dessa substância, omissão de informação. Por esta razão, a criança, que era alérgica, após ingerir, ficou internada em hospital por vários dias com graves problemas respiratórios.[443]

---

[440] The plaintiff was a waitress in a restaurant. While she was placing bottles of Coca-Cola into the restaurant's refrigerator, one of them exploded in her hand, causing her to be severely injured. The plaintiff alleged that the defendant had been negligent in selling "bottles containing said beverage which on account of excessive pressure of gas or by reason of some defect in the bottle was dangerous [...] and likely to explode." However, she could not show any specific acts of negligence on the part of the defendant and announced to the court that she relied on the doctrine of res ipsa loquitur exclusively. That doctrine –literally, "the thing speaks for itself"– is invoked where the action of the defendant is so obviously faulty that simply pointing out the action is proof enough of fault. Here the plaintiff uses res ipsa loquitur because only a defective Coke bottle will explode. The California Supreme Court, speaking through Gibson, C.J., affirmed the judgment for the plaintiff below. What has come to be famous is the following concurring opinion by Justice Traynor. (<http://www.law.berkeley.edu/faculty/rubinfeldd/LS145/escola.html.>. Acesso em: 10 mar. 2006).

[441] RES IPSA LOQUITUR – a coisa fala por ela mesma. Refere-se às situações quando se admite que o dano à pessoa foi causado pela negligência de outra, porque o acidente não teria ocorrido a menos que alguém agisse com negligência.

[442] Informações disponíveis em: <http://noticias.band.uol.com.br/mundo/noticia/?id=100000574015>. Acesso em: 12 maio 2013.

[443] RIO GRANDE DO SUL. Tribunal de Justiça. Apelação TJ/RS nº 70046666319. Disponível em: <http://www.tjrs.jus.br/busca/?tb=proc>. Acesso em: 20 maio 2013.

Tais exemplos vão ao encontro do mencionado por Ponzanelli, que elenca os casos de responsabilidade civil objetiva do produtor em consonância com as conclusões até então atingidas neste trabalho, como condutas comerciais fraudulentas; violação de normas legais relativas à segurança dos produtos; inadequada verificação ou controle de qualidade do produto; desrespeito ao dever de informação sobre os perigos da utilização do produto e o descumprimento da obrigação de eliminar os defeitos conhecidos ou cognoscíveis, mesmo depois do produto entrar em circulação.[444]

Contudo, as situações nas quais à responsabilidade civil objetiva se pode acrescer as funções punitivas e dissuasórias seriam tão somente aqueles casos em que apesar de ser conhecedor do risco que o produto oferece à sociedade, o fornecedor se mostra indiferente ao resultado, não tomando qualquer atitude no sentido de evitar um dano que seria evitável. Ou pior. Agindo de modo malicioso ou fraudulento.

Por outro lado, tem-se maior dificuldade em vislumbrar a necessidade de punir e dissuadir nas situações em que dentro da margem de seu conhecimento técnico, os profissionais, no caso os produtores, comerciantes, de alimentos, comportaram-se de forma a promover a maior segurança e tranquilidade possíveis ao destinatário do seu labor; pois, quando houvesse ainda assim prejuízo ao consumidor, seria adequada e suficiente a condenação para o fim de indenizar e compensar as vítimas.[445]

Os casos ilustrativos acima muito se adéquam à situação em que o fornecedor ao deixar de informar ou informar errado o consumidor, propositalmente, coloca em risco a vida das pessoas, deixando de investir nas providências necessárias para proteger estas, esclarecendo-lhes da maneira mais adequada possível os componentes do alimento, mormente quando os efeitos são desconhecidos (como OGMs e transgênicos) ou conhecidamente prejudiciais (como no caso dos alergênicos).

As críticas, de um modo geral nos países que não concordam com o instituto, vêm no sentido de que os *punitive damages* somente são eficazes porque o quantitativo em concreto é imprevisível. Quer dizer, não há como antever, o

---

[444] LOURENÇO, 2002, p. 1041-1042.

[445] Outro exemplo muito difundido, ocorrido na Itália, em sede de responsabilidade objetiva é o precedente conhecido como *Pinto Case* ou *Exploding Pinto*, que ocorreu com um carro fabricado pela Ford, com o modelo denominado Pinto, o qual após uma pequena colisão pegou fogo fazendo três vítimas fatais. O incêndio foi provocado pela combustão do tanque de gasolina do veículo, em virtude da extrema delicadeza do material utilizado em sua fabricação e do local onde foi colocado o tanque de gasolina, fato conhecido pela Ford. Veio à tona durante o processo que a colocação do tanque naquele local representava uma economia de $ 15,00 (quinze Dólares) por veículo. A Ford alegou que em uma remota possibilidade de ser condenada a pagar uma indenização às vítimas, ficaria mais barato proceder ao pagamento dos *compensatory damages*, do que reduzir os lucros da sua venda pela introdução de alterações ao design do Pinto. Os jurados, chocados com tal argumento, ficando claro que a conduta dos agentes havia sido calculada em termos de racionalidade econômica, tendo a Ford escolhido colocar em perigo a segurança dos condutores e passageiros do veículo, revelando indiferença pelo valor da vida humana. Entenderam, pois, que essa conduta deveria ser punida e a condenação servir de exemplo, pelo que em primeiro grau de jurisdição concedeu-se 4,5 milhões de Dólares a título de *compensatory damages* e 125 milhões de dólares por *punitive damages*, valor este que depois foi reduzido, em grau de recurso, a 3,5 milhões. (GALLO, 1996, p. 150).

infrator, os cálculos econômicos para saber se o lucro que espera ter ultrapassa a indenização que terá de pagar ao lesado e a quantia que será imposta a título de prestação punitiva.

Reitera-se que na área da responsabilidade civil objetiva não são todos os casos por ela abarcados passíveis de condenação a *punitive damages*, mas especialmente aqueles em que se identifica um comportamento censurável, como os narrados acima, por parte do produtor, no que tange à indiferença pelos mais altos valores defendidos pelo Direito, como a vida e a integridade física da pessoa humana; essa mesma leitura deveria ser feita, qual seja, com base no caso concreto, para aplicação aos produtores que colocam em risco a vida humana ao disponibilizarem os alimentos aos consumidores sem qualquer informação sobre seus componentes ou quando esta encontra-se incompleta ou inveraz.

A jurisprudência norte-americana impõe o pagamento de prestações punitivas visando, por um lado, a tutelar os direitos dos cidadãos comuns e, por outro, a incentivar o aumento do nível de segurança dos produtos colocados no mercado, imputando à empresa todos os custos da atividade produtora de um bem defeituoso, como já referido, sendo, nesse sentido, necessária a análise do caso em concreto, para se ver aplicar ou não à responsabilidade civil objetiva as funções em apreço.

Convém mencionar, ainda, pelo caráter paradigmático, o descumprimento de contrato por conduta maliciosa. Formalmente, a imposição de *punitive damages* não era feita em virtude de ter existido uma violação contratual, mas sim porque esta consubstanciava simultaneamente uma figura autônoma de *Tort* e justificava a imposição de *punitive damages* na responsabilidade obrigacional. A distinção entre *tort* e *contract* passou a ficar difícil pelos casos concretos que se apresentavam, de modo que a jurisprudência norte-americana assumiu uma posição mais flexível, não exigindo prova da existência de um *tort*, mas apenas que tivesse sido adotada uma conduta opressiva ou maliciosa (*opressive or malicious*).

Para a observância da boa-fé são reiteradas as decisões a impor prestações punitivas entendendo que em qualquer contrato existe o dever de atuar, obedecendo esse parâmetro de conduta, como refere a jurista portuguesa Paula Lourenço, pelo que sempre quando este for violado se justifica o recurso aos *punitive damages*.[446] Salienta ela ser tal entendimento acompanhado pelo reforço da tutela da parte mais fraca (a que chamamos, no Brasil, de "vulnerável", e na Espanha de "débil"), no caso, o segurado (*the little guy*), cujo poder de negociação é limitado, já que na maior parte dos contratos de seguros há uma mera adesão às cláusulas contratuais previamente fixadas pela companhia de seguros (*the big guy*).

Retomando os aspectos gerais dos *punitive damages*, importante pontuar que o direito sobre atos ilícitos é primordialmente estadual, com diferente disciplina, portanto, em todo país. Apesar de ser predominantemente juris-

---

[446] LOURENÇO, 2002, p. 1051.

prudencial, a maioria dos estados têm uma variedade de leis isoladas sobre problemas especiais.[447]

Giulio Ponzanelli[448] comenta a experiência norte-americana com os *punitive damages*, aduzindo que a disciplina desta é de cada Estado, acarretando uma substancial diferenciação da jurisprudência que é seguida nas cinquenta jurisdições dos Estados Unidos da América. Refere, ainda, o surgimento do fenômeno do *c.d. forum shopping*,[449] o qual revela a extrema heterogeneidade da disciplina, afirmando que as tentativas de introduzir uma uniformidade em nível federal de alguns setores, em especial sobre a responsabilidade do produto, foram todas frustradas.

Nos Estados Unidos, essas indenizações advindas da *law of torts* normalmente são concedidas pelo Tribunal do Júri, que lá também é convocado para analisar e julgar ações da esfera cível, consoante prevê a Sétima Emenda à Constituição Federal daquele país.[450] Entretanto, os doutrinadores relatam a dificuldade para selecionar os jurados que irão decidir e conceder os *punitive damages*, principalmente porque as instruções dadas pelo Juiz Togado são vagas, além de utilizar termos extremamente indefinidos para o desempenho desse mister. Em virtude disso, muitas vezes o Júri chega a valores astronômicos, até mesmo incompreensíveis pelos operadores do direito e, mais ainda, pelas partes do processo.

Porém, se o processo for decidido pelo Júri, este pode (sempre dependendo do Estado, face à ampla autonomia que os entes federativos possuem nos Estados Unidos) ocorrer em três fases, após selecionados os Jurados. Em um primeiro momento, eles decidirão se réu (*defendant*) violou uma regra de conduta (dever de cuidado, de atenção, de diligência), cuja observância era devida por um homem normal em circunstâncias análogas. Se afirmarem positivamente, ele é, pois, o responsável pelo dano, o Juiz os instrui para que então, num segundo momento, indiquem o *quantum* que deve ser pago à vítima (autor da ação – *plaintiff*) a título de compensação pela perda. Somente superadas essas fases é que então o Júri será questionado sobre os *punitive damages*, ou seja, se a conduta do réu, seu nível de culpa (*negligence*), justifica *punitive damages*.

---

[447] FARNSWORTH, 1963, p. 156: Refere, o autor, que muitas leis prescrevem uma determinada conduta e a violação de uma dessas leis pode ser usada para demonstrar culpa.

[448] PONZANELLI, 1992, p. 186.

[449] Segundo Giuseppe Briganti "cd. forum shopping è l'attività tendente alla ricerca della giurisdizione più favorevole agli interessi dell'istante; questa, infatti, sarebbe evitata dall'applicazione del medesimo diritto materiale nei vari Stati contraenti". (BRIGANT; Giuseppe. *Difetto di conformità delle merci nella vendita internazionale: legge applicabile e competenza giurisdizionale*. Disponível em: <http://www.dirittosuweb.com/aree/rubriche/record.asp?idrecord=773&cat=5>. Acesso em: 10 mar. 2013).

[450] *Seventh Amendment*: "In Suits at common law, where the value in controversy shall exceed twenty dollars, the right to a trial by jury shall be preserved, and no fact tried by a jury shall be otherwise re-examined in any Court of the United States, than according to the rules of common law." (Nas Causas da *common law*, em que o valor controvertido exceder a vinte dólares, o direito a um julgamento pelo Júri será preservado, e nenhum fato conhecido pelo Júri poderá de alguma forma ser reexaminado por qualquer corte dos Estados Unidos, senão de acordo com as normas da *common law* – tradução livre da autora).

Se responderem afirmativamente, será marcada outra data para decidirem o *quantum* a ser fixado a esse título.[451]

Por ter sido amplamente difundido e estar em pleno vigor nos países da *common law*, principalmente nos Estados Unidos, o tema é foco de debates, bem como alvo de críticas por parte de alguns juristas deste país, as quais concentram seus argumentos contrários ao uso dessas funções em dois principais pontos: a *overcompensation* e a *overdeterrence*.[452]

Em considerando que na maior parte dos casos as prestações punitivas e dissuasórias impostas para punir o agente e prevenir a repetição de condutas graves, acrescem à indenização que é atribuída, via de regra, naquele sistema, ao lesado pelos danos que este sofreu, alguns autores entendem que a vítima acaba por receber injustificadamente uma quantia superior aos danos que sofreu, o que, em virtude do seu caráter indeterminado, pode ser equivalente a ganhar na loteria (*tort lottery*), conforme lembra Paola Lourenço.[453]

Por isso, esclarece Lourenço,[454] alguns autores entendem ser injusto proceder à atribuição das prestações punitivas/dissuasórias ao lesado (chamada *winfall theory* ou, teoria da sorte inesperada), pois já receberam a indenização pelos danos sofridos, sendo que parte entende deva ser abolido o instituto, parte considera deva ser entregue parcial ou totalmente o valor ao Estado.

Quanto ao valor da indenização, a doutrina elucida que normalmente são utilizados três parâmetros para limitar o valor da condenação pelas prestações punitivas/dissuasórias em todo o país, sendo seguido pelas Cortes inferiores atualmente:

a) O grau de reprovabilidade da conduta do agente;

b) A proporcionalidade entre os *punitive damages* e a *compensatory damages* (reparação) e

c) Ter previsão normativa de pena para os ilícitos similares.[455]

De outra banda, há a alegação de que os *punitive damages* são ineficazes ao tríplice fim a que se propõem, compensar, punir e dissuadir. Dizem, os filiados a esta corrente, que nos Estados Unidos a abertura de um número cada vez maior de comportamentos, acompanhado do aumento de quantias impostas,

---

[451] SUNSTEIN, Cass R. et al. *Punitive damages:* how juries decide. Chicago: The University of Chicago, 2002. p.10-11.
[452] A *overcompensation*, ou super compensação, consiste numa soma excessiva de dinheiro para compensar um dano sofrido por alguém. Ou seja, num valor que ultrapassaria demasiadamente o efetivo *quantum* do prejuízo cuja indenização se pretende alcançar. Já a *overdeterrence*, ou hiper dissuasão ou ainda hiper-prevenção, consiste também num valor cobrado do agente causador do dano a título de prevenção de fatos ilícitos semelhantes, mas que pela sua excessividade, quando aplicado em caso concreto, poderia levar até mesmo à falência da empresa, o que não é o objetivo dos *punitive damages*. *Deterrence*, significa dissuadir, desestimular, prevenir. É vocábulo também conhecido da Língua Portuguesa, onde há a mesma definição.
[453] LOURENÇO, 2002, p. 1083.
[454] Ibid.
[455] OLSON, 1998, p. 8.

não são compatíveis com a função compensatória ou o escopo punitivo, mas tão só com a prevenção.[456]

Ressalta Paula Lourenço que essa prevenção, no entanto, não surte efeito relativamente aos agentes econômicos, pois a sujeição a um montante muitas vezes elevado, tem como efeitos perversos o cerceamento da atividade econômica, fenômeno conhecido como *overdeterrence* (super desestímulo), e a repercussão do montante a pagar a título de *punitive damages* no preço dos bens fabricados ou comercializados, quem suporta são os consumidores.[457]

Aduzem, da mesma forma, que no concernente a "pessoas coletivas" (empresas) pode se tornar medida injusta, pois as condutas são eventualmente ordenadas por pessoas que à época da condenação ao pagamento dessas prestações nem se encontram mais na gerência ou administração da empresa. Conclui, então, que para estes opositores, a imposição de prestações punitivas/dissuasórias de pessoas coletivas é ineficaz, já que não pune os responsáveis nem previne a adoção de medidas semelhantes no futuro por parte desse agente, mas, ao invés, pune os acionistas comerciais e os consumidores".[458]

Mas se as prestações punitivas/dissuasórias foram amplamente difundidas e disciplinadas na *Common Law* e se encontram em amplo debate, o mesmo não ocorreu nos países da família jurídica romano-germânico, o que se passa a analisar a seguir.

5.3. As funções punitivas e dissuasórias no sistema romano-germânico

Com o passar do tempo, vem-se verificando o uso dos *punitive damages*, ainda que de forma diferente dos países da *Common Law*, por alguns sistemas jurídicos pertencentes à Família Romano-Germânica.

A título de reflexão, haja vista a proposta de trazer alternativas a um Direito contemporâneo, inserido numa sociedade de risco, visando a efetivar o direito fundamental à informação dos consumidores para tornar possível a segurança alimentar, passa-se a analisar a situação dos *punitive damages* nos países de cultura romano-germânica.

Iniciando-se pela Itália, tem-se que lá o instituto traduzido como "pena privada" não é considerado uma novidade jurídica, pois conhecida desde o período clássico do Direito Romano. Todavia, passou por muito tempo sem atrair a atenção dos especialistas, os quais destacam que vários são os motivos para o atual interesse sobre a matéria. Dentre estes, mencionam que o instituto se encontra no quadro geral das alternativas na esfera cível, onde a "pena privada" poderia ser um espaço renovado consistente, segundo a definição que

---
[456] LOURENÇO, 2002, p. 1086.
[457] Ibid., p. 1086.
[458] Ibid., p. 1087.

lhe dava A. Thon, "nas privações de um direito privado ou na determinação de obrigação privatística com o fim de punição do transgressor da norma".[459]

Para Busnelli e Scalfi[460] na atualidade a matéria surge substancialmente da exigência de se procurar outros remédios de tutela privada de fora daquela tradicional do ressarcimento de dano, principalmente no âmbito dos direitos da personalidade, o qual constitui com frequência uma resposta insuficiente perante os variados eventos lesivos de interesses juridicamente relevantes ao homem aos quais se incluem o direito à vida e à saúde.

Na tentativa de definir o que seja e de sistematizar o estudo dos *danos punitivos ou pena privata* são levadas em consideração diversas hipóteses como conteúdo. Porém, os juristas italianos relatam ser um aspecto sempre marcante o fato de este instituto representar uma tutela civil diversa da ressarcitória, caracterizando-se aquela pela finalidade punitiva e preventiva, ou como dizem os clássicos ingleses, punição para os autores de atos ilícitos e dissuasão destes e das demais pessoas da sociedade para não praticarem conduta semelhante no futuro.

Destacam, outrossim, a existência no ordenamento jurídico italiano de previsões que bem apoiam a ideia de pena privada, como o tradicional instituto da cláusula penal. Na obra dos citados doutrinadores Busnelli e Scalfi, fazendo eles uma análise comparativa do tema nos diferentes sistemas – *Common Law* e Romano-Germânico – concluem que nem sempre quando aplicados os *punitive damages* nos Estados Unidos estes podem ser considerados penas privadas na Itália.

O precedente da *Ford Motor Co* parece, pela doutrina, adequado paradigma da aplicação dos *punitive damages* porque ele se refere à possibilidade, ainda que discutível até mesmo no país onde houve a decisão, de compatibilizar o instituto aos casos de responsabilidade civil objetiva. Nos Estados Unidos, frise-se, tais funções e suas decorrências são mais facilmente aceitas quando for constatado, por exemplo, "o comportamento por parte de um produtor capaz de evidenciar a indiferença pelos mais altos valores defendidos pelo Direito, como a vida e a integridade física da pessoa humana". Ou seja, fala-se de uma despreocupação com o resultado lesivo que determinada conduta, produto, serviço, pode causar à sociedade. Nesse sentido, acredita-se conveniente o uso de novas funções à responsabilidade civil para evitar que prejuízos aos consumidores decorram de condutas frívolas dos produtores ou fornecedores.

Contudo, a doutrina italiana aceita como possível a aplicação da pena privada em quatro situações:[461]

> 1) Quando não há um dano, ou pelo menos um dano de natureza econômica imediatamente perceptível e/ou quantificável. Por exemplo, usar bens alheios ou ingressar em casa alheia sem permissão do proprietário; 2) Quando mediante a prática de um ato ilícito o autor percebe vultosa vantagem, como por exemplo, obtém grandioso lucro com o uso abusivo e ofensivo à honra de outra pessoa; 3) Nos casos de danos ao meio ambiente ou provocados por atividades de grandes

---

[459] BUSNELLI, Francesco D.; SCALFI, Gianguido. *Le pene private*. Milano: Giuffrè, 1985. p. 5.
[460] Ibid., p. 5.
[461] GALLO, 1996, p. 175.

empresas, responsabilidade dos produtores, etc. Quando os danos são muito difusos e por isso poucas pessoas buscarão a reparação destes em juízo, já que a mera imposição da obrigação de ressarcir eventuais danos individuais pode não ser suficiente para atender um efeito preventivo da condenação, entendem cabível também a indenização buscando tal efeito; 4) A quarta possibilidade é para os autores de delitos de "menor potencial ofensivo" como, por exemplo, furtos em grandes magazines, ofensas à honra, à liberdade sexual, entre outras. Essa possibilidade se coaduna com a política de aplicação do direito penal aos delitos de maior relevância, ficando para a esfera civil e administrativa a punição desses considerados "delitos menores", restando a pena privada como solução intermediária à responsabilidade penal e a mera obrigação de reparar o dano.

Conforme esclarece Paolo Gallo,[462] o problema reside na quantificação da indenização com caráter de pena privada. Nos Estados Unidos está previsto em cada Estado um limite, ou limites para fixação do *quantum*. Entretanto, na Itália o valor dependerá muito da origem, da causa (uma das quatro possibilidades acima) dessa indenização, levando-se em conta a gravidade da lesão do ponto de vista subjetivo, o grau de culpa do autor do ilícito, *visando a punir o agente e a satisfazer a vítima,* evitando com a cobrança desse valor que venha a ser praticado ato semelhante pelo mesmo lesante ou por outros produtores ou fornecedores. Aqui está a função preventiva, dissuasória.

Já bem diferente é a situação das grandes empresas que desenvolvem atividades de risco e atividades que causam danos difusos em geral, pois, nestes casos, a intenção precípua é a de prevenção, de dissuasão, ou seja, procura-se ensejar a internalização (dos custos sociais) do valor a ser gasto para impedir a ocorrência de danos decorrentes das atividades de pessoas jurídicas, a fim de evitar novos prejuízos sociais. Nesse sentido, pode-se dizer que fabricar ou produzir alimentos não deixa de ser uma atividade de risco, já que quando não cumpridas as observações inerentes à sua forma de embalar, de prazo para consumo, de armazenamento, análise do conteúdo e, principalmente, quanto às informações deste, por prejudicar não só a saúde, mas a vida de pessoas.

In casu os valores pagos pelas empresas vão para o Estado ou para outros fundos públicos, diversamente da hipótese em que o dano atinge a esfera privada somente e que o valor reverte em benefício do ofendido.

Paolo Gallo acrescenta como condições imprescindíveis para aplicação *delle pene private* a constatação de que o mero ressarcimento do dano não deve ser suficiente, bem como tratar de ilícito no qual o recurso à tutela penal possa parecer excessivo,[463] sendo que logo em seguida, ele classifica: *"Le pene private in senso stretto possono poi a loro volta suddividersi in pene private negoziali, legislative e giudiziali".*[464] No que concerne à judicial é clarividente a lição do autor quanto à possibilidade do Magistrado reconhecê-la, prescindindo de legislação que a estabeleça de forma expressa: *"le pene private giudiziali cioè comminate daí giudici a prescindere vuoi da um precedente atto di autonomia privata, vuoi al di*

---

[462] GALLO, 1996, p. 192.
[463] Ibid., p. 27.
[464] Ibid., p. 33.

fuori di uma specifica disposizione legislativa che legittimi per l'appunto la comminazione legislativa".[465]

Cumpre dizer, ainda, que o Código Civil italiano prevê nos artigos 2.059 e 2.043 os limites para tais indenizações, sendo que este se aplica para os casos de danos culposos, precisamente para danos emergentes e lucros cessantes. Aquele, em conjunto com o artigo 185, é utilizado para os casos de danos extrapatrimoniais.

Por fim, os doutrinadores italianos de um modo geral concluem que o retorno do estudo da pena privada na Itália, além dos aspectos antes mencionados, também se deve à expansão permanente da responsabilidade civil, matéria esta que não pode ser estudada por um esquema unitário, até mesmo pelos variados prismas em que deve ser analisada. Nesse contexto, admitem que cresce a relevância da função sancionatória da responsabilidade civil, apesar de existirem ainda debates e pouca aplicação do instituto, o que se traz à baila como alternativa para mudar a cultura das pessoas e torná-las mais autônomas quanto à busca de informações necessárias para salvaguardar sua própria saúde e a vida.

A Itália tem sido o país precursor na aplicação dos *punitive damages*, ainda que com as peculiaridades diferentes, próprias de cada sistema. Outros países da Europa, porém com nível de profundidade diferente, igualmente reconhecem a existência do tema, ainda que com pouca atenção e debate sobre a sua adoção.

Isto ocorre na Espanha, a exemplo dos demais países da Família do Direito Continental, os *punitive damages* ou "daños punitivos", como conhecem, não costumam ser utilizados pela doutrina ou jurisprudência.

Constata-se dentre os juristas deste país que foi na década de 90 que as funções da responsabilidade civil passaram a ter maior relevo, quando, então, os *daños punitivos*, conforme costumam chamar, começaram a ser mencionados mais frequentemente, embora antes José Puig Brutau já tenha feito menção ao tema em obra de Direito Civil,[466] ao referir a existência dos *punitive damages* ou *daños punitivos* dos Estados Unidos da América:

> [...] Son los daños, llamados también ejemplares, que se conceden al perjudicado por encima y más allá de la plena indemnización del daño, con la finalidad de imponer un correctivo al causante. Algunas decisiones mencionan, como finalidad adicional, la de reembolsar al actor elementos del daño que en sentido estrictamente legal no son indemnizables, como la reparación a una ofensa a sus sentimientos o una compensación por los gastos del litigio.

Contudo, recente monografia de Ricardo de Ángel Yágüez trata de forma minudente o tema, expondo como este se apresenta na atualidade do país.[467] O autor menciona que há bastante tempo manifesta opinião sobre os *daños punitivos* especialmente relacionando ao sistema jurídico espanhol. Merece destaque

---
[465] GALLO, 1996, p. 35.
[466] PUIG BRUTAU, José. *Fundamentos de direito civil*. Barcelona: Bosch, 1983. v. 3, t. 2, p.187.
[467] Vide ÁNGEL YÁGÜEZ, Ricardo de. *Daños punitivos*. Pamplona: Thomson Reuters, 2012.

a abordagem sob o prisma da constitucionalidade, ou melhor, da viabilidade ou não de aceitação do instituto no país considerando a Constituição vigente.

Nesse sentido, o autor afirma:

> [...] aludí a la cuestión de los daños punitivos bajo el epígrafe Responsabilidad civil e Constitución. Lo hice así por entender que, al igual que ocurre con otros conceptos o problemas de responsabilidad civil, era oportuno contemplarla en función de lo que nuestra Ley Fundamental podría Haber dicho (pero no dice) sobre el deber de reparar el daño injustamente causado a otro o sobre las consecuencias que acarrea – en el plano civil –, la comisión de un acto dañoso.[468]

Alerta que não há menção à responsabilidade civil na Constituição espanhola, e que o Tribunal Constitucional teve a oportunidade de fazer algumas considerações indiretas sobre o caráter de constitucionalidade da regra que impõe o dever de indenizar o dano causado (*neminem laedere*), sendo que ao final restou estipulado tão somente um sistema de tabelas para quantificar o montante de indenização, visando a pôr fim ao princípio tradicional da livre determinação pelo juiz acerca da quantia de indenização, segundo provado em cada caso concreto.[469]

Por outro lado, ainda que de forma minoritária, autores como Fernando Reglerlo demonstram-se receptíveis à tese, como se percebe ao declarar:

> Por eso, con ser una cuestión delicada y merecedora de un debate detenido, creo que no debe descartarse la idea de que, en determinados casos y bajo ciertas condiciones, pueda imponerse al dañante un coste añadido a modo de *reparación civil extraordinária* que no fuera fraccionable ni repercutible, y que consistirla en una cantidad suplementaria a la exclusivamente reparatoria o compensatoria.[470]

Para tanto, este doutrinador estabeleceu alguns critérios os quais, no seu entender, poderiam justificar o reconhecimento dos *daños punitivos* na Espanha, destacando que o valor da indenização seria um custo acrescido, o qual consistiria em uma quantidade suplementar à exclusivamente reparatória ou compensatória[471]:

> Creo que los daños punitivos estarían justificados cuando la conducta del dañante fuera particularmente intolerable, atendiendo a las circunstancias bajo las cuales acaeció el hecho dañoso, y fundamentalmente cuando se trate de conductas dolosas o de imprudencias gravemente temerarias, activas u omisillas, con independencia de los fines que si persigan (asunción por el sujeto de la alta probabilidad de causar el daño que acarrea su conducta, falta de adopción de las precauciones elementales para evitar el daño, etc.).[472]

Seguindo, portanto, o raciocínio do autor, pode-se dizer que as prestações punitivas seriam cabíveis na situação proposta neste trabalho quando o agente causador dos danos, produtor, fornecedor ou comerciante atuasse de modo propositai sem informar o consumidor acerca das substâncias que

---

[468] ÁNGEL YÁGÜEZ, 2012.p. 63.
[469] Ibid., p. 64-67.
[470] CAMPOS, Luis Fernando Reglergo. *Tratado de responsabilidad civil*. 4. ed. Cizur Menor: Aranzadi, 2008. v. 1, p. 73.
[471] Ibid., p. 73.
[472] Ibid., p. 73.

compõem determinado alimento causando dano provável ou concreto aos consumidores.

Yágüez refere que Reglerlo felicitava jovens pesquisadores que, dedicados aos estudos da responsabilidade civil, têm defendido a ideia de dotar-la de uma dimensão preventiva e dissuasória, e houvessem se pronunciado pela recepção da matéria no país dos *punitive damages*, desde que respeitados certos mecanismos de controle e atendidas as especialidades da sociedade espanhola e do ordenamento jurídico. Entretanto, aquele autor discorda desse posicionamento ao afirmar: *"En efecto, estimo que reconocer a las reglas de La responsabilidad civil una cierta función preventiva no puede asociarse, sin más, a la Idea de que tal función sólo puede ser desempeñada por los daños punitivos"*.[473]

Por derradeiro, o autor da monografia sobre o tema em comento esclarece, em nota de rodapé, que Reglerlo pode pecar por uma certa imaginação que não condiz com a realidade, pois ao mencionar os jovens autores estaria falando de Peña Lopes e Naveira Zarra. Contudo, aduz que no prólogo da obra de Peña Lopes que traz tal ideia a Reglerlo, o que ele, Yágüez, encontra é uma defesa da finalidade preventiva do *Derecho de daños*, mas não se pode por isso inferir um reconhecimento (sempre fala no plano *de lege ferenda*) da admissibilidade dos daños punitivos.[474]

Salvador Cordech y Castiñera Palou, de outra banda, sustentam a ideia de que não há, ao menos no momento, razões de peso suficientes para justificar a importação ao sistema jurídico espanhol das indenizações sancionatórias da Common Law.[475] Segundo os autores,

> El derecho civil puede prevenir sin castigar, aunque que prevendría en muchos casos bastante mejor si pudieran imponerse, indemnizaciones punitivas. Pero ante esta no desdeñable razón hay contra argumentos jurídicos e económicos de cierta entidad: es ciertamente discutible que nuestro proceso jurídico pueda admitir sin quebranto de La justicia la imposición de sanciones y, sobre todo, las indemnizaciones sancionatarias desnaturalizan las reglas de la responsabilidad civil (entendidas, tradicionalmente como *liability rules*, es decir, como unas reglas que no nos permiten excluir a terceras personas de injerirse, en nuestro derecho, sino que sólo tratan de hacerles pagar por el daño que su injerencia nos causa) y las acercarían a las reglas de los derechos de propiedad.[476]

Se fosse possível à responsabilidade civil prevenir sem castigar, certamente isto já estaria ocorrendo na atualidade quando da condenação de pessoas físicas ou jurídicas que praticam condutas "intoleráveis" prejudicando terceiros, como no caso dos problemas alimentares gerados pela falta da correta ou total informação nos rótulos, embalagens ou anúncios.

Por outro lado, a crítica de Cordech é no sentido de uso parcial ou do uso inapropriado do instituto por alguns juristas aos afirmar

---
[473] ÁNGEL YÁGÜEZ 2012, p. 106.
[474] Ibid., p. 106-107.
[475] SALVADOR CORDECH, Pablo; CASTIÑERA PALOU, María Teresa. *Prevenir y castigar*: libertad de información y expresión, tutela del honor y funciones del derecho de daños. Madrid, Marcial Pons,1997. p. 92.
[476] Ibid., p. 13.

> Los Punitive damages se imponen para prevenir, pero también para castigar y enseñar (Prosser); para prevenir tanto como para retribuir y expresar indignación –dicho positivamente: reafirmar la confianza en el derecho violado y hacer justicia–(Fleming). Sin embargo, algunas resoluciones judiciales o tesis doctrinales recientes sobre Punitive damages se han centrado en sólo alguna de las funciones anteriores y han prescindido de las demás.[477]

Luis Diez-Picazo recentemente destacou, em abordagem sobre as funções da responsabilidade civil extracontratual, ser provável que a existência de danos punitivos em alguns ordenamentos jurídicos, sobretudo da família anglo-saxã, se deva a que estes ordenamentos herdaram em sua pureza a tradicional Lei Aquiliana,[478] com o que se discorda. A decisão desses países está provavelmente em uma política jurídico-civil de dissuadir a prática de condutas prejudiciais a toda a sociedade na esfera cível, evitando-se a punição criminal que é sempre a *ultima ratio* e raras vezes atinge o objetivo pretendido.

Em apertada síntese, os autores espanhóis,[479] assim como os brasileiros e demais doutrinadores do direito romano-germânico, entendem que o reconhecimento das funções punitiva e dissuasória (ou exemplar) esbarra em algumas críticas que impedem seu recebimento no sistema jurídico interno: a primeira e mais recorrente é a falta de previsão normativa (costumam fazer referência ao princípio da legalidade estrita do Direito Penal e Administrativo); ainda, a possibilidade de enriquecimento sem causa à vítima; a dificuldade de parâmetros para estabelecer esse *quantum* a título de danos punitivos, dentre outros.

Salvador Coderch e Castiñera Palou numeram, na Espanha, quais seriam algumas dessas críticas aos *punitive damages* ao afirmarem que tanto quanto são sancionatórios e não compensatórios alteram a simetria da lei; tem a mesma natureza das multas penais, mas não se impõem em um processo que ofereça as garantias constitucionalmente exigidas para a imposição de sanções; não há critérios rígidos para a aplicação das sanções devido à sua vagueza; etc. Ao final, concluem:

> [...] como ya señalamos al inicio de este trabajo, dar entrada a los punitive damages em nuestro sistema de responsabilidad civil supondría desnaturalizarlo y acerca um sistema de liability rules a outro de property rules, algo que no parece aconsejable en presencia de costes de transacción elevados, que és el marco próprio de Derecho de daños.[480]

Coderch, refletindo sobre os *punitive damages*, propõe o seguinte questionamento: *"mas quizá la pregunta está mal planteada desde su principio, pues presupone que, en Europa Continental, el derecho de daños está regido por un principio compensatorio, de reparación integral de daños que éste se aplica efectivamente"*. Ao que ele mesmo responde:

> No es así: de hecho, los datos disponibles apuntan a que el sistema concede indemnizaciones que quedan muy por debajo de los costes sociales de los daños causados. En 1997, la Sala 1.a del

---

[477] SALVADOR CORDECH, Pablo. *Punitive damages*. Disponível em: <http://www.uam.es/otros/afduam/pdf/4/Punitive%20Damages%20Pablo%20Salvador%20Coderch.pdf>. Acesso em: 10 mar. 2013.
[478] DÍEZ-PICAZO, Luis. *Fundamentos del derecho civil patrimonial:* la responsbilidad civil extracontratual. Cizur Menor: Civitas, 2011. p. 19-28.
[479] ÁNGEL YÁGÜEZ, 2012, p. 81-82.
[480] SALVADOR CORDECH; CASTIÑERA PALOU, 1997, p. 166-169.

Tribunal Supremo español resolvió 101 casos de recursos sobre responsabilidad civil extracontractual. En 92 de ellos disponemos de información sobre la cuantía indemnizatoria que el Tribunal decidió finalmente conceder, convalidar o denegar: en 62 hubo indemnización, y su importe total fue de 664.462.567 pesetas, es decir, 3.993.500 euros, unos 10.717.138 pesetas, 64.411 euros, de promedio. Debe recalcarse que la muestra no es muy representativa de la práctica real del derecho civil español de daños: sólo considera los casos que se han litigado y que han llegado a La casación civil.[481]

É possível perceber, portanto, certo conservadorismo por parte da doutrina, mas especialmente da jurisprudência acerca do tema da responsabilidade civil. Ou seja, é cediço que a responsabilidade civil como está disciplinada hoje não atende os anseios da sociedade. Que pessoas restam, de forma individual e transindividual, lesadas em seus direitos sem a observância do princípio da *restitutio in integrum* também. Pelo contrário, como referido, as indenizações ficam abaixo dos prejuízos a serem reparados e determinados bens lesados, considerados fundamentais, permanecem sem qualquer compensação, ou com compensações que não trazem como consequência o caráter pedagógico capaz de evitar repetição dessas condutas.

Não há uma consciência ou sensibilidade para compreender que muitos empresários, produtores, comerciantes, fornecedores de um modo geral não internalizam os custos necessários para evitar que estes riscos dos produtos alimentícios que colocam em circulação no mercado, se tornem prejuízos efetivos à saúde dos consumidores. É nesse sentido que se quer ver aplicados os *punitive damages*, para mudança de cultura, no sentido de se introjetar quando da produção de determinado alimento a necessidade de se informar todos os componentes deste de forma correta e adequada.

Nesse sentido, importante destacar a doutrina de Muñoz, ao afirmar acerca da legitimidade do fabricante como responsável civil, especialmente em virtude dos riscos do produto, e pela necessidade de este considerar no preço do produto os custos da internalização da precaução ao risco:

> [...] está en tres datos: por un lado desde un punto de vista preventivo, porque es el fabricante del producto el que esta en mejores condiciones para controlar e verificar el buen hacer Del proceso productivo, por tanto el es quien de manera preferente puede evitar la introducción en el mercado de productos potencialmente dañinos; téngase en cuenta que por lo general la manipulación del producto por el suministrador difícilmente será causa del carácter dañino del producto. Por otro lado, que de cara al aseguramiento del riesgo, igualmente es este sujeto el más idóneo para contratar el seguro más adecuado al mejor precio posible (frecuencia de siniestros, rebajas por menor siniestralidad, franquicias y controles del asegurador) y para trasladar (dispersar) su coste (el riesgo) a los compradores por medio del precio del producto. Y, finalmente, en tercer lugar, porque imputar la responsabilidad al mero distribuidor sin una razón especial que lo justifique constituiría, a nuestro juicio, una desproporción de tal calibre que atentaría contra la superveniencia de la red de pequeños y medianos distribuidores de todo tipo de productos [...].[482]

A situação se agrava ainda mais quando ocorrem fraudes pelos produtores que anunciam a existência de determinados componentes, quando, de

---

[481] SALVADOR CORDECH, 2013.
[482] RUIZ MUÑOZ, Miguel. *Derecho europeo de responsabilidad civil del fabricante*. Valencia: Tirant lo Blanch, 2004. p. 39-40.

fato, utilizam outros na elaboração dos alimentos, como ocorreu na Europa no exemplo recente da carne de cavalo usada em lugar de carne bovina, sem informação aos consumidores. Nestas situações a má-fé está explícita.

No caso da carne de cavalo utilizada especialmente para fabricação de lasanhas e hamburgers na Europa, onde constava somente carne bovina, a fraude inicialmente constatada na Espanha foi depois descoberta em diversos países da Europa e do mundo. Somente para suscitar desde aqui a reflexão acerca de eventuais processos de mera reparação de danos que os fornecedores possam sofrer, ou até mesmo de encerramento de atividades questiona-se: será isso suficiente para fazer cessar tais condutas por parte destes fornecedores e de outros, os quais possivelmente estejam usando tais procedimentos para angariar lucro, pouco se preocupando com os direitos dos consumidores, ao não informá-los corretamente?

Daí reforça-se o entendimento de que em casos como estes a responsabilidade civil não responde suficientemente para o fim de precaver novos riscos alimentares. Neste exemplo poder-se-ia aplicar à empresa fornecedora dos insumos para a fabricação dos alimentos, além das indenizações e compensações individuais e transindividuais, sendo nesta última hipótese como destinatário algum fundo público de proteção ao consumidor ou entidade qualquer a ser conveniada com o governo ou Poder Judiciário, deveria ser aplicado na sentença, em caso de reconhecimento da responsabilidade civil, um valor a ser pago a título de *daños punitivos,* de grande monta, igualmente para um fundo de proteção aos consumidores ou para órgãos públicos ou privados conveniados que trabalhassem com tal objeto.

Entende-se que o valor deveria ser expressivo a ponto de gerar na sociedade o reconhecimento de que condutas como essas são intoleráveis, ultrajantes e ferem os valores mais importantes da pessoa humana dentro do país e, assim, precaver novas ocorrências semelhantes.

Contudo, ante a perspectiva da globalização, fortemente arraigada na União Europeia, sabendo-se que cada sistema jurídico Europeu pertencente à Família Continental traz suas nuances sobre a aplicação ou não das funções punitiva e dessusória da responsabilidade civil, não é demasiado fazer uma breve abordagem dos principais aspectos de outros países Europeus.

No Brasil, a situação é a mesma, embora tenha se percebido nos últimos anos, a exemplo da Itália e França, algumas menções à função pedagógica da responsabilidade civil, que se aproxima da dissuasória, ainda que, neste país, atrelada ao dano moral.

5.3.1. Os "punitive damages" – prestações punitivas/dissuasórias no Brasil

No Brasil, é parca a doutrina sobre as funções punitiva e/ou dissuasória da responsabilidade civil. Os artigos escritos sobre o tema não o aprofundam, restando mesmo para o direito comparado uma maior diversidade de escritos sobre este. Igualmente, quanto aos Tribunais, em que pese existirem decisões jurisprudenciais utilizando tais funções, não são muito difundidas; estando, pois, o conteúdo de forma assistemática no ordenamento. E quando utilizadas são relacionadas a outros institutos da responsabilidade civil como o dano moral.

Por outro lado, a situação do risco alimentar tem-se mostrado bastante frequente, com notícias veiculadas na mídia no sentido de alimentos que geram lesão à saúde e à vida dos consumidores.

A exemplo de outros países, por não ser suficiente a regulamentação da matéria, e por faltar a fiscalização em razão da estrutura estatal para tanto, as pessoas estão buscando cada vez mais o Poder Judiciário visando a obter a reparação dos danos patrimoniais e extrapatrimoniais decorrentes desses problemas. Por vezes, os julgados consideram como dano extrapatrimonial, mais precisamente, como função do dano moral, a fixação de valor para compensar a vítima de seu sofrimento por esses danos mas também dando um caráter pedagógico ao dano moral, que não é a sua função e distancia, de certa forma, a disciplina do assunto no Brasil em relação aos demais países da *common law*. Isso porque as prestações punitivas/dissuasórias como se percebe da análise até o momento realizada, passariam a ser o valor excedente àquele que pertine aos danos patrimoniais e extrapatrimoniais, não se assemelhando ou subsumindo em quaisquer destes.

Nessa perspectiva, busca-se a análise do tema no Brasil com o objetivo de verificar a possibilidade de concretizar o direito fundamental à informação do consumidor, o qual já é reconhecido com essa natureza (fundamentalidade) nacionalmente,[483] evitando-se risco à saúde e à própria vida deste.

Desde já, importante destacar a lição de Facchini Neto quanto à diferença entre ambas as funções que ora se analisam:

> [...] a função dissuasória se diferencia da punitiva por levar em consideração não uma conduta passada, mas ao contrário, por buscar dissuadir condutas futuras. Ressalta que as funções reparatória e punitiva possuem uma função dissuasória individual e geral. Mas no caso da Responsabilidade Civil com função dissuasória, porém, o objetivo de prevenção geral de dissuasão ou de orientação sobre condutas a adotar passa a ser o fim principal. O meio para alcançá-la, contudo, passa a ser a condenação do responsável à reparação/compensação dos danos individuais.[484]

Em regra, como se vem afirmando, a responsabilidade civil tem as funções ressarcitória e compensatória. Contudo, naquelas condutas mais graves, cujas repercussões podem lesar direitos mais relevantes dentro do país, como ocorre no caso dos danos à saúde e à vida dos consumidores, considera-se possível a aplicação do instituto.

Por outro lado, de forma um pouco diversa da aplicada no direito comparado, já se pode perceber, em alguns julgados dos Tribunais Brasileiros, inclusive dos Superiores, a intenção de o Poder Judiciário inserir em suas decisões as funções punitiva e preventiva, ainda que se relacionando ao denominado

---

[483] Como mencionado no Capítulo 2 destes trabalho, o direito à informação do consumidor já é reconhecido como direito fundamental tanto pela construção doutrinária, como pelo próprio Código de Defesa dos Consumidores, ao estabelecer tal previsão no artigo 6º da Lei 8.078/90.
[484] FACCHINI NETO, 2003a, p. 164.

"dano moral" e, eventualmente, quando mencionada a teoria dos *punitive damages* o fazem para negar sua aplicação no sistema brasileiro. Relevante, pois, a abordagem de alguns desses precedentes para a mais ampla compreensão possível do assunto.

Especificamente quanto ao tema da segurança alimentar, destaca-se o precedente do Tribunal de Justiça do Rio Grande do Sul, onde se pode perceber a aplicação da função pedagógica, que se aproxima à dissuasória, em caso exatamente sobre informação inadequada em rótulo de alimento, mais precisamente em bolachas recheadas, como acima citado, onde não constava a informação de haver lactose no produto, e o menino que era alérgico à substância acabou gravemente afetado em sua saúde, com problemas respiratórios, a ponto de ser internado em hospital.

A perícia técnica apresentada concluiu que o local onde as bolachas eram produzidas também era usado para a produção de outros produtos feitos com lactose, pelo que poderiam existir restos dessa substância na bolacha ingerida pelo jovem. Assim, a empresa foi condenada a indenizar os danos materiais e extrapatrimoniais, considerados danos morais, quando aplicado um valor considerado compensatório mas com o caráter pedagógico para que a empresa passasse a informar sempre de forma adequada a composição de seus produtos, estimulando, ainda, outras a fazerem o mesmo.

Assim ficou a ementa de decisão:[485]

> APELAÇÃO CÍVEL. RESPONSABILIDADE CIVIL. RESPONSABILIDADE OBJETIVA. PRELIMINAR CONTRARRECURSAL. APLICABILIDADE DO CÓDIGO DE DEFESA DO CONSUMIDOR. DEVER DE INFORMAR. SEGURANÇA DO PRODUTO. INFORMAÇÕES FALHAS NO RÓTULO DA EMBALAGEM. BOLACHA RECHEADA CONTENDO LACTOSE. INGESTÃO POR MENOR COM ALERGIA À PROTEÍNA DO LEITE DE VACA. NEXO CAUSAL DEMONSTRADO. DANO MORAL CONFIGURADO. VALOR DA INDENIZAÇÃO MANTIDO.
> 1. Preenchidos os requisitos do art. 514 do CPC, não há falar em ausência de fundamentação do recurso de apelação. Preliminar rejeitada. 2. Na forma do art. 12, § 1º, II, do Código de Processo Civil, *o produto é defeituoso quando não oferece a segurança que dele se espera. Embora na época dos fatos não existisse nenhuma regulamentação específica quanto a necessidade de constar expressamente a existência de produtos alergênicos, falhou a ré com o seu dever de informar, pois o consumidor confiou nas informações constantes no rótulo para adquirir o produto para o consumo. Era dever da ré informar fidedignamente as substâncias que compõe o alimento vendido, justamente para oferecer a segurança esperada ao consumidor.* 3. Falhou a requerida com o seu dever, restando demonstrado o nexo causal a partir das provas documental e testemunhal produzidas. 4. *Dano moral reconhecido em virtude da falta do dever de informar e na falha na segurança do produto vendido ao consumidor, que acabou por expor a sua saúde.* 5. *Valor da indenização adequado às nuances do caso concreto, considerando, inclusive, o caráter preventivo e punitivo da condenação.* 6. Honorários advocatícios fixados em consonância com o art. 20, §3º do CPC. (grifei)

Foi considerada a função de punir e/ou prevenir na jurisprudência brasileira, mas delimitada pelos estreitos canais da compensação dos danos extrapatrimoniais, como via de regra ocorre, tratando-se por dano moral, servindo

---

[485] RIO GRANDE DO SUL. Tribunal de Justiça. Sexta Câmara Cível. *Apelação Cível nº 70046666319*. Relator: Artur Arnildo Ludwig. julgado em: 13 set. 2012.

mesmo de baliza para determinar a elevação do *quantum* a ser pago à vítima do prejuízo. No aspecto infraconstitucional, o produto é considerado defeituoso no Brasil quando não apresenta a segurança necessária para evitar prejuízos aos consumidores. Então, nesse sentido, entendeu-se as bolachas vendidas sem a adequada informação, que geraram os danos concretos em comento.

Talvez estejam a doutrina e a jurisprudência, nessa ordem, ainda bem à frente da esfera legislativa quanto à abordagem de outras funções à responsabilidade civil, que não as tradicionais de indenizar, leia-se reparar ou compensar danos sofridos por consumidores, mas com a perspectiva concreta de mudança nesse sentido.

A possibilidade de inserção no direito objetivo brasileiro de tais finalidades à responsabilidade civil tomou corpo mais recentemente quando o Código Civil de 2002 passou a prever expressamente uma das funções da responsabilidade civil, que ora se analisam, constando: "Art. 944 do Código Civil: A lesão mede-se pela extensão do dano. [...] § 2º A reparação do dano moral deve constituir-se em compensação ao lesado e adequado desestímulo ao lesante".

Ou seja, pela primeira vez se positivou a "teoria do desestímulo", que revela a função dissuasória da responsabilidade civil. Contudo, a crítica persistente é seu uso atrelado à função compensatória do dano moral, o que não ocorre na *Common Law*, onde o instituto teve sua origem.

Por sua vez, o Código de Defesa do Consumidor também regula a responsabilidade de modo amplo, consagrando expressamente a responsabilidade pelo dano moral. Muito embora tenha sido vetado do Projeto o artigo que acolhia uma versão brasileira dos *punitive damages*[486] sob o argumento de que o artigo 12,[487] e outras normas do próprio Código, já dispunham "de modo cabal" sobre a reparação do dano sofrido pelo consumidor.

Portanto, não se vislumbra *in casu* idêntico tratamento dado no direito alienígena, onde a função dissuasória e punitiva são autônomas e não vinculadas aos danos patrimoniais ou morais. Todavia, quer se acreditar que, a ser realizada uma interpretação sistemática,[488] bem como em observância à *mens legislatoris*, a intenção de se colocar no ordenamento jurídico brasileiro de forma expressa, tal possibilidade está a demonstrar a preocupação de adequar-se

---

[486] O projeto art. 16 tinha a seguinte redação: "Se comprovada a alta periculosidade do produto ou serviço que provocou o dano, ou grave imprudência, negligência ou imperícia do fornecedor, será devida multa civil de até um milhão de vezes o Bônus do Tesouro Nacional – BTN, ou índice equivalente que venha a substituí-lo, na ação proposta por qualquer dos legitimados à defesa do consumidor em juízo, a critério do juiz, bem como a situação econômica do responsável".

[487] Código de Defesa do Consumidor – Lei nº 8.078/90: "Art. 12. O fabricante, o produtor, o construtor, nacional ou estrangeiro, e o importador respondem, independentemente da existência de culpa, pela reparação dos danos causados aos consumidores por defeitos decorrentes de projeto, fabricação, construção, montagem, fórmulas, manipulação, apresentação ou acondicionamento de seus produtos, bem como por informações insuficientes ou inadequadas sobre sua utilização e riscos (...)".

[488] Segundo Juarez Freitas "Deve o intérprete sistemático, conquanto em atividade funcionalmente distinta da do legislador, exercer conscientemente o papel maiêutico de extrair o melhor da elasticidade do Direito Objetivo, certo de que, na prática, a subjetividade aparece como momento inextirpável e configurador da objetividade, e vice-versa". (FREITAS, Juarez. *A interpretação sistemática do direito*. São Paulo: Malheiros, 2004. p. 177).

o sistema pátrio à realidade atual. Principalmente em se tratando de ilícitos civis, os quais, no mundo globalizado em que se vive, têm sido uma crescente, além de denotar preocupação com a(s) vítima(s) de tais condutas, exatamente o que ocorre na sociedade de risco com os consumidores.

Se certo é que o direito positivo se constitui em uma das fontes do direito, também o é que, existindo no seio do ordenamento jurídico previsão legitimadora da aplicação de determinado instituto, esta passa a ter uma força ainda maior num Estado Democrático de Direito, ou seja, num sistema como no do Brasil, Itália, Espanha, Portugal, etc. pertencentes à Família Romano-Germânica, que tem na legalidade uma de suas vigas basilares de sustentação. Entretanto, entende-se que o uso das funções dissuasória e punitiva da responsabilidade civil pode se dar sem a previsão legal estrita, assim como ocorreu com o dano moral no Brasil quando do início de sua aplicação, ante o uso da hermenêutica constitucional, a exemplo dos Direitos Fundamentais não explícitos.

De outra banda, de forma mais contundente e unívoca, são as críticas quanto à (im)possibilidade de se admitir essas funções pela ordem constitucional e jurídica brasileira. A consideração destas também se faz relevante para a construção do pensamento e, principalmente, para fundamentar de maneira mais tranquila e imparcial a posição que se queira adotar, especialmente para aplicar, ou não, tais funções quando desrespeitadas as normas atinentes à informação do consumidor para precaver o risco alimentar.

A exemplo do que se constatou em outros países, alguns juristas pregam que a denominada por eles "Teoria do Desestímulo", como traduzida para o português, a qual embasa as funções punitiva e dissuasória, deve ser prontamente rechaçada do sistema jurídico vigente, sob os seguintes argumentos:

> 1) Os danos punitivos são verdadeiras sanções penais, contrapondo-se ao instituto da responsabilidade civil que visa ao ressarcimento/compensação do dano efetivamente sofrido; 2) Admitir o uso dos "danos punitivos" seria ensejar o enriquecimento sem causa, pois a reparação pecuniária extrapolaria o prejuízo sofrido; 3) Representam a mercantilização da justiça e das relações existenciais,[489] transformando o acesso à tutela jurisdicional em loteria, cujo prêmio máximo seriam "absurdas indenizações milionárias" (*tort lottery* ou *overcompensation*); 4) Seria um *bis in idem*, já que em hipóteses de condenação por lesões corporais, p.ex., além da pena privativa de liberdade ou restritiva de direitos, o autor seria punido novamente ao reparar os danos; 5) No caso do Brasil, a Constituição Federal de 1988, ao utilizar a expressão "indenização" no artigo 5°, inciso X, afasta qualquer possibilidade de fixação de valor a título de danos morais que seja superior ao prejuízo causado.[490]

Assim postas as considerações contrárias à admissibilidade das funções punitivas e dissuasórias, reitera-se a necessidade de estabelecer algumas premissas para o debate e o caminho a uma conclusão acerca de sua aplicação

---

[489] MORAES, 1993, p. 328.
[490] MANENTE, Luís Virgílio Penteado; BARBUTO NETO, Antônio Marzagão. Os danos punitivos do direito norte americano e sua incompatibilidade com o ordenamento jurídico brasileiro. Disponível em: <http://www.lvba.com.br>. Acesso em: 2013. e MOREIRA, Fernando Mil Homens; CORREIA, Atalá. *A fixação do dano moral e a pena*. Disponível em: <http://www.jusnavigandi> Acesso em: 3 nov. 2004.

para precaver os riscos alimentares pela falta de informação adequada quanto aos componentes (diretos ou indiretos) do produto.

No que tange ao valor concedido pela condenação do responsável civil ("os danos punitivos são verdadeiras sanções penais, contrapondo-se ao instituto da responsabilidade civil que visa ao ressarcimento/compensação do dano efetivamente sofrido") ser equiparado a sanções penais, já se demonstrou, no presente trabalho, que há tempo se sabe das distinções marcantes entre ambos os ramos do Direito. Bastaria acrescer, para afastar qualquer dúvida, que o Direito Penal possui como consequência, quando da sua aplicação, a restrição da liberdade ou, no mínimo, de direitos do agente causador de um fato que, além de ilícito, é típico penalmente.

Quanto a gerar o enriquecimento sem causa, pela verificação do tratamento dado à matéria no direito comparado, os sistemas que aplicam as prestações punitivas destinam o valor a ser pago pelo causador do dano no mais das vezes à vítima ou a uma entidade pública ou privada de interesse público relacionada ao bem jurídico afetado, ao menos como ocorre nos Estados Unidos.

No caso de risco à saúde dos consumidores por falta de informação adequada, poder-se-ia encaminhar eventual valor de condenação a título de *punitive damages* para alguma associação ou órgão relacionado a proteção dos consumidores, por exemplo, o que já ocorre com ações coletivas de consumo e termos de ajuste de conduta firmados no Brasil pelos legitimados na Lei nº 8.078/90, onde os valores vão para um fundo de defesa do consumidor, administrado por um Conselho (Estadual ou Municipal) com a participação de órgão públicos e da sociedade civil organizada, ou para instituições previamente conveniadas, no caso, com o Ministério Público.

Ressalta-se que o objetivo da aplicação das prestações punitivas não é enriquecer um indivíduo em detrimento do empobrecimento de outro, sendo que a destinação do valor decorrente da condenação para fins punitivos e dissuasórios será regulada quando de sua aplicação. Daí se discordar do argumento de que irá representar a mercantilização da Justiça e, mais ainda, das relações existenciais, transformando-se o acesso à tutela jurisdicional em loteria, cujo prêmio máximo seriam "absurdas indenizações milionárias" (chamadas nos países da *common law* de *tort lottery* ou *overcompensation*), ou ainda, banalizando-se o que há de mais fundamental quanto ao Direito, que é proteger exatamente os direitos do homem, especialmente a saúde e a própria vida.

Lembre-se que as prestações punitivas/dissuasórias seriam funções excepcionais à responsabilidade civil, merecendo aplicação quando ocorrido dano concreto ou potencial não só a um consumidor, mas expondo a toda coletividade de consumidores (determinada ou indeterminada).

Para aplicação de tais funções à responsabilidade civil quando da falta de informação sobre os componentes de cada alimento no sistema brasileiro e dos países de cultura jurídica romano-germânica deverão se observar parâmetros de acordo com a realidade financeira, econômica, cultural, social do país; e não com a norte-americana, assim como ocorre atualmente com os parâmetros utilizados para fixação da compensação dos danos extrapatrimoniais (entendendo-se estes com gênero de que são espécies o dano moral puro, dano estético, dano à imagem, entre outros) no Brasil e em diversos países.

Como no caso dos danos morais puros, há de prevalecer o bom senso do julgador uma vez que, diferentemente da *tort law* em que juízes leigos, ou seja, um Tribunal do Júri Popular pode aplicar uma quantia de condenação de acordo com seu entendimento, no Brasil, um técnico, o Juiz o fará; oportunidade em que vai se utilizar de instrumentos como o próprio princípio da razoabilidade, além de critérios, como os utilizados para fixar o *quantum* referente aos danos morais. Para ilustrar a asserção, menciona-se a doutrina de Bittar:[491] "o ressarcimento por danos morais deve se balizar em dois pontos: a) a intensidade do dano sofrido; b) a peculiar situação econômica do agente e seu dolo".

Portanto, com instrumentos inerentes à Magistratura, bem saberá um Juiz aplicar o valor necessário e adequado para punir o transgressor e evitar que este e outros venham a omitir os dados sobre todos os componentes dos alimentos disponibilizados para consumo, fixando, da mesma forma, como ocorreu com os danos extrapatrimoniais, já reconhecidos em diversos países, determinados critérios.

Quanto ao argumento de que o artigo 5º, inciso X, da Constituição Federal brasileira "afasta qualquer possibilidade de fixação de valor a título de danos morais que seja superior ao prejuízo causado", não retrata a melhor interpretação.

Isso porque os intérpretes abordam uma restrição que não parece ter sido pretendida pelo legislador constituinte, além de estarem associando a responsabilização a prestações punitivas e dissuasórias à responsabilização pelos danos morais, cujas finalidades não se confundem. Com efeito, da leitura do inciso X do artigo 5º da Magna Carta brasileira, depreende-se que os direitos declarados são a proteção à intimidade, à vida privada, à honra e à imagem das pessoas. Ao que se sucedem as formas de proteção destes, consistentes na indenização por danos materiais ou morais.

No entanto, não se tratam as funções punitiva e dissuasória (ou preventiva) de finalidades a serem alcançadas pela responsabilidade decorrente do reconhecimento de danos materiais ou morais, cuja reparação/compensação estão expressamente previstas no rol dos direitos fundamentais do Título II, da Constituição Federal brasileira, como também em grande parte dos países europeus continentais. As demais funções que ora se busca agregar à responsabilidade civil vêm exatamente ao encontro da proteção de determinados valores eleitos como mais relevantes para a sociedade brasileira contemporânea, a saúde e a vida.

Assim, considera-se que àqueles bens a serem protegidos de acordo com a Constituição Federal são mínimos, como mínimas também as formas de proteção destes, quais sejam, a reparação pelos danos patrimoniais e "morais", sejam bem reconhecidos individualmente ou na esfera coletiva, como ocorre

---

[491] BITTAR, Carlos Alberto. *Responsabilidade civil*: teoria e prática. 2. ed. Rio de Janeiro: Forense Universitária, 1990. p. 77-78.

com a saúde, direito fundamental positivado no art.6º. Lembre-se que vige quanto à interpretação dos Direitos Fundamentais o princípio da máxima eficácia, portanto, ao invés de óbice, é justamente a via de acesso às novas funções da responsabilidade civil, para que o direito à informação dos consumidores possa ser efetivamente priorizado e protegido.

O que se propõe neste trabalho, em síntese, para superar a falta de legislação pertinente capaz de viabilizar a aplicação dessas funções, é o uso da hermenêutica do direito calcada numa prudente fundamentação do aplicador do instituto, de modo a ensejar uma reflexão sobre a possibilidade de serem reconhecidas as funções em comento. Para tanto, tomar-se-á a interpretação do direito à informação com um direito fundamental dos consumidores, inseridos numa realidade de risco global, detidamente àqueles de interesse transindividual, para evitar que na sociedade de risco o ser humano, destinatário das normas, sofra os paradoxos da mudança, como afirma Giddens.

Considerando as estratégias extrajudiciais e judiciais em análise para precaução do risco alimentar, percebendo-se as lacunas existentes no Direito e a necessidade de superar essa ausência para eventual aplicação dos instrumentos ora sugeridos nos países em que não estão previstos, ou existem disciplinados de forma diferente, busca-se superar tal audiência enfrentando especificamente o tema das lacunas do Direito.

6. Reflexões acerca de uma efetiva proposta à aplicação dos *punitive damages* (funções punitiva/dissuasória da responsabilidade civil) para precaver o risco alimentar

Dentro do exposto até aqui, com base numa análise sistemática do direito e na teoria dos Poderes Implícitos, utilizando-se a hermenêutica, propõe-se para precaver o risco alimentar pela correta e adequada informação ao consumidor, a título de paradigma para suprir as lacunas legislativas nos países de cultura romano-germânica, o tema das funções punitivas e dissuasórias a serviço da concretização dos direitos fundamentais.[492] Para tanto, levar-se-ão em conta as previsões normativas nas quais poderiam se inserir o tema, em conjunto com a integração mencionada por Ricardo Guastini ao abordar as formas de suprir as lacunas do Direito.

Na verdade, o comprometimento com a concretização de qualquer direito fundamental passa pela adoção de um espectro amplo de obrigações públicas e privadas, que se interagem e se complementam, e não apenas com um mero agir ou não agir por parte do Estado. Contudo, vislumbrando-se que a regulamentação nem sempre é suficiente, haja vista a falta de fiscalização adequada ou suficiente desta para evitar prejuízos ao ser humano, pelo que o direito deve ter uma atuação promocional com base em todos os sistemas, frise-se uma vez mais, não só nas regras positivadas.

Portanto, quanto aos direitos dos consumidores igualmente não basta o Estado agir quando provocado por algum prejuízo sofrido por um ou diversos consumidores lesados. A postura na ordem global desta sociedade de risco deve ser sempre pró-ativa, no sentido de buscar, da melhor forma possível,

---

[492] *Sarlet* propõe como definição de direitos fundamentais, baseada em Robert Alexy, como sendo todas aquelas posições jurídicas concernentes às pessoas que, do ponto de vista do direito constitucional positivo, foram, por seu conteúdo e importância (fundamentalidade em sentido material), integradas ao texto da Constituição e, portanto, retiradas da esfera de disponibilidade dos poderes constituídos (fundamentalidade formal), bem como as que, por seu conteúdo e significado, possam lhes ser equiparados, agregando-se à Constituição material, tendo ou não, assento na Constituição formal (aqui considerada a abertura material do catálogo). (SARLET, 2006, p. 91).

medidas preventivas para evitar lesões a bens fundamentais tão atacados pelo rápido avanço científico e tecnológico.

Assim, a informação nas políticas relacionadas à proteção dos consumidores (previsto no artigo 5º, inciso XXXII, e artigo 170, V, da Constituição Federal), as informações acerca das políticas ambientais (especificamente no artigo 225, §1º, inciso VI, da Constituição Federal), bem como permitindo, de modo direto, a participação dos cidadãos na tomada de decisões nessa matéria, além dos termos de ajustamento de conduta firmados pelos órgãos legitimados para tanto e membros da sociedade, forte no artigo 5º, §6º, da Lei nº 7.347/85, denotam a democracia do processo.

O direito de ação, da mesma forma, na visão tradicional, tem cunho individualista, representando a mera faculdade de acionar o Poder Judiciário. Percebido de acordo com a segunda dimensão, o processo deixa de ser somente instrumento de proteção de direitos individuais, passando a ter uma conotação mais social, abrangendo as lides coletivas e exigindo do Estado uma postura positiva no sentido de facilitar o acesso à Justiça para interesses não só individuais, mas também àqueles transindividuais. Ganha o processo uma conotação democrática, devendo ser mais direta a participação popular no debate judicial, a fim de pluralizar a discussão, garantindo uma maior efetividade e legitimidade à decisão, que será enriquecida pelos elementos e pelo acervo de experiências que os participantes do processo poderão externar.

A fim de aplicar o que até aqui foi dito acerca da necessidade de completude das normas, bem como de dar a máxima eficácia, portanto, aos direitos fundamentais, especificamente ao direito fundamental à informação dos consumidores, desta feita recorrer ao Poder Judiciário, ou melhor, ao magistrado, como intérprete desses direitos, buscando-se examinar a possibilidade de inserção das prestações punitivas/dissuasórias ao sistema jurídico dos países de Direito Continental, e, ainda, superar a questão da lacuna legislativa.

6.1. A prestação jurisdicional e os *punitive damages* na precaução do risco alimentar

Estando o Direito Constitucional vinculado ao destino das transformações dos homens, é emblemático o ensinamento de Cármen Lúcia Antunes Rocha, para quem a Constituição muda a sua forma, o seu conteúdo, que se adensa no curso dos últimos dois séculos em seu texto e em seu contexto, mas segue sendo — como antes — uma Lei, que alicerça e preside o processo de juridicização de um projeto político eleito como realizador da ideia de Justiça prevalente em determinada sociedade estatal e dada, então, à concretização pela organização e dinâmica estatais.[493]

---

[493] ROCHA, Cármen Lúcia Antunes. O Constitucionalismo Contemporâneo e a instrumentalização para a eficácia dos direitos fundamentais. *Revista Trimestral de Direito Público*, v. 16, p. 39-58, 1996.

Por isso, compete a ele o desempenho desse mister, sem o exercício do qual os direitos fundamentais, por vezes, restam como meras abstrações ou são atacados irremediavelmente, e as agressões lesam todo o sistema jurídico, colocando abaixo a própria jurisdição como um direito.

Conclui Antunes Rocha, considerando:[494]

> No exercício dessa competência, ademais, incumbe ao Poder Judiciário fazer-se alerta para interpretar os direitos fundamentais considerando o texto e o contexto constitucional, a sede e a afluência dos direitos sobre os quais se questionam, estender-se tão amplamente quanto seja necessário e possível para que ele realize uma tarefa de Justiça social e não de injustiças menores. Ao Judiciário cabe a tarefa de oferecer respostas concretas e engajadas às questões que lhe são postas em condições históricas definidas e experimentadas,

Vai-se mais longe. Não só a Justiça, mas as próprias funções essenciais à Justiça devem ter como norte de atuação a defesa desses direitos. As garantias instrumentais ou processuais específicas de cada sistema jurídico têm sido reelaboradas para se adensarem no conteúdo de prevenção mais que ao mero restabelecimento ou restauração dos direitos violados, daí a necessidade de concentração de esforços, para sedimentar posições institucionais nesse sentido e tutelar novos e antigos direitos de acordo com a realidade social contemporânea.

A constatação decorre da própria natureza dos direitos fundamentais, já que não podem esperar para um deslinde que somente sobrevenha quando o bem atingido ou ameaçado for a vida, a liberdade ou a segurança, por exemplo.

Retoma-se, mais uma vez, o princípio da precaução. Lembrando-se que este deveria nortear a atuação jurídica nos casos de risco alimentar, do qual não se deve afastar o hermeneuta para a construção de vias capazes de concretizarem o direito fundamental à informação dos consumidores.

Sobre isto, Cármen Lúcia Antunes Rocha lembra que quanto mais eficientes forem os sistemas em dotarem os indivíduos e as instituições de instrumentos acautelatórios a fim de que ameaças sejam sustadas ou desfeitas antes mesmo da prática prejudicial aos direitos, tanto melhor atendidos estarão os objetivos dos ordenamentos jurídicos.[495]

A Constituição da República brasileira aperfeiçoou a qualidade dos instrumentos garantidores daqueles direitos ao estabelecer, no art. 5º, inciso XXXV, que a lei não poderá excluir da apreciação do Poder Judiciário lesão ou ameaça a direitos, conforme referido alhures.

A ameaça passou a compor, na ordem jurídica positiva brasileira, o direito à jurisdição, que somente pode ser considerada eficiente quando, acionado o Poder Judiciário, não permitir a concretização da lesão de cuja ameaça teve notícia e buscou evitar. Daí a importância de sua menção neste trabalho, quando se trata do tema da precaução.

---

[494] ROCHA, 1996.
[495] Ibid.

Isto porque, para os bens jurídicos lesados, a atuação posterior à prática agressiva já não tem como ser desfeita, mas apenas reparada, o que não é o objetivo principal das garantias aos direitos fundamentais, dentre eles o direito fundamental à informação (adequada), como assegurador da saúde e da vida humana.

Nesse momento, exsurge como propício e irremediável a adoção de institutos que se identifiquem com tal finalidade, daí as sugestões das estratégias mencionadas, onde se inserem com pertinência as prestações punitivas/dissuasórias.

Para tanto, é necessária a intervenção do Poder Judiciário, ou das chamadas funções essenciais à justiça, para que os autores de ilícitos, que denotam especial intenção de lesar os consumidores ou que se colocam indiferentes diante da possibilidade de lesão, possam ser punidos e dissuadidos efetivamente a não fazerem (Teoria do Desestímulo), adotando medidas pertinentes para tanto.

Invocando o Poder Judiciário para decidir, com base na análise do caso concreto, acerca de lesão ou ameaça de lesão a um direito fundamental, inafastável se faz o uso dos mencionados critérios de hermenêutica com base nesses direitos.

Não se coaduna com o entendimento segundo o qual o operador fica apegado à necessidade de regulamentação casuísta, ou seja, espera que estejam previstas todas as situações da vida pormenorizadas e detalhadas. Tal percepção leva ao risco de gerar a ineficácia das cláusulas gerais introduzidas pelas Constituições e pelas leis infraconstitucionais. Inconcebível, pois, fique o Juiz inerte, diante de determinada situação que lhe é posta, como uma máquina insensível. Sua atividade desenvolve-se com o objetivo de *pacificar com justiça* o conflito de interesses submetido a sua apreciação, sendo ele cada vez mais desafiado a assumir papel ativo e criativo na interpretação da lei e da própria Constituição Federal, adaptando-a, em nome da justiça, aos princípios e valores de seu tempo.

Pertinente a doutrina de Facchini sobre as funções do Juiz, quando refere estar ao lado das figuras do Juiz-descobridor do direito e de Juiz-aplicador do direito, a do Juiz-resolutor de conflitos.[496] Nesse modelo, segue o autor

> solução essa que deverá ser compatível com o sistema[...] compete ao Juiz encontrar a solução mais justa (materialmente, e não apenas formalmente) e adequada ao caso concreto ema globalmente considerado. Não se trata, nesse modelo, de uma simples aplicação de uma solução formalmente pré-dada. [...] Esse modelo leva a sério a idéia de que a legislação é apenas uma fonte (embora a mais importante) do direito, mas com ele não se identifica. Por outro lado, também absorve a idéia ressaltada pela hermenêutica moderna de que a legislação não contém apenas regras, mas também se expressa através de princípios, cláusula gerais, valores e conceitos indeterminados [...].[497]

---

[496] FACCHINI NETO, Eugênio. Premissas para uma análise da contribuição do Juiz para a efetivação dos direitos da criança e do adolescente. *Juizado da Infância e Juventude*, Porto Alegre, n. 2, mar. 2004. p. 12.
[497] Ibid., p. 13-15.

Na mesma esteira de entendimento, sustentando o papel do Juiz-resolutor de conflitos, o doutrinador italiano Carlo Amirante assevera

> Il progressivo ampliamento del campo di azione del giudice, soprattutto delle Corti costituzionali, e l'affermazione di modelli di definizione del diritto in via giurisdizionale decisamente creativi di diritto, come interventi diretti a colmare lacune legislative, o techniche di estrapolazione di norme nuove in via interpretativa da applicare alle afttispecie concrete, hannon portato alcuni autori ad identificare nel diritto giurisprudenziale una nuova via, um diritto mite, flessibile, mórbido, soft law, maggiormente in grado di soddisfare lê esigenze, in primo luogo di tutela dei diritti, della collettività, in quanto caratterizzato da pragmaticità, flessibilità e soprattutto rapidità e adeguamento alle esigenze sempre mutevoli e urgenti di regoalizione dei confliti economici e sociali indotti dalla cd. Globalizzazione e dall'integrazione europea.[498]

Nesse contexto de expansão de conflitos, os quais nem sempre o legislador consegue acompanhar pela célere dinâmica com que ocorrem, recorre-se, no presente trabalho, aos princípios jurídicos como instrumento hermenêutico para a aplicação das prestações punitivas/dissuasórias pelo Poder Judiciário, bem como pelos órgãos que se constituem em função essencial à Justiça, nos termos constitucionais, em especial, pelo Ministério Público, visando a garantir os direitos fundamentais passíveis de lesão pelo risco alimentar.

Paulo Bonavides bem coloca que os princípios preservam o espírito da Constituição.[499] Tratando-se de interpretar direitos fundamentais avultam a sua autoridade e prestígio, na medida em que a natureza sistêmica imanente ao mesmo pode conduzir, entre distintas possibilidades interpretativas, à eleição daquela que realmente, estabelecendo uma determinada concordância fática, elimina contradições e afiança unidade ao sistema.

Ressalte-se que os princípios desempenham a importante função de conferir unidade normativa a todo o sistema jurídico, eis que se impõem como diretivas, tanto para a interpretação de toda e qualquer norma legal quanto para a ação de todos os entes estatais, e por isso a sua ação é de cunho positivo.

Além disso, possuem uma função negativa, pois servem de limite ao não permitir que se criem limitações excessivas a determinados direitos fundamentais, bem como ao impedir que se criem normas contrárias ao conteúdo neles previsto. Por isso a eleição do princípio da precaução, o qual possui grande elasticidade e direciona a interpretação das normas existentes, bem como a necessidade de suprir lacunas legislativas para que possa ser efetivado.

Para Robert Alexy, como visto, este refere que para a aplicação dos princípios, mandados de otimização, devem ser analisadas as possibilidades jurídicas e fáticas, e não são definitivos. Com efeito, regras e princípios têm em comum o caráter de normatividade, sendo que a generalidade da primeira é estabelecida para um número indeterminado de atos ou fatos, ao passo que, o segundo, é geral porque comporta uma série indefinida de aplicações. Em

---

[498] AMIRANTE, Carlo. I diritti umani tra dimensione normative e dimenzione giurisdizionale? Napoli: Alfredo Guida, 2003. p. 48-49.
[499] BONAVIDES, 2000, p. 548.

síntese, a regra é aplicada a uma situação jurídica determinada; os princípios, por sua vez, podem abranger uma série de situações jurídicas.[500]

É possível compreender que haverá tanto na incidência das regras como dos princípios um juízo axiológico, o qual bem se define pela teoria da ponderação,[501] sendo certo que incidirá no processo de interpretação do texto a norma que melhor se adequar ao suporte fático e às circunstâncias que o perfazem.

Então, diante do conflito entre normas princípios, não se deve tentar eliminar alguma delas. A missão do intérprete, *in casu* o magistrado, é buscar uma solução conciliadora, definir a área de atuação de cada um destes "mandados de otimização", como chama Alexy. Nessa ordem de ideias, Paulo Bonavides aduz não haver uma única solução para o conflito entre princípios jurídicos. Prevalecerá sempre aquele que, especificamente no caso concreto, tiver maior força. Tal prevalência não implica restrição em abstrato da força impositiva do princípio afastado. Em outras circunstâncias, diante de novos fatores relevantes, o princípio antes afastado está pronto para ser aplicado.

Com o uso dos princípios para preenchimento de lacunas deixadas pelo legislador em relação a fatos da vida que por ele não foram regulamentados, contemplando-se conjuntamente as ideias doutrinárias de Guastini, Juarez Freitas, Alexy e Canotilho, o magistrado poderá formar sua convicção e bem decidir o caso em concreto.

E, nesse contexto, visando a solucionar o eventual conflito de princípios que se relacionam aos direitos fundamentais, é que deverá o juiz quando vislumbrar tal impasse, justificar sua decisão tendo como norte a proteção daquele com maior relevância *in casu, já que* os princípios são diretrizes normativas axiologicamente superiores (às regras) – fonte máxima para o intérprete, como preleciona Juarez Freitas.

No sistema positivo brasileiro, como ocorre em outros países mencionados neste trabalho, o direito posto em causa pelo interessado pode ser a busca da reparação ou a compensação de dano a um direito fundamental individual ou coletivo, quando derivado de um ato ilícito. Para o presente trabalho, fixa-se o olhar para este último, já que a reflexão que se faz acerca da inserção dos *punitive damages* ao direito, em especial ao sistema jurídico brasileiro e espanhol, seria especificamente, ao menos neste momento, para as demandas referentes a interesses transindividuais, quais sejam, a proteção da saúde e da vida dos consumidores, visando a efetivar o princípio da precaução do risco alimentar, ou seja, uma segurança alimentar concreta aos consumidores, de acordo com as premissas até aqui estabelecidas.

O que ora se propõe é que o Poder Judiciário fixe na sentença, em caso de condenação do agente, que deixou de informar corretamente os componentes

---

[500] BONAVIDES, 2000, p. 20-25.

[501] Alexy ensina que "a solução entre colisões entre princípios dar-se-á através de uma lei de colisão, na qual, uma ponderação de interesses opostos, seria capaz de resolver as tensões já enunciadas. [...]". Estes, os interesses opostos, seriam fundamentais até fixar uma relação de precedência condicionada. Assim, dar-se-ia o grau de normatividade e decidir qual o princípio teria mais peso naquele caso específico. (ALEXY, 2002, p. 90).

do alimento, ou nos casos em que já houve dano concreto aos consumidores por essa falta de informação ou por sua inadequação, deixando diversas pessoas com suas saúdes ou vidas em risco, uma quantia significativa em dinheiro além daquela com a finalidade de reparar e compensar individualmente. Ou seja, que sirva para punir o agente por sua má-fé, malícia, dolo ou simples negligência reiterada e para evitar que ele ou qualquer outra pessoa pratique semelhante conduta lesiva aos consumidores.

O Magistrado, na justificativa do *decisum*, precisará fundamentar a aplicação desse montante a mais em dinheiro a ser desembolsado pelo agente causador do dano já concreto ou mesmo em abstrato, para acrescer à responsabilidade civil as funções em comento, visando a efetivar a precaução do risco alimentar e, sobretudo, a proteção de bens jurídicos como a vida e a saúde humanas.

Para melhor ilustrar a reflexão proposta neste trabalho, retoma-se o precedente jurisprudencial sobre direitos do consumidor, referente às bolachas recheadas que deixaram um menino de nove anos de idade com problemas graves de saúde, por não haver informações acerca da existência da lactose (ou "traços de lactose"), em acórdão exarado pelo Tribunal de Justiça do Estado do Rio Grande do Sul.

Em recurso de apelação analisado pelo Tribunal de Justiça do Rio Grande do Sul, o autor pleiteou indenização contra empresa de bolachas recheadas a qual não informou no rótulo que o produto continha lactose, substância do leite, sendo o alimento ingerido por criança com alergia a esse componente, conforme a ementa transcrita acima, que se repisa para análise mais detida da proposta em comento:

> APELAÇÃO CÍVEL. RESPONSABILIDADE CIVIL. RESPONSABILIDADE OBJETIVA. PRELIMINAR CONTRARRECURSAL. APLICABILIDADE DO CÓDIGO DE DEFESA DO *CONSUMIDOR*. DEVER DE INFORMAR. SEGURANÇA DO PRODUTO. INFORMAÇÕES FALHAS NO RÓTULO DA EMBALAGEM. BOLACHA RECHEADA CONTENDO LACTOSE. INGESTÃO POR MENOR COM ALERGIA À PROTEÍNA DO LEITE DE VACA. NEXO CAUSAL DEMONSTRADO. DANO MORAL CONFIGURADO. VALOR DA INDENIZAÇÃO MANTIDO. 1. Preenchidos os requisitos do art. 514 do CPC, não há falar em ausência de fundamentação do recurso de apelação. Preliminar rejeitada. 2. Na forma do art. 12, § 1º, II, do Código de Processo Civil,[502] o produto é defeituoso quando não oferece a segurança que dele se espera. Embora na época dos fatos não existisse nenhuma regulamentação específica quanto a necessidade de constar expressamente a existência de produtos alergênicos, falhou a ré com o seu dever de informar, pois o *consumidor* confiou nas informações constantes no rótulo para adquirir o produto para o consumo. Era dever da ré informar fidedignamente as substâncias que compõe o alimento vendido, justamente para oferecer a segurança esperada ao consumidor. 3. Falhou a requerida com o seu dever, restando demonstrado o nexo causal a partir das provas documental e testemunhal produzidas. 4. *Dano moral reconhecido em virtude da falta do dever de informar e na falha na segurança do produto vendido ao consumidor, que acabou por expor a sua saúde.* 5. Valor da indenização adequado às nuances do caso concreto, considerando, inclusive, o caráter preventivo e punitivo da condenação. 6. Honorários

---

[502] A informação correta é artigo 12, § 1º, inciso II do Código de Defesa do Consumidor, CDC, e não do Código de Processo Civil, CPC.

advocatícios fixados em consonância com o art. 20, § 3º, do CPC. RECURSOS DE APELAÇÃO DESPROVIDOS.[503]

A decisão mencionou que o menino tem reação alérgica à proteína do leite (lactose) desde os dois anos, não podendo consumir qualquer alimento que possua leite ou traços de leite. Após o consumo dos biscoitos, ele apresentou alergia na pele, com erupções avermelhadas e, em seguida, começou a passar mal, tendo uma tosse constante que evoluiu para infecção das vias aéreas superiores, sinusite e bronquite, além de inflamação na garganta e febre. Destacou que também desenvolveu refluxo gástrico noturno e teve aumento no tamanho do coração, tendo de ser submetido a tratamento médico.[504]

Nesse contexto, depreende-se que o autor, na ação judicial acima mencionada, referiu responsabilidade da empresa, a qual não informou corretamente os ingredientes utilizados na fabricação dos biscoitos. Alegou que sofreu dano moral e material (relativo às consultas médicas, exames laboratoriais e medicamentos) decorrente do quadro desenvolvido em função da ingestão do alimento. A empresa que possui em seu grupo empresarial a efetiva produtora dos biscoitos contestou, alegando que a embalagem possui as informações corretas no rótulo. Disse ainda que o produto adquirido não contém lactose e nenhuma substância oriunda do leite ou do ovo. Acrescentou, porém, que embora o biscoito não contenha tais ingredientes, nada impede que possam apresentar traços de leite. Isso porque outros biscoitos preparados com leite são produzidos na mesma planta industrial onde o biscoito consumido pelo autor foi fabricado. Na sentença (primeiro grau), o Juiz de Direito Oyama Assis Brasil de Moraes, da 6ª Vara Cível do Foro Central de Porto Alegre, julgou procedente a ação de indenização e condenou a empresa a pagar R$ 360,14, trezentos e sessenta reais e quatorze centavos, pelos danos materiais (aproximadamente 124,00 Euros)[505] e R$ 10 mil Reais (aproximadamente 3.348,00 Euros) a título de danos morais, ambos os valores corrigidos monetariamente. As partes recorreram ao Tribunal de Justiça do Estado. Para o relator, Desembargador Artur Arnildo Ludwig, ao deixar de prestar as informações de forma precisa quanto ao conteúdo comercializado, a empresa afrontou direito básico do consumidor, expondo sua saúde, considerando-se, portanto, o produto defeituoso já que não oferece a segurança que dele se espera: "não restam dúvidas quanto à responsabilidade da empresa no dever de informar e resguardar a saúde do consumidor que adquiriu seu produto, de forma que deve ser mantida a condenação de indenização por danos morais", diz o voto do relator.[506]

> Destarte, pela prova dos autos, tenho não restar dúvida, quanto a responsabilidade da empresa no dever de informar e resguardar a saúde do consumidor que adquiri seu produto, de sorte que deve ser mantida a condenação de indenização por danos morais.No que respeita ao valor da indeni-

---

[503] RIO GRANDE DO SUL. Tribunal de Justiça. Sexta Câmara Cível. Apelação Cível n. 70046666319. Relator: Artur Arnildo Ludwig. julgado em: 13 set. 2012. Disponível em: <http://www.tjrs.jus.br/busca/?tb=proc>. Acesso em: 20 maio 2013. (Íntegra no anexo 3)

[504] RIO GRANDE DO SUL, 2012.

[505] Valores cuja conversão é possível fazer no site <http://www.oanda.com/lang/pt/currency/converter/>. Acesso em: 1 jul. 2013.

[506] RIO GRANDE DO SUL, 2012. (íntegra no anexo 3).

zação arbitrada pelo juízo *a quo*, entendo que deve ser mantida em R$ 10.000,00 (dez mil reais), a fim de atender aos critérios de punição ao infrator e caráter pedagógico da indenização e compensação à vítima.Para a fixação do *quantum* a ser indenizado, deve-se levar em consideração o atendimento do binômio: compensação à vítima e punição ao ofensor. Saliento, ainda, que devem ser consideradas as condições econômicas e sociais do agressor, bem como a gravidade da falta cometida. De outro lado, proporcionar à vítima uma compensação pelo dano sofrido.(grifei)

A decisão, inclusive, foi noticiada por jornais do Estado do Rio Grande do Sul ainda em outubro de 2012, a fim de alertar a sociedade acerca do consumo de alimentos sem a devida informação na embalagem.[507]

Não há dúvidas, portanto, de que a informação inadequada nos rótulos ou em qualquer forma de divulgação da composição dos alimentos dá margem à responsabilização civil. O Superior Tribunal de Justiça brasileiro vem se posicionando no sentido de que "informação clara, precisa e adequada sobre os diferentes produtos e serviços é princípio básico previsto pelo Código de Defesa do Consumidor (CDC) e que, muitas vezes, não é observado. Para o STJ, a informação defeituosa aciona a responsabilidade civil, abrindo espaço para indenizações (REsp 684.712)".[508]

Daí corroborada a preocupação deste trabalho em ver cessadas as lesões a direitos fundamentais, como à saúde em toda a sua extensão e até mesmo à vida, o que nem sempre a responsabilidade civil, com suas funções atuais, tampouco a penal, tem sido capaz de tutelar.

Usando a decisão do Tribunal de Justiça do Rio Grande do Sul, como modelo para aplicação dos *punitive damages* ou *daños punitivos,* o que se propõe é que as finalidades e destinações diversas sejam tratadas como funções autônomas da responsabilidade civil, já assim consideradas especialmente no sistema da *common law* e na Itália, país este que adota o sistema jurídico Romano-Germânico, como o Brasil, a Espanha, Portugal, Alemanha, França, etc.

Para adequar-se, portanto, à reflexão ora sugerida, teria, o Magistrado (de primeiro e/ou segundo grau), ao decidir quanto à responsabilidade objetiva do produtor, como ocorre no Brasil com a responsabilidade civil prevista no Código de Defesa dos Consumidores, bem como na Espanha, aplicar na sentença a condenação da empresa a título de prestações punitivas (*daño punitivos* ou *punitive damages*), protegendo, assim, os interesses de todos os consumidores que poderão vir a consumir a bolacha. Serviria também para as demais empresas que produzem alimentos semelhantes entenderem esses comportamentos não são tolerados pelo Estado. E, ainda, que praticando condutas de omissão de informações poderiam ser condenados a destinar grandes quantias em dinheiro para um fundo de proteção aos consumidores ou qualquer órgão com tal finalidade, conveniado com o Poder Judiciário, salientando que em ambos os países, Brasil e Espanha, a responsabilidade é solidária pelo defeito

---

[507] Conforme se vislumbra do Jornal do Comércio de 08 de outubro de 2012. Notícia disponível em <http://www.espacovital.com.br/noticia_ler.php?id=28428>. Acesso em: 8 maio 2013.

[508] Disponível em: <http://stj.jus.br/portal_stj/publicacao/engine.wsp?tmp.area=398&tmp.texto=107582>. Acesso em 12 dez. 2014.

do produto,[509] podendo tanto o produtor, fornecedor e comerciante ser condenado nesse sentido.

Para os alérgicos a lactose e a qualquer substância, o mero "traço" da substância, ou seja, quantidades muito pequenas, podem trazer reações adversas à saúde e, consequentemente à vida. Por isso, cumpre reiterar que há no Brasil, em primeiro lugar, a defesa do consumidor como direito fundamental previsto no catálogo, ou seja, expressamente no artigo 5º, inciso XXXII, onde consta que "o Estado promoverá, na forma da lei, a defesa do consumidor". Tamanha a relevância desse Direito, o Constituinte novamente o menciona quando do artigo 170, inciso V, sobre a ordem econômica e social, incluindo a defesa do consumidor como um princípio geral da atividade econômica. Ressalte-se que já no Ato das Disposições Constitucionais Transitórias da Carta Magna vigente, no artigo 48, o legislador apontava prazo para o Congresso Nacional elaborar o Código de Defesa do Consumidor.

A codificação veio a ocorrer dois anos mais tarde, quando da promulgação da Lei nº 8.078/90, a qual traz no início, artigo 6, III, a informação adequada como um direito básico do consumidor. Esta legislação, inclusive, possui previsões de sanções na seara administrativa, civil e criminal para quem infringir as normas de defesa do consumidor, mencionando expressamente a possibilidade de aplicação de uma "pena de multa", no artigo 57, a qual será graduada de acordo com a infração, a vantagem auferida e a condição econômica do fornecedor, a ser aplicada por procedimento administrativo, revertendo para o Fundo de que trata a Lei 7.347/85, os valores cabíveis à União, ou para os fundos estaduais ou municipais de proteção ao consumidor nos demais casos.

Frise-se: o raciocínio mais se aproxima, na esfera civil, ao da aplicação daquilo que se conhece por multa, quer na sua finalidade sancionatória, quer cominatória, do que de uma indenização.

Tais considerações revelam-se imprescindíveis para se trazer parâmetros concretos dentro da ordem jurídica, amparando-se em normas expressas já existentes, a admissibilidade dos novos institutos objeto deste trabalho.

Portanto, são premissas para a aplicação das prestações punitivas e dissuasórias a existência de um dano (concreto ou abstrato) que atinja toda a coletividade, além de ser considerada a gravidade da conduta do lesante, seja por ação ou omissão (quando havia o dever de agir), bem como a extensão (mesmo potencial) do prejuízo. Não se trata de falar em indenização pura e simples,

---

[509] Ley General para la Defensa de consumidores y usuarios y otras leyes complementarias (arts. 150 a 165), com texto actual. A nivel comunitario, la Directiva 85/374/CEE del Consejo, de 25 de julio de 1985, relativa a la aproximación de las disposiciones legales, reglamentarias y administrativas de los Estados miembros en materia de responsabilidad por los daños causados por productos defectuosos y la Directiva 1999/34/CE del Parlamento Europeo y del Consejo, de 10 de mayo de 1999, por la que se modifica la Directiva 85/374/CEE del Consejo relativa a la aproximación de las disposiciones legales, reglamentarias y administrativas de los Estados miembros en materia de responsabilidad por los daños causados por productos defectuosos, en virtud de la cual se amplía el ámbito objetivo de la responsabilidad por productos defectuosos (y del concepto mismo de producto defectuoso) tras la crisis de las "vacas locas". Informações disponíveis no site <www.ucm.es>. Acesso em: 10 jun. 2013, além das obras já mencionadas acerca de Direitos dos Consumidores na Espanha.

já que não há como medir essas dimensões, no caso de prejuízos extrapatrimoniais, de forma exata. Imaginem-se no caso dos biscoitos que continham "traços de lactose" sem que isso estivesse informado, quantas pessoas, especialmente crianças, podem ter sofrido alergias sem saber a causa, já que não havia a informação adequada no produto?

Ao Magistrado incumbiria, ao julgar procedente a ação, condenar a parte ré (responsável pela fabricação dos biscoitos) a pagar um valor extra, que ora se denomina *prestação punitiva*, a ser destinado a determinado fundo de natureza coletiva (Fundo de proteção a Direitos Difusos, por exemplo, dos consumidores) visando a punir o autor do ilícito pela conduta altamente reprovável, bem como justificando a condenação deste *plus* de condenação como forma de evitar que fatos como aquele fossem novamente praticados por ele ou por outros fornecedores.

Se houvera, relacionada ao fato dos biscoitos com "traços de lactose", uma ação de cunho transindividual, o que no Brasil existe, ou seja, "ação coletiva de consumo" contra a empresa que vendeu o produto sem a informação adequada no rótulo, a condenação seria para tirar o produto do mercado, regularizar a informação na embalagem (caso continuassem a produzi-lo na mesma esteira de alimentos com leite) e indenizar eventuais danos individuais, depois de demonstrados e liquidados com base na decisão de caráter coletivo, os quais precisariam ser primeiramente liquidados e, após, cobrados pelas vias ordinárias, como estabelece o Código de Defesa do Consumidor.

Já as *prestações punitivas* deveriam ter uma fixação diversa, como se sustenta neste feito, por arbitramento do Julgador, com base nos parâmetros que mais adiante irá se expor. Impõe ressaltar que esse é um caminho que vem sendo trilhado de forma incipiente e, ainda estando sem definição jurídica própria no Brasil, pelos Tribunais Superiores, onde os Ministros já reconhecem e mencionam de forma expressa em suas decisões a existência da teoria dos danos morais coletivos dos consumidores, cuja compensação será destinada a um Fundo de interesses difusos.[510]

---

[510] Sobre o tema, recente decisão do Superior Tribunal de Justiça brasileiro acerca de interesses transindividuais dos consumidores relacionados à omissão de informações quanto ao service de telefonia: RECURSO ESPECIAL – AÇÃO CIVIL PÚBLICA – EMPRESA DE TELEFONIA – PLANO DE ADESÃO – LIG MIX – OMISSÃO DE INFORMAÇÕES RELEVANTES AOS CONSUMIDORES – DANO MORAL COLETIVO - RECONHECIMENTO – ARTIGO 6º, VI, DO CÓDIGO DE DEFESA DO CONSUMIDOR PRECEDENTE DA TERCEIRA TURMA DESTA CORTE – OFENSA AOS DIREITOS ECONÔMICOS E MORAIS DOS CONSUMIDORES CONFIGURADA – DETERMINAÇÃO DE CUMPRIMENTO DO JULGADO NO TOCANTE AOS DANOS MATERIAIS E MORAIS INDIVIDUAIS MEDIANTE REPOSIÇÃO DIRETA NAS CONTAS TELEFÔNICAS FUTURAS – DESNECESSÁRIOS PROCESSOS JUDICIAIS DE EXECUÇÃO INDIVIDUAL – CONDENAÇÃO POR DANOS MORAIS DIFUSOS, IGUALMENTE CONFIGURADOS, MEDIANTE DEPÓSITO NO FUNDO ESTADUAL ADEQUADO. 1.- A indenização por danos morais aos consumidores, tanto de ordem individual quanto coletiva e difusa, tem seu fundamento no artigo 6º, inciso VI, do Código de Defesa do Consumidor. 2.- Já realmente firmado que, não é qualquer atentado aos interesses dos consumidores que pode acarretar dano moral difuso. É preciso que o fato transgressor seja de razoável significância e desborde os limites da tolerabilidade. Ele deve ser grave o suficiente para produzir verdadeiros sofrimentos, intranquilidade social e alterações relevantes na ordem extrapatrimonial coletiva. Ocorrência, na espécie. (REsp 1221756/RJ, Rel. Ministro MASSAMI UYEDA, TERCEIRA TURMA, julgado em 02/02/2012, DJe 10/02/2012). 3.- No presente caso, contudo restou exaustivamente comprovado nos autos que a condenação

Poderia, ainda, retomando o caso do exemplo, o Tribunal de Justiça entender caracterizados os pressupostos do dano moral, como um sofrimento ou abalo comprovado, prejuízo, risco de dano iminente, enfim um sentimento que abala a coletividade, e ter condenado a ré a pagar além da compensação pelo dano moral à vítima lesada, um valor a ser destinado para um órgão público, ou de interesse público, com a finalidade de punir os autores dos danos, já que censurável a conduta de não observância das normas quanto à informação dos consumidores e a lesão conhecida à saúde de pelo menos um. Com a finalidade também de dissuadir os demais produtores de repetirem igual comportamento, sob pena de receberem a mesma reprimenda, reafirmando, assim, o compromisso de todos quanto a manter a informação adequada nos rótulos dos alimentos acerca das substâncias que o compõem.

É nesse sentido que está na ordem do dia a necessidade das indústrias e atividades produtoras de alimentos em geral, além do comércio, internalizarem os custos para evitar eventual lesão à pessoa, ainda que para isso diminuam suas margens de lucro, dando mais importância ao *alter* antes que os homens sejam devorados literalmente por um "capitalismo selvagem". E os exemplos estão aí, no dia a dia da sociedade contemporânea, como mencionados. Sendo isso que preconiza a análise econômica do Direito, conforme abordada em capítulo anterior, não se pode contentar com a teoria clássica da responsabilidade civil. Lembre-se que a matéria vem passando por sensíveis transformações juntamente com o Estado e a sociedade. Por isso, aquela responsabilidade civil extracontratual útil para apaziguar as relações no período pós-revoluções industriais certamente não o é nos dias de hoje.

Se o legislador depende de processos para a alteração e construção de novas regras e princípios escritos, o mesmo não ocorre com os magistrados, os quais podem, com base numa hermenêutica construírem respostas aos casos concretos, visando a solucioná-los, e não apenas a se contentar com a aplicação silogística do Direito. É essa a base jurídica para se aplicar nos países romano-germânicos as funções punitivas e dissuasórias da responsabilidade civil.

à composição dos danos morais teve relevância social, de modo que, o julgamento repara a lesão causada pela conduta abusiva da ora Recorrente, ao oferecer plano de telefonia sem, entretanto, alertar os consumidores acerca das limitações ao uso na referida adesão. O Tribunal de origem bem delineou o abalo à integridade psico-física da coletividade na medida em que foram lesados valores fundamentais compartilhados pela sociedade. 4.- Configurada ofensa à dignidade dos consumidores e aos interesses econômicos diante da inexistência de informação acerca do plano com redução de custo da assinatura básica, ao lado da condenação por danos materiais de rigor moral ou levados a condenação à indenização por danos morais coletivos e difusos.5.- Determinação de cumprimento da sentença da ação civil pública,no tocante à lesão aos participantes do "LIG-MIX", pelo período de duração dos acréscimos indevidos: a) por danos materiais,individuais por intermédio da devolução dos valores efetivamente cobrados em telefonemas interurbanos e a telefones celulares; b) por danos morais, individuais mediante o desconto de 5% em cada conta,já abatido o valor da devolução dos participantes de aludido plano,por período igual ao da duração da cobrança indevida em cada caso;c) por dano moral difuso mediante prestação ao Fundo de Reconstituição de Bens Lesados do Estado de Santa Catarina; d)realização de levantamento técnico dos consumidores e valores e à operacionalização dos descontos de ambas as naturezas; e) informação dos descontos, a título de indenização por danos materiais e morais, nas contas telefônicas.6.- Recurso Especial improvido, com determinação (n. 5 supra). (BRASIL. Superior Tribunal de Justiça. Terceira Turma. Recurso Especial. Relator: Min. Sidnei Beneti. DJE 25 set. 2012. *RDDP*, vo. 116 p. 118. Disponível em: <http://www.stj.jus.br/SCON/pesquisar.jsp>. Acesso em: 10 maio 2013.

Pertinente seria em casos como o que ora se analisa, a condenação da empresa-ré ao pagamento de prestação pecuniária além dos valores concernentes à colocação da vítima ao *status quo*. Este valor seria exatamente para punir a empresa e seus gestores, como também para dissuadir a esta e a todas as do ramo da prática de conduta semelhante. Caso medidas como esta não sejam adotadas, *a contrario sensu* do que até agora foi dito, as pessoas jurídicas poderão continuar a entender que não se faz necessário gastar tanto com a segurança dos alimentos, como haver total limpeza da planta de produção ou, como se busca neste trabalho, informar no rótulo da possibilidade de existir trações de leite no alimento.

Do contrário, a exemplo do que ocorre com outros produtos, especialmente os que contêm substâncias alergênicas, bem como OGMs e transgênicos, valeria a pena arriscar, economizando nas medidas de precaução, aumentando, consequentemente a margem de lucro. Somente quando houvesse um dano concreto, sendo este buscado pela vítima, então pagariam os valores decorrentes da condenação judicial.

Superada a discussão sobre o tema específico da natureza e possibilidade de aplicação dos *punitive damages* especialmente no sistema jurídico romano-germânico, servindo de modelo o sistema brasileiro para fins de precaução do risco alimentar, necessária é a abordagem teórica e prática para os aspectos informadores da *fixação do quantum* das prestações punitivas e dissuasórias, visando a concretizar o direito fundamental à informação dos consumidores na sociedade de risco.

Nos Estados Unidos, a análise do cabimento e a quantificação das prestações, conforme referido anteriormente, são tarefas atribuídas aos júris populares, na maior parte dos Estados, formados por cidadãos em regra leigos em ciências jurídicas, sem domínio da técnica legislativa e jurídica, e, portanto, capazes de expressar apenas juízo de valor empírico, sem fundamento científico sobre as normas.

Naquele país, a cultura do seguro e do resseguro é bem arraigada, de modo que em grande parte dos casos de aplicação das "prestações punitivas" de pequeno ou vultoso valor, o peso da condenação, na prática e em última instância, recai sobre as corporações seguradoras de modo que, o caráter punitivo se desvia em parte, pois, que o causador do dano acaba não suportando em sua totalidade um efetivo desfalque em suas finanças.

Desta forma, o montante global das condenações a título de *punitive damages* tende a concentrar-se sobre as seguradoras, que por isso fomentam a reformulação do sistema jurídico das indenizações civis naquele País (a "*tort reform*").

Nos países de Direito Continental não se encontra desenvolvida da mesma forma tal cultura, as indenizações por danos extrapatrimoniais, por exemplo, são efetivamente suportadas pelo próprio causador do dano, de forma que as prestações punitivas e desestimuladoras funcionarão com muito mais eficácia, pulverizando-se entre os agentes causadores dos danos e incidindo diretamente sobre suas finanças.

Tomando-se por base o critério utilizado comumente para o arbitramento, o juiz fica necessariamente submetido à necessidade de bem fundamentar os elementos de sua convicção, explicitando o caminho percorrido até chegar ao montante em pecúnia.

A responsabilidade civil não prevê além da indenização, o pagamento de valores que exacerbem aqueles referentes à compensação do "dano moral" e reparação do dano patrimonial, como acima mencionado. Por essa razão, as poucas vozes que se levantaram em relação aos *punitive damages*, em países que não pertencem à família da *Common Law*, afirmam que a indenização deve corresponder somente ao montante relativo ao dano *efetivamente* sofrido, e isso a título unicamente *compensatório*, eis que encontrando limites na Constituição Federal e nas leis civis pertinentes.

Tais críticas são aquelas já enfrentadas quanto ao próprio reconhecimento do instituto nos países, pelo que já foram analisadas e superadas.

Todavia, remanesce a questão suscitada por alguns autores quanto ao prévio estabelecimento das "sanções pecuniárias". Admitir-se a exigência de prévia cominação legal, em rol taxativo, da pena aflitiva no âmbito da responsabilidade civil, sem consideração ao *preceito geral punitivo* consistente na configuração dos atos ilícitos e suas previsões legais, a responsabilidade civil ficaria condicionada à vigência de uma espécie de Código de Ilícitos Civis, onde se descreveriam, em abstrato e por sistematização articulada, os tipos causadores de danos individuais ou coletivos, o que contrariaria a própria estrutura do direito civil, além das decorrências desses danos, ou seja, as sanções por tais danos.

Por esse raciocínio absurdo deveria estar no rol dos ilícitos a lesão ou ameaça de lesão à saúde e à vida dos consumidores pela falta de informação adequada acerca dos componentes dos alimentos de um modo geral, para que somente assim pudesse este ser o agente condenado a pagar as prestações punitivas ou dissuasórias, o que seria inadmissível.

Judith Martins-Costa e Mariana Pargendler destacam, nesse sentido, que "no sistema brasileiro é amplíssima a possibilidade de satisfazer, indenizar ou compensar os danos extrapatrimoniais (ditos 'danos morais'), pois o tema é regulado por meio de uma curiosa combinação de cláusulas gerais, já verificada sob a vigência do Código de 1916, mas, agora, bastante ampliada não apenas em razão da nova regulação civil e, por igual, pela conexão intersistemática[511] entre essa e a Constituição Federal que contempla, expressamente, a irrestrita indenizabilidade do dano moral".[512] Vigora, pois, também nessa matéria, o

---

[511] Conforme defendemos em trabalhos anteriores, o novo Código Civil enseja, em razão da "textura aberta" (HART) de suas regras, a permanente conexão intersistemática com outros *corpora* normativos. (Assim em MARTINS-COSTA, Judith. Culturalismo e experiência no novo Código Civil, *Boletim da Faculdade de Direito de Coimbra*, Coimbra, p. 1-25, 2002. Também em: MARTINS-COSTA, Judith. Os direitos fundamentais e a opção culturalista do Novo Código Civil. In: SARLET, Ingo Wolfgang (Org.). *Constituição, direitos fundamentais e direito privado*. Porto Alegre: Livraria do Advogado, 2003. p. 61-85).

[512] CF, art. 5º, incisos V e X, *in verbis*: V – é assegurado o direito de resposta, proporcional ao agravo, além da indenização por dano material, moral ou à imagem; X – são invioláveis a intimidade, a vida privada, a

princípio da atipicidade do ilícito, concluem. Percebe-se, pois, que na Espanha e nas *torts,* nos Estados Unidos, a atipicidade destes também ocorre.

Basta notar que os artigos 186 e 187 do Código Civil brasileiro, a título de exemplo, ainda de forma genérica, prescrevem os balizamentos para a aferição da *ilicitude* dos atos civis, assim como ocorre nas leis civis dos países de cultura jurídica romano-germânica. Portanto, no tocante ao caráter punitivo da responsabilidade civil, não há conflito entre o mundo civilista privado e o mundo criminalista público, sendo perfeitamente cabível a imposição de prestação pecuniária aflitiva ao causador dos danos desta natureza tal como indica o caráter punitivo que se lhe imprime já implicitamente o sistema como um todo.

A fim de propiciar a aplicação das prestações punitivas no Direito Continental, positivista (ou pós-positivista), superando-se críticas como o incentivo à loteria da responsabilidade civil, advinda de recebimento de valores milionários pelas vítimas, bem como a falta de previsão legal do instituto, como já se expôs, devem ser, ainda, tecidas algumas considerações com maior atenção.

A jurisprudência não hesita em distinguir entre as várias "espécies" de dano extrapatrimonial, somando-os, para o efeito de apuração do *quantum,* de modo a não apenas admitir a cumulação de danos patrimoniais e extrapatrimoniais quanto a própria cumulação (ainda que implícita) destes na sua diversa tipologia. Além do mais, o Superior Tribunal de Justiça brasileiro, ilustrativamente, ocupou-se em afastar a barreira imposta pela tarifação do dano moral, tal qual na extinta Lei de Imprensa,[513] mas se estendeu a possibilidade de postular em juízo, indenização por dano moral também às pessoas jurídicas.[514]

Porém, apesar de toda a flexibilidade ensejada pelo sistema de regulação da responsabilidade extrapatrimonial, as novas funções surgem em boa hora, já que sempre quando abordado o tema, a prevenção e punição pela responsabilidade civil acabam por se restringir à "compensação de danos morais" (seu maior ou menor valor, e o montante em dinheiro a ser destinada à vítima, diante da inexistência de prejuízo patrimonial).

O que se destaca, então, no âmbito destas reflexões, é o nível de comprometimento estatal em termos de evitar lesão aos consumidores por prática contrária ao direito, como não informar corretamente aos consumidores acerca da composição alimentar.

Afinal, mesmo sendo necessário o desenvolvimento econômico e daí as modificações e complexidade dos problemas enfrentados numa realidade cultural dinâmica, não se pode, ainda assim, considerar estes fatores impeditivos a se atingir a proteção a direitos fundamentais. Nesse sentido, inclusive, já se

---

honra e a imagem das pessoas, assegurado o direito a indenização pelo dano material ou moral decorrente de sua violação.

[513] BRASIL. Superior Tribunal de Justiça. *Súmula 281.* Disponível em: <http://www.stj.gov.br>. *in verbis*: a indenização por dano moral não está sujeita à tarifação prevista na Lei de Imprensa.

[514] BRASIL. Superior Tribunal de Justiça. *Súmula 227.* Disponível em: <http://www.stj.gov.br>. *in verbis*: pessoa jurídica pode sofrer dano moral.

manifestou expressamente Judith Martins-Costa, quando no sentir da autora, tratava-se de uma questão de tempo, pois, disse ela:[515]

> parece evidente que a tendência, nos diversos ordenamentos, é agregar às funções compensatória e punitiva (esta última já mais difundida), a função pedagógica, de grande importância nos danos provocados massivamente, seja no âmbito das relações de consumo, no dano ambiental ou nos produzidos pelos meios de comunicação.

Em admitindo-as, destaca-se do ponto de vista prático, que para a concretização dessas finalidades, não existindo critérios objetivos traçados no ordenamento civil-constitucional como balizas para fixar o valor da indenização, e porque é mesmo da essência dessas funções da responsabilidade civil, assim como ocorreu com o dano moral no seu surgimento, não possuir medida material ou física correspondente, propõe-se adotar o *arbitramento* como melhor forma de liquidação do valor das prestações punitivas e dissuasórias.

Desse modo, judicializada a lide (ou feita a proposta para fins de compromisso de ajustamento pelo Ministério Público, como se analisará mais tarde) e, ao cabo da instrução probatória, ocorrendo suficientes elementos para a condenação, desde logo cabe ao juiz, na sentença, proceder ao arbitramento do valor de eventuais indenizações por danos materiais e/ou morais para, depois, fixar o *quantum* referente à prestação punitiva e/ou dissuasória.

Os precedentes jurisprudenciais acerca da fixação da indenização por arbitramento, bem como a doutrina especializada sobre o tema, têm se manifestado no sentido de que o juiz deve fazê-lo na própria sentença condenatória.[516] E para tanto, curial destacar ser prescindível peça a parte na inicial a condenação às referidas prestações, até porque indiferente ao autor da demanda tal resultado, já que não se trata de vingança privada, nem tampouco de "loteria esportiva", ou ainda enriquecimento ilícito, o que se busca com o instituto, como já referido. Incumbe, sim, ao Magistrado, havendo ou não o pedido, mas justificando expressamente a necessidade de se adotar no caso em concreto, através da atividade hermenêutica, com vistas a concretizar direito fundamental e a observância do regime democrático, face às suas peculiaridades, aplicar ou não as prestações punitivas.

Cuida-se, num primeiro momento, de estabelecer os objetivos a serem buscados em caso de condenação, de modo a adequar o julgamento aos comandos principiológicos da responsabilidade civil e suas funções, bem como a atingir efetivamente tais desideratos, quais sejam punir e/ou dissuadir, dependendo do caso posto em análise, na medida propícia para tanto.

Retomando o caso da condenação da empresa de bolachas recheadas no Tribunal de Justiça do Rio Grande do Sul, Brasil, houve apenas a indenização pelos danos patrimoniais, gastos com remédios e atendimento médicos, além

---

[515] MARTINS-COSTA, 2001, p.47.
[516] "[...] o arbitramento da indenização por danos morais pode, sim, ser feito desde logo, mesmo que haja pedido para que o quantum seja apurado em liquidação, "buscando dar solução definitiva ao caso e evitando inconvenientes e retardamento da solução jurisdicional" (BRASIL. Superior Tribunal de Justiça. Resp n° 331.295, SP. Relator: Ministro Sálvio de Figueiredo Teixeira. *DJU* 4 fev. 2002. BRASIL. Superior Tribunal de Justiça. EDcl no EDcl no AgRg no Agravo de Instrumento n° 309.117-SP. Relator: Ministro Ari Pargendler).

de compensação por danos morais, faz-se o sofrimento inerente aos problemas de saúde sofridos pelo consumidor, criança. Contudo, a empresa segue produzindo e vendendo seus produtos, como foi demonstrado.

Impende reforçar, nesse contexto, que as funções punitiva e dissuasória podem resultar de ações de responsabilidade civil individuais ou coletivas, pois para o desiderato desse ramo do Direito é indiferente quem figura no polo ativo da demanda, importando, sim, o direito posto em causa e o seu reflexo na vida da comunidade local, regional, nacional ou até mesmo internacional. Contudo, neste momento, preconiza-se uma reflexão acerca de direitos transindividuais frente ao novo paradigma, ou seja, de um direito civil que não é indiferente à organização da sociedade e ao desenvolvimento socioeconômico, mas que começa a observar o consumidor no contexto desta perspectiva.

6.1.1. Critérios para aplicação das prestações punitivas na violação do direito à informação dos consumidores

O Superior Tribunal de Justiça brasileiro vem reconhecendo a possibilidade de responsabilidade civil transindividual, com o entendimento de que o direito privado sempre se baseou em um sujeito, ou em duas subjetividades com interesses comuns ou opostos, refere o Ministro Luiz Fux, mas na situação atual isso muda, referindo-se à responsabilidade civil relacionada a dano ambiental, porque o "coletivo" causa regulação jurídica ou pode ser objeto delas: "é preciso uma tutela jurídica diferenciada; trata-se de problemas que demandam instituições e instrumentos próprios".[517]

Nesse diapasão e num segundo passo, propõe-se a adoção dos critérios norteadores da fixação do valor específico da condenação a título de prestação punitiva e/ou dissuasória, levando-se em conta, dependendo do caso: a) o grau de culpa do autor do dano; b) a gravidade e repercussão (extensão) do dano, e, por fim, c) a situação socioeconômica do(s) responsável(eis) pelo dano.

a) *O grau de culpa do autor do dano*

No que concerne a este primeiro parâmetro, lembre-se que o Direito Civil moderno consagra o princípio da culpa como basilar da responsabilidade extracontratual, abrindo, entretanto, espaço para a responsabilidade por risco, criando-se, assim, um sistema misto de responsabilidade. A responsabilidade civil, conforme o seu fundamento, pode ser subjetiva ou objetiva. Subjetiva quando se baseia na culpa do agente, o que deve ser comprovado para gerar a obrigação indenizatória. A legislação impõe, contudo, em determinadas situações, a obrigação de reparar o dano independentemente de culpa, a chamada teoria *objetiva* ou do risco, para a qual basta a conduta do agente, o dano

---

[517] BRASIL. Superior Tribunal de Justiça. *Recurso Especial nº 598.281 – MG*. Relator: Ministro Luiz Fux. Disponível em: <www.stj.gov.br/SCON/jurisprudencia/doc.jsp?livre=%22dano+moral+coletivo%22&&b=ACOR&p=true&t=&l=10&i=1>. Acesso em: 13 maio 2014.

(concreto ou potencial – risco) e o nexo de causalidade, teoria esta a qual se aplica às relações de consumo, sobre as quais têm foco este trabalho.

Basta não haver, portanto, a informação correta ou adequada no rótulo dos alimentos que já existe o dano para justificar a responsabilidade civil do agente, já que o nexo advém da omissão do fornecedor (produtor, comerciante, etc.) e o risco a que está expondo toda a coletividade, como mencionado no capítulo anterior. Se dano concreto houver, está configurada também a necessidade de reparar o dano.

O que se pretende demonstrar é que as *prestações pecuniárias* poderão ser aplicadas para punir ou dissuadir e, assim, precaver o risco alimentar mesmo quando a responsabilidade civil do agente for objetiva, caso em que os demais parâmetros serão utilizados para a fixação do *quantum*, a exemplo do que já ocorre com as indenizações e compensações hoje existentes no âmbito do direito do consumidor. Até porque, frise-se, a responsabilidade civil objetiva toma vulto exatamente em razão da evolução industrial e da sociedade de risco atual, quando determinadas atividades tornam mais vulnerável o ser humano, demandando maior cuidado de quem as exerce.

Conforme mencionado, quando da análise comparativa com os *punitive damages* norte-americanos, os tribunais daquele país adotam as prestações punitivas em diversos casos e, especialmente nos de responsabilidade objetiva, quando houver, por exemplo, a colocação no mercado de produtos perigosos ou defeituosos pelos produtores que conhecem tais vícios, ou não fazem os testes de segurança, demonstrando, assim, flagrante descaso para com a segurança, saúde ou bem estar dos consumidores, oportunidade em que perceptível a particular gravidade da conduta do produtor.

Nestes casos, como lembra Rui Stoco, quanto à mensuração da concorrência de culpas,[518] "[...] ainda que, hoje, algumas decisões insistam em acomodar-se na divisão pela metade do valor da indenização, nos casos de concorrência de culpas, outras, em maior quantidade, já se manifestam no sentido de que a condenação deve ser proporcional à gravidade das respectivas condutas ou da participação de cada qual".

b) *a gravidade e repercussão (extensão) do dano aos consumidores*

O dano, sua natureza e extensão, igualmente, é deveras importante, seja real e atual, ou eventual e futuro. Isso porque, quando o dano já tiver ocorrido, haverá a condenação com a finalidade de punir e dissuadir, ou seja, procurar evitar novos prejuízos semelhantes. Quando tiver probabilidade de ocorrer, ou ainda, visando a evitar sua ocorrência, irá se sobressair a função preventiva. Agora, em ambos os casos, há de se lembrar que um dano patrimonial ou mesmo extrapatrimonial segundo os padrões médios estabelecidos em uma sociedade de massa, capitalista, em franco desenvolvimento como ocorre no Brasil, na Espanha e nos Estados Unidos, merecerá uma análise criteriosa do árbitro a fixar o montante da indenização/compensação e, mais ainda, do

---

[518] STOCO, Rui. *Tratado de responsabilidade civil*. 5. ed. São Paulo: Revista dos Tribunais, 2001.

valor a ser pago além destes com o intuito de punir e dissuadir, de acordo com a economia, com as características sociais, usos e costumes da(s) região(ões) atingida(s) por este.

No mesmo sentido, note-se que se preconiza a necessidade de um prejuízo transindividual, ou seja, tenha uma proporção que ultrapasse a esfera da própria vítima do bem jurídico atacado que se quer proteger. Proporção essa que deverá ser vista de acordo com a extensão territorial e populacional potencialmente atingida, sejam as pessoas afetadas, portanto, em decorrência de uma situação de fato (interesses difusos), por uma relação jurídica base (interesses coletivos *estrito senso*) ou ainda por uma origem comum (interesses individuais homogêneos), conforme classificação trazida por Hugo Nigro Mazzilli[519] sobre as várias categorias de interesses transindividuais.

Na situação das "bolachas recheadas" cujo teor da decisão do Tribunal de Justiça do Rio Grande do Sul acima se colocou, ou no caso da "carne de cavalo" utilizada em alimentos que informavam ser compostos com "carne bovina" na Europa, ou na situação dos alimentos que usam OGMs ou transgênicos, bem como em todo e qualquer alimento que seja colocado em circulação para consumo sem as informações adequadas (claras, verazes) são casos de risco à saúde dos consumidores de um modo geral. Podem causar danos concretos, como ocorreu com o menino que comeu bolacha a qual continha lactose sem a substância estar informada, e que gerou graves problemas à sua saúde. Ou simplesmente, podem causar dano em potencial (abstrato), quando a pessoa ingerir algo desconhecendo seu real conteúdo e, portanto, não sabendo as consequências que este poderá acarretar para sua saúde ou vida.

Daí o questionamento e a reflexão sobre o tema: será necessário ocorrer o dano a um bem fundamental para o Direito se ocupar dessa matéria? Por isso a necessidade de mudança numa sociedade permeada pelo risco advindo de seu desenvolvimento científico, tecnológico, etc. Um olhar transindividual, de precaução a esses danos é o que urge neste quadrante histórico para uma efetiva segurança alimentar!

Assim, dependendo da difusão do dano, ou seja, se este puder atingir somente o interesse da coletividade local (da cidade), pensa-se que o valor para punir seu causador e evitar novos danos semelhantes deva ser menor do que aquele a ser fixado em relação a um prejuízo de âmbito regional (várias cidades) ou nacional (vários estados), ou quiçá, ainda, danos que ultrapassam e muito as fronteiras do país, tendo em vista a globalização comercial que se presencia atualmente e os locais por onde os alimentos possam ser disponibilizados aos consumidores.

c) *a situação socioeconômica do(s) responsável(eis) pela falta ou inadequação da informação:*

Como o instituto em apreço possui repercussões de ordem financeira e econômica, especialmente, para o causador do prejuízo, pois, se está laborando

---
[519] MAZZILLI, 2001, p. 52.

na esfera civil-constitucional, a fim de evitar exatamente a ocorrência do enriquecimento sem causa ou a loteria das prestações punitivas; é que este vetor se mostra de extrema importância para deixar bem sedimentados objetivos das novéis funções.

É mais um diferencial que se destaca em relação aos *punitive damages* norte-americanos, ou seja, o limite do valor a ser aplicado a título de prestação pecuniária em consonância com o aporte financeiro/patrimonial do autor do dano. Ao contrário do que alguns juristas suscitam a intenção não é cercear o desenvolvimento socioeconômico do país ou em nível mundial, e menos ainda levar profissionais da iniciativa pública ou privada à insolvência ou falência. Pelo contrário, é buscar novos ideais através de um instituto consolidado, que é a responsabilidade civil, com o viés da adequação social.

Todavia, há de se perquirir a realidade do agente, seja pessoa física ou jurídica, de modo a repercutir o valor a ser pago a título de prestação pecuniária no patrimônio financeiro/econômico do devedor, causador do dano concreto ou abstrato; mas não para levá-lo à "quebra". Somente para desestimular comportamentos semelhantes, ou estimulá-lo a maiores controles acerca do que informa, e aos demais concorrentes ou cocidadãos, efetivando-se, assim, a precaução.

Os critérios que ora se considera como basilares para a quantificação das prestações com a finalidade de punir e/ou desestimular não constituem criação da autora, estando eles previstos, ainda que de maneira esparsa, no sistema jurídico para os casos de responsabilidade civil patrimonial ou extrapatrimonial. Consoante pretendeu-se demonstrar, busca-se que os fins sejam alcançados, sem que com isso, o comércio, as indústrias, a tecnologia e os profissionais de um modo em geral parem de se desenvolver, lançando-se mão, para tanto, de critérios de equidade, como procura na atualmente fazer a Suprema Corte Norte Americana,[520] com as adequações necessárias à realidade sociocultural brasileira, espanhola, italiana, etc.

Ao explicitar os critérios utilizados para a fixação deste *quantum*, os juízes deverão fazer expressa referência à finalidade punitiva e/ou dissuasória, bem como dos critérios suscitados como componentes da mensuração do valor, em observância à necessidade da fundamentação, ou seja, à ordem constitucional e a lei processual.

É a argumentação descrita como fundamento do *decisum* que trará segurança e compreensão à pessoa eventualmente condenada e a todas aquelas que vierem a tomar conhecimento da decisão, pois lhes permite visualizar a expressa menção, no corpo da sentença, dos elementos que informaram a convicção do magistrado, sob pena de restar fadado ao insucesso e incompreensão o instituto.

---

[520] Vale lembrar que a Suprema Corte somente na década de 90 estabeleceu parâmetros para delimitar os *punitive damages*, quando do julgamento do caso *BMW of North America v.Gore (1996)* já mencionado, quando o instituto existia há mais de dois séculos no sistema da *common law*, foi reconhecido que a condenação de *punitive damages* em patamares irrazoáveis afronta à *Due Process Clause*.

Diga-se, ainda, que poderia ocorrer desta forma mesmo que em vigor eventual lei limitadora dos valores das indenizações e de prestações pecuniárias diversas, pois o arbítrio do juiz poderia deslocar-se quantitativamente dentro das faixas limítrofes fixadas pelo legislador.

Alega-se, de outro canto, que assim como o dano moral, tais prestações não possuem medida, e que por isso não podem ser quantificadas matematicamente, como tende a ser a redução nominal do valor da indenização, gerando a chamada "loteria da responsabilidade civil". Lembre-se que o destinatário será um fundo público ou privado de natureza pública, como uma ONG, por exemplo, desde que haja dentre as finalidades a aplicação do valor em prol dos interesses dos consumidores.

Percebe-se mais uma vez que o objetivo punição já era mencionado e utilizado a fim de mensurar o *quantum* de compensação. Todavia, lembre-se: o que se almeja neste momento não é reparação nem a compensação da vítima, mas punir o autor do ilícito consistente da omissão ou irregularidade das informações no alimento e/ou evitar(desestimular) a reiteração desta conduta pelo desestímulo. E para funções diferentes (compensação de danos morais x condenação a prestações pecuniárias punitivas ou dissuasórias) são necessários institutos diferentes!

Poder-se-ia sugerir uma espécie de valor tarifado, no sentido em que havendo dano extrapatrimonial cumulado com o patrimonial, ser fixado em multiplicador constante daquele correspondente ao patrimonial. Esclareça-se: caso constasse definido na jurisprudência que para os danos referentes ao consumidor o constante de multiplicação fosse 5, verificado que houve o efetivo prejuízo aos consumidores que adquiriram alimento com informação incorreta ou inadequada, no que concerne a um determinado período de tempo desde quando apurada a prática deste ilícito, a R$ 200.000,00, então, fixar-se-ia em R$ 1.000.000,00 (um milhão de reais) a prestação punitiva.

Contudo, parece mais razoável seja fixada a prestação pecuniária com o intuito de punir e dissuadir no caso em concreto, pelo julgador, de acordo com a realidade socioeconômica de cada lugar, como referido, e com os parâmetros já sugeridos.

Trata o texto constitucional brasileiro apenas da *valoração* abstrata dos fatos hábeis a ensejar um dano, mas não à *extensão* deste, e menos ainda dispõe sobre a *quantificação* da indenização ou sobre critérios para a sua aferição, o que veio a ser regulamentado somente pelo artigo 944 do Código Civil deste país.

Sobre o tema da amplitude e da limitação das indenizações por danos morais, em relação aos quais não há previsão dogmática de limites estreitos, assentou o Superior Tribunal de Justiça brasileiro, em acórdão relatado pelo Ministro Sálvio de Figueiredo Teixeira:

CIVIL E PROCESSUAL CIVIL. RESPONSABILIDADE CIVIL.IMPRENSA. NOTÍCIA JORNALÍSTICA IMPUTANDO LEVIANA E INVERÍDICA A JUÍZA FEDERAL. FRAUDE DO INSS. PÁLIDA RETRATAÇÃO. RESPONSABILIDADE TARIFADA. INAPLICABILIDADE. NÃO-RECEPÇÃO PELA CONSTITUIÇÃO DE 1988. DANO MORAL. *QUANTUM* INDENIZATÓRIO. CONTROLE PELO SUPERIOR TRIBUNAL DE JUSTIÇA. PRECEDENTE. RECURSO PARCIALMENTE PROVIDO I – A

> responsabilidade tarifada da Lei de Imprensa não foi recepcionada pela Constituição de 1988.II
> – O valor da indenização por dano moral sujeita-se ao controle do Superior Tribunal de Justiça, sendo certo que, na fixação da indenização a esse título, recomendável que o arbitramento seja feito com moderação, observando as circunstâncias do caso,aplicáveis a respeito os critérios da Lei 5.250/67.III – Sem embargo da leviandade da notícia jornalística, a atingir a pessoa de uma autoridade digna e respeitada, e não obstante se reconhecer que a condenação, além de reparar o dano, deve também contribuir para desestimular a repetição de atos desse porte, a Turma houve por bem reduzir na espécie o valor arbitrado, inclusive para manter coerência com seus precedentes e em atenção aos parâmetros legais.[521]

Destarte, onde o comando infraconstitucional previa limite ao valor indenizatório por danos morais, foi tachada de ineficaz por inconstitucionalidade flagrante, e o mesmo se dará com qualquer lei que venha a ser editada com o mesmo objetivo, quando detectado um dano àqueles bens jurídicos protegidos constitucionalmente como direitos fundamentais.

Por outro lado, insiste-se que pode ocorrer o reconhecimento da imposição de um valor a título de caráter punitivo ou preventivo ainda que não se reconheça as indenizações por danos materiais ou morais, já que as objetividades jurídicas são diferentes.

Por tudo isso, não é demasiado lembrar que a doutrina do sistema romano-germânico e da *common law* trazem princípios informadores do ordenamento jurídico, os quais podem auxiliar na missão de nortear o arbitramento das prestações punitivas e/ou dissuasórias, especialmente para os casos de colisão de direitos fundamentais, sendo relevantes para este trabalho a menção aos princípios da proporcionalidade e da razoabilidade.

O princípio da proporcionalidade constitui meio adequado e apto instituído para a solução dos conflitos, tendo seu relevante papel de concretizador dos direitos fundamentais, fazendo um controle das atividades restritivas a esses direitos e impedindo a violação do texto constitucional de sorte a vedar a aniquilação de direitos fundamentais sem qualquer reserva de restrição autorizada pela Constituição Federal; protegendo-se, assim, seu núcleo essencial.[522]

Este princípio é, por conseguinte, reconhecido pelo ordenamento jurídico constitucional brasileiro, espanhol e de diversos países do sistema Continental, embora não haja ainda sido formulado como uma "norma jurídica global", flui do espírito que anima em toda a sua extensão e profundidade o §2° do artigo 5°, o qual abrange a parte não escrita e não expressa dos direitos e garantias da Constituição, a saber, aqueles direitos e garantias cujos fundamentos decorrem da natureza do regime, da essência impostergável do Estado de Direito e dos princípios que este consagra e que fazem inviolável a unidade da Constituição.

---

[521] BRASIL. Superior Tribunal de Justiça. REsp 295175/RJ; RECURSO ESPECIAL. Relator: Ministro Sálvio de Figueiredo Teixeira. *DJ* 02 abr. 2001. p. 304.

[522] Para Gilmar Ferreira Mendes, o princípio da proteção do núcleo essencial dos direitos fundamentais destina-se a evitar o esvaziamento do conteúdo do direito fundamental mediante estabelecimento de restrições descabidas, desmesuradas ou desproporcionais. (MENDES, 1998, p. 35).

De todas essas definições, destaca-se a de Willis Santiago Guerra Filho, para quem se afigura desnecessário e incorreto procurar derivar o princípio da proporcionalidade de um ou outro qualquer princípio, como o do Estado de Direito, ou dos direitos fundamentais, para se reconhecer caráter constitucional. Segundo este autor, haveria aí um enfoque distorcido da questão, pois a opção do legislador constituinte brasileiro, por um Estado Democrático de Direito (art.1º), com objetivos que na prática se conflitam (art. 3º), bem como pela consagração de um elenco extensíssimo de direitos fundamentais (art. 5º), coimplica a adoção de um princípio regulador dos conflitos na aplicação dos demais, e, ao mesmo tempo, voltado para a proteção daqueles direitos".

Assim, estando diante de um caso em concreto, de prejuízo à saúde de alguém pela ingestão de alimento com informação inadequada, a proporcionalidade servirá para que, no Direito Público, constatando-se haver uma colisão com a liberdade de ofício do produtor, que deverá realizar obrigação de fazer (adequar rótulo à realidade do conteúdo do alimento) e/ou pagar a prestação punitiva, analise-se sempre a adequação, a necessidade e a proporcionalidade em sentido estrito da medida que o Estado pretende tomar para atingir sua finalidade primordial, que é o bem comum dos consumidores.

Quanto aos subprincípios, tem-se que a adequação corresponde ao entendimento – se o meio promove o fim. A necessidade, se entre os meios disponíveis e igualmente adequados para promover o fim, não há outro meio menos restritivo dos direitos fundamentais afetados. Já a proporcionalidade em sentido estrito – as vantagens trazidas pela promoção do fim correspondem às desvantagens provocadas pela adoção do meio? A finalidade pública deve ser tão valorosa que justifique tamanha restrição!

Já o princípio da razoabilidade teve sua origem nos países anglo-saxões, e não na Alemanha, como ocorreu com o princípio da proporcionalidade.

Para Barroso, o princípio da razoabilidade é um parâmetro de avaliação dos atos do Poder Público para aferir se eles estão informados pelo valor superior da justiça que é inerente a todo o ordenamento jurídico. Segundo ele, razoável é o conforme a razão, o equilibrado, o moderado, o harmônico, o que não seja arbitrário, ou caprichoso, o que corresponde ao senso comum e/ou aos valores vigentes em dado momento ou lugar.[523]

No caso do presente trabalho, ao Magistrado incumbiria analisar a necessidade de aplicação das funções punitivas ou dissuasória (daños punitivos) ao fornecedor e, ainda, o *quantum* a ser aplicado para puni-lo ou dissuadi-lo de repetir a omissão da informação adequada ou a informação inveraz no alimento colocado à disposição dos consumidores.

Assim, forçoso concluir que o princípio da razoabilidade possui natureza antes subjetiva acerca do que seria aceitável para uma decisão tomada, seja pelo Poder Público, seja pelo Magistrado ao decidir, buscando uma justificação racional dessa decisão jurídica, cingindo-se a uma análise meio-fim. Enquanto a proporcionalidade possui um conteúdo mais abrangente e objetivo, tendo

---

[523] BARROSO, Luís Roberto. *Interpretação e aplicação da Constituição*. São Paulo: Saraiva, 1996. p. 204-207.

como vigas-mestras os subprincípios da adequação, necessidade e conformidade ou proporcionalidade propriamente dita, bem como servindo de critério de interpretação dos direitos fundamentais, entre outros aspectos que fogem ao âmbito de análise necessário para o presente estudo.[524]

Para alguns autores, vislumbra-se o tratamento dos princípios como sinônimos. Para outros, não se tratam de institutos semelhantes.

Contudo, do que se colocou até agora, conclui-se que a proporcionalidade é um princípio e critério hermenêutico que auxilia exatamente a solucionar o conflito (colisão) entre direitos fundamentais, vinculando o juízo, já que é fundamentação, especialmente no âmbito do direito público.

Em contrapartida, a razoabilidade é um parâmetro de avaliação dos atos do Poder Público (Administração Pública, Poder Judiciário, Legislativo) para aferir se eles estão informados pelo valor superior da justiça que é inerente a todo o ordenamento jurídico, embasados no harmônico, no que não seja arbitrário, ou caprichoso, o que corresponde ao senso comum e/ou aos valores vigentes em dado momento ou lugar. Atrela-se, pois, ao princípio da equidade.

Em assim sendo, avaliando o estudo dos *punitive damages* e o objeto deste trabalho, efetivar o direito fundamental à informação do consumidor para a precaução do risco alimentar, bem como o tratamento dos princípios ora analisados, visível, pois, que ao se falar em critérios para a fixação de um valor para punir e dissuadir a prática de atos ilícitos, bem como acerca da própria aplicação ou não do instituto, melhor se adequa o que a doutrina vem a chamar de princípio da razoabilidade; até porque, originário do mesmo sistema de onde se desenvolveram de forma mais profunda os *punitive damages*, nos quais se busca os parâmetros para disciplinar de modo geral as prestações punitivas e dissuasórias.

6.2. Aplicação das prestações punitivas pelo Ministério Público

Outro aspecto importante, dentro de um entendimento segundo o qual aos direitos fundamentais deve ser dada sempre interpretação às normas que os revestem, sejam regras ou princípios, que maior alcance e eficácia conceda à proteção desses direitos, considera-se possível e adequado ao âmbito de atuação do Ministério Público, conforme estabelecido constitucionalmente no artigo 129, incisos III e IX, a aplicação das prestações punitivas e dissuasórias por seus membros, bem como aos legitimados para firmar termo de ajuste de conduta, nos termos da Lei n° 8.078/90.

É preciso, primeiramente, esclarecer que o Ministério Público no Brasil possui características que o permite fazer frente a determinados conflitos e resolvê-los de forma direta, sem a necessidade de intervenção dos Poderes Constituídos. Isso decorre principalmente de sua autonomia, a qual se fortificou com o passar do tempo, conforme se percebe do tratamento que recebeu nas

---

[524] BARROSO, 1996, p. 207.

Constituições Federais ao longo dos anos, desde a sua criação. *Mutadis mutandis* é o que ocorre também com a arbitragem, especialmente na Espanha, a qual amplamente regulada possibilita a solução de conflitos sem prévia submissão ao Poder Judiciário.

Atualmente, portanto, a *Lex Mater* brasileira define as funções institucionais, as garantias e as vedações de seus membros. Mas, para além de sua atuação na esfera Criminal e junto ao Poder Público, foi principalmente na área cível que o Ministério Público adquiriu novas e relevantes funções, destacando a sua atuação na tutela dos interesses transindividuais (consumidor, meio ambiente, patrimônio histórico, turístico e paisagístico; pessoa portadora de deficiência; criança e adolescente, comunidades indígenas e minorias ético-sociais). Isso deu evidência à instituição, tornando-a uma espécie de Ouvidoria da sociedade brasileira.

Dentro desse bojo de atribuições inseridas na ordem interna pelo Constituinte de 1988, encontra-se a presidência do Inquérito Civil, procedimento preparatório à Ação Civil Pública, prevista na Lei n° 7.347/85, conforme artigo 129, inciso III, da Constituição Federal brasileira. Portanto, trata-se de importante instrumento para uma efetiva transformação da sociedade, do qual a instituição que defende a ordem jurídica, o regime democrático e os interesses sociais e individuais indisponíveis pode lançar mão para atingir tais objetivos.

A respeito da atuação do Ministério Público em sede de Ação Civil Pública, o artigo 5°, §1°, da lei especial, salienta que sendo as associações ou qualquer outro ente nela legitimado ativamente o(s) autor(es) da ação, o Ministério Público deverá intervir como fiscal da lei, o que reforça a vinculação definitiva do *Parquet* aos interesses de cunho coletivo *lato sensu*, reveladores notadamente dos direitos de terceira dimensão, tão contemporâneos no Estado brasileiro. Isso porque é por meio da Ação Civil Pública que se busca a responsabilização civil perante as pessoas físicas ou jurídicas que tenham causado danos, dentre outros interesses, aos dos consumidores, previsão esta inserida pela Lei n° 8.078/90, servindo como verdadeira cláusula geral[525] para os novos casos nos quais sua aplicação seja necessária, visando a resguardar o fim último que é o desenvolvimento equilibrado e a ordem social.[526]

---

[525] Esclarecedora é a lição de MARTINS-COSTA, Judith. Direito Privado como um sistema em construção: as cláusulas gerais no Projeto do Código Civil brasileiro. *Revista de Informação Legislativa*, Brasília, v. 35, n. 139, jul./set. 1998. Disponível em: <http://www.senado.gov.br>. Acesso em: 6 maio 2006: "considerada, pois, do ponto de vista da técnica legislativa, a cláusula geral constitui uma disposição normativa que utiliza, no seu enunciado, uma linguagem de tessitura intencionalmente "aberta", "fluida" ou "vaga", caracterizando-se pela ampla extensão do seu campo semântico. Esta disposição é dirigida ao juiz de modo a conferir-lhe um mandato (ou competência) para que, à vista dos casos concretos, crie, complemente ou desenvolva normas jurídicas, mediante o reenvio para elementos cuja concretização pode estar fora do sistema; estes elementos, contudo, fundamentarão a decisão, motivo pelo qual não só resta assegurado o controle racional da sentença como, reiterados no tempo fundamentos idênticos, será viabilizada, através do recorte da *ratio decidendi*, a ressistematização destes elementos, originariamente extra-sistemáticos, no interior do ordenamento jurídico".

[526] Acerca de tal previsão, recorda-se que houve veto presidencial quando da elaboração da Lei n° 7.347/85, do então inciso IV, o qual estabelecia "a qualquer outro interesse difuso". Todavia, posteriormente, constatou-se a superação dessa deficiência imposta à lei, como refere MANCUSO, Rodolfo de Camargo. *Ação civil pública*. 7. ed. São Paulo: Revista dos Tribunais, 2001. p. 39, com o acréscimo do inciso IV pela Lei n° 8.078/90,

À guisa de concretizar o direito à informação adequada dos consumidores quanto aos componentes do alimentos, pode-se destacar que a legislação especial traz meios concretos, merecendo destaque a previsão do artigo 8º, §1º, que versa sobre o inquérito civil, e ainda disciplina a possibilidade de o *Parquet* requisitar de qualquer organismo público ou particular informações, certidões, exames ou perícias. O inquérito civil, a exemplo do criminal, "é uma investigação administrativa prévia, presidida pelo Ministério Público, que se destina basicamente a colher elementos de convicção para que o próprio órgão ministerial possa identificar se ocorre circunstância que enseje eventual propositura de ação civil pública",[527] define Hugo Nigro Mazzilli.

Merecedora de atenção, igualmente, é a previsão do artigo 5º, §6º, da lei em comento, a qual estabelece a possibilidade de os órgãos públicos legitimados tomarem dos interessados compromisso de ajustamento de sua conduta às exigências legais, mediante cominações, que terá eficácia de título executivo extrajudicial, por onde, mais especificamente, entende-se que também ao Ministério Público seria viável a utilização das prestações punitivas/dissuasórias.

Portanto, é possível a instauração de inquérito civil visando a investigar a atuação do produtor que não observou as normas referentes à informação no rótulo de alimentos, visando a firmar um acordo, termo de ajuste de conduta, para que o faça e evite, assim, o dano aos consumidores. Já nesse momento se pode estabelecer também multa cominatória em razão da prática irregular, caso reste comprovada no decorrer da investigação. Se houver a assinatura do termo de ajuste de conduta pelo produtor e cumpridas as cláusulas deste, o inquérito civil pode ser arquivado, sem ajuizamento de ação civil pública.

Esclarece Mazzilli que antes de eventual propositura da ação civil pública, pode surgir a possibilidade de o causador da lesão a um dos interesses difusos propor-se a reparar o dano, ou a evitar que este ocorra ou persista; pode ainda o investigado aceitar fixação de um prazo de implantação das providências necessárias à correção das irregularidades. Essa possibilidade não raro ocorrerá enquanto em curso o Inquérito Civil.[528]

Aqui está o ponto de interesse para este trabalho. Durante a investigação civil poderá ser proposto ao investigado, produtor ou fornecedor dos alimentos com as informações inadequadas no rótulo, embalagens, etc., que assumam o compromisso de num prazo determinado mudar a embalagem dos alimentos para neles acrescentar as informações adequadas quanto ao produto e seus componentes (diretos ou indiretos).

Por intermédio desse termo de ajustamento de conduta às exigências legais, toma-se o compromisso dos violadores efetivos e potenciais dos direitos transindividuais quanto ao cumprimento das medidas necessárias para a pre-

---

o que, nas palavras de Ada Pellegrini Grinover, significa "aplicar a tutela jurisdicional a outros interesses difusos precisamente caracterizados, de primordial importância na nossa sociedade e cuja ausência de solução, em nível coletivo, cria conflitos de massa que se constituem em grave fator de perturbação social".

[527] MAZZILLI, Hugo Nigro. *O inquérito civil*. 2. ed. São Paulo: Saraiva, 2000. p. 54.

[528] Ibid., p. 359.

caução de danos à saúde ou à própria vida da coletividade. Para tanto, admite-se, quando necessário e dentro do estritamente razoável, a flexibilização de prazos e condições para o atendimento da determinação legal, sem qualquer tipo de renúncia ou concessão do direito.

Nesse aspecto, lembra-se que se está a defender a interpretação do Direito Fundamental à informação adequada do consumidor, com a finalidade de atingir um efetivo Estado Democrático de Direito, opção dogmática que serve de norte neste feito desde o início, além de dar a máxima efetividade a tal direito. Como decorrência, tem-se que a participação da sociedade civil nesse ajuste torna-se necessária para sua legitimação.

O inquérito civil brasileiro é norteado, além do princípio democrático, pelos princípios de acesso à justiça, o da prevenção, o da aplicação negociada da norma jurídica. Eles informam a interpretação da norma do ajustamento de conduta e seus desdobramentos práticos. Dele participam órgãos cuja legitimação técnica, prevista no ordenamento constitucional também desempenha um papel importante na concretização de direitos. Mesmo porque, podem estar menos sujeitos aos interesses pessoais e partidários, que comandam, mais de perto, a atuação dos representantes políticos da Nação.

Por isso, é democrática a possibilidade de se conferir a órgãos públicos, de índole técnica, a possibilidade de negociação desses direitos. Bem como a possibilidade daquelas pessoas interessadas, de alguma forma, participarem da elaboração do compromisso.

Nesse termo de ajuste de conduta utilizam-se cláusulas que devem ser acatadas pelos compromissários. Tais condições, como antes referido, podem ter o prazo e o modo de cumprimento variado de acordo com o caso em concreto e com quem toma o ajuste, mas nunca a disponibilidade desses direitos, que via de regra são direitos fundamentais coletivos e sociais, não pertencentes ao órgão público legitimado para propô-lo.

A doutrina refere que para uma maior efetividade dos compromissos de ajustamento é pertinente colocar multa diária para o caso de descumprimento de obrigação de fazer ou não fazer. Mas não há a obrigatoriedade quanto aos tipos de cláusulas que devem existir no ajuste.

Há, contudo, a previsão da possibilidade de cominações com eficácia de título executivo extrajudicial, como disposto no artigo 5º, § 6º, da Lei nº 7.347/85. Dúvida não há, em contrapartida, de que se o compromisso vier a ser apresentado e homologado em juízo, o título passará a ser judicial.

Desta forma, para precaver o risco alimentar no exemplo das bolachas recheadas, cuja composição com lactose não fora informada, poder-se-ia ter instaurado, caso noticiado ao Ministério Público, um inquérito civil para investigar a situação, se realmente havia ou não vestígio de lactose no alimento, se isso constava na embalagem ou não, objetivando, caso positivo, fosse firmado um termo de ajuste de conduta, com aplicação de cominações passíveis de serem executadas, incluindo valores com a finalidade de punir e dissuadir, mesmo sem a necessidade de buscar o Poder Judiciário para tanto.

Aliás, não é demasiado mencionar que no direito comparado, os "fiscales" na Espanha também têm prevista dentre as funções *"velar por el respeto de las instituciones constitucionales y de los derechos fundamentales y libertades públicas con cuantas actuaciones exija su defensa,"* conforme estabelece o artigo 3º do Estatuto do Ministerio Fiscal, Ley 50/1981 (Estatuto Organico de Ministerio Fiscal).[529] Assim, preconizando velar pelo respeito aos direitos fundamentais, o Ministério Público espanhol poderia lançar mão dos instrumentos jurídicos viáveis para a proteção do direito fundamental à informação do consumidor ou, pelo menos, do direito à saúde deste, por meio da hermenêutica, recorrendo ao Poder Judiciário como demandante, ainda que em último lugar, quando perceber que não houve qualquer atuação para tanto, o que resta viabilizado, salvo melhor juízo, ao final do mesmo artigo 3º.

Voltando à possibilidade de atuação direta do Ministério Público no Brasil, importa analisar como as funções punitiva e dissuasória podem ser aplicadas por este aos responsáveis por colocar em risco a saúde e a vida dos consumidores pela falta de informação.

Curial reconhecer-se desde logo a adequação das novas funções da responsabilidade civil como parte integrante do termo de ajustamento de conduta, já que havendo danos materiais comprovados, a indenização patrimonial será postulada, além da compensação por "danos morais coletivos",[530] funções tradicionais desse ramo do direito, que em nada se assemelham às novéis.

Esclareça-se que pode ter o fornecedor investigado, autor do dano concreto ou abstrato, se comprometido ao pagamento de valor para reparar o prejuízo patrimonial coletivo, bem como para compensar o dano moral correspondente, destinando esse a um fundo e, ainda assim, haver a cominação de prestação pecuniária a ser entregue ao mesmo receptor ou outro. Todavia, a finalidade deve ser punir o agente e evitar novas ocorrências de atos lesivos à coletividade, ou somente precaver, dependendo do caso em concreto, não levando, assim, à configuração de *bis in idem*. Ou seja, funções diversas, valores diversos.

A fim de melhor se entender a aplicação das funções ora propostas, utiliza-se um exemplo prático de como seria a aplicação das funções punitivas e/ou dissuasórias para a defesa do direito fundamental à informação do consumidor.

Usando o exemplo das bolachas recheadas, numa perspectiva transindividual, possível de prejudicar incontáveis consumidores, poderia surgir o ques-

---

[529] Disponível em: <www.fiscal.es>. Acesso em: 20 maio 2013.

[530] A doutrina vem procurando definir os danos morais coletivos, sendo emblemática a lição do jurista Carlos Alberto Bittar Filho nesse sentido, para quem se configura como "a injusta lesão da esfera moral de uma dada comunidade, ou seja, é a violação antijurídica de um determinado círculo de valores coletivos". Arrematando: "Quando se fala em dano moral coletivo, está-se fazendo menção ao fato de que o patrimônio valorativo de uma certa comunidade (maior ou menor), idealmente considerado, foi agredido de maneira absolutamente injustificável do ponto de vista jurídico: quer isso dizer, em última instância, que se feriu a própria cultura, em seu aspecto imaterial".(BITTAR FILHO, Carlos Alberto. Do dano moral coletivo no atual contexto jurídico brasileiro. *Revista de Direito do Consumidor*, São Paulo, v. 2, 1994. p. 55)

tionamento de *bis in idem* quanto à aplicação de multas que, aparentemente, se sobrepõem ao agente causador do dano.

Neste caso, comumente a vítima do dano assume a posição de credora, podendo exigir do infrator determinada prestação, cujo conteúdo consiste na reparação/compensação dos danos causados, como ocorreu no processo em comento.[531]

Tem por escopo o restabelecimento do equilíbrio violado pelo dano causado pelo autor concretamente ou, no presente caso, risco alimentar pela inadequação da informação. Neste passo, a responsabilidade civil possui dupla função na esfera jurídica do prejudicado: mantenedora da segurança jurídica em relação ao lesado; e sanção civil de natureza compensatória.

O fornecedor titular do dever principal de zelar pela informação do consumidor é o responsável primário, mas não é o responsável exclusivo. Havendo mais de um integrante na relação de consumo, na posição de fornecedor, produtor, importador, distribuidor, comerciante, etc. a responsabilidade é solidária. Assim, aquele que responder pela totalidade da indenização, pela integralidade do dano, pode manejar ação regressiva contra os demais coresponsáveis identificados, que colocaram o alimento em circulação para consumo.

A reparação civil é composta tradicionalmente por duas etapas: a) a reparação *in natura* ao estado anterior do bem afetado; e b) a reparação pecuniária, ou seja, a restituição em dinheiro pelos danos causados.

Volte-se, por oportuno, que tal inserção não se dará de forma indiscriminada, mas sim quando detectada especial inobservância de conduta que seria imprescindível naquela determinada atividade, a fim de evitar riscos sociais. Ou, é claro, uma espécie de dolo, ou seja, de intenção do agente de obter lucro, desimportando-se com o resultado danoso de seu comportamento, ou melhor, de sua atividade.

A aplicação de penalidades disciplinares ou compensatórias quando do não cumprimento de medidas necessárias à preservação da saúde e vida humanas é providência inafastável do Ministério Público, já que responsável pela proteção dos interesses sociais e individuais indisponíveis, conforme artigo 127 da Constituição Federal brasileira.

Por derradeiro, a responsabilização simultânea em todas as três esferas jurídicas (administrativa, civil e penal) é possível e lícita, não se caracterizando *bis in idem*, vez que cada uma destas possui fundamentação própria, são autônomas e independentes entre si, conforme determina o princípio em comento. Em tese, frise-se, são efetivamente independentes, pois conforme o teor e o resultado da sentença penal, pode haver implicação daquela na esfera administrativa ou civil e vice-versa. Concretamente, em três hipóteses a sentença penal afasta qualquer possibilidade de sanção administrativa: a) quando reconhece a inexistência do fato; b) quando reconhece que o autor não participou do fato; e c) quando reconhece causa justificante.

---
[531] RIO GRANDE DO SUL, 2012. (Íntegra no anexo 3)

De outra banda, quando o juiz penal absolve o acusado por falta de provas de autoria ou sobre o fato ou a tipicidade etc., a via administrativa resulta livre. Não há impedimento de a Administração Pública chegar a conclusão distinta. Se a absolvição penal se deu em razão do reconhecimento da prescrição, do mesmo modo, não está impedida a via administrativa, nem a cível. Se a absolvição ocorreu por atipicidade penal, pode ser que o fato seja típico no âmbito administrativo e ilícito na esfera cível.

Para que se tenha um sistema completo de proteção de direitos fundamentais, a legislação oferece o instrumento da responsabilização dos causadores de danos aos consumidores da maneira mais ampla possível. Significa que um fornecedor, por um mesmo dano, concreto ou abstrato, pode ser responsabilizado, simultaneamente, nas esferas administrativa, cível e penal, com a possibilidade de incidência cumulativa desses sistemas de responsabilidade. Portanto, ao menos em sede formal, há responsabilização para toda e qualquer pessoa que causar dano aos consumidores pela falta de informação nos alimentos quanto à sua composição.

Sobre o tema da viabilidade de responsabilização às prestações punitivas juntamente com a indenizatória e compensatória, relevante colacionar a conclusão de Martins-Costa e Pargendler, já que em consonância com o acima colocado:[532]

> Há exemplo, no ordenamento, de um saudável meio-termo entre o intento de tornar exemplar a indenização e a necessidade de serem observados parâmetros mínimos de segurança jurídica, bem se diferenciando entre a "justiça do caso" e a "justiça do Khadi": trata-se da multa prevista na Lei n. 7.347/85[533] para o caso de danos cuja dimensão é transindividual, como os danos ambientais e ao consumidor.[534] Essa multa deve recolhida a um fundo público, servindo para efetivar o *princípio da prevenção* que hoje polariza o Direito ambiental e é, também, diretriz a ser seguida nas relações de consumo. Nesses casos, o valor, a ser pago punitivamente, não vai para o autor da ação, antes beneficiando o universo dos lesados e, fundamentalmente, o bem jurídico coletivo que foi prejudicado pela ação do autor do dano. Porém, há similitudes com o que a doutrina anglo-saxã tem de positivo,[535] sancionando pecuniariamente aqueles danos provocados por um apego tão excessivo à pecúnia que faz esquecer os interesses da sociedade. Um fundo, criado por lei; a gestão pública do fundo e a destinação de seus recursos a uma finalidade coletiva, isto é, transindividual (e não individual, servindo a "indenização" para beneficiar exclusivamente vítima do dano), parece ser o

---

[532] MARTINS-COSTA; PARGENDLER, 2005.

[533] Se a condenação for à reparação pecuniária, o *quantum* indenizatório reverterá a um fundo Federal ou Estadual, cujos recursos são destinados à reconstituição dos bens lesados (art. 13, Lei n. 7.347/85). No que concerne ao dano ambiental, note-se que a obrigação de *"recuperar e/ou indenizar os danos causados"* (art. 4º, VII, da Lei 6.938/81) segue o princípio da ampla reparação, abrangendo, por exemplo, o período em que a coletividade ficou privada do uso do bem afetado. O valor é resultado de uma estimativa, para a qual são considerados o dano e suas conseqüências para a saúde pública. O juiz será o responsável pela definição do valor, contando, para tal, com o auxílio de peritos que atuam em caráter não-vinculativo, mas informativo. Assim, como já observamos em outra sede, agrega-se à função reparatória (ou indenizatória) uma certa função *punitiva*, pois valor a ser pago será maior se o dano for irreversível ou se uma espécie em extinção for abatida. (MARTINS-COSTA, Judith. Le préjudice écologique: rapport brésilien. *Journées de la Ass. Henri Capitant*, Montreal, set. 2004. inédito).

[534] Assim também observa MORAES. 2003, p. 263.

[535] Como observamos anteriormente, em alguns Estados norte-americanos uma parcela da indenização paga a título de *punitive damages* reverte para o Estado, ou para algum fundo específico.

mais adequado caminho – se utilizado de forma complementar às demais vias sancionatórias do ilícito civil – para regrar os danos típicos da sociedade industrial sem que recaiamos – por vezes, por ingenuidade – nas armadilhas da desumanizante "lógica do mercado".[536]

Concordando com as autoras, imperioso se faz voltar a atenção para o aspecto da multa comentada por estas. Para que não reste dúvida, sobre a caracterização de duplicidade de multa, o que pode surgir da leitura do artigo 11 da Lei nº 7.347/85, note-se que a multa existente na lei poderá ser aplicada diariamente, contada por dia de atraso no cumprimento da obrigação avençada. Contudo, a cobrança do valor somente poderá ocorrer após o trânsito em julgado da decisão favorável ao autor, ainda que devida desde o dia do descumprimento, consoante teor do artigo 12, § 2º, da lei em comento.

O que se quer dizer é que o valor da prestação pecuniária punitiva/dissuasória ao ser colocada em cláusula própria no termo de ajustamento de conduta, sendo descumprida a obrigação principal a que o ajuste se refere, por parte do compromissário, pode haver a pronta execução do valor, em virtude de sua natureza de título executivo extrajudicial. Daí sua importância em sede dissuasória, com a qual não se assemelha a multa já prevista na Lei da Ação Civil Pública e suas congênitas, como a Ação Coletiva para defesa de interesses do Consumidor, Lei nº 8.078/90, que é para punir não pela prática do ilícito, mas para evitar a mora no cumprimento da obrigação principal (fazer, não fazer, etc.) quando estipulado prazo para tanto.

Portanto, seja pela via judicial, por sentença condenatória, ou pela extrajudicial, pelo inquérito civil e seu termo de ajuste de conduta, as funções punitiva e principalmente a dissuasória da responsabilidade civil podem ser reconhecidas nos países de cultura jurídica romano-germânica para fins de efetivar o direito fundamental à informação dos consumidores, quando da aplicação de valores distintivos daqueles suficientes para indenizar ou compensar danos patrimoniais e extrapatrimoniais, respectivamente.

---

[536] Veja-se, nesse sentido, a crítica de MORAES, 2003, p. 252.

7. Considerações finais

O trabalho propôs, num primeiro momento, após a análise do tema no Brasil e em outros países, uma atuação antecipatória do sistema jurídico para a maior proteção da saúde e da própria vida dos consumidores em tempos de risco alimentar global. Para tanto, sob um viés interdisciplinar, embasado nos conceitos de risco e sociedade de risco de Ulrich Beck, e sob a égide do princípio da precaução, fazendo uma abordagem comparatista envolvendo o Brasil, a Espanha, Estados Unidos e as Comunidades, União Europeia e MERCOSUL, amparou-se inicialmente nas normativas sobre informação nos rótulos de alimentos e o tratamento jurídico do tema. Utilizou-se como paradigmas quanto à geração de riscos os OGMs e Transgênicos, pois conhecidos pelas incertezas sobre suas consequências no organismo humano.

Imaginava-se, inicialmente, fossem poucas as legislações e os regramentos específicos sobre os rótulos dos alimentos e o que neles devessem constar de informações aos consumidores para não serem lesados em suas saúdes, razão pela qual se pretendia abordar a utilização do Direito Regulativo como forma de precaver o risco alimentar. Contudo, logo após o segundo capítulo do trabalho, quando se desenvolveu a pesquisa acerca do direito à informação dos consumidores por essa via, buscando as normativas existentes nos países investigados, bem como nas comunidades, União Europeia e MERCOSUL, constatou-se que existe vasta e crescente regulação do tema, mormente nos Estados Unidos e na União Europeia, cujas normas são subsidiárias aos países membros, inclusive sobre os transgênicos e os organismos geneticamente modificados em geral. Apesar disso os riscos e os danos concretos aos consumidores continuam se dissipando por todo o mundo, o que denota a necessidade de uma tutela maior por parte do direito a esses problemas.

Assim, pela relevância dos bens jurídicos protegidos (saúde e a própria vida dos consumidores) sugeriu-se considerar o assunto como direito fundamental nos países em comento utilizando-se a hermenêutica para sustentar que o direito à informação dos consumidores se configura num direito materialmente fundamental, já que na Espanha e Estados Unidos o tema não é assim considerado, diferentemente do Brasil, onde a defesa do consumidor é direito fundamental positivado no catálogo dos Direitos fundamentais, tendo a doutrina sistematicamente sustentado ser o direito à informação destes um direito fundamental. E diante da necessidade de se dar efetividade a este direito fundamental (informação dos consumidores), concretizando-se proteção à saúde e à vida humana, verificaram-se algumas "estratégias" jurídicas, que na verdade são instrumentos previstos em lei para serem utilizados na proteção dos consumidores, os quais já existem nos Estados Unidos, Espanha e Brasil, tanto na esfera extrajudicial como judicial, dando a estes a finalidade de precaver o risco alimentar.

Analisa-se inicialmente a atuação das Agências Reguladoras dos Estados Unidos, a qual vai além da regulação normativa. As Agências também são órgãos de execução e fiscalização, inclusive de orientação da sociedade norte-americana, por exemplo, quanto ao tema dos alimentos (FDA – Agência para Alimentos e Medicamentos), tanto que as normas do direito administrativo lá se confundem com as próprias normas das agências (direito administrativo regulatório), tamanha sua relevância. Na Espanha, apesar da Existência de Agência Nacional de Regulação do Risco Alimentar, o que se repete nas Comunidades Autônomas, assim como ocorre na Agência Nacional de Vigilância Sanitária brasileira, a atuação é eminentemente reguladora, normativa e com a execução de algumas das medidas delas emanadas, mas não há o atendimento dos consumidores de alimentos ou o caráter orientacional como ocorre nos Estados Unidos, tampouco a dimensão lá alcançada, tratando-se de mais uma disciplina do Direito Administrativo.

A atuação no sentido educacional, de orientar os consumidores, ocorre nas Oficinas Municipais dos Consumidores, vem melhor experimentada na Espanha, as quais também atuam repressivamente quando investidas do múnus público. No Brasil, onde existe o congênere PROCON, o trabalho maior dessas oficinas é posterior ao dano concreto, com o registro de ocorrências contra os consumidores para adoção de medidas repressivas e por isso não se comparam às OMICs espanholas. Sobressai-se ainda o uso da arbitragem neste país, já que a cultura de solução de conflitos por essa via extrajudicial foi aderida pelos atores do comércio e, portanto, fornecedores e consumidores, o que não ocorre nos Estados Unidos e Brasil. A arbitragem evita a chegada de maior número de demandas ao Poder Judiciário e também é outra forma de ajustar a conduta dos envolvidos nas relações de consumo para evitar reiteração de irregularidades, o que pode ser aplicado para a cobrança da adequação das informações nos rótulos dos alimentos pelo árbitro que atuar nas tratativas. Foi, inclusive, regulamentada a utilização de um selo que significa ser o produtor usuário das juntas de arbitragem para solução de conflitos, percebendo-se que isto garante credibilidade entre os clientes. Assim, para os casos em que os alimentos não estejam com informações suficientes ou, após se detectar que a informação está inadequada, em vez de se buscar judicializar qualquer medida, usa-se a solução do problema por meio de uma decisão arbitral. No Brasil existe a mesma via, com lei específica há mais de 16 anos, contudo ainda não teve a mesma adesão que na Espanha, sendo uma possibilidade de medida de precaução ao risco alimentar, como nos Estados Unidos, onde a conciliação sim tem espaço, mas a arbitragem não é aderida da mesma forma.

No Brasil, menciona-se como estratégia extrajudicial para efetivação do direito fundamental à informação e a consequente precaução do risco alimentar, o Inquérito Civil, no qual inclusive se propõe o ajuste da conduta dos fornecedores e produtores de alimentos que não tenham colocado informações adequadas sobre a composição destes nas embalagens ou na divulgação, o que chega ao Ministério Público por busca ativa dos agentes de fiscalização sanitária junto ao comércio ou por denúncias da comunidade. O Ministério Público ou os demais órgãos legitimados (Poder Público) poderiam firmar termo de ajuste de conduta que tem natureza de título executivo para que os produtores adequassem as informações na embalagens de acordo com as exigências legais dentro dessa investigação feita pelo inquérito civil. Este instrumento tem sido utilizado exitosamente em produtos orgânicos no país (anexo A), quando deve constar pelo menos a origem do produtor com sua identificação para viabilizar o rastreamento e, assim, ainda que por amostragem, possibilita verificar *in loco* as substâncias usadas na produção alimentar até que este chegue ao consumidor, incluindo-se os agrotóxicos, transgênicos, etc., o que tem não só viabilizado um controle maior, mas uma coerção aos produtores que sabem a qualquer momento poderem ser fiscalizados, independentemente de denúncias ou danos a consumidores.

Ainda, abordou-se a possibilidade da adoção dos *punitive damages* (ou danos punitivos ou prestações punitivas ou dissuasórias) para precaução do risco alimentar, o qual poderia ser utilizado principalmente na via judicial, quando das condenações dos produtores de alimentos que atuassem com especial indiferença para com a sociedade, gerando risco abstrato, por não informarem adequadamente, ou concreto, quando os danos já tivessem ocorrido, mas de forma excepcional. Apesar de ser assunto polêmico em todo o mundo, embora mais aplicado na *Common Law*, pelo ônus econômico que pode gerar aos fornecedores até mesmo com a quebra de algumas empresas reincidentes e a interdição de suas atividades, o uso do instituto tem mudado a postura dos agentes. Com medo dessa repercussão, condenação a pagamento de valores muito altos para fins de punição e, principalmente dissuasão, percebe-se que os envolvidos no mercado procuram cada vez mais adequar suas condutas às expectativas daquilo que é correto e esperado pelo Estado norte-americano. Aliás, pelo fato de nos países muitas decisões serem tomadas pelo júri popular, mesmo na responsabilidade civil, os valores acabam sendo demasiados, com a necessária adequação destes pelos tribunais superiores para que atendam a um mínimo de razoabilidade evitando-se, destarte, a quebra da equidade. Portanto, a sugestão de nos casos de condutas que denotem especial gravidade e desrespeito para com os valores mais elementares da sociedade, como no caso de não informar substâncias perigosas para a vida humana nas embalagens disponibilizadas aos consumidores, os produtores poderiam ser responsabilizados civilmente a arcar com este pagamento de quantia suficiente para dissuadi-los da repetição e aos demais produtores de alimentos sem a adequada informação. A diferença em relação aos países da *Common Law* é que lá essas quantias podem ir para a vítima e para ONGs (organizações não governamentais) relacionadas ao tema do consumo. No Brasil, e na Espanha, a ideia, a fim de evitar o enriquecimento sem causa ou a *tort lotery*, como chamam, seria destinar esse valor para entidades relacionadas à proteção dos consumidores e não para as vítimas, as quais continuariam recebendo indenização e/ou compensação pelos danos materiais e extrapatrimoniais eventualmente sofridos.

Utilizaram-se como exemplos, no decorrer do trabalho, tanto fotografias ilustrativas de cobaias (ratos de laboratório) que ficaram defeituosas pelo uso de transgênicos, como jurisprudência com o caso do menino que comeu bolachas recheadas com traços de lactose, sem que houvesse qualquer menção a esta possibilidade na embalagem, o qual era alérgico a esta pelo que ficou hospitalizado por muitos dias com problemas de respiração. Ainda, mencionou-se a situação da carne de cavalo usada como insumo em alimentos (massas e hambúrguers) que afirmavam ser feitos com carne bovina e que circularam por toda Europa, numa evidente fraude aos consumidores, dentre menções a situações específicas não relacionadas somente à rotulagem. O que todos esses exemplos trouxeram em comum foi a falta de preocupação, de cuidado, de respeito para com a saúde dos consumidores por quem disponibiliza alimentos com substâncias potencialmente lesivas ou, simplesmente, inverídicas em relação ao que realmente compõe o alimento, seja por negligência grave, seja por dolo intenso. Veja-se aí que não necessariamente a substância é maléfica ao homem, a exemplo da carne de cavalo, já que não há consenso sobre ser esta prejudicial à saúde. Mas o fato de desrespeitar o direito fundamental à informação adequada dos consumidores, de saberem exatamente o que estão ingerindo, além do risco das consequências adversas à saúde e à vida, é que denotam a necessidade de medidas mais extremas, como os *punitive damages*. Frise-se uma vez mais. Todas essas medidas a serem adotadas a título de precaução de consequências adversas à saúde da consumidores de alimentos em geral.

Para superar a falta de previsão legal desses institutos, ora denominados estratégias para precaução ao risco alimentar, recorre-se à hermenêutica integrativa e sistemática do Direito, com base nas regras e em alguns princípios já vigentes na ordem jurídica interna e até mesmo internacional com a inserção dos temas aos ordenamentos estrangeiros, usando-se a doutrina de Guastini e Juarez Freitas, especialmente a hermenêutica dos direitos fundamentais e o entendimento de que se o sistema estabelece determinado direito deve dar sistematicamente instrumentos para garantir a proteção desses direitos e que isto é possível, quando do uso da interpretação, pelo que já existe de regulação no sistema.

Reconhece-se, ao final, a complexidade e interdisciplinariedade do tema e toda a atuação regulatória existente até o momento. Mas tendo em vista a grande quantidade de normas esparsas mundo a fora sobre a rotulagem de alimentos e a permanência do problema do risco alimentar, com o desenvolvimento científico e tecnológico cada vez mais acelerados, *pari passu* ao interesse preponderante de muitos fornecedores no crescimento dos lucros deixando os consumidores cada vez mais vulneráveis, entende-se que somente com um Direito preventivo e pró-ativo este ramo científico continuará a ser útil à sociedade mundial e a atingir seu fim de pacificação.

Referências

ALEXY, Robert. *El concepto y la validez del derecho*. Barcelona: Gedisa, 2004.

———. *Los derechos fundamentales en el Estado Constitucional Democrático*. In: NEOCONSTITUCIONALISMO(S). Madrid: Trotta, 2003a.

———. Direitos fundamentais no Estado constitucional democrático. *Revista de Direito Administrativo*, Rio de Janeiro, v. 217, p. 55-66, jul./set. 1999.

———. *Interpretación jurídica y discurso racional*. In: *Teoria del discurso y derechos humanos*. Tradução e introdução de Luis Villar Borda. Bogotá: Universidad Externado de Colombia, 2000.

———. *Teoria da argumentação jurídica*. Tradução de Zilda Hutchinson Schild Silva. 2. ed. São Paulo: Landy, 2005.

———. *Teoria de los derechos fundamentales*. Madrid: Centro de Estudios Políticos y Constitucionales, 2002.

———. *Teoría de los derechos fundamentales*. Tradución y estúdio introdutório de Carlos Bernal Pulido. Madrid: Centro de Estudios Politicos y Constitucionales, 2007.

———. *Tres escritos sobre los derechos fundamentales y la teoría de los princípios*. Colombia: Universidad de Externado de Colombia, 2003.

ALMEIDA, Carlos Ferreira de. *Os direitos dos consumidores*. Coimbra, 1982.

ALPA, Guido. *Diritto privato dei consumi*. Bologna: Il Mulino, 1996.

———. *Introduzione al diritto dei consumatori*. [s.l.]: Laterza, 2006.

AMIRANTE, Carlo. *I diritti umani tra dimensione normative e dimenzion giurisdizionale?* Napoli: Alfredo Guida, 2003.

ANDRADE, José Carlos Vieira de. *Os direitos dos consumidores como direitos fundamentais na constituição portuguesa de 1976*. Estudos de Direito do Consumidor, Coimbra, n. 5, 2003.

ÁNGEL YÁGÜEZ, Ricardo de. *Daños punitivos*. Pamplona: Thomson Reuters, 2012.

ARA PINILLA, Ignácio. *Las transformaciones de los derechos humanos*. Madrid: Tecnos, 1994.

ARENDT, Hannah. *Condition de L'homme moderne*. Paris: Calmann-Lévy, 2005.

ARRIGHI, Jean Michel. La protección de los consumidores y el Mercosur. *Revista de Direito do Consumidor*, São Paulo, v. 2, 1992.

AUGRAS, Monique. À procura do conceito de opinião pública. In: *Opinião pública*: teoria e processo. Petrópolis: Vozes, 1970.

ÁVILA, Humberto. *Teoria dos princípios*: da definição à aplicação dos princípios jurídicos. 4. ed. São Paulo: Malheiros, 2004.

BARBOSA, Fernanda Nunes. *Informação: direito e dever nas relações de consumo*. São Paulo: Revista dos Tribunais, 2009.

BARCELOS, Cristina. *O Poder Normativo das Agências Reguladoras no Direito Norte-Americano e no Direito Brasileiro: Um Estudo Comparado*. Dissertação de Mestrado. Orientação Almiro do Couto e Silva. Porto Alegre: Universidade Federal do Rio Grande do Sul, 2008.

BARROSO, Luís Roberto. *Direito constitucional contemporâneo*: os conceitos fundamentais e a constituição do novo modelo. 3. ed. São Paulo: Saraiva, 2011.

———. *Interpretação e aplicação da Constituição*. São Paulo: Saraiva, 1996.

———. *Os princípios da razoabilidade e da proporcionalidade*. Disponível em: <http://www.acta-diurna.com.br/biblioteca/doutrina/d19990628007.htm>. Acesso em: 2 jun. 2005.

BASTOS, Celso Ribeiro; MARTINS, Ives Gandra. *Comentários à Constituição do Brasil:* promulgada em 5 de outubro de 1988. São Paulo: Saraiva, 1989. v. 2.

BATISTA FREIJEDO, Francisco J. *Teoría general de los derechos fundamentales en la Constitución Española de 1978*. Madrid: Tecnos, 2001.

BAUMANN, Zigmunt. *Colateral damage*: social inequalities in a global ages. Cambridge: Polity, 2011a.

———. *Culture in a liquid modern world*. Cambridge: Polity, 2012.

———. *Globalization:* the human consequences. New York: Columbia University, 1998.

———. *Liquid times:* Living in na Age of Uncertainty. Cambridge: Polity, 2011b.

BECK, Ulrich. *A ciência é causa dos principais problemas da sociedade industrial*. Entrevista concedida a Antoine Reverchon, do "Le Monde." *Folha de São Paulo*, São Paulo, em 20 nov. 2001.

———. A reinvenção da política: rumo a uma teoria da modernização reflexiva. In: GIDDENS, Anthony. *Modernização reflexiva*. São Paulo: UNESP, 1997.

———. *La sociedad del riesgo*: hacia una nueva modernidad. Barcelona: Paidós, 1998.

———. *La sociedad del riesgo global*. Madrid: Siglo 21, 2006.

———. *World at risk*. Cambridge: Polity, 2010.

———. *World at risk:* the new task of critical theory. Disponível em: <http://isdpr.org/isdpr/publication/journal/37-1/01.pdf>. Acesso em: 20 jul. 2012.

BIERS, Sam. *Gryc v. Dayton Hudson Corp*, 297 N.W.2d 727 (Minn. 1980). <http://www.4lawschool.com/torts/dayton.shtml>. Acesso em: 12 maio 2013.

BITTAR, Carlos Alberto. *Responsabilidade civil:* teoria e prática. 2. ed. Rio de Janeiro: Forense Universitária, 1990.

BITTAR FILHO, Carlos Alberto. Do dano moral coletivo no atual contexto jurídico brasileiro. *Revista de Direito do Consumidor*, São Paulo, v. 2, 1994.

BLAKEY, Robert. *Of characterization and other matters*: thoughts about multiple damages. Disponivel em: <http://www.law.duke.edu/shell/cite.pl?60+Law+&+Contemp.+Probs.+97+(Summer+1997>. Acesso em: 5 maio 2006.

BONAVIDES, Paulo. *Curso de direito constitucional*. 10. ed. São Paulo: Malheiros, 2000.

———. *Direitos fundamentais, globalização e neoliberalismo*. Disponível em: <http://www.oab-sc.com.br/oab-sc/outros/discursos/discurso_paulo.doc>. Acesso em: 13 mar. 2012.

BOSCHI, José Antônio Paganella. *Das penas e seus critérios de aplicação*. Porto Alegre: Livraria do Advogado, 2000.

BAUDRILLARD, Jean. *A Sociedade de consumo*. Lisboa: Edições 70, 1991.

BOY, L. *La nature juridique du principe de précaution*. Nature Sciences Société, 1999.

BRIGANT; Giuseppe. *Difetto di conformità delle merci nella vendita internazionale: legge applicabile e competenza giurisdizionale*. Disponível em: <http://www.dirittosuweb.com/aree/rubriche/record.asp?idrecord=773&cat=5>. Acesso em: 10 mar. 2013.

BURCHELL, Graham et al. *The Foucault effect:* studies in governmentality. Chicago: The University of Chicago, 1991.

BUSNELLI, Francesco D.; SCALFI, Gianguido. *Le pene private*. Milano: Giuffrè, 1985.

CAHALI, Yussef Said. *Dano e indenização*. São Paulo: Revista dos Tribunais, 1980.

CALLAHAN, Patricia; KILMAN, Scott. *Detectar los transgénicos:* cada vez más difícil. Cinco Días 6 abr. 2001 Disponível em: <http://www.ejgv.euskadi.net/r53-2291/es/contenidos/informacion/bioletincec/es_1278/adjuntos/apirila2001.pdf>. Acesso em: 20 set. 2010.

CALVO GARCIA, Manoel. *Interpretación y argumentación jurídica:* trabajos del seminario de metodologia juridica. Zaragoza: Prensas Universitarias de Zaragoza, 1995.

_____. *Políticas de seguridad y tranformaciones del derecho*. In: LA PROTECIÓN de la seguridad ciudadana. Oñati, IISJ, data.

_____. *Transformaciones del Estado y del derecho*. Colombia: Universidad Externado de Colombia, 2005.

_____. *Transformações do estado e do direito*: do direito regulativo à luta contra a violência de gênero. Tradução de Paula Pinhal de Carlos e Marcelo Henrique Gonçalves Miranda. Porto Alegre: Dom Quixote, 2007.

CALVO GARCÍA-TORNEL, Francisco. Algunas cuestiones sobre geografía de los riesgos. *Scripta Nova*: Revista Electrónica de Geografía y Ciencias Sociales, n. 10, 1997. Disponível em: <ttp://www.ub.es/geocrit/sn-10.htm>.

_____. *Sociedades y territorios en riesgo*. Barcelona: Ediciones del Serbal, 2001.

CAMPOS, Luis Fernando Reglerlo. *Tratado de responsabilidad civil*. 4. ed. Cizur Menor: Aranzadi, 2008.

CANARIS, Claus-Wilhelm. *Direitos fundamentais e direito privado*. Coimbra: Almedina, 2003.

CANOTILHO, J.J.Gomes. *Constituição dirigente e vinculação do legislador*: contributo para a compreensão das normas constitucionais programáticas. 2. ed. Coimbra: Coimbra, 2001.

_____. *Direito constitucional*. 5. ed. Coimbra: Almedina, 1991.

_____. *Direito constitucional e teoria da constituição*. Coimbra: Almedina, 1998.

CAPPELLI, Sílvia. *O Ministério Público e os instrumentos de proteção ao meio ambiente*. Disponível em: <http://www.mp.rs.gov.br/ambiente/doutrina/id14.htm>. Acesso em: 14 jan. 2013.

CARPIO MARCOS, Edgar. El significado de la cláusula de los derechos no enumerados. Cuestiones Constitucionales, *Revista Mexicana de Derecho Constitucional*, n. 3, jul./dez. 2000.

CARTER, Colin A.; GRUERE, Guillaume P. *International approaches to the labeling of genetically modified foods*. 2003. Disponível em: <http://www.agmrc.org/media/cms/cartergruere_929beb69ba4ee.pdf>. Acesso em: 15 mar. 2013.

CARVALHO NETO, Menelick de. *A hermenêutica constitucional e os desafios postos aos direitos fundamentais*: jurisdição constitucional e direitos fundamentais. Belo Horizonte: Del Rey, 2003.

CASILLO, João. *Dano à pessoa e sua indenização*. 2. ed. São Paulo: Revista dos Tribunais, 1994.

CASTEL, Robert. *From dangerousness to risk*. In: THE FOUCAULT effect: studies in governmentality. Chicago: The University of Chicago, 1991.

_____. *A gestão dos riscos*. Rio de Janeiro: Francisco Alves, 1987.

_____. *La gestion de risques*: de lánti-psychiatrie à l'après-psichanalyse. [s.l.]: Les Editions de Minuit, data.

CASTELLS, Manuel. *A sociedade em rede*. 7. ed. São Paulo: Paz e Terra, 2003.

CASTILHO, Ela Wiecko Wolkmer de. Alimentação. In: DICIONÁRIO de direito humanos. Disponível em: <http://www.esmpu.gov.br/dicionario>. Acesso em: 5 mar. 2013.

CAVALIERI FILHO, Sérgio. *Programa de responsabilidade civil*. 3. ed. São Paulo: Malheiros, 2002.

CAVANNILLAS MUGICA, Santiago. *Responsabilidad civil y protección del consumidor*. Palma de Mayorca: [s.n.], 1985.

CEZAR, Frederico Gonçalves; ABRANTES, Paulo Cesar Coelho. Princípio da precaução: considerações epistemológicas sobre o princípio e sua relação com o processo de análise de risco. *Cadernos de Ciências e Tecnologia*, Brasília, v. 20, n. 2, p.225-262, maio/ago. 2003.

CHAVES, Arthur Pinheiro. *O direito à segurança alimentar no Brasil*. Disponível em: <http://www.idb-fdul.com/uploaded/files/2012_02_0705_0737.pdf>. Acesso em: 12 mar. 2013.

CODERCH, Pablo Luís. *Recensión: Ciencia y política del riesgo*. Barcelona: Facultad de Derecho Universitat Pompeu Fabra, 2001. Disponível em: <http://www.indret.com/pdf/068_es.pdf>.

CORCHERO, Miguel; GRANDE MURILLO, Ana. *La protección de los consumidores*. Navarra: Thomson Aranzadi, 2007.

CORCHERO, Miguel; SANDÍN MORA, Laura. El derecho a la información de consumidores y usuarios: especial referencia a las Oficinas de Información al Consumidor. Actualidad Administrativa, Madrid, n. 5, p. 103-143, 2001.

COSTA, Alexandre Araújo. *Direito e método:* diálogos entre a hermenêutica filosófica e a hermenêutica jurídica. Tese (Doutorado em Direito) – Universidade de Brasília, Brasília, 2008.

COSTA, Thadeu Estevam Moreira Maramaldo *et al. Avaliação de risco nos organismos geneticamente modificados.* Disponível em: <http://www.scielo.br/scielo.php?script=sci_arttext&pid=S1413-81232011000100035>.

CRUZ VILLALON, Pedro. Formación e evolucion de los derechos fundamentales. *Revista Española de Derecho Constitucional*, n. 25, 1989.

DADER, José Luis. La democracia débil ante el populismo de la privacidad:terror panóptico y secreto administrativo frente al periodismo de rastreo informático en Espana. Disponível em: <http://ddd.uab.cat/pub/analisi/02112175n26p145.pdf>. Acesso em: 8 mar. 2013.

DAVID, René. *O direito inglês*. Tradução de Eduardo Brandão. São Paulo: Martins Fontes, 1997.

DE LA CUESTA SAENZ, José Maria. Introduccion al arbitraje de consumo. *Revista de Derecho Privado*, p.121-129, feb. 1997.

DE LUCCA, Newton. *Direito do consumidor*. São Paulo: Quartier Latin, 2003.

DELGADO, José Augusto. *A arbitragem no Brasil:* a evolução histórica e conceitual. Disponível em: <http://www.escolamp.org.br/arquivos/22_05.pdf>. Acesso em: 14 jan. 2013.

DERANI, Cristiane. *Direito ambiental econômico*. São Paulo: Max Limonad, 1997.

DI GIORGI, Raffaele. *Direito, democracia e risco:* vínculo com o futuro. Porto Alegre: Fabris, 1998.

DÍEZ-PICAZO, Luis. *Fundamentos del derecho civil patrimonial:* la responsbilidad civil extracontratual. Cizur Menor: Civitas, 2011.

DOUGLAS, Mary. *Pureza e perigo*. São Paulo: Perspectiva, 1976.

——; WILDAVSKY, Aaron. *Risk and culture*: an essay on the selection of technological and environmental dangers. London: University of California, 1983.

DWORKIN, Ronald. O drama constitucional. In: *Domínio da vida*: aborto, eutanásia e liberdades individuais. Tradução Jefferson Luiz Camargo. São Paulo: Martins Fontes, 2003.

——. *Freedom's Law*: the moral reading of the American Constitution. Cambridge: Harvard University, 1996.

——. *O império do direito*. Tradução Jefferson Luiz Camargo. São Paulo: Martins Fontes, 1999.

——. *Levando os direitos a sério*. Tradução e notas Nelson Boeira. São Paulo: Martins Fontes, 2002.

——. Unenumerated rights: whether and how Roe should be overruled. In: *The bill of Rights in the Modern State*. Chicago: The University of Chicago, 1992.

ELIAS, Norbert. *A sociedade dos indivíduos*. Tradução de Vera Ribeiro. Rio de Janeiro: Zahar, 1994.

ELY, John Hart. *Democracy and distrust*: a theory of judicial review. Cambridge: Harvard University, 1980.

EWALD, F. Philosophie de la précaution. *L'Année Sociologique*, v. 46, n. 2, p. 382-412, 1996.

FACCHINI NETO, Eugênio. Da responsabilidade civil no novo código. In: SARLET, Ingo Wolfgang (Org.). *O novo código civil e a constituição*. Porto Alegre, Livraria do Advogado, 2003a.

——. Funções e modelos da responsabilidade aquiliana no novo código. *Revista Jurídica*, Porto Alegre, n. 309, jul. 2003b.

——. Premissas para uma análise da contribuição do Juiz para a efetivação dos direitos da criança e do adolescente. *Juizado da Infância e Juventude*, Porto Alegre, n. 2, mar. 2004.

FALK, Richard. *La globalizacion depredadora*: una critica. Madrid: Siglo XXI, 2002.

——. *Predatory Globalization*. Cambridge: Polity Press, 1999.

——. *On Human Governance*. Towards a New Global Politics. Cambridge: Polity Press, 1995.

FARIÑAS DULCE, María José. *Globalización, ciudadanía y derechos humanos*. Madrid: Instituto de Derechos Humanos Bartolomé de Las Casas. Universidad Carlos III de Madrid, 2004.

FARNSWORTH, E. Allan. *Introdução ao sistema jurídico dos Estados Unidos*. Tradução Antônio Carlos Diniz de Andrada. Rio de Janeiro: Forense, 1963.

FELLOUS, Beyla Esther. *Proteção do consumidor no e na União Européia*. São Paulo: Revista dos Tribunais, 2003.

FERRAJOLI, Luigi. *Los fundamentos de los derechos fundamentales*. Madri: Trotta, 2001.

FERRAZ JÚNIOR, Tércio Sampaio. *Introdução ao estudo do direito*: técnica, decisão, dominação. 2. ed. São Paulo: Atlas, 1994.

FERREIRA, Aurélio Buarque de Holanda. *Novo Aurélio século XXI:* o dicionário da língua portuguesa.

FERREIRA, Pinto. *Comentários à Constituição brasileira*. São Paulo: Saraiva, 1989. v. 2.

FERREIRA FILHO, Manoel Gonçalves. *Comentários à Constituição brasileira*: Emenda Constituição n. 1 de 17 de outubro de 1969. São Paulo: Saraiva, 1975. v. 3: artigos 130 a 200.

——. *Direitos humanos fundamentais*. 11. ed. São Paulo: Saraiva, 2009.

FIGUEIREDO, Ana Virgínia de Almeida; MIRANDA, Maria Espínola. *Análise de risco aplicada aos alimentos no Brasil*. Disponível em: <http://www.scielo.br/pdf/csc/v16n4/v16n4a24.pdf>. Acesso em 7 jul. 2012.

FREITAS, Juarez. *A interpretação sistemática do direito*. São Paulo: Malheiros, 2004.

GALLO, Paolo. *Pene private e responsabilità civile*. Milano: Giuffrè, 1996.

GAMA, Guilherme Calmon Nogueira da. Critérios para a fixação da reparação do dano moral: abordagem sob a perspectiva civil-constitucional. In: LEITE, Eduardo de Oliveira (Org.). *Grandes temas da atualidade*: dano moral. Rio de Janeiro: Forense, 2002.

GARCEZ, José Maria Rossani. *Negociação, ADRS, mediação, conciliação e arbitragem*. Rio de Janeiro: Lumen Juris, 2003.

GARCEZ NETO, Martinho. *Responsabilidade civil no direito comparado*. Rio de Janeiro: Renovar, 2000.

GARCÍA MARTÍNEZ, Asunción. *Sinopsis artículo 51 de la Constitución Española*. Disponível em: <http://narros.congreso.es/constitucion/constitucion/indice/sinopsis/sinopsis.jsp?art=51&tipo=2> Acesso em: 20 set. 2012.

GARRIDO FALLA, Fernando. *Comentários a la Constitución*. 3. ed. Madrid: Civitas, 2001.

GAVIÃO FILHO, Anízio Pirez. *Direito fundamental ao ambiente*. Porto Alegre: Livraria do Advogado, 2005.

GIDDENS, Anthony. *As conseqüências da modernidade*. São Paulo: UNESP, 1991.

——. *A transformação da intimidade*. São Paulo: UNESP, 1994.

——. *Un mundo desbocado:* los effectos de la gobalización en nuestras vidas. Madrid: Taurus, 2000.

——. *Sociologia*. 4. ed. Lisboa: Calouste, 2001.

——. *Modernidade e identidade*. Rio de Janeiro: Zahar, 2002.

GOLDIM, José Roberto. *Institut Servier*: la prévention et la protection dans la société du risque: le principe de précaution. Amsterdam: Elsevier, 2001.

——. *O princípio da precaução*. Disponível em: <http://www.bioetica.ufrgs.br/precau.htm>. Acesso em: 10 mar. 2013.

——. *Risco*. Disponível em: <http://www.bioetica.ufrgs.br/risco.htm>. Acesso em: 12 ago. 2012.

GOMES, Júlio Manoel Vieira. Uma função punitiva para a responsabilidade civil e uma função reparatória para a responsabilidade penal? *Revista de Direito e de Economia*, p. 105-144, 1989.

GOMEZ CALERO, Juan. *Los derechos de los consumidores y usuarios*. Madrid: Dykinson, 2004.

GRASSI NETO, Roberto. *Segurança alimentar:* da produção agrícola à proteção do consumidor. São Paulo: Saraiva, 2013.

GREY, Thomas C. The uses of an unwritten constitution. *Chicago-Kent Law Review*, n. 64, 1988.

GRINOVER, Ada Pellegrini (Org.). *Código Brasileiro de Defesa do Consumidor comentado pelos autores*. 7. ed. Rio de Janeiro: Forense Universitária, 2001.

———. *Código Brasileiro de Defesa do Consumidor comentado pelos autores do anteprojeto*. 8. ed. São Paulo: Forense Universitária, 2004.

———. O Código de Defesa do Consumidor no sistema socioeconômico brasileiro. *Revista da Faculdade de Direito de São Paulo*, São Paulo, n. 91, 1996.

GUASTINI, Ricardo. *Das fontes às normas*. Tradução de Edson Bini. São Paulo: Quartier Latin, 2005.

GUERRA FILHO, Willis Santiago. *Introdução ao direito processual constitucional*. Porto Alegre: Síntese, 1999.

GUILLÉN CARAMÉS, Javier. El marco jurídico de la politica comunitaria de protección de los consumidores. *Revista de Derecho de la Unión Europea*, Madrid, n. 5, 2003.

HABERMAS, Jürgen. *Facticidad y validez*. Madrid: Trotta, 1998.

———. *Direito e democracia*: entre facticidade e validade. Tradução de Flavio Bieno Siebeneichler. Rio de Janeiro: Tempo Brasileiro, 1997. v. 1.

———. *Direito e democracia: entre facticidade e validade*. Tradução de Flavio Bieno Siebeneichler. Rio de Janeiro: Tempo Brasileiro, 1997. v. 1.

———. *La idea Kantiana de paz perpétua*. Isegoría, n. 16, 1997.

HAMILTON, A.; MADISON, J.; JAY, J. *El federalista*. Traducción de Gustavo R. Velasco. 2ª ed. em espanhol. México: Fondo de Cultura Económica, 2001.

HÄBERLE, Peter. *El estado constitucional*. Tradução de Hector Fix-Fierro. México: Universidad Nacional Autônoma de México, 2003.

———. *Estado constitucional cooperativo*. São Paulo: Renovar, 2007.

HELD, David. *La democracia y el orden global:* del Estado moderno al gobierno cosmopolita. Barcelona: Paidós, 1997.

HERRERA DE LAS HERAS, Ramón. *La autonomía de la voluntad en el arbitraje y en la mediación:* jurisprudencia constitucional española y experiencias en el ámbito del consumo. Disponível em: <http://mercantil.blogs.lexnova.es/2011/06/29/una-reflexion-acerca-del-arbitraje-de-consumo-en-espana/>. Acesso em: 12 mar. 2013.

HESPANHA, Pedro. Individualização, fragmentação e risco social nas sociedades globalizadas. *Revista Crítica de Ciências Sociais*, n. 63, p. 21-31, 2002. Exemplar dedicado a: Globalização: fatalidade ou utopia?.

HEY, Elen. *The precautionary concept in environmental policy and law*: institutionalizing caution. Georgetown International Environmental Law Rewiew, n. 4, 1992.

HOLMES, Stephen; SUNSTEIN, Cass R. *The cost of rights:* why liberty depends on taxes. New York: W. W. Norton, 1999.

HOOD, Christopher; ROTHSTEIN,Henry; BALDWIN, Robert. *El gobierno del riesgo*. Madrid: Ariel, 2006.

HOULSMAN, Louk. *Penas perdidas*: o sistema penal em questão. Tradução Maria Lúcia Karam. Rio de Janeiro: Luam, 1993.

JORGE, Fernando Pessoa. *Ensaio sobre os pressupostos da responsabilidade civil*. Coimbra: Almedina, 1999.

JUSTEN FILHO, Marçal. *O direito das agências reguladoras independentes*. São Paulo: Dialética, 2002.

KAUFMANN, A. *Filosofía del derecho*. Bogotá: Universidad Externado de Colombia, 1999.

KELSEN, Hans. *Teoria geral do direito e do estado*. Tradução de Luís Carlos Borges. 2. ed. São Paulo: Martins Fontes, 1992.

———. *Teoria pura do direito*. Tradução de João Baptista Machado. 2. ed. Coimbra: Armenio Amado, 1962.

KLINKE, Andreas; RENN, Ortwin. Prometheus Unbound. *Challenges of Risk Evaluation, Risk Classification, and Risk Management*, n. 153, nov. 1999.

KOENIG, Thomas H.; RUSTAD, Michael L. *Defense of tort law*. New York: New York University, 2001.

KOURILSKY, Philippe; VINEY, Geneviève. *Le principe de précaution*: rapport au Premier Ministre (15 October 1999). Paris: Odile Jacob, 2000.

LAFER, Celso. *Hannah Arendt: pensamento, persuasão e poder*. Rio de Janeiro: Paz e Terra, 1979.

LARENZ, Karl. *Metodologia da ciência do direito*. Tradução de José Lamego. 4. ed. Lisboa: Calouste, 2005.

LASARTE ALVAREZ, Carlos. La proteción del consumidor como principio general de derecho. In: *Nuevos derechos fundamentales en el ámbito del derecho privado*. Madrid: Cuadernos de Derecho Judicial, 2007.

LEME, Lino de Moraes. *Direito civil comparado*. São Paulo: Revista dos Tribunais, 1962.

LOBO, Carlos Augusto da Silveira. *Arbitragem internacional:* questões da doutrina e da prática. Rio de Janeiro: Renovar, 2003.

LÔBO, Paulo Luiz Netto. *A informação como direito fundamental do consumidor*. Disponível em: <http://jus.uol.com.br/revista/texto/2216/a-informacao-como-direito-fundamental-do-consumidor>. Acesso em maio 2013.

———. A informação como direito fundamental do consumidor. *Revista de Direito do Consumidor*, São Paulo, v. 37, p. 59-61, jan./mar. 2001.

LOPES, Teresa Ancona. *O dano estético:* responsabilidade civil. São Paulo: Revista dos Tribunais, 1999.

———. *Princípio da precaução e evolução da responsabilidade civil*. São Paulo: Faculdade de Direito da Unversidade de São Paulo, 2008. Tese de Titularidade em Direito Civil.

———. *Responsabilidade Civil na Sociedade de Risco*. Revista da Faculdade de Direito (USP), v. 105, p.1223-1234, 2010.

——— (Org.). *Responsabilidade Civil na sociedade de risco*. Sociedade de risco e Direito Privado: desafios normativos, consumeristas e ambientais. 1ª ed. São Paulo: Atlas, 2013, v. 1, p.3-13.

LOSADA MANOSALVAS, Samuel. *La gestión de la seguridad alimentaria*. Barcelona: Ariel Prevención y Seguridad, 2001.

LOURENÇO, Paula Meira. Os danos punitivos. *Revista da Faculdade de Direito da Universidade de Lisboa*, Coimbra 2002.

LUPTON, Deborah. *Food:* the body and the self. London: Sage, 1998.

MACHADO, Paulo Affonso Leme. *Direito à informação e meio ambiente*. São Paulo, Malheiros, 2006a.

———. *Direito ambiental brasileiro*. São Paulo: Malheiros, 2001.

———. *Direito ambiental brasileiro*. São Paulo: Malheiros, 2006b.

———. *Direito ambiental e princípio da precaução*. Disponível em: <www.merconet.com.br/direito/3direito3.htm>. Acesso em: 2013.

MACIOCE, Francesco. L'evoluzione della responsabilità civile nei paesi di common law. In: *La responsabilità civile nei sistemi di Common Law*. Padova: Giuffrè, 1989. v. 1: Profili generali.

MANCUSO, Rodolfo de Camargo. *Ação civil pública*. 7. ed. São Paulo: Revista dos Tribunais, 2001.

MANENTE, Luís Virgílio Penteado; BARBUTO NETO, Antônio Marzagão. *Os danos punitivos do direito norte americano e sua incompatibilidade com o ordenamento jurídico brasileiro*. Disponível em: <http://www.lvba.com.br>. Acesso em: 2013.

MARQUES, Cláudia Lima. *Comentários ao Código de Defesa do Consumidor*. 4. ed. São Paulo: Revista dos Tribunais, 2004.

———. *Confiança no comércio eletrônico e a proteção do consumidor:* um estudo dos negócios jurídicos de consumo no comércio eletrônico. São Paulo: Revista dos Tribunais, 2004.

MARQUES, Claudia Lima; VASCONCELLOS, Antonio Benjamin Herman; MIRAGEM, Bruno. *Comentários ao Código de Defesa do Consumidor.* 2. ed. São Paulo: Revista dos Tribunais, 2008.

MARTÍNEZ, Maria. *Reformas en el arbitraje de consumo:* Real Decreto 231/2008, de 15 de febrero, por el que se regula el Sistema Arbitral de Consumo. Disponível em: <http://www.codigo-civil.info/nulidad/lodel/document.php?id=602>. Acesso em: 15 out. 2012.

MARTÍNEZ DE PISÓN, José Maria. *Derechos humanos: historia, fundamento y realidad.* Zaragoza: Egido, 1997.

MARTINS, José Celso. *A nova Lei Arbitral Brasileira:* temores e preconceitos. Disponível em: <http://www.arbitragem.com.br/artigos.htm#3aa>. Acesso em: 30 jul. 2012.

MARTINS-COSTA, Judith. Culturalismo e experiência no novo Código Civil, **Boletim da Faculdade de Direito de Coimbra**, Coimbra, p. 1-25, 2002.

──. *Os danos à pessoa no direito brasileiro e a natureza da sua reparação.* Revista dos Tribunais, São Paulo, n. 789, jul. 2001.

──. *Os direitos fundamentais e a opção culturalista do Novo Código Civil.* In: SARLET, Ingo Wolfgang (Org.). *Constituição, direitos fundamentais e direito privado.* Porto Alegre: Livraria do Advogado, 2003. p. 61-85.

──. *Direito Privado como um sistema em construção:* as cláusulas gerais no Projeto do Código Civil brasileiro. Revista de Informação Legislativa, Brasília, v. 35, n. 139, jul./set. 1998. Disponível em: <http://www.senado.gov.br>. Acesso em: 6 maio 2013.

──. *Le préjudice écologique:* rapport brésilien. Journées de la Ass. Henri Capitant, Montreal, set. 2004. inédito.

──; PARGENDLER, Mariana Souza. *Usos e abusos da função punitiva.* Revista da AJURIS, Porto Alegre, v. 32, n. 100, 2005.

MAUS, Ingeborg. O Judiciário como superego da sociedade: o papel da atividade jurisprudencial na "sociedade órfã". Tradução de Martônio Lima e Paulo Albuquerque. *Revista Novos Estudos CEBRAP*, n. 58, nov. 2000.

MAZZILLI, Hugo Nigro. *A defesa dos interesses difusos em juízo:* meio ambiente, consumidor e outros interesses difusos e coletivos. 13. ed. São Paulo: Saraiva, 2001.

──. *A defesa dos interesses difusos em juízo:* meio ambiente, consumidor, patrimônio cultural, patrimônio público e outros interesses. 17. ed. São Paulo: Saraiva, 2004.

──. *O inquérito civil.* 2. ed. São Paulo: Saraiva, 2000.

──. *Pontos controvertidos sobre o inquérito civil.* Disponível em: <http://www.mazzilli.com.br/pages/artigos/pontoscontic.pdf>. Acesso em: 12 jan. 2013.

MCAFFEE, Thomas B. Prolegomena to a meaningful debate of the unwritten constitution thesis. *Cincinnati Law Review*, v. 61, p. 107-169, 1992.

MELLO, Celso Antônio Bandeira de. *Curso de direito administrativo.* 12. ed. São Paulo: Malheiros, 2000.

MENDES, Gilmar Ferreira. *Direitos fundamentais e controle de constitucionalidade.* São Paulo: Instituto Brasileiro de Direito Constitucional, 1998.

MILARÉ, Edis. *Direito do ambiente:* doutrina, jurisprudência, prática, glossário. 3. ed. rev. atual. e ampl. São Paulo: Revista dos Tribunais, 2004.

MIRANDA, Jorge. *Manual de direito constitucional.* 2. ed. Coimbra: Coimbra, 1993. v. 4: Direitos Fundamentais.

MIRANDA, Morilo de Morais. *Os alimentos transgênicos e o direito à informação no Código do Consumidor.* Disponível em: <http://www.mp.go.gov.br/portalweb/hp/4/docs/os_alimentos_transgenicos_direito_informacao.pdf>. Acesso em: 20 mar. 2013.

MISTA, Hector Sebastian; SOUZA, Júpiter Palagi de. Legislação brasileira e argentina sobre rotulagem de embalagens de alimentos facilita integração comercial no , e influi nos direitos do consumidor. *Âmbito Jurídico*, Rio Grande, n. 22, 31 ago. 2005. Disponível em <http://www.ambito-juridico.com.br/site/index.php?n_link=revista_artigos_leitura&artigo_id=374> Acesso em: 20 set. 2012.

MONTEIRO, António Pinto. Sobre o direito do consumidor em Portugal. Estudos de Direito do Consumidor, Coimbra, n. 4, 2002.

——. Título do trabalho. In: *Congresso Internacional de Comunicação e Defesa do Consumidor*, Coimbra, 1996. Actas.

MOORE, Michael S. *Do we have an unwritten constitution?* Southern California Law Review, v. 63, 1989.

MORAES, Maria Celina Bodin de. A caminho de um direito civil constitucional. *Revista de Direito Civil*, Imobiliário, Agrário e Empresarial, São Paulo, v. 17, n. 65, p. 23-25. jul./set. 1993.

LEITE, José Rubens Morato. *Dano Ambiental: do individual ao coletivo extrapatrimonial*. 2. ed. São Paulo: Revista dos Tribunais, 2003.

——; AYALA, Patryck de Araújo. *Direito ambiental na sociedade de risco*. Rio de Janeiro, Forense Universitária, 2002.

MOREIRA, Fernando Mil Homens; CORREIA, Atalá. *A fixação do dano moral e a pena*. Disponível em: <http://www.jusnavigandi> Acesso em: 3 nov. 2004.

MORENO-LUQUE CASARIEGO, Carmen. Protección previa a la contratación de bienes y servicios. In: *Derechos de los consumidores y usuários*. Valencia: Tirant lo Blanch, 2000.

NODARI, Rubens Onofre. *Pertinência da ciência precaucionária na identificação dos riscos associados aos produtos das novas tecnologias*. Disponível em: <http://www.ghente.org/etica/principio_da_precaucao.pdf>. Acesso em: 12 ago. 2012.

——; GUERRA, Miguel Pedro. *Plantas transgênicas e seus produtos: impactos, riscos e segurança alimentar* (Biossegurança de plantas transgênicas). Disponível em: <http://www.scielo.br/scielo.php?script=sci_arttext&pid=S1415-52732003000100011>. Acesso em: 10 dez. 2012.

NOIVILLE, C. *Principe de précaution et OMC*: le cas du commerce alimentaire. Journal de Droit International, v. 2, 2000.

NORONHA, Fernando. Desenvolvimentos contemporâneos da responsabilidade civil. *Revista dos Tribunais*, v. 761, p. 31-44, mar. 1999.

OLSON, Theodore B. et al. *Constitutional challenges to punitive damages after BMW v. Gore*. Washington DC: George C. Landrith, 1998.

PANTALEÓN, Fernando. La prevención a través de La indemnización:los daños punitivos em derecho norteamericano y el logro de SUS objetivos em el derecho español. In: *Derecho del consumo*: aceso a La justicia, responsabilidad y garantia. Madrid: Consejo General Del Poder Judicial, Ministerio de Sanidad y Consumo, 2001.

PECES-BARBA MARTÍNEZ, Gregório. *Curso de derechos fundamentales*: teoría general. Madrid: Universidad Carlos III de Madrid, 1995.

——. *El futuro de los derechos humanos*. Disponível em: <http://www.revista-critica.com/articulos.php?id=2141>. Acesso em: 10 out. 2012.

PECES-BARBA MARTINEZ, Gregório; ASÍS, Rafael de; BARRANCO, María del Carmen *Lecciones de derechos fundamentales*. Madrid: Dykinson, 2004.

PEIRONE, Mauro. *I danni punitivi*. Disponível em: <http://www.studiocelentano.it/publications_and_thesis/Peirone/011.htm>. Acesso em: 10 dez. 2013.

PELIKAN, Christa. Sobre a justiça restaurativa. *Newsletter DGAE*, Lisboa, n. 2, p. 9-11, dez. 2003.

PEREIRA, Caio Mário da Silva. *Responsabilidade civil*. 9. ed. rev. Rio de Janeiro: Forense, 2001.

PEREIRA, Francisco Valdez. *Uma leitura constitucional da proteção ao sigilo bancário*. Revista dos Tribunais, São Paulo, v. 91, n. 804, out. 2002.

PERELMAN, Chaïm. *Ética e direito*. Tradução de Ermantina Galvão G. Pereira. São Paulo: Martins Fontes, 2002.

PÉREZ LUÑO, Antonio-Enrique. *Derechos humanos, estado de derecho y constitución*. 5. ed. Madrid: Tecnos, 1995.

——. *Los derechos fundamentales*. 9. ed. Madrid: Tecnos, 2007.

——. *La tercera generación de derechos humanos*. Navarra: Thomson Aranzadi, 2006.

PERIN JUNIOR, Ecio. *A globalização e o direito do consumidor.* São Paulo: Manole. 2004.

PERLINGIERI, Pietro. *Perfis do Direito Civil:* introdução ao direito civil constitucional. Tradução de Maria Cristina de Cicco. Rio de Janeiro: Renovar, 1999.

PIOVESAN, Flávia. *Direitos humanos e o direito constitucional internacional.* 7. ed. São Paulo: Saraiva, 2006.

POLINSKY, Mitchell, SHAVELL, Steven. *Punitive damages:* an economic analysis. Harvard Law Review, n. 111, feb. 1998.

PONTES DE MIRANDA, Francisco Cavalcanti. *Comentários à Constituição de 1967.* São Paulo: Revista dos Tribunais, 1968. v. 5.

PRADA ALONSO, Javier. *Protección del consumidor y responsabilidad civil.* Madrid: Marcial Pons, 1998.

PUIG BRUTAU, José. *Fundamentos de direito civil.* Barcelona: Bosch, 1983. v. 3, t. 2.

PUREZA, José Manuel; FRADE, Catarina. *Direito do ambiente.* Coimbra: Faculdade de Economia da Universidade de Coimbra. 2001. v. 1: Parte: a ordem ambiental portuguesa.

QUADROS, Fausto de. *O princípio da subsidiariedade no direito comunitário após o tratado da união européia.* Coimbra: Almedina, 1995.

RAPACZYNKI, Andrzej. *The ninth amendment and the unwritten constitution:* the problems of constitutional interpretation. Chicago-Kent Law Review, n. 64, 1988.

REALE, Miguel. *Lições preliminares de direito.* 25. ed. São Paulo: Saraiva, 2001.

RENN, Ortwin. *Concepts of risk.* In: KRIMSKY, S., GOLDING, D. (Eds.). *Social theories of risk.* Westport: Praeger,1992. p. 53-79.

———. *Precautionary, principle:* risk uncertainty and rational action. 2003. Disponível em: <http://www.allchemeseminars.org/downloads/03-10-01/20031001report.pdf>. Acesso em: 19 dez. 2011.

ROBLES, Gregorio. *Los derechos fundamentales y la ética em la sociedad actual.* Madrid: Civitas, 1997.

ROCHA, Cármen Lúcia Antunes. O Constitucionalismo Contemporâneo e a instrumentalização para a eficácia dos direitos fundamentais. *Revista Trimestral de Direito Público,* v. 16, p. 39-58, 1996.

RODRIGUES, Anabela Miranda. *A determinação da medida privativa de liberdade.* Coimbra: Coimbra, 1995.

RODRIGUES, Geisa de Assis. *A participação da sociedade civil no termo de ajustamento de conduta.* Disponível em: <http://www.esmpu.gov.br/publicacoes/meioambiente/pdf/Geisa_de_A.pdf> Acesso em: 12 mar. 2013.

RODRIGUEZ FONT, Mariola. *Régimen jurídico de la seguridad alimentaria:* de la policía administrativa a la gestión de riesgos. Madrid: Marcial Pons, 2007.

ROSS, John F. *Living dangerously.* Cambridge, Massachussets: Perseus.

RUBIO LLORENTE, Francisco *et al. Derechos fundamentales y principios constitucionales.* Barcelona: Ariel, 1995.

RUIZ MUÑOZ, Miguel. *Derecho europeo de responsabilidad civil del fabricante.* Valencia: Tirán ló Blanc, 2004.

SALVADOR CODERCH, Pablo. *Punitive damages.* Disponível em: <http://www.uam.es/otros/afduam/pdf/4/Punitive%20Damages%20Pablo%20Salvador%20Coderch.pdf>. Acesso em: 10 março 2013.

SALVADOR CODERCH, Pablo; CASTIÑERA PALOU, María Teresa. *Prevenir y castigar:* libertad de información y expresión, tutela del honor y funciones del derecho de daños. Madrid: Marcial Pons,1997.

———; GÓMEZ POMAR, F. *Tratado de responsabilidad civil del fabricante.* Pamplona: Thomson-Aranzadi, 2008.

SANTOS, Boaventura de Souza. *La globalización del derecho:* los nuevos caminos de la regulación y la emancipación. Bogotá: ILSA, Ediciones Universidad Nacional de Colombia, 1998.

———. Poderá ser o direito emancipatório? *Revista Crítica de Ciências Sociais*, Coimbra, p. 3-76, 2003.

SANTOS, Milton. *A natureza do espaço*: técnica e tempo, razão e emoção. São Paulo: Hucitec, 1996.

SARLET, Ingo Wolfgang. Algumas considerações em torno do conteúdo, eficácia e efetividade do direito à saúde na Constituição de 1988. *Interesse Público*, São Paulo, n. 12, p. 91-107, 2001.

———. Direitos fundamentais e direito privado: algumas considerações em torno da vinculação dos particulares aos direitos fundamentais. In: SARLET, Ingo Wolfgang (Org.). *A Constituição concretizada*: construindo pontes com o público e o privado. Porto Alegre: Livraria do Advogado, 2000.

———. *A eficácia dos direitos fundamentais*. 6. ed. Porto Alegre: Livraria do Advogado, 2006.

SELEME, Sérgio. Contrato e empresa: notas mínimas a partir da obra de Enzo Roppo. In: FACHIN, Luiz Edson. *Repensando fundamentos do direito civil brasileiro contemporâneo*. Rio de Janeiro, Renovar, 1998.

SHAPO, Marshall S. *Principles of tort law*. 2. ed. Minessota, USA: Thompson West, 1999.

SHERRY, Suzanna. The founders unwritten constitution. *The University of Chicago Law Review*, n. 54, 1987.

SILVA, José Afonso. *Aplicabilidade das normas constitucionais*. 8. ed. São Paulo: Malheiros, 2012.

———. *Curso de direito constitucional positivo*. 22. ed. rev. e atual. São Paulo: Malheiros, 2002.

———. ———. 26. ed. São Paulo: Malheiros, 2006.

———. ———. 30. ed. São Paulo, Malheiros. 2010.

SILVEIRA, Alípio. *Introdução ao direito e à justiça norte-americanos*. São Paulo: Imprensa Oficial do Estado, 1962.

SLOVIC, Paul. *The feeling of risk:* new perspectives on risk perception. London: Eartscan, 2010.

———. Perception of risk. *Science*, n. 236, p.280-285, 1987.

SOUTO, Cláudio. *Ciência e ética no direito*: uma alternativa de modernidade. Porto Alegre: Fabris, 1992.

SOUZA, Miriam de Almeida. *A política legislativa do consumidor no direito comparado*. Belo Horizonte: Ciência Jurí.

SOUZA JUNIOR, José Geraldo. *Sociologia jurídica: condições sociais e possibilidades teóricas*. Porto Alegre: Sergio Antonio Fabris Editor, 2002..

STOCO, Rui. *Tratado de responsabilidade civil*. 5. ed. São Paulo: Revista dos Tribunais, 2001.

SUNSTEIN, Cass R. et al. *Punitive damages:* how juries decide. Chicago: The University of Chicago, 2002.

TEPEDINO, Gustavo. Premissas metodológicas para a constitucionalização do direito civil. In: *Temas de direito Civil*. Rio de Janeiro: Renovar, 1999.

TEUBNER, Gunther. Global bukowina: legal pluralism in the world society. In: GLOBAL law without state. Brookfield: Dartmouth, 1997. p. 3-28.

TOMASETTI JÚNIOR, Alcides. O objetivo de transparência e o regime jurídico dos deveres e riscos de informação nas declarações negociais para consumo. *Revista de Direito do Consumidor*, São Paulo, n. 4, 1992. número especial.

TRINDADE, Antônio Augusto Cançado. *A proteção internacional dos direitos humanos*. São Paulo: Saraiva, 1991.

———. *Tratado de direito internacional dos direitos humanos*. Porto Alegre: Fabris, 1997. 2 v.

VAQUÉ, L. G.; EHRING, L.; JACQUET, C. Le principe de précaution dans la législation communautaire et nationale relative à la protection de la santé. *Revue du Marché Unique Européen*, 1999.

VARELA, João de Matos Antunes. Direito do consumo. *Estudos de Direito do Consumidor*, Coimbra, n. 1, 1999.

——. *Das obrigações em geral*. 10. ed. Coimbra: Almedina, 2000.

VASAK, Karel, For the third generation of human rights: The righs of solidarity. Inaugural Lecture to the Tenty Study Session of the Internationational Institute of human righs, Strasbourg, 1979. In: SARLET, Ingo Wolfgang. *A eficácia dos Direitos Fundamentais*. 6. ed. Porto Alegre: Livraria do Advogado, 2006.

VAZ, Caroline. *Funções da responsabilidade civil*: da reparação à punição e dissuasão. Os *punitive damages* no Direito Comparado e Brasileiro. Porto Alegre, Livraria do Advogado, 2009.

VIEIRA, Adriana Carvalho Pinto. *Direito dos consumidores e produtos transgênicos:* uma questão polêmica para a bioética e o biodireito. Curitiba: Juruá, 2008.

VIGNA, Edélcio. *Segurança Alimentar no âmbito do e do Parlasul*. 30 out. 2008. Disponível em: <http://www4.planalto.gov.br/consea/noticias/artigos/2008/10/seguranca-alimentar-no-ambito-do-e-do-parlasul>. Acesso em: 10 ago. 2012.

VILLAR BORDA, Luis. *Derechos humanos:responsabilidad y multiculturalismo*. Colombia: Universidad Externado, 2004.

WEYERMÜLLER, André Rafael. *Organismos geneticamente modificados e direitos do consumidor*. Disponível em: <http://www.egov.ufsc.br/portal/sites/default/files/anexos/24756-24758-1-PB.pdf>. Acesso em: 20 mar. 2013.

——. Organismos geneticamente modificados e direitos do consumidor. *Estudos Jurídicos*, São Leopoldo, v. 37, n. 99, p. 125-145, 2004.

WOLKMER, Antônio Carlos. Novos pressupostos para a temática dos direitos humanos. In: SÁNCHEZ RUBIO, Davi; HERRERA FLORES, Joaquín; CARVALHO, Salo de. *Direitos humanos e globalização:* fundamentos e possibilidades desde a teoria crítica. Rio de Janeiro: Lumen Júris, 2004.

WORLD HEALTH ORGANIZATION. Food Safety Department. *Modern food biotechnology, human health and development:* an evidence-based study. [s.l.]: Department of Food Safety, Zoonoses and Foodborne Diseases; 2005. Disponível em: <http://www.who.int/foodsafety>. Acesso em: 19 mar. de 2013.

WORMS, F. Risques communs, protection publique et sentiment de justice. L'Année Sociologique, v. 46, n. 2, p. 287-307, 1996.

ZAGREBELSKY, Gustavo. *El derecho dúctil*. Madrid: Trotta, 1995.

ZANIRATO, Silvia Helena *et al*. Sentidos do risco: interpretações teóricas. *Biblio 3W:* Revista Bibliográfica de Geografía y Ciencias Sociales, Barcelona, v. 13, n; 785, 25 mayo 2008. Disponível em: <http://www.ub.es/geocrit/b3w-785.htm>.

ZENO-ZENCOVICH, Vicenzo. La responsabilità civile. In: ALPA, Guido et al. *Diritto privato comparato:* istituti i problemi. [s.l.]: Laterza, 1999.

ZWEIGERT, Konrad; KÖTZ, Hein. *Introduzione al diritto comparato*. Milano: Giuffrè, 1998. v. 1: Principi fondamentali.

Demais referências:

BRASIL. (Constituição, 1988). *Constituição da República Federativa do Brasil*. 1988. Disponível em: <http://www.planalto.gov.br/ccivil_03/constituicao/constitui%C3%A7ao.htm>. Acesso em: 5 out. 2012.

——. *Código de defesa do consumidor*. 1990. Disponível em: <http://www.planalto.gov.br/ccivil/leis/l8078.htm>. Acesso em: 5 out. 2012.

——. *Código de processo civil brasileiro*. 1973. Disponível em: <http://www.planalto.gov.br/ccivil_03/leis/L5869.htm>. Acesso em: 18 jan. 2013.

——. *Decreto n. 4.680*, de 24 de abril de 2003. Disponível em: <http://www.planalto.gov.br/ccivil_03/decreto/2003/d4680.htm>. Acesso em: 20 mar. 2013.

———. *Decreto-Lei nº 986*, de 21 de outubro de 1969. Disponível em: <http://74.125.47.132/search?q=cache:3M1r7ugIOqEJ:www.anvisa.gov.br/legis/consolidada/decreto-lei_986_69.pdf+decreto+986+alimento&cd=1&hl=pt-BR&ct=clnk&gl=br>. Acesso em: 5 jun. 2011.

———. *Lei 8.078*, de 11 de setembro de 1990. Disponível em: <http://www.planalto.gov.br/ccivil_03/leis/l8078.htm>. Acesso em: 18 jul. 2012

———. *Lei 9.307/96*: Lei de arbitragem. Disponível em: <http://www.planalto.gov.br>. Acesso em: 2013.

———. *Lei 11.346*, de 15 de setembro de 2006. Disponível em: <http://www.planalto.gov.br/ccivil_03/Constituicao/Constituicao.htm>. Acesso em: 22 mar. 2013.

BRASIL. Ministério da Justiça. *Portaria nº 2658*, de 22 de dezembro de 2003. Disponível em: <http://portal.anvisa.gov.br/wps/wcm/connect/1e3d43804ac0319e9644bfa337abae9d/Portaria_2685_de_22_de_dezembro_de_2003.pdf?MOD=AJPERES>. Acesso em: 12 mar. 2013.

BRASIL. Superior Tribunal de Justiça. EDcl no EDcl no AgRg no Agravo de Instrumento nº 309.117-SP. Relator: Ministro Ari Pargendler.

———. Mandado de Segurança n. 23.669-DF (medida liminar). Relator: Ministro Celso de Mello. *DJ* 17 abr. 2000.

———. Pet 577 QO/DF, 93/1992. Relator: Ministro Carlos Velloso, *DJ* 23 abr. 1993.

———. REsp 295175 / RJ ; RECURSO ESPECIAL. Relator: Ministro Sálvio de Figueiredo Teixeira. *DJ* 02 abr. 2001.

———. Resp nº 331.295, SP. Relator: Ministro Sálvio de Figueiredo Teixeira. *DJU* 4 fev. 2002.

———. Recurso Especial nº 598.281 – MG. Relator: Ministro Luiz Fux. Disponível em: <www.stj.gov.br/SCON/jurisprudencia/doc.jsp?livre=%22dano+moral+coletivo%22&&b=ACOR&p=true&t=&l=10&i=1>. Acesso em: 13 maio 2013.

———. *Súmula 227*. Disponível em: <http://www.stj.gov.br>.

———. *Súmula 281*. Disponível em: <http://www.stj.gov.br>.

BRASIL. Superior Tribunal de Justiça. Primeira Turma. REsp 598281/MG; RECURSO ESPECIAL. Relator: Ministro Luiz Fux. Relator para acórdão: Ministro Teori Albino Zavascki. *DJ* 1 jun. 2006. p. 147. Disponível em: <http://www.stj.gov.br> Acesso em: 12 out. 2006.

BRASIL. Superior Tribunal de Justiça. Quarta Turma. REsp 215607/RJ. Relator: Ministro Sálvio de Figueiredo Teixeira. *DJ* 13 set. 1999.

———. RESP 295175/RJ. Relator: Min. Sálvio de Figueiredo Teixeira. *DJ* 2 abr 2001.

BRASIL. Supremo Tribunal Federal. Segunda Turma. ARE 715508 AgR / RJ – RIO DE JANEIRO Relatora: Ministra Cármen Lúcia. Julgamento em: 30 out. 2012. Disponível em <http://www.stf.jus.br/portal/jurisprudencia/listarJurisprudencia.asp?s1=%28+informa%E7%E3o+consumidor%29&base=baseAcordaos>. Acesso em: 1 nov. 2012.

BRASIL. Superior Tribunal de Justiça. Terceira Turma. Recurso Especial. Relator: Min. Sidnei Beneti. DJE 25 set. 2012. *RDDP*, vo. 116 p. 118. Disponível em: <http://www.stj.jus.br/SCON/pesquisar.jsp>. Acesso em: 10 maio 2013.

CODE of Federal Regulations. Disponível em: <http://www.gpoaccess.gov/cfr/index.html>. Acesso em: 20 mar. 2013.

CÓDIGO de processo civil comentado: notas ao art. 8º da LACP. 3. ed. São Paulo: Revista dos Tribunais, 1997.

COMISSÃO EUROPÉIA. *Communication de la comission sur le recours au principe de précaution*. 2000b. Disponível em: <http://europa.eu.int/comm/off/com/health_consumer/precaution.htm>. Acesso em: 25 nov. 2011.

———. *Comunicação da Comissão relativa ao princípio da precaução*. 2000a. Disponível em: <http://eur-lex.europa.eu/smartapi/cgi/sga_doc?smartapi!celexplus!prod!DocNumber&lg=pt&type_doc=COMfinal&an_doc=2000&nu_doc=1>. Acesso em: 10 mar. 2013.

———. *The future of parliamentary democracy*: transition and chalenge in european governance. [s.l.]: [s.n.], 2000c.

_____. *Livro branco sobre a segurança dos alimentos.* 12 jan. 2000b. Disponível em: <http://europa.eu/legislation_summaries/other/l32041_pt.htm>. Acesso em: 17 de jan. 2013.

_____. Proposta de Regulamento do Parlamento Europeu e do Conselho relativo à informação sobre os géneros alimentícios prestada aos consumidores. 30 jan. 2008. Disponível em: <http://ec.europa.eu/food/food/labellingnutrition/foodlabelling/publications/3359-pt.pdf>. Acesso em: 20 set. 2012.

_____. *Rotulagem, apresentação e publicidade dos géneros alimentícios.* 16 nov. 2010. Disponível em: <http://europa.eu/legislation_summaries/consumers/product_labelling_and_packaging/l21090_pt.htm>. Acesso em: 20 set. 2012.

_____. *Segurança dos produtos alimentares.* Disponível em: <http://ec.europa.eu/health-eu/my_environment/food_safety/index_pt.htm>. Acesso em: 10 jan. 2013.

COMUNIDADE EUROPÉIA. Conselho. Resolução de 14 de abril de 1975. *Jornal oficial das Comunidades Européias*, v. 15, n. 1, p. 66-80, 25 abr. 1975. Disponível em: <http://eur-lex.europa.eu/LexUriServ/LexUriServ.do?uri=DD:15:01:31975Y0425(01):PT:PDF>. Acesso em: 20 set. 2012.

COMMISSION OF THE EUROPEAN COMMUNITIES. *Proposal for a Regulation of the European Parliament and of the Council on the provision of food information to consumers.* 30 ago. 2008. Disponível em: <http://ec.europa.eu/food/food/labellingnutrition/foodlabelling/publications/proposal_regulation_ep_council.pdf>. Acesso em: 20 set. 2012.

COMO interpretar las etiquetas. Disponível em: <http://www.aytoboadilla.com/omic/cam_informativas/interpretar_etiquetas.htm>. Acesso em: 15 out. 2012.

CONSEJO GENERAL DEL PODER JUDICIAL. Nuevos derechos fundamentales en el ámbito del derecho privado. *Cuadernos de Derecho Judicial*, Madrid, 2008.

CONSUMER protection laws 2005. Disponível em: <http://legal-dictionary.thefreedictionary.com/consumer+protection+laws>. Acesso em: 10 set. 2012.

DECLARAÇÃO presidencial dos direitos fundamentais dos consumidores do . 2000. Disponível em: <http://www.mercosur.int/msweb/Documentos/Publicados/Declaraciones%20Conjuntas/003672406_CMC_15-12-2000__DECL-DPR_S-N_PT_DerechosConsum.pdf>. Acesso em: 20 out. 2012.

DICCIONÁRIO de la lengua española. 21. ed. Madrid: Real Academía Española, 1992. v. 1.

ESPANHA. *Constituição.* 1978. Disponível em: <http://www.boe.es/buscar/act.php?id=BOE-A-1978-31229>. Acesso em: 11 out. 2012.

_____. *Lei Geral para a Defesa dos Consumidores e Usuarios*, de 19 de Julio de 1984. Disponível em: <http://civil.udg.edu/normacivil/estatal/contract/lgdcu.html>. Acesso em: 15 out. 2012.

_____. *Ley 44*, de 29 de dezembro de 2006. Disponível em: <http://www.boe.es/boe/dias/2006/12/30/pdfs/A46601-46611.pdf>. Acesso em: 15 out. 2012.

_____. *Real Decreto Legislativo 1/2007*, de 16 de noviembre de 2007. Disponível em <http://www.consumo-inc.gob.es/queeselinc/pdf/TRLGDconsumidores.pdf>. Acesso em: 11 out. 2012.

_____. *Real Decreto 231*, de 15 de fevereiro de 2008. Disponível em: <http://www.camarasalamanca.com/juridica/documentos/Sistema_Arbitral_de_Consumo.pdf>. Acesso em: 30 jul. 2012.

_____. *Real Decreto 1334/1999.* Disponível em: <http://www.aesa.msc.es/aesa/web/AesaPageServer?idcontent=985&idpage=61>.

ESTUDO de longo prazo confirma efeitos devastadores de transgênico e agrotóxico. Disponível em: <http://www.mst.org.br/Estudo-de-longo-prazo-confirma-efeitos-devastadores-de-transgenico-e-agrotoxico>. Acesso em: 15 mar. 2013.

ETIQUETADO. Disponível em: <http://www.marbella.es/omic/index.php?option=com_content&view=article&id=161:etiquetado&catid=99:alimentacion&Itemid=100210>. Acesso em: 15 out. 2012.

ESPANHA. Ministerio de Sanidad y Consumo. *Curso sobre el nuevo derecho del consumidor.* Madrid, 1990.

ESTADOS UNIDOS DA AMÉRICA. Suprema Corte. *Opinion of justice stevens*. Disponível em: <http://www.cortland.edu/polsci/bmw.html>. Acesso em: 10 mar. 2005.

ESTRATÉGIAS institucionais para proteção do meio ambiente. *In: Encontro Estadual do Ministério Público do Rio Grande do Sul, 2005*. Disponível em: <http://www.mp.rs.gov.br/areas/ambiente/arquivos/enunciados.doc>. Acesso em: 20 out. 2006.

FOOD and drugs. Disponível em: <http://www.access.gpo.gov/nara/cfr/waisidx_08/21cfr101_08.html>. Acesso em: 20 set. 2012.

FOOD and drug administration. Disponível em: <http://edocket.access.gpo.gov/cfr_2008/aprqtr/pdf/21cfr101.2.pdf>. Acesso em: 20 set. 2012.

HOW TO UNDERSTAND and use the nutrition facts label. 2003. Disponível em: <http://www.fda.gov/Food/ResourcesForYou/Consumers/NFLPM/ucm274593.htm>. Acesso em: 15 mar. 2013.

INTERNATIONAL FOOD STANDARDS. *Codex alimentarius*. 1963. Disponível em: <http://www.codexalimentarius.net/web/index_es.jsp> Acesso em: 5 jun. 2011.

NUEVOS derechos fundamentales en el ambito privado. Madrid: Escuela Judicial, 2007.

O QUE SÃO alimentos transgênicos e quais os seus riscos. 26 mar. 2012. Disponível em: <http://www4.planalto.gov.br/consea/noticias/noticias/2012/03/o-que-sao-alimentos-transgenicos-e-quais-os-seus-riscos>. Acesso em: 25 jan. 2013.

ORGANIZAÇÃO DAS NAÇÕES UNIDAS PARA ALIMENTAÇÃO E AGRICULTURA. *Segurança alimentar e assistência humanitária*. Disponível em: <http://www.itamaraty.gov.br/temas/balanco-de-politica-externa-2003-2010/7.1.7-seguranca-alimentar-fao>. Acesso em: 10 mar. 2013.

ORGANIZAÇÃO PAN-AMERICANA DE SAÚDE. *Higiene dos alimentos*: textos básicos. Brasília: OPAS, 2006. p. 56. Disponível em: <http://www.anvisa.gov.br/divulga/public/alimentos/codex_alimentarius.pdf>. p. 56. Acesso em: 25 jan. 2013.

PAZ, Sezifredo Alves. Palestra. In: ENCONTRO BRASILEIRO DE ALIMENTOS, 2., Porto Alegre, 2008. [Texto...] Disponível em: <http://www.mp.rs.gov.br/areas/ceaf/eventos/sezifredo.pdf>. Acesso em: 13 mar. 2013.

PARLAMENTO EUROPEU. *Política dos consumidores*: princípios e instrumentos. 2001. Disponível em: <http://www.europarl.europa.eu/factsheets/4_10_1_pt.htm>. Acesso em: 20 set. 2012.

——. *Regulamento (UE) n° 1169/2011* Disponível em: <http://eurlex.europa.eu/LexUriServ/LexUriServ.do?uri=OJ:L:2011:304:0018:0063:PT:PDF>. Acesso: em: 15 mar. 2013.

RIO GRANDE DO SUL. Tribunal de Justiça. Décima Sétima Câmara Cível. Apelação Cível N° 70011645926. Relator: Elaine Harzheim Macedo. Julgado em: 06 dez. 2005. Disponível em: www.tjrs.jus.gov.br.

——. Tribunal de Justiça. Sexta Câmara Cível. Apelação Cível n. 70046666319. Relator: Artur Arnildo Ludwig. julgado em: 13 set. 2012. Disponível em: <http://www.tjrs.jus.br/busca/?tb=proc>. Acesso em: 20 maio 2013.

——. Tribunal de Justiça. Sexta Câmara Cível. Apelação Cível n° 70001615152. Relator: Cacildo de Andrade Xavier. Julgado em: 11 abr. 2001. : www.tjrs.jus.gov.br.

——. Apelação Cível n° 70046666319, Relator: Artur Arnildo Ludwig. Julgado em: 13 set. 2012. Disponível em: <http://www.tjrs.jus.br/busca/?q=rotulo+e+embalagem&tb=jurisnova&partialfields=tribunal%3ATribunal%2520de%2520Justi%25C3%25A7a%2520do%2520RS.%28TipoDecisao%3Aac%25C3%25B3rd%25C3%25A3o|TipoDecisao%3Amonocr%25C3%25A1tica|TipoDecisao%3Anull%29&requiredfields=&as_q=>. Acesso em: 10 mar. 2012.

Anexo A
Termo de Cooperação Técnica para controle de agrotóxicos na alimentação e informação do consumidor

ESTADO DO PARANÁ

TERMO DE COOPERAÇÃO TÉCNICA QUE FAZEM ENTRE SI O MINISTÉRIO PÚBLICO DO ESTADO DO PARANÁ, A SECRETARIA DE ESTADO DA SAÚDE, A SECRETARIA DE ESTADO DA AGRICULTURA E DO ABASTECIMENTO, A CENTRAIS DE ABASTECIMENTO DO PARANÁ S.A. - CEASA/PR, O INSTITUTO PARANAENSE DE ASSISTÊNCIA TÉCNICA E EXTENSÃO RURAL - EMATER, O CENTRO PARANAENSE DE REFERÊNCIA EM AGROECOLOGIA - CPRA, A SECRETARIA MUNICIPAL DE SAÚDE DE CURITIBA, A FEDERAÇÃO DA AGRICULTURA DO ESTADO DO PARANÁ - FAEP, O SERVIÇO NACIONAL DE APRENDIZAGEM RURAL REGIONAL DO PARANÁ - SENAR, A FEDERAÇÃO DOS TRABALHADORES NA AGRICULTURA DO ESTADO DO PARANÁ - FETAEP, O CONSELHO REGIONAL DE ENGENHARIA E AGRONOMIA DO PARANÁ – CREA/PR E A ASSOCIAÇÃO PARANAENSE DE SUPERMERCADOS – APRAS.

O Ministério Público do Estado do Paraná, com sede na Rua Marechal Hermes, 751, nesta Cidade de Curitiba, representado por seu Procurador-Geral de Justiça, OLYMPIO DE SÁ SOTTO MAIOR NETO, de ora em diante denominado de **MINISTÉRIO PÚBLICO**, o Estado do Paraná através da Secretaria de Estado da Saúde, com sede à Rua Piquiri, nº 170, nesta Cidade de Curitiba, representada por seu Secretário Senhor **MICHELE CAPUTO NETO**, de ora em diante denominada **SESA**, a Secretaria de Estado da Agricultura e do Abastecimento, com sede à Rua dos Funcionários, nº 1559 - Curitiba, representada por seu Secretário Senhor **NORBERTO ANACLETO ORTIGARA**, de ora em diante denominada **SEAB**, a Centrais de Abastecimento do Paraná S/A - CEASA/PR, Empresa de Economia Mista, com sede à Avenida João Gualberto, nº 1740 – Curitiba, inscrita no CNPJ sob nº 75.063.164/0001, representada por seu Diretor Presidente Senhor **LUIZ DÂMASO GUSI**, de ora em diante denominada **CEASA/PR**, o Instituto Paranaense de Assistência Técnica e Extensão Rural, com sede à Rua da Bandeira, nº 500, Bairro Cabral, Curitiba – Paraná, inscrita no CNPJ sob nº78.133.824-0001-27, representada por seu Diretor Presidente Senhor **RUBENS ERNESTO NIEDERHEITMANN**, de ora em diante denominada **EMATER**, o Centro Paranaense de Referência em Agroecologia, com sede à Estrada da Graciosa, 6960, Parque das Nascentes, Pinhais - Paraná, inscrita no CNPJ sob nº07.931.032-0001-50, representada por seu Diretor Presidente Senhor **JOÃO CARLOS ZANDONÁ**,

ESTADO DO PARANÁ

de ora em diante denominada **CPRA**, o Município de Curitiba, através da Secretaria Municipal da Saúde de Curitiba, com sede à Rua Francisco Torres, n° 830 - Curitiba, representada por sua Secretária Senhora **ELIANE REGINA DA VEIGA CHOMATAS**, de ora em diante denominada **SMS CURITIBA**, a Federação da Agricultura do Estado do Paraná, com sede à Rua Marechal Deodoro, 450, 14° andar, Curitiba – Paraná, inscrita no CNPJ sob n° 76.595.396/0001-29, representada por seu Presidente Senhor **ÁGIDE MENEGUETTE**, de ora em diante denominada **FAEP**, o Serviço Nacional de Aprendizagem Rural Regional do Paraná, com sede à Rua Marechal Deodoro, 450, 16° andar, Curitiba – Paraná, inscrita no CNPJ sob n° 04.257.124/0001-08, representada por seu Presidente do Conselho Administrativo Senhor **ÁGIDE MENEGUETE**, de ora em diante denominada **SENAR**, A Federação dos Trabalhadores na Agricultura do Estado do Paraná, com sede na Av. Silva Jardim, 775, bairro Rebouças, Curitiba – Paraná, inscrita no CNPJ sob n° 78.637.337/0001-00, representada por seu Presidente Senhor **ADEMIR MUELLER**, de ora em diante denominada **FETAEP**, o Conselho Regional de Engenharia e Agronomia do Paraná, com sede à Rua Dr. Zamenhof, n° 35, Curitiba - Paraná, inscrita no CNPJ sob n° 76.639.384/0001-59, representada por seu Presidente Senhor **JOEL KRUGER**, de ora em diante denominada **CREA-PR** e Associação Paranaense de Supermercados, com sede à Avenida Senador Souza Naves, 535, Curitiba - Paraná, inscrita no CNPJ sob n° 76.731.454/0001-02, representada por seu Diretor Presidente Senhor **PEDRO JOANIR ZONTA**, de ora em diante denominada **APRAS**, resolvem firmar o presente Termo segundo as cláusulas abaixo:

CLÁUSULA PRIMEIRA – DO OBJETO

Este Termo visa promover condições para integração dos entes públicos e privados na cadeia agroalimentar de produtos hortifrutícolas e/ou outros alimentos de origem vegetal, visando a informação, a definição de estratégias conjuntas e integradas com o objetivo de orientar, implementar políticas, monitorar e fiscalizar o uso de agrotóxicos e afins, a partir de medidas que permitam o devido rastreamento da origem, análise de resíduos de agrotóxicos e afins, promovendo desta forma a comercialização de alimentos seguros.

CLÁUSULA SEGUNDA – DOS OBJETIVOS

a) Implementar políticas de promoção e desenvolvimento do setor visando a produção e comercialização de alimento seguro;

b) Implementar medidas de orientação e organização visando a melhor qualificação da cadeia agroalimentar de produtos hortifrutícolas e/ou outros alimentos de origem vegetal, através de: boas práticas de produção e pós-colheita e boas práticas de manipulação de alimentos;

ESTADO DO PARANÁ

I) Coordenar o Comitê Gestor;

II) Adotar providências, na sua esfera de atuação, quanto às irregularidades noticiadas pelos partícipes deste Termo ou por outros órgãos públicos e privados;

III) Fazer chegar às mãos dos órgãos de execução respectivos a notícia das irregularidades enviadas pelos partícipes deste Termo ou outros órgãos públicos e privados, para as providências cabíveis;

IV) Dar ciência das irregularidades encontradas em produtos hortifrutícolas e/ou outros alimentos de origem vegetal provenientes de outros Estados da Federação Brasileira ao Ministério Público de origem do produto, para as providências legais cabíveis;

V) Disponibilizar material de apoio técnico para subsidiar as ações relativas ao objeto deste Termo;

VI) Promover a articulação necessária para ações preventivas e ou repressivas em relação ao comércio ilegal e o uso indevido de agrotóxicos e afins.

4.2 COMPETE A SESA, ATRAVÉS DA SUPERINTENDÊNCIA DE VIGILÂNCIA EM SAÚDE:

I) Elaborar em conjunto com a SEAB e SMS CURITIBA os planos de amostragem referentes às coletas de amostras a serem realizadas, contendo o número de amostras por hortifrutícola e/ou outros alimentos de origem vegetal, o local e o cronograma de coleta e envio das amostras ao Laboratório Central do Estado do Paraná – LACEN/PR;

II) Analisar no LACEN/PR as amostras de hortifrutícolas e/ou outros alimentos de origem vegetal coletadas no âmbito deste Termo de Cooperação Técnica;

III) Encaminhar os laudos de análise de resíduos de agrotóxicos realizados pelo LACEN/PR aos responsáveis pela coleta das amostras, SEAB e SMS CURITIBA, em até quinze dias após a coleta das amostras;

IV) As análises de resíduos de agrotóxicos e/ou outros alimentos de origem vegetal realizadas pelo LACEN/PR farão parte do Programa Estadual de Análise de Resíduos de Agrotóxicos em Alimentos da SESA.

V) Realizar palestras educativas, na CEASA/PR e outras instituições, relacionadas aos riscos à saúde pelo consumo de alimentos com resíduos de agrotóxicos e afins;

ESTADO DO PARANÁ

VI) Elaborar em conjunto com a SEAB e SMS relatório anual com os resultados das análises realizadas.

4.3 COMPETE À SEAB, ATRAVÉS DE SEU DEPARTAMENTO DE FISCALIZAÇÃO E DEFESA AGROPECUÁRIA E SEUS ÓRGÃOS VINCULADOS:

4.3.1 Departamento de Fiscalização e Defesa Agropecuária - DEFIS:

I) Coletar amostra fiscal de hortifrutícolas e/ou outros alimentos de origem vegetal em propriedades rurais e encaminhar ao LACEN/PR, conforme plano de amostragem estabelecido em conjunto com a SESA, ou a outros laboratórios contratados pela SEAB;

II) Encaminhar cópia do Auto de Infração, tão logo lavrado, com o respectivo laudo de análise e posteriormente cópia do processo administrativo, quando concluído, ao Centro de Apoio Operacional das Promotorias de Justiça de Defesa do Consumidor do Ministério Público do Estado do Paraná;

III) Fiscalizar o uso, o comércio, o armazenamento, o transporte de agrotóxicos seus componentes e afins;

IV) Inserir no Sistema de Monitoramento do Comércio e Uso de Agrotóxicos do Estado do Paraná - SIAGRO, os resultados das análises de resíduos de agrotóxicos e afins das amostras de hortifrutícolas e/ou outros alimentos de origem vegetal coletados pela SEAB/PR;

V) Encaminhar à EMATER e a CEASA/PR cópia do laudo conclusivo das análises de resíduos de agrotóxicos e afins, imediatamente após a liberação dos mesmos;

VI) Realizar palestras educativas na CEASA/PR e em outras instituições relacionadas à fiscalização do comércio e uso de agrotóxicos e afins na produção agrícola;

VII) Elaborar em conjunto com a SESA relatório anual com os resultados das análises realizadas.

4.3.2 COMPETE A CEASA/PR:

I) Propiciar acesso dos órgãos de fiscalização para a coleta das amostras objetos deste Termo junto aos permissionários (atacadistas e produtores) que comercializam na CEASA/PR;

ESTADO DO PARANÁ

II) Desenvolver ações para implementação da rotulagem dos hortifrutícolas e/ou outros alimentos de origem vegetal objeto deste Termo na CEASA/PR;

III) Desenvolver ações de monitoramento, orientação e controle de qualidade de produtos hortifrutícolas e/ou outros alimentos de origem vegetal objeto deste Termo dentro da CEASA/PR;

IV) Dar condições e realizar de forma conjunta aos órgãos oficiais ação de fiscalização aos permissionários atacadistas e produtores nas dependências da CEASA/PR;

V) Disponibilizar estrutura física nas dependências da CEASA/PR para ações integradas, capacitação, reuniões com permissionários e outras atividades vinculadas ao Termo;

VI) Em situações de permissionários (atacadistas e produtores) contumazes do não atendimento às orientações para cumprimento do objeto deste Termo, proceder à abertura de processo administrativo para implementar as infrações prevista no Regulamento de Mercado podendo em função da gravidade acarretar a cassação de licença de comercialização na CEASA/PR e encaminhar cópia do processo administrativo, tão logo concluído, aos órgãos competentes.

4.3.3 COMPETE A EMATER-PR:

I) Mobilizar produtores para realização de ações educativas na CEASA/PR e nos municípios, de acordo com o plano de trabalho;

II) Orientar os produtores rurais com relação a aquisição, uso de agrotóxicos, destinação de embalagens vazias e sobre a obrigatoriedade da rotulagem dos hortifrutícolas e/ou alimentos de origem vegetal;

III) Orientar os produtores rurais sobre alternativas ao uso de agrotóxicos;

IV) Realizar visitas aos produtores rurais para orientação, quando o(s) laudo(s) de análise de resíduos de agrotóxicos forem insatisfatórios, emitindo um laudo de orientação técnica com cópia para o produtor e ao Comitê Gestor do Programa.

4.3.4 COMPETE AO CPRA:

I) Orientar produtores rurais e técnicos da área sobre a produção agroecológica, com vistas ao manejo correto da produção e dos recursos naturais;

ESTADO DO PARANÁ

II) Elaborar material de divulgação de forma a promover a difusão do sistema de produção com bases agroecológicas para técnicos, produtores rurais e consumidores.

4.4 COMPETE SMS, ATRAVÉS DO CENTRO DE SAÚDE AMBIENTAL:

4.4.1 Na CEASA/PR – Unidade de Curitiba:

I) Coletar amostras fiscais de hortifrutícolas e/ou outros alimentos de origem vegetal na Unidade Atacadista de Curitiba da CEASA/PR e encaminhar ao LACEN/PR, conforme plano de amostragem estabelecido em conjunto com a SESA. Para desenvolver esta atividade a SMS receberá apoio logístico da SESA/PR.

II) Encaminhar cópia do Auto de Infração, tão logo lavrado, com o respectivo laudo de análise e posteriormente cópia do processo administrativo, quando concluído, ao Centro de Apoio Operacional das Promotorias de Justiça de Defesa do Consumidor do Ministério Público do Estado do Paraná;

III) Verificar, nas inspeções de rotina, a adequação das rotulagens quanto a obrigatoriedade da rotulagem dos hortifrutícolas e/ou outros alimentos de origem vegetal, de acordo com cronograma de culturas estabelecido pelo Comitê Gestor.

IV) Realizar palestras educativas na CEASA/PR unidade de Curitiba relacionadas à questão higiênico-sanitária dos estabelecimentos.

V) Elaborar em conjunto com a SESA relatório anual com os resultados das análises realizadas;

4.4.2 No Comércio Varejista e Atacadista:

I) Coletar amostras fiscais de hortifrutícolas e ou outros alimentos de origem vegetal no comércio varejista e atacadista e encaminhar ao LACEN/PR, conforme plano de amostragem estabelecido em conjunto com a SESA;

II) Encaminhar cópia do Auto de Infração, tão logo lavrado, com o respectivo laudo de análise e posteriormente cópia do processo administrativo, quando concluído, ao Centro de Apoio Operacional das Promotorias de Justiça de Defesa do Consumidor do Ministério Público do Estado do Paraná;

ESTADO DO PARANÁ

III) Realizar inspeção, de acordo com as ações de rotina, no comércio varejista e atacadista para verificação da rotulagem dos hortifrutícolas comercializados, de acordo com cronograma estabelecido pelo Comitê Gestor;

IV) Elaborar em conjunto com a SESA relatório anual com os resultados das análises realizadas;

4.5 COMPETE A FAEP:

I) Orientar e promover palestras e reuniões junto aos produtores e sindicatos rurais sobre a utilização correta de agrotóxicos e rotulagem de hortifrutícolas.

II) Divulgar no Boletim Informativo as ações e informações pertinentes ao objeto do presente Termo;

III) Auxiliar na elaboração de material(s) técnico(s) pertinente ao objeto deste termo.

4.6 COMPETE AO SENAR PR:

I) Realizar treinamentos no Estado do Paraná, em comum acordo com os demais partícipes, na área de uso correto e seguro de agrotóxicos (de acordo com a legislação vigente) e de boas práticas agrícolas, além de cursos específicos para o manejo das culturas, classificação, embalagem e rotulagem de hortifrutícolas;

4.7. COMPETE A FETAEP:

I) Mobilizar os Sindicatos filiados para a realização de ações educativas nos municípios junto aos agricultores familiares;

II) Orientar os agricultores familiares através de materiais educativos, mídias radiofônicas, boletins informativos e de outras formas, com relação à aquisição, uso de agrotóxicos, destinação de embalagens vazias e sobre a obrigatoriedade da rotulagem dos hortifrutícolas e/ou alimentos de origem vegetal;

III) Divulgar a legislação, informações e ações sobre políticas de uso de agrotóxicos e afins;

IV) Auxilair na elaboração de material de orientação e qualificação sobre o uso de agrotóxicos e afins.

ESTADO DO PARANÁ

4.8 COMPETE AO CREA-PR:

I) Orientar os profissionais da sua área de atuação referente à emissão de receituário agronômico;

II) Receber informações dos demais órgãos e instituições signatárias deste Termo de Cooperação sobre os problemas relativos a resíduos de agrotóxicos, em alimentos, quando envolverem uso ilegal, a prescrição irregular de agrotóxicos ou outras atividades irregulares praticadas por profissionais habilitados no CREA ou por leigos em exercício ilegal da profissão, e abrir os processos internos de averiguação das irregularidades;

III) Informar a SEAB/DEFIS quando constatada a recomendação de agrotóxico para uso em cultura agrícola para a qual não tenha registro de uso, bem como outras situações encontradas que caracterizem prescrição, comércio, uso ou aplicação em desacordo com a legislação vigente.

4.9 COMPETE A APRAS:

I) Divulgar junto aos associados o presente Termo, dando-lhes ciência das deliberações do Comitê Gestor que lhes forem comunicadas.

CLÁUSULA QUINTA – DOS RESULTADOS

O resultado das ações desenvolvidas pelos participes deste Termo serão objeto de remessa pelo Comitê ao Centro de Apoio Operacional das Promotorias de Justiça de Defesa do Consumidor do Ministério Público do Estado do Paraná.

CLÁUSULA SEXTA - DOS RECURSOS HUMANOS
Para a execução e consecução dos objetivos deste Termo cada parte alocará, dentre seus quadros, os recursos humanos necessários, às suas expensas, bem como arcará com os custos para a execução das ações.

CLÁUSULA SÉTIMA - DOS CUSTOS OPERACIONAIS
Em razão das atividades deste Termo integrarem as atividades ordinárias dos Órgãos participantes, não há qualquer ônus financeiro aos mesmos.

ESTADO DO PARANÁ

CLÁUSULA OITAVA

Ao presente Termo poderão ser incluídos, na forma de Termos de Adesão as Secretarias Municipais de Saúde dos municípios interessados na participação dos objetivos da Cooperação Técnica.

CLÁUSULA NONA – DA DIVULGAÇÃO

Em toda e qualquer ação relacionada com a execução do objeto deste Termo, assim como em sua divulgação junto à imprensa promovida pelos órgãos e/ou instituições envolvidas, deverá ser feita menção a todos os partícipes signatários.

CLÁUSULA DÉCIMA – DA VIGÊNCIA

O presente Termo terá vigência de cinco anos a partir de sua assinatura, podendo ser alterado ou rescindido desde que haja manifestação expressa de um dos partícipes.

CLÁUSULA DÉCIMA PRIMEIRA – DA PUBLICAÇÃO

Caberá ao Ministério Público providenciar, às suas expensas, a publicação do extrato deste instrumento na imprensa oficial, como condição indispensável para sua eficácia e validade, até o quinto dia útil do mês seguinte ao de sua assinatura.

CLÁUSULA DÉCIMA SEGUNDA – DO FORO

Para as questões divergentes que surjam do presente Termo, não resolvidas na esfera administrativa, os integrantes elegem o foro de Justiça Comum do Estado do Paraná renunciando a qualquer outro, por mais privilegiado que seja.

E por estarem de pleno acordo, firmam este documento em 12 (doze) vias de igual teor e forma na presença das testemunhas abaixo, para efeito de direito.

Curitiba, 07 de março de 2012.

OLYMPIO DE SÁ SOTTO MAIOR NETO
Procurador-Geral de Justiça

ESTADO DO PARANÁ

Testemunhas

CIRO EXPEDIDO SCHERAIBER
PROCURADOR DE JUSTIÇA

MAXIMILIANO RIBEIRO DELIBERADOR
PROMOTOR DE JUSTIÇA

Anexo B
Decisão do TJ/RS sobre a intoxicação pela ingestão de bolachas recheadas, sem informação adequada no rótulo da embalagem

APELAÇÃO CÍVEL. RESPONSABILIDADE CIVIL. RESPONSABILIDADE OBJETIVA. PRELIMINAR CONTRARRECURSAL. APLICABILIDADE DO CÓDIGO DE DEFESA DO CONSUMIDOR. DEVER DE INFORMAR. SEGURANÇA DO PRODUTO. INFORMAÇÕES FALHAS NO RÓTULO DA EMBALAGEM. BOLACHA RECHEADA CONTENDO LACTOSE. INGESTÃO POR MENOR COM ALERGIA À PROTEÍNA DO LEITE DE VACA. NEXO CAUSAL DEMONSTRADO. DANO MORAL CONFIGURADO. VALOR DA INDENIZAÇÃO MANTIDO.
1. Preenchidos os requisitos do art. 514 do CPC, não há falar em ausência de fundamentação do recurso de apelação. Preliminar rejeitada. 2. Na forma do art. 12, § 1°, II, do Código de Processo Civil, o produto é defeituoso quando não oferece a segurança que dele se espera. Embora na época dos fatos não existisse nenhuma regulamentação específica quanto a necessidade de constar expressamente a existência de produtos alergênicos, falhou a ré com o seu dever de informar, pois o consumidor confiou nas informações constantes no rótulo para adquirir o produto para o consumo. Era dever da ré informar fidedignamente as substâncias que compõe o alimento vendido, justamente para oferecer a segurança esperada ao consumidor. 3. Falhou a requerida com o seu dever, restando demonstrado o nexo causal a partir das provas documental e testemunhal produzidas. 4. Dano moral reconhecido em virtude da falta do dever de informar e na falha na segurança do produto vendido ao consumidor, que acabou por expor a sua saúde. 5. Valor da indenização adequado às nuances do caso concreto, considerando, inclusive, o caráter preventivo e punitivo da condenação. 6. Honorários advocatícios fixados em consonância com o art. 20, § 3°, do CPC.
RECURSOS DE APELAÇÃO DESPROVIDOS.

Apelação Cível N° 70046666319   Sexta Câmara Cível
Comarca de Porto Alegre
LUCAS MOTTA DAMO   Apelante/Apelado
ADRIA ALIMENTOS DO BRASIL LTDA   Apelante/Apelado

ACÓRDÃO

Vistos, relatados e discutidos os autos.

Acordam os Desembargadores integrantes da Sexta Câmara Cível do Tribunal de Justiça do Estado, à unanimidade, em negar provimento aos recursos de apelação.

Custas na forma da lei.

Participaram do julgamento, além do signatário, os eminentes Senhores Des. Luís Augusto Coelho Braga (Presidente e Revisor) e Des. Antônio Corrêa Palmeiro da Fontoura.

Porto Alegre, 13 de setembro de 2012.

DES. ARTUR ARNILDO LUDWIG, Relator.

RELATÓRIO

Des. Artur Arnildo Ludwig (RELATOR)

Trata-se de recursos de apelação interpostos por LUCAS MOTTA DAMO e ADRIA ALIMENTOS DO BRASIL LTDA da sentença que assim dispôs:

> Diante do exposto, JULGO PROCEDENTE esta AÇÃO DE INDENIZAÇÃO proposta por LUCAS MOTTA DAMO contra ADRIA ALIMENTOS DO BRASIL LTDA. e condeno a demandada ao pagamento, em favor do autor dos seguintes valores: R$ 360,14, corrigido monetariamente pelo IGPM desde a distribuição e acrescido de juros de 1% ao mês contados da citação; e R$ 10.000,00, corrigido monetariamente pelo IGPM desde esta data e acrescido de juros legais a contar da citação.
>
> Sucumbente, arcará a ré com as custas processuais e honorários advocatícios ao procurador do autor, que fixo em 15% sobre o valor da condenação, considerando os ditames do art. 20, § 3º do CPC.

Interpostos embargos de declaração, restaram rejeitados.

Em razões recursais, sustenta o autor apelante que deve ser a ré condenada de forma exemplar e que trabalho do patrono da causa merece o recebimento do percentual máximo de honorários advocatícios. Pede a reforma da sentença para condenar a ré no pagamento de indenização pelos danos materiais e morais sofridos nos termos da inicial, bem como no pagamento de todas as despesas judiciais.

Apela, também, a parte ré, alegando que não restou comprovada a reação alérgica do autor com a ingestão do produto, ou seja, não há prova de que o produto teria sido a causa adequada à doença acometida pelo recorrido. Refere que o depoimento colhido da informante, amiga dos genitores do autor, não se mostra hábil a comprovar o liame entre a doença e a ingestão do produto. Diz que se trata de fato absolutamente técnico, razão pela qual o depoimento da informante não se presta a isso. No ponto, ademais, não há falar em inversão do ônus da prova, pois se trata de prova de direito constitutivo do direito do autor. Ressalta que apenas foram juntados receituários médicos com indicação de medicamentos que se prestam a cuidar inúmeras doenças.

Sustenta que caberia ao autor fazer prova de que seus pais tinham ciência da referida alergia à proteína do leite à época dos fatos, podendo ter sido aquela a deflagração da incompatibilidade.

Aduz que o laudo apresentado não possui qualquer rigorismo técnico e que foi elaborado em total dissonância ao art. 431-A do CPC. Diz que a perita faz conclusões com base no depoimento da funcionária da empresa, sem realizar qualquer vistoria no local. Reforça que a perícia é desprovida de tecnicidade e que não possui credibilidade para concluir da forma que o fez.

Manifesta que ausente fundamentação do Magistrado sobre os motivos que o levaram a concluir pela responsabilização da empresa recorrente com base nas provas produzidas.

Alega que ausente defeito no produto adquirido, quanto mais agiu em atenção estrita à legislação que regulamenta o tema, a qual não exige a referência sobre produtos alergênicos, com exceção da obrigatoriedade da presença ou não de glúten.

Reforça a ausência de nexo de causalidade e do dever de indenizar.

Subsidiariamente, insurge-se com relação ao valor fixado a título de indenização por dano moral, postulando a sua redução, sugerindo o valor de R$ 3.000,00.

Os recursos foram recebidos no duplo efeito (fl.478).

A parte ré apresentou contrarrazões, sustentando, preliminarmente, da impossibilidade do conhecimento do recurso de apelação interposto pelo autor, em face da ausência de fundamentação, observado o disposto no art. 514 do CPC. No mérito, pelo desprovimento do recurso de apelação.

Intimado, o autor deixou transcorrer o prazo para oferta de contrarrazões sem manifestação, conforme certificado à fl.494.

Subiram os autos a esta Corte, sendo remetidos à Procuradora de Justiça que opinou pelo provimento do apelo da ré e em julgar prejudicado o recurso do autor.

Vieram-me os autos aptos para julgamento.

Registro, por fim, que tendo em vista a adoção do sistema informatizado, os procedimentos para observância dos ditames dos arts. 549, 551 e 552, do CPC foram simplificados, mas observados na sua integralidade.

É o relatório.

VOTOS

Des. Artur Arnildo Ludwig (RELATOR)

Prezados Colegas.

Primeiramente, analiso a preliminar contrarrecursal, na qual a ré alega a impossibilidade de conhecimento do recurso de apelação em face do desatendimento do disposto no art. 514 do CPC[1].

Ocorre que, embora sucinta as razões de reforma da sentença, a apelação interposta pela parte autora apresenta os fundamentos de direito e de fato que embasam o pedido, depreendo-se a pretensão de majoração da verba indenizatória e dos honorários advocatícios, preenchendo, assim, os requisitos do art. 514 do CPC.

Portanto, rejeito a preliminar contrarrecursal de não conhecimento do recurso.

Examino conjuntamente os recursos, considerando que tratam de pontos similares.

A presente ação indenizatória se baseia em danos provocados à saúde da parte autora, em razão da ingestão de produto contendo lactose, elemento que não veio alertado no rótulo da embalagem.

Cabe registrar que o autor afirma apresentar reação alérgica à proteína do leite (lactose) desde os dois anos de idade, não podendo, por este motivo, consumir qualquer alimento que possua leite ou mesmo traços de leite.

Traçado o fundamento do pedido indenizatório contido na peça inicial, mostra-se aplicável a espécie o Código de Defesa do Consumidor.

Diz a referida lei:

"Art. 12. O fabricante, o produtor, o construtor, nacional ou estrangeiro, e o importador respondem, independentemente da existência de culpa pela reparação dos danos causados aos consumidores por defeitos decorrentes de projeto, fabricação, construção, montagem, fórmulas, manipulação, apresentação ou acondicionamento de seus produtos, **bem como por informações insuficientes ou inadequadas sobre sua utilização e riscos**.

§ 1º O produto é defeituoso quando não oferece a **segurança** que dele legitimamente se espera levando-se em consideração as circunstâncias relevantes, entre as quais:

I – sua apresentação;

II – o uso e os riscos que razoavelmente dele se esperam;

III – a época em que foi colocado em circulação." – grifei.

De modo que, a responsabilidade do fabricante do produto é objetiva, só podendo ser elidida se provar que não inseriu o produto no mercado, que o defeito não existe ou que tenha havido culpa exclusiva do consumidor para a produção do evento danoso. Nos autos, todavia, não há prova de qualquer excludente de responsabilidade

Vejamos.

É incontroversa a aquisição do pacote de biscoito, denominado Fominhas, fabricado pela requerida, o qual foi consumido pelo autor, menor de idade.

O fundamento da requerida para que seja afastada a indenização por danos morais diz basicamente com relação à ausência de prova do nexo causal.

Conforme se observa dos autos, a genitora do autor, Sra. Juliane, em outubro de 2010, entrou em contato com a fabricante do produto, informando que seu filho possui alergia grave ao leite e ao ovo e que gostaria de saber se os produtos possuíam leite ou ovos, especialmente o biscoito recheados "Fominhas" (fl.33).

Em resposta, o Serviço de Atendimento ao Consumidor da ré informou que **todos os biscoitos** da Isabela contém leite ou traços de leite. (fl.33).

---

[1] Art. 514. A apelação, interposta por petição dirigida ao juiz, conterá: I - os nomes e a qualificação das partes; **II - os fundamentos de fato e de direito;** III - o pedido de nova decisão.

Após a resposta, a mãe do autor fez novo contato, relatando que a sua pergunta foi motivada pela ingestão do biscoito recheado Fominhas e, logo após, ter tido reação alérgica. Indagou, ainda, o motivo pelo qual a empresa não informava o conteúdo correto na embalagem.

No entanto, a empresa deixou de prestar qualquer esclarecimento à consumidora, mesmo tendo ela renovado, em outro e-mail, a mesma pergunta.

As informações extraídas do próprio *site* da ré (fls.39/44) também confirmam a ausência de informação completa quanto aos componentes do produto vendido. Em nenhum momento há referência, seja na embalagem do produto (fl.24) ou nas informações extraídas do *site* (www.isabela.com.br) que o biscoito em questão possui leite ou traços de leite, como veio posteriormente a ser informado pelo SAC da empresa.

Ainda que na época da aquisição do produto pela genitora parte autora não existisse nenhuma regulamentação específica da ANVISA acerca da necessidade de alertar da existência de produtos alergênicos, certo é que houve infrigência ao Código de Defesa do Consumidor.

A toda evidência faltou a requerida com o seu dever de informar, consagrado no art.6°, III do CDC:

Art.6º. São direitos básicos do consumidor:

III – a informação adequada e clara sobre os diferentes produtos e serviços, como especificação correta de quantida, caracaterísitcas, composição, qualidade e preço, bem como dos riscors que apresentem;

Evidente, pois, que a requerida ao deixar de informar, precisamente, na embalagem do produto as substâncias nele contidas, afrontou direito básico do consumidor, expondo a sua saúde, considerando-se, portanto, o produto defeituoso já que não oferece a segurança que dele se espera.

Tenta a requerida esquivar-se da sua responsabilidade alegando a ausência de nexo causal.

Ao meu ver, demonstrada a falha da empresa com relação ao dever de informar e a exposição do consumidor, por si só, já caracterizam a sua responsabilidade.

Com relação à prova testemunhal, embora a Sra. Eliane Dias da Silva tenha sido ouvida apenas como informante, as informações prestadas foram bem valoradas pelo Julgador Singular, que foi quem colheu a prova e a sentiu, exarando, posteriormente, as razões do seu convencimento, na forma do art. 131 do CPC..

A testemunha, por sua vez, confirma que conhece a família a algum tempo e tem conhecimento de que o menor Lucas possui alergia à proteína do leite e que possui uma alimentação bastante restrita. A testemunha confirma que soube do episódio da ingestão da bolacha recheada pelos pais.

Embora não tenha sido realizada perícia médica, os receituários acostados às fls.25/32 comprovam a utilização de medicamentos próprios para tratamento de alergias respiratórias e necessidade de diversas intervenções médicas (fl.32).

Reforço que se cuidam de medicamentos comuns para tratamento de alergias respiratórias, de conhecimento comum portanto, não revelando necessidade de conhecimento técnico para chegar a esta conclusão.

Acrescento que o caso do autor não é uma mera intolerância à lactose, o requerente apresenta quadro de alergia ao leite de vaca, que são patologias distintas, essa mais severa que aquela.

A alergia ao leite de vaca está bem esclarecida no artigo da Dra. Juliana Crucinsky, especialista em Nutrição Enteral e Parenteral, trazido pelo autor, extraído da página da internet:[2]

A ALV é provocada pelas proteínas presentes no leite, principalmente a globulina, que é identificada pelo sistema imunológico como um agressor, um agente estranho que precisa ser combatido. A partir destas proteínas o sistema imunológico desencadeia uma verdadeira guerra contra os "agressores" e esta guerra é a responsável pelos sintomas – diarréia, distensão abdominal, flatulência, e ainda: lesões de pele, como urticária e coceira, sintomas respiratórios, inflamação na mucosa intestinal e até pequenos sangramentos intestinais.

Logo, conclui-se que as provas documental e testemunhal, confirmar a ingestão do produto, fabricado pela requerida, pelo menor que possui quadro de alergia ao leite de vaca. Ao deixar a

---

[2] <www.pediatrics.org>.

ré de prestar as informações de forma precisa, quanto ao conteúdo do produto comercializado, afrontou direito básico do consumidor.

A sentença de primeiro grau, da lavra do colega Dr. Oyama Assis Brasil de Moraes, concluiu da mesma forma. A fim de corroborar, transcrevo fragmento da sentença que trata do depoimento da testemunha da parte demandada e as conclusões que daí partiram:

> O que se percebe pelo depoimento da testemunha, a demandada não vinha aplicando na fabricação dos biscoitos as Boas Práticas de Fabricação de Alimentos reguladas pela RDC 275/2002 da Anvisa, como concluído pela perícia, fato que acarretou a contaminação cruzada do alimento.

Eis a conclusão da Perita (fl. 364):

> "Conclui-se, então, que houve "contaminação cruzada" na produção do biscoito Fominhas, ou seja, foi fabricado anteriormente à produção do mesmo, outro produto que continha leite ou traços de leite, contaminando-o, o que causou reação alérgica ao Autor ao consumi-lo."

> No caso dos autos, a falta de informação de que os biscoitos poderiam conter traços de leite acarretou riscos à segurança do autor, uma vez que é portador de intolerância à lactose.

> Quanto ao dever de informação por parte dos fornecedores, leciona James Eduardo Oliveira:

> "Os fornecedores tem o dever de prestar aos consumidores todas as informações importantes sobre os produtos e serviços colocados no mercado de consumo. O ato de consumo há que resultar de uma escolha livre, consciente e segura. Informar é um dos principais deveres dos fornecedores, pois as expectativas dos consumidores hão de ser nutridas por informações claras e precisas sobre os produtos e serviços. Informações inadequadas ou insuficientes, seja quanto às características, fruição e riscos do produto ou serviço, obrigam os fornecedores a reparar os danos porventura suportados pelos consumidores." (in Código de Defesa do Consumidor: anotado e comentado: doutrina e jurisprudência. 4. ed. São Paulo: Atlas, 2009, p. 148).

> O que levou a mãe do autor a adquirir o produto foi a falta de informação de que poderia conter leite ou traços de leite, já que na embalagem não consta o leite como ingrediente e, como o autor possui intolerância à lactose, sua mãe adquiriu o produto justamente por ele não conter tal substância ou traços dela, tendo, pois, confiado naquela informação, o que lhe causou transtornos ao consumi-lo.

> É óbvio que o produto consumido não era seguro justamente pela informação deficiente e inadequada de sua embalagem, especialmente para as pessoas portadoras de intolerância à lactose.

> Com efeito, é dever do fabricante fornecer os elementos precisos e corretos acerca da composição dos produtos, o que não ocorreu no caso em exame.

Já decidiu esta Corte em caso análogo:

> APELAÇÃO CÍVEL. RESPONSABILIDADE CIVIL. AÇÃO INDENIZATÓRIA. PRODUTO COSMÉTICO. REAÇÃO ALÉRGICA. FATO DO PRODUTO. DANOS MATERIAIS E MORAIS. OCORRÊNCIA. I. Afastada a preliminar de cerceamento de defesa, tendo em vista que a produção de prova pericial não foi necessária à solução da lide. Aplicação dos artigos 130 e 420, inciso II, do Código de Processo Civil. II. De acordo com o artigo 12, § 1°, II, do Código de Processo Civil, o produto é defeituoso quando não oferece a segurança que dele legitimamente se espera. Tendo a autora adquirido cremes com a legítima expectativa de que eram antialérgicos, conforme indicação específica da consultora de vendas, diante da alergia ocorrida, deve a empresa requerida ser responsabilizada pelo fato do produto. Inversão legal do ônus probatório. Não tendo o fornecedor demonstrado que a autora fez mau uso do produto por sua conta e risco, presente se faz o dever de indenizar. Afastaram a preliminar e negaram provimento à apelação. (Apelação Cível N° 70026598813, Sexta Câmara Cível, Tribunal de Justiça do RS, Relator: Liege Puricelli Pires, Julgado em 26/03/2009)

Destarte, pela prova dos autos, tenho não restar dúvida, quanto a responsabilidade da empresa no dever de informar e resguardar a saúde do consumidor que adquiri seu produto, de sorte que deve ser mantida a condenação de indenização por danos morais.

No que respeita ao valor da indenização arbitrada pelo juízo *a quo*, entendo que deve ser mantida em R$ 10.000,00 (dez mil reais), a fim de atender aos critérios de punição ao infrator e caráter pedagógico da indenização e compensação à vítima.

Para a fixação do *quantum* a ser indenizado, deve-se levar em consideração o atendimento do binômio: compensação à vítima e punição ao ofensor. Saliento, ainda, que devem ser consideradas as condições econômicas e sociais do agressor, bem como a gravidade da falta cometida. De outro lado, proporcionar à vítima uma compensação pelo dano sofrido.

Oportuna é a lição de Maria Helena Diniz, conforme transcrevo a seguir:

"Grande é o papel do Magistrado na reparação do dano moral, competindo, a seu prudente arbítrio, examinar cada caso, ponderando os elementos probatórios e medindo as circunstâncias, preferindo o desagravo direto ou compensação não econômica a pecuniária sempre que possível ou se não houver riscos de novos danos" - Curso de Direito Civil, p. 81, ed. Saraiva.

Nesse sentido, Cavalieri Filho[3] discorre sobre este tema, com acuidade jurídica, afirmando que:

Creio que na fixação do quantum debeatur da indenização, mormente tratando-se de lucro cessante e dano moral, deve o juiz ter em mente o princípio de que o dano não pode ser fonte de lucro. A indenização, não há dúvida, deve ser suficiente para reparar o dano, o mais completamente possível, e nada mais. Qualquer quantia a maior importará enriquecimento sem causa, ensejador de novo dano.

Creio, também, que este é outro ponto onde o princípio da lógica do razoável deve ser a bússola norteadora do julgador. Razoável é aquilo que é sensato, comedido, moderado; que guarda uma certa proporcionalidade. A razoabilidade é o critério que permite cotejar meios e fins, causas e conseqüências, de modo a aferir a lógica da decisão. Para que a decisão seja razoável é necessário que a conclusão nela estabelecida seja adequada aos motivos que a determinaram; que os meios escolhidos sejam compatíveis com os fins visados; que a sanção seja proporcional ao dano. Importa dizer que o juiz, ao valorar o dano moral, deve arbitrar uma quantia que, de acordo com o seu prudente arbítrio, seja compatível com a reprovabilidade da conduta ilícita, a intensidade e duração do sofrimento experimentado pela vítima, a capacidade econômica do causador do dano, as condições sociais do ofendido, e outras circunstâncias mais que se fizerem presentes.

Não desconsiderando as razões do autor para a postulação de majoração da indenização, ainda que, efetivamente, o autor tenha sido acometido de alergia respiratória, não há nos autos prova de maiores prejuízos.

Assim, levando em consideração, principalmente, as condições econômicas e sociais do agressor, a gravidade da falta cometida, as condições da vítima, entendo que o valor da indenização mostra-se adequado ao caso em comento.

Quanto aos honorários advocatícios, o percentual de 15% sobre o valor da condenação, mostra-se adequado ao caso, observado o disposto no art. 20, §3º do CPC., não havendo falar em majoração.

Voto, portanto, no sentido de negar provimento aos recursos de apelação.

É o voto.

Des. Luís Augusto Coelho Braga (PRESIDENTE E REVISOR) - **DE ACORDO COM O(A) RELATOR(A).**

Des. Antônio Corrêa Palmeiro da Fontoura - **DE ACORDO COM O(A) RELATOR(A).**

DES. LUÍS AUGUSTO COELHO BRAGA - PRESIDENTE - APELAÇÃO CÍVEL Nº 70046666319, COMARCA DE PORTO ALEGRE: "À UNANIMIDADE, NEGARAM PROVIMENTO AOS RECURSOS."

Julgador(a) de 1º Grau: OYAMA ASSIS BRASIL DE MORAES

---

[3] CAVALIERI FILHO, Sérgio. Programa de Responsabilidade Civil, 7ª ed., rev. e amp. SP: Editora Atlas, 2007, p. 90.

Anexo C
Resumen de la tesis: el derecho humano/ fundamental de los consumidores para precaución del riesgo alimentar

1. Introducción

Cada día aumentan los problemas de salud y a la propia vida involucrando la alimentación humana. Eso porque los avances científicos y tecnológicos que están insiriendo a la sociedad mundial en una genuina sociedad de riesgo hacen con que muchas veces las personas, no sepan exactamente la composición de lo que están ingiriendo.

Por lo general no está adecuadamente informado en los rótulos de los productos envasados, o siquiera hay información sobre determinadas sustancias utilizadas en la producción de los alimentos en general, cuyas consecuencias todavía no son del todo conocidas por los investigadores. El derecho se viene preocupando con ese asunto, considerando imprescindible contar con una información adecuada para que el ser humano pueda elegir de forma consciente qué desea ingirir, evitando consecuencias contrarias a su salud y a su propia vida. Por eso, es necesario contar con una tutela diferenciada al derecho a la información adecuada de los consumidores, como precaución al riesgo alimentar, tratándolo, en este trabajo, como derecho fundamental, incluso humano, una vez que el fenómeno de la Globalización implica en la universalización de lo local, así como en la ubicación de lo que es Global.

O sea, lo que se produce en determinado territorio podrá ser consumido en otro país muy lejano al de origen, produciendo perjuicios al hombre en diferentes lugares del mundo. Es por eso el desafío del Derecho: buscar en este momento histórico estrategias para auxiliar al ser humano, para que este sea el principal protagonista en la protección de su integridad física y, consecuentemente, en la precaución del riesgo alimentar.

Así, el presente trabajo se divide en ocho capítulos, en el primero se delimita la definición de riesgo alimentar, algunos aspectos de la reglamentación del tema, así como el necesario análisis del principio de la precaución, considerando la necesidad de anticipación del derecho frente al riesgo. En el segundo, se desarrolla la temática del derecho a la información bajo la perspectiva de los consumidores, la extensión de este derecho especialmente cuanto al conocimiento de los componentes de los alimentos y su reglamentación con base en un estudio comparatista del sistema estadounidense, español y brasileño, inclusive en las normativas comunitarias de la Unión Europea y del MERCOSUR. En el tercer capítulo se sustenta el entendimiento acerca del derecho a la información de los consumidores ser un derecho fundamental, considerando los bienes jurídicos protegidos por él, sobre todo la salud y la vida humana, pudiendo caracterizarse como derecho transindividual, siempre en el contexto de la sociedad de riesgo, con base en las lecciones de Pérez Luño y Bermejo Vera.

Para más allá de las definiciones, el estudio avanza en el sentido de proponer estrategias jurídicas extrajudiciales y judiciales en los cuarto y quinto capítulos, respectivamente, buscando concretar el derecho fundamental a la información de los consumidores para la precaución del riesgo a la salud y a la vida, partiéndose del análisis de institutos jurídicos ya existentes en los países antes mencionados. Sin embargo, considerando la necesidad de previsiones normativas para que se uniformice la aplicación de estas propuestas, además de viabilizar su fiscalización, en el sexto capítulo se propone el uso de la hermenéutica, con base en la interpretación sistemática e integrativa del derecho, utilizándose principio y reglas ya existentes en el sistema, para superar los vacíos existentes en los ordenamientos jurídicos y así posibilitar, *de lege ferenda,* la adopción de las estrategias trazadas anteriormente.

En el séptimo capítulo, se retoma la temática del derecho fundamental a la información para precaución del riesgo alimentar bajo el enfoque de la globalización y los efectos que el fenómeno trae al tema de esta investigación. Esto porque se nota que de nada o poco serviría actualmente, sabiéndose que productos fabricados en una pequeña ciudad de un país pueden en corto espacio de tiempo ser consumidos en diversos lugares muy distantes del origen, tratar de estrategias para ser aplicadas en el ámbito de determinado territorio. Por eso la consideración del derecho a la información de los consumidores como derecho humano fundamental, con la internacionalización de las estrategias ahora sugeridas, al lado de otras medidas ya existentes, sobre todo de la rastreabilidad de los alimentos, de modo que la ONU, en razón de su naturaleza jurídica y del alcance de su actuación sea la centralizadora de ese debate, con la normatización y ejecución bajo el protagonismo del FAO (organización para alimentos y agricultura), con el apoyo de los demás organismos como la OMS (Organización Mundial de la Salud) y la OMC (Organización Mundial del Comercio), buscando una actuación uniforme para el enfrentamiento del tema en cualquier lugar del mundo. Por último se tejen consideraciones finales sobre la investigación, en un abordaje de los resultados que esta alcanzó, así como de las expectativas jurídicas creadas a partir de estos.

2. Desarrollo de la Tesis:

Los riesgos tienen abordaje interdisciplinario, motivo por el cual, con enfoque en la línea de investigación seguida en el Curso de Doctorado en Derecho, que es, Sociología Jurídica e Instituciones Políticas, se utiliza como hito conceptual la teoría de Ulrich Beck, para quien "Riesgo es el enfoque moderno de la previsión y control de las consecuencias futuras de la acción humana, las diversas consecuencias no deseadas de la modernización radicalizada".°

Complementando la idea de Beck, Giddens aclara que la modernidad está ligada a la idea de riesgo, siendo que los autores hacen comparaciones entre la modernidad industrial y la modernidad tecnológica en la que se vive actualmente. Giddens refiere, por otro lado, el paradojo de esa modernidad actual, la que llaman de modernidad reflexiva, afirmando: El mundo moderno vive un paradojo, pues para que se tenga una vida con placer y seguridad, la sociedad es, contradictoriamente, desafiada por nuevos riesgos que se desdoblan de la capacidad tecnológica que anuncia una supuesta máxima calidad para las vidas humanas".[4]

En ese contexto está directamente relacionada la sociedad de consumo, en la cual las satisfacciones personales son completamente trazadas a través de él[5], y donde surge también el riesgo alimentar, que es el enfoque de esta investigación. Si por un lado, los avances científicos y de las nuevas tecnología se utilizan para una máxima producción de alimentos, así como para innovaciones que agradan a los consumidores, por otro, existen sustancias cuyos efectos todavía no son totalmente conocidos por el hombre, además de situaciones en que existe la inadecuación de las informaciones prestadas en los envases o en las publicidades de un modo general.

Por eso en el presente trabajo, en que pesen las diferentes connotaciones de riesgos globalizados, los que interesan como hito teórico, partiendo de la conceptuación de Beck, son aquellos directamente relacionados al hombre en consecuencia del proceso productivo, específicamente del consumo de alimentos. En las palabras de Rodriguez Font serían los riesgos

> derivados de la intervención humana asociados a la alimentación y a la tecnología y a la química en los procesos productivos, cuyos efectos no se encuentran todavía plenamente aclarados, como ocurre con los creados por la industria alimentaria.[6]

Es esa realidad con la cual la sociedad se depara en el siglo XXI que trae la necesidad urgente de estrategias capaces de hacer efectiva la información adecuada para los consumidores, buscando evitar que los alimentos, fuente de la subsistencia, causen perjuicios irreversibles a

---

[4] GIDDENS, Anthony. A reinvenção da política: rumo a uma teoria da modernização reflexiva.1997. p. 13.
[5] BAUDRILLARD, Jean. A Sociedade de consumo. Lisboa: Edições 70, 1991.p. 22.
[6] RODRIGUEZ FONT, Mariola. Régimen jurídico de la seguridad alimentaria: de la policía administrativa a la gestión de riesgos. Madrid: Marcial Pons, 2007. p. 93.

su salud y a la propia vida. Los Organismos Genéticamente Modificados y los transgénicos[7] son ejemplos a demonstrar cuán desarrollada es la capacidad del ser humano en crear y recrear nuevas especies vivas, vegetales o animales, y principalmente a simbolizar cómo son nebulosos esos descubrimientos provenientes de los avances científicos y tecnológicos para los consumidores, ya que completamente legos y distantes de la cientificidad, desconocen las consecuencias de los elementos utilizados en la elaboración, producción y conservación de alimentos para el ambiente y para su condición saludable física. Todo eso genera la inseguridad y muchas veces el miedo antes referido.

Para análisis y gestión de ese riesgo, la ONU se utiliza del *Codex Alimentarius*, cuyas reglas son reproducidas por diversos países y se rigen por los principios de efectividad, participación, transparencia y actualización a la luz de los nuevos datos científicos y consiste en un método estructurado que abarca tres elementos distintos, pero estrechamente vinculados, que son la evaluación, la administración y la comunicación de riesgo.[8]

En Europa, el Libro blanco reproduce algunas normativas, además de tener diversas otras propias para enfrentamiento del riesgo alimentario, lo que ocurre también en las agencias españolas, en la Agencia de Seguridad Alimentaria Nacional del país y de las comunidades autónomas, cada una con sus peculiaridades.

Esas normativas denotan que, diferentemente del período del Estado Liberal, los Estados Sociales y Democráticos actuales se preocupan efectivamente con un derecho preventivo, donde se localiza el Derecho Regulativo. Por ese motivo, se entiende que para el enfrentamiento del riesgo alimentario más que la reparación de daños, se debe trabajar con un derecho eminentemente de anticipación a los riesgos.

De allí la elección del principio de la precaución del riesgo, entendiéndose riesgo como "posibilidad de que ocurra una situación de peligro", la cual consiste en la "posibilidad de que ocurra un daño". Grassi Neto trata, incluso, la precaución y la prevención como principios jurídicos de la seguridad alimentaria, destacando, así como los demás autores, diferencias en el uso de cada uno: "habría precaución en la adopción de cautelas buscando disminuir eventual situación de riesgo incierto y prevención cuidándose de providencias destinadas a evitar accidentes en situación de peligro previamente conocido".[9]

Pues bien. Caracterizado el riesgo en el contexto de la modernidad tecnológica y reflexiva ejemplificada en los OGMs y Transgénicos, cuyas consecuencias para la vida humana todavía no son totalmente conocidas, se entiende necesario también, usando como objetivo la precaución de ese riesgo a los consumidores, impende definir quiénes son estos, y en qué consiste el derecho a la información en los países en análisis.

En ese sentido, el trabajo avanza primeramente con las definiciones de la orden jurídica brasileña, país de origen de la investigadora, donde el derecho a la información de los consu-

---

[7] En que pese este no sea el enfoque central del trabajo, no se puede dejar de mencionar que los términos "organismo genéticamente modificado" (OGM) y "organismo transgénico" a pesar de la aplicación como sinónimos para muchos autores (Maria Rafaela Junqueira Bruno Rodrigues y Jorge Riechmann, por ejemplo), precisan ser debidamente diferenciados principalmente para fines de reglamentación. Conforme enseña Rafaela Di Sabato Guerrante, existen diferencias importantes a observar: "[...] es importante resaltar que, aunque los términos "genéticamente modificado" y "transgénico" se empleen, en la mayoría de las veces, como sinónimos, existe una diferencia semántica entre ellos. Conceptualmente, todo transgénico es un OGM, pero no todo OGM es un transgénico. Eso ocurre porque se considera transgénico el organismo cuyo material genético (genoma) fue alterado, por medio de la tecnología del ADN recombinante, por la introducción de fragmentos de ADN exógenos, o sea, genes provenientes de organismos de especie diferente de la especie del organismo objetivo [...] Los organismos genéticamente modificados, por su vez, pueden ser transgénicos o no. Si al organismo objetivo se lo modifica genéticamente, por uno o más genes provenientes de un organismo de la misma especie del organismo objetivo, a este se lo considera un organismo genéticamente modificado..." (WEYERMÜLLER, André Rafael. Organismos geneticamente modificados e direitos do consumidor. Disponible en: <http://www.egov.ufsc.br/portal/sites/default/files/anexos/24756-24758-1-PB.pdf>. Accedido el: 20 mar. 2013).

[8] FIGUEIREDO, Ana Virgínia de Almeida; MIRANDA, Maria Espínola. *Análise de risco aplicada aos alimentos no Brasil*. Disponível em: <http://www.scielo.br/pdf/csc/v16n4/v16n4a24.pdf>. Acesso em 7 jul. 2012.

[9] GRASSI NETO, 2013, p.197.

midores está previsto en ley federal, ley 8078/90, Código de Defensa del Consumidor, pero es la doctrina que da el entendimiento más completo y el alcance actual de su aplicación. En las palabras de Neto Lôbo el derecho a la información, "en el ámbito exclusivo del derecho del consumidor, es derecho a la prestación positiva oponible a todo aquel que ofrece productos y servicios en el mercado de consumo".[10]

En España la doctrina analizada en este trabajo define que "el derecho del consumidor a la información se constituye como especie de un género superior –el derecho fundamental a recibir libremente información veraz por cualquier medio de difusión (artículo 20.1.d de la Constitución Española) de la Constitución",[11] siendo que el contenido de ese derecho, conforme prelecciona Bermejo Vera, se puede contemplar desde una tríplice perspectiva:[12] a) el contenido sustantivo del derecho a la información, el cual asiste a los posibles consumidores de bienes o servicios frente a aquellos que los producen, facilitan, suministran o expiden cualquiera que sea la naturaleza, pública o privada, individual o colectiva; b) estructura orgánica de las Administraciones Públicas, o sea, los poderes públicos y, de forma más específica, las Administraciones Públicas desarrollan el encargo legal de organizar campañas o actuaciones programadas de control de calidad; fomento de diversas actuaciones relacionadas con la protección de los consumidores, como puede ser una campaña de información sobre el sistema arbitral de consumo, etc.;[13] c) instrumentalización de los medios de comunicación.[14] En este trabajo, el contenido a ser investigado cuanto al derecho a la información sería el primero mencionado por el autor. Cual sea, el derecho de el consumidor recibir las informaciones adecuadas sobre los alimentos por parte de aquellos que producen, facilitan, suministran o expiden, independiente de la naturaleza, pública o privada, individual o colectiva.

Cuanto a los Estados Unidos, en virtud de las especificidades de la *Common Law*, no se tienen leyes definiendo institutos jurídicos de la misma forma que en Brasil, peor es posible localizar el alcance del derecho a la información de los ligados al campo de aplicación que se quiere. Así, teniendo en vista que la investigación se vuelve al análisis de la información por las etiquetas de los alimentos, se verifica cómo el tema está regulado en el país y la fiscalización de esas informaciones para la precaución del riesgo, lo que hace la Agencia Reguladora de Alimentos y Medicación.

En ese paso, se notó específicamente cuanto a la información en las etiquetas de alimentos que, a pesar de que España tiene su Agencia Reguladora del Riesgo Alimentario y Brasil la Agencia de Vigilancia Sanitaria, en los Estados Unidos la actuación es más amplia. Sin embargo, España y Estados Unidos, aquel país por leyes y este por las Agencias Reguladoras y sus actos normativos propios, así como en Brasil, por las leyes nacionales pero con menor desarrollo, la reglamentación del tema está muy avanzada. En el mismo sentido la Unión Europea, la cual impresiona con la cantidad de Directivas y normativas en general a ser aplicadas cuanto a las informaciones alimentarias que deben constar en las etiquetas de los alimentos o en las publicidades en general, así como las consecuencias por el incumplimiento de esas normativas por los países.

---

[10] LÔBO, 2001.

[11] GUILLÉN CARAMÉS, Javier. *El Estatuto Jurídico del Consumidor*. Madrid: Civitas, 2002. p. 339.

[12] BERMEJO VERA, J. (1984). El derecho a la información de los consumidores y usuários, Estudios sobre Consumo, nº 3. pp. 88-96. apud CORCHERO, Miguel; GRANDE MURILLO, Ana. *La protección de los consumidores*. Navarra: Thomson Aranzadi, 2007.

[13] [...] lo que ha sido encuadrado por la LGDCU y demás Estatutos de Consumo como Oficinas de Información al Consumidor, conforme se deduce de los artículos 14.15. y 15 de la referida Ley.

[14] Conforme el autor, el artículo 17 de la LGDCU establece que los medios de comunicación dedicarán espacios y programas para información y educación de los consumidores o usuarios y, según el autor, el deber de informar en esa perspectiva presenta una doble dimensión con relevancia a los consumidores: de un lado es la Administración Pública que impone directamente a través de sus medios de comunicación este deber. De otro, le cabe la función indirecta de facilitar el acceso a participaciones de las asociaciones de consumidores, así como de los demás grupos o sectores interesados.

El MERCOSUR, por su vez, está iniciando tal regulación, con poquísimas menciones comunitarias al tema, a pesar de la gran circulación de mercancías involucradas en los países miembros.

Pero, a pesar de ese esfuerzo regulatorio para viabilizar la fiscalización del tema y su efectivación, se nota que todavía existen muchos problemas involucrando la salud e incluso la vida de los consumidores, inclusive por la falta total, sino principalmente por la inadecuación de las informaciones constantes en los rótulos o en las publicidades referentes a los componentes de los alimentos que deberían ocurrir por parte de los productores, proveedores y fiscalizados por el Poder Público.

Entonces, se observa que el Derecho Regulativo, a pesar de imprescindible para la administración del riesgo alimentario con relación a la información de los consumidores no ha logrado evitar que sigan sucediendo algunos daños. Se constata la insuficiencia en la fiscalización de estas informaciones, razón por la cual se trae el estudio de la rastreabilidad de los alimentos y su regularización, con la supervisión de estos productos desde la producción hasta el momento del consumo, lo que viene sucediendo especialmente en Europa. Esto porque, según el Codex, se deben especificar todos los peligros de acontecimiento probable en cada etapa, desde la producción primaria, del proceso, de la manipulación y de la distribución hasta el punto de consumo. Estos procedimientos de monitoreo deben ser aptos a detectar la pérdida de control en determinado "Punto Crítico", de surte a posibilitar los ajustes que aseguren la gestión del proceso, preferentemente antes de que el desvío ocurra, conforme lo esclara Grassi.[15] Tal providencia se ha denotado efectiva. Sin embargo, ante la cantidad de alimentos lanzada en el comercio todos los días, siquiera por muestreo es posible el alcance total del cumplimiento de las normas del *Codex Alimentarius*.

Surge, pues, la idea de sostener el derecho a la información de los consumidores como un derecho fundamental inserido en la sociedad de riesgo, teniendo en cuenta la relevancia de los bienes jurídicos que este derecho alcanza, especialmente la salud y la vida humanas, así como la tutela diferenciada que los derechos fundamentales reciben en cada Estado. Bajo la definición de Pérez Luño, "estos serían un conjunto de facultades e instituciones que, a cada momento histórico, concretan las exigencias de la dignidad, de la libertad y de la igualdad humanas, las cuales se las deben reconocer positivamente por los ordenamientos jurídicos en nivel nacional e internacional".[16]

Así, para que en una sociedad donde el desarrollo científico y tecnológico interfiere cada vez más en la producción alimenticia, considerándose que eso puede volverse contra el hombre, a la vez que le trae algunas nuevas satisfacciones, es necesario una protección más grande, incluso con enfrentamiento específico por el Derecho actual.

En este sentido, teniendo en cuenta la teoría de las generaciones o dimensiones de los derechos humanos, también aplicada didácticamente en los derechos fundamentales, serían derechos transindividuales, de tercera generación/dimensión, los cuales tienen en común la preocupación con los derechos que transcienden al individuo y están relacionados a la solidaridad, reconocidos bajo la ética égida ya del Estado Social de Derecho. Sin embargo, por no ser un derecho específicamente previsto como derecho fundamental en la Constitución Brasileña, Española, tampoco norteamericana, se demuestra como base en el estudio principiológico la posibilidad de reconocimiento de derechos materialmente fundamentales que, a pesar de no positivados, se equiparan a estos por su naturaleza y relevancia.

Considerar así el derecho a la información de los consumidores como un derecho fundamental para la precaución del riesgo alimentario, sigue verificándose estrategias jurídicas capaces de dar más efectividad a este derecho, notoriamente para efectuarlo en el rotulado de los alimentos.

Para ello, se ha buscado, primeramente, abordar la experiencia española de las Oficinas Municipales de Información, las cuales trabajan directamente con la sociedad, en todas las comunidades autónomas del país, sobre todo orientando con relación a los derechos de estas y

---

[15] GRASSI NETO, 2013, p. 251.
[16] PÉREZ LUÑO, 1995, p. 48.

dando publicidad a los accesos de aclaraciones necesarias para la seguridad de los consumidores, incluso sobre los rótulos de alimentos. En este sentido, cabe recordar que las OMICs también han observado las directrices de la Agencia de Seguridad Alimentaria de España, como las de las comunidades autónomas, las cuales divulgan por las páginas web aquellas normativas más importantes en el ámbito nacional y comunitario sobre el tema. También, de modo paradigmático, el país ha mantenido el arbitraje como una vía de composición de litigios muy utilizada, lo que permite que personas físicas o jurídicas resuelvan sus conflictos directa y más rápidamente que el Poder Judiciario, evitando, además y siempre que posible, daños efectivos o más grandes que los derechos de la persona.

En Estados Unidos, las Agencias Reguladoras tienen un rol más amplio que en los demás países. La Agencia Reguladora para alimentos y medicaciones (FDA – Food and Drugs Administration) acumula el rol normativo, pero, también de orientación junto a cada estado de la federación acerca de las informaciones que deben figurar en los rótulos de los alimentos, incluso divulgando cuáles son los alimentos más alergénicos y medidas de precaución a la salud de la población, con aclaraciones técnicas en las páginas de acceso para que los propios interesados sepan cómo precaverse del riesgo.

En Brasil, hay un instrumento jurídico que se llama investigación civil, el cual trata de investigar lesión o amenaza de lesión a derechos en la esfera civil, sobre todo derechos transindividuales, con el objetivo de tomar de los agentes productores o proveedores, término de acuerdo de conductas para que adecuen las informaciones en los rótulos de alimentos y eviten, con eso, daños corrientes. Esto puede darse por cláusulas, las cuales, al incumplirlas, llevan a la responsabilidad civil (e, incluso, criminal de los agentes), por lo que estos términos de ajuste son títulos ejecutivos extrajudiciales. Se pueden sumar a las providencias en la esfera civil las ya adoptadas en la esfera administrativa, así como en la esfera criminal, teniendo en cuenta la independencia de estas instancias, a ejemplo de lo que sucede en los demás países, ya que los objetivos son diferentes.

Asimismo, se propone la adopción, en la vía judicial, del uso de los punitive damages o daños punitivos o prestaciones punitivas, ampliamente usados en la Common Law, que serían nuevas funciones de la responsabilidad civil. Por este instituto, además de indemnizar y compensar a las víctimas de daños por la falta o inadecuación de informaciones, se les condenarían a los productores o a los proveedores al pago de un valor que se lo destinará a un fondo o institución o relacionada a la defensa de los consumidores. El objetivo es hacer que los agentes que actuaran con especial indiferencia a los consumidores, aunque culposamente, dañándolos efectivamente, o de modo abstracto por colocar alimentos sin la debida información en el mercado generando inseguridad, paguen tal valor basándose en criterios que ahora se sugiere a lo largo del trabajo (como la capacidad financiera del agente, repercusión del daño y reprochabilidad de la conducta), a título de punición y/o discusión. O sea, se le condenaría al agente a pagar esta prestación a más a título de punición por la conducta reprochable dentro del Estado, o de discusión para que él y los demás productores de alimentos no repitan tal conducta reprochable. Una vez más se debe destacar que este valor no se destinaría a la víctima, sino a algún fondo de entidad pública o privada vinculada a la defensa de los consumidores.

Teniendo en vista, sin embargo, que la mayoría de los países son de cultura romano-germánica y que, por lo tanto, con base en el derecho positivado, resta superar la falta de normatividad de las estrategias antes mencionadas y otras que puedan venir a existir, para lo que se utiliza la hermenéutica de los principios y normas, con la interpretación sistemática e integracional del derecho. Así, se propone, con base en las lecciones de Guastini y Juarez Freitas, el uso de la interpretación para permitir la inserción de esas vías jurídicas al derecho interno de los países en los que no están previstas, incluso con el empleo de los principios de interpretación de los derechos y las garantías fundamentales buscando su implementación.

Al final de trabajo, se retoma el contenido de la investigación desde el inicio porque se ve que a pesar de las deliberaciones de la FAO y de lo que consta en el Codex Alimentarius no existe un control internacional unificado sobre la existencia e, incluso, sobre la forma de volver públicas esas informaciones alimentares, lo que trae nuevas ocurrencias de daños a la salud y a la vida de los consumidores a ser combatidas tanto en la esfera administrativa como en la civil e, incluso, criminal por parte del Derecho contemporáneo.

En tal sentido, sería importante la solidificación de normativas de amplitud global a las cuales los propios consumidores pudiesen tener fácil acceso, incluso con su promoción por parte de las Agencias Reguladoras y de los demás órganos relacionados a la protección de los consumidores, como lo son las Oficinas de Informaciones que existen en España y que deben ser reproducidas en cada país, las cuales divulgarían dichas normas, originadas de un órgano común, para que la propia sociedad, conocedora de las normas de las informaciones, también fuese fiscal de su cumplimiento. De esa forma, además de colaborar para la adecuación de los productos y proveedores, estarían protegiendo su integridad física y mental, la salud y la vida humana; así los consumidores tienen el derecho subjetivo a la información adecuada de forma efectiva.

Se entiende, incluso, que las relaciones comerciales deberían formar parte de una normativa global, una vez que a menudo los contratos internacionales involucrando alimentos no son conocidos por los Estados, y, por lo tanto, su fiscalización se vuelva más difícil o imposible.

Para concretizar esas normativas globales, se sugiere que la ONU, por su naturaleza jurídica y dimensión de actuación, concentrase la prerrogativa de reunir a los representantes de los países para la elaboración conjunta de esas normas, bajo el protagonismo de la FAO (Organización para la Alimentación y la Agricultura), con el auxilio de la OMC (Organización Mundial del Comercio) y la OMS (Organización Mundial de la Salud), de modo que tales normativas sobre el etiquetaje de alimentos, la regulación de la rastreabilidad e, incluso, diferentes formas de promoción de esas normas fuesen uniformizadas y divulgadas en todos los países, volviéndolas accesibles a los consumidores, los cuales podrían colaborar en la fiscalización y, principalmente, proteger sus integridades físicas y mentales de los riesgos alimentares.

3. Conclusión

El trabajo preconiza una actuación preventiva del sistema jurídico, bajo un abordaje multidisciplinar, con base en los conceptos de riesgo y sociedad de riesgo de Ulrich Beck y bajo el amparo de la precaución, realizando un abordaje comparativo que involucra a Brasil, España, Estados Unidos y a las Comunidades, Unión Europea y MERCOSUR, con respecto a las normas sobre información en las etiquetas de alimentos y el trato jurídico del tema. Debido a la relevancia de los bienes jurídicos protegidos, se sugiere considerar el tema como derecho fundamental en los referidos países empleando la interpretación y la consideración de que el derecho a la información de los consumidores es un derecho materialmente fundamental. Así, ante la necesidad de contemplar la efectividad de ese derecho fundamental y, por lo tanto, la protección de la salud y de la vida humana, se analizan algunas estrategias jurídicas para la protección de los consumidores de un modo en general, una vez que existen países, tanto en la esfera extrajudicial como en la judicial, para prevenir el riesgo alimentar.

Se notó que, con diferentes formatos, las agencias reguladoras existen tanto en los Estados Unidos como en España y Brasil. Sin embargo, en Estados Unidos la actuación va más allá de la regulación normativa. Las agencias también son organismos de ejecución y fiscalización, incluso de orientación de la sociedad norteamericana sobre del *in casu* tema de los alimentos (FDA). En España, a pesar de la existencia de la Agencia Nacional de Regulación del Riesgo Alimentar, lo que se repite en las Comunidades Autónomas, así como ocurre en la Agencia Nacional de Vigilancia Sanitaria de Brasil, la actuación es eminentemente reguladora, normativa y con la ejecución de algunas de las medidas de ellas emanadas, pero no atiende a los consumidores de alimentos y no tienen el carácter de orientador como ocurre en Estados Unidos. Esa actuación en el sentido de orientar a los consumidores se da en las Oficinas Municipales de los Consumidores, en España, las que también actúan represivamente cuando investidas del munus público. En Brasil, donde existe el congénere PROCON, la mayor parte del trabajo es posterior al daño concreto, con el registro de acontecimiento en contra los consumidores para da adopción de medidas represivas. Además de las OMICs, en España sobresale el uso del arbitraje, una vez que la cultura de solución de conflictos por esa vía extrajudicial fue adoptada por los actores del comercio y, por lo tanto, por proveedores y consumidores, lo que no ocurre en Estados Unidos y en Brasil. El arbitraje evita la llegada de mayor cantidad de demandas al Poder Judicial y también es otra forma de ajustar la conducta de las partes en las relaciones de consumo para evitar repetición de irregularidades, lo que se puede aplicar para la exigencia de la adecuación de las informaciones en las etiquetas de los alimentos por parte del árbitro que actúe en él. En Brasil esa posibilidad se da por medio de la Investigación Civil, en la que se propone le ajuste de la conducta de los proveedores y productores de alimentos que no hayan incluido informaciones adecuadas sobre la composición de los productos en las etiquetas o en su divulgación. Para ello, o por denuncias de irregularidades de las etiquetas o por la búsqueda activa de ellas junto al comercio, el Ministerio Público o los demás órganos legitimados (Poder Público) podrían firmar término de ajuste de conducta que tiene la característica de título ejecutivo, para prevenir el riesgo alimentar y el daño concreto, lo que ha sido aplicado con éxito en productos orgánicos en el país, cuando debe constar al menos el origen del productor con su identificación.

También, con relación al uso, en la esfera judicial, de los *punitive damages* (o daños punitivos o prestaciones punitivas o disuasorias) se percibe que esa intención ha cambiado la posición de los agentes, a pesar de polémica en todo el mundo, pero es más aplicada en la *Common Law*, donde surgió, por el cargo económico que les puede representar a los proveedores, incluso con la quiebra de algunas empresas reincidentes y la interdicción de sus actividades. Con temor a esa repercusión, se nota que los involucrados en el mercado buscan cada vez más adecuar sus conductas a las expectativas de aquello que es correcto y esperado por el Estado. Por lo tanto, la sugerencia de que en los casos de conductas graves que generaron daños concretos a los consumidores, o incluso por la eventual ausencia de información sobre sustancias en los alimentos sabidamente perjudiciales, los productores pudiesen ser responsabilizados civilmente por medio del pago de un valor suficiente como para disuadirlos a repetir la falta, y servir de ejemplo para los demás productores de alimentos.

Para superar la falta de previsión legal, se recurre a la hermenéutica integrativa y sistemática del Derecho, con base en las normas y en algunos principios ya vigentes en el orden jurídico interno e incluso internacional la inserción de los temas a los ordenamientos.

Por último, con relación a la reflexión sobre la internacionalización de esas "alternativas" (Propagación del tipo de actuación de la agencia reguladora norteamericana, de las OMICs y Arbitraje españolas, de la Investigación Civil y Término de Ajuste de Conducta brasileño, además de los *punitive damages*) y de los demás institutos ya reconocidos y utilizados, especialmente la rastreabilidad y las normas relacionadas a las etiquetas de los alimentos por todo el mundo, se entiende que es la vía más efectiva para proteger a los consumidores en la sociedad actual. Como afirmado, no es más posible convivir con un Derecho compartimentado por límites territoriales si los efectos de la actuación humana en la era de la modernidad reflexiva son transnacionales y representan relaciones de consumo también de amplitud internacional.

Por tales motivos, se constata que el Derecho Normativo, del modo como sucede actualmente, no es y no será capaz de evitar daños a la salud y a la vida humana, con base en los ejemplos ilustrativos de los OGMs, transgénicos, fraudes sobre informaciones divulgadas o, además, daños a la salud por la insuficiencia de las informaciones presentes en las etiquetas de los alimentos. Se entiende, con base en las experiencias analizadas de la Unión Europea a nivel comunitario, con varias medidas legislativas y de ejecución comunes a todos los países que la integran con relación a la administración del riesgo alimentar, apenas se puede hablar de una concretización del derecho humano/fundamental a la información de los consumidores en la sociedad de riesgo, con la real precaución del riesgo alimentar, y, por encima de todo, de la propia preservación de la especie humana si las medidas jurídicas adoptadas presentan una dimensión más que transnacional, de orden global.

No se desconoce la audacia de la propuesta y la complejidad de su implementación, tampoco se reniega toda actuación regulatoria existente hasta el momento. Pero teniendo en vista la gran cantidad de normas esparcidas por todas partes sobre el tema y la permanencia del problema, con el desarrollo científico y tecnológico cada vez más acelerado, así como el interés en la ampliación de los lucros por parte de la gran mayoría de los productores que vuelven los consumidores cada vez más vulnerables, se entiende que solamente con propuestas audaces el Derecho continuará a ser útil a la sociedad mundial y alcanzar su fin último de pacificación.